KB160951

물품으로 본 고대 동유라시아 세계

사료총서 고대편

이 저서는 2020년 대한민국 교육부와 한국연구재단의 지원을 받아 수행된 연구임
(NRF-2020S1A6A3A01054082).
This work was supported by the Ministry of Education of the Republic of Korea and the National Research Foundation of Korea (NRF-2020S1A6A3A01054082).

물품으로 본 고대 동유라시아 세계

이승호·이완석·方國花

경인문화사

발간사

한국의 동유라시아 물품학(物品學) 연구 기반 구축

동국대학교 문화학술원은 중장기 연구프로젝트로서 "동유라시아 세계 물품의 문명·문화사" 연구 아젠다를 수립한 뒤, 체계적인 연구 계획 과정을 거쳐 2020년 한국연구재단 HK+사업에 선정되었다. 본 연구 아젠다는 기존의 인간 중심 연구에서 벗어나 '물품'이 중심 되는 연구를 지향한다. 연구 범위는 지리적으로 한반도를 중심으로 우리 역사와 긴밀한 관계를 맺어 왔던 동유라시아 지역을 포괄하며, 시간적으로는 고대로부터 근세까지를 아우른다. 우리 연구단은 이와 같은 동유라시아의 광활한 시공간 속에서 생산·유통·소비되었던 물품에 초점을 맞추어 연구를 수행하고 있다.

본 연구 아젠다는 물품을 실마리 삼아 동유라시아 세계 교류사에 대한 거시적이면서도 구체적인 복원을 목표로 한다. 인류의 역사를 추동해 온 원동력은 바로 '물품'에 대한 욕구였다고 해도 과언이 아니다. 협의의 '물품'은 특정한 목적과 사용을 위해 제작된 '도구의 총체'를 의미하지만, 그 물품이 지닌 기능과 역할은 다양하게 표출된다. 인간은 물품을 생산·교환·소비하는 과정에서 저마다 독특한 취향과 가치관을 형성해 왔고, 특정 물품에 대한 갈망과 욕구는 교환과 거래의 동인이 되는 동시에 갈등과 충돌을 불러오기도 하였다. 이처럼 물품의 역사에 대한 고찰은 물품 자체가 지닌 고유한 특질을 넘어 물품을 둘러싸고 벌어지는 문명과 문화의 복잡한 연쇄과정을 밝혀내는 중요한 작업이다.

인간이 삶을 영위하는 데 있어 필수불가결한 '물품'과 그에 기반하여 형성된 문화는 어느 특정 지역에 한정되어 명멸하기도 하지만, 이동과 교류를 통해 경계를 넘어 융합하고 새로운 문화를 창출해 내기도 한다. 우리 연구단이 설정한 '동유라시아'라는 공간 범위는 한반도를 중심으로 하여 동위도 선상에 있는 중국·일본, 북쪽으로는 몽골고원과 러시아의 우랄산맥 이동(以東) 지역, 서쪽으로는 우즈베키스탄·카자흐스탄·키르기스스탄 일대를 중심으로 한 중앙아시아 지역, 남쪽으로는 태국·캄보디아·베트남·말레이시아·필리핀·인도네시아 등을 아우르는 동남아시아 지역을 포괄하고 있다. 이처럼 동유라시아라는 광활한 공간은 지역마다 서로 다른 다양한 지리적·기후적 조건을 부여하였고, 그러한 환경의 차이는 각 지역마다 고유한 물품과 독특한 문화를 잉태시켰다. 그리고 다양한 방식으로 맺어지는 인간·민족·사회·지역·국가 간의 '관계'는 어느 한 지역에서 생산된 물품이 다른 지역, 더 나아가 다른 문명 세계에 속한 사람들에게까지 영향을 주고 문화의 변동과 진전을 만들어냈다. 즉 기후·자원·기술·정치체제 등 여러 환경적 차이에 기인한 물품의 지역성이 교류의 동력으로 작용하였던 것이다.

우리 연구단은 이러한 문제의식 위에서 동유라시아 각 지역의 물품 관련 사료를 수집·분석한 결과물을 사료총서로 발간한다. 사료의 체계적인 수집과 분석은 역사 연구의 단단한 기초를 다지는 작업이라 할 수 있다. 본 사료총서 시리즈의 발간은 "동유라시아 세계 물품의 문명·문화사" 아젠다 연구 수행을 위한 자료 구축의 일환인 동시에 '한국의 동유라시아 물품학(物品學)' 연구의 초석을 다지는 작업이기도 하다. 특히 '전근대 동유라시아'라는 광활한 시공간을 대상으로 하는 본 연구 아젠다의 특성을 고려하여, 그동안 언어적 한계로 접근이 어려웠거나 아직까지 한국 학계에 소개되지 않은 사료를 중심으로 수집·역주하고 기초적인 해제를 제공하는 것에 역점을 두었다. 연구단의 이러한 노력이 가까운 미래에 한국 물품학 연구의 진전과 확산으로 결실을 맺을 수 있기를 바란다.

2022년 2월

동국대학교 문화학술원
인문한국플러스(HK+)사업단장
서인범

머리말

고대 실크로드의 관문으로부터 종착지까지

본 사료총서 시리즈는 아젠다 연구의 기초를 구축하는 사업으로서 지금까지 한국 학계에 잘 알려지지 않았던 동유라시아 물품(物品) 사료를 수집·번역하는 것을 목적으로 한다. 따라서 시리즈의 '고대편'으로서 기획된 이 책이 "동유라시아 세계 물품의 문명·문화사"라는 거대한 연구 아젠다에 부응하기 위해서는 '물품'과 '동유라시아'라는 두 핵심 키워드를 아우르면서도, 시대는 '고대(古代)'에 한정해야 했다. 하지만 사료가 부족한 고대라는 시간 속에서 동유라시아라는 광활한 공간을 대상으로 한국 학계에 자세히 소개되지 못한 물품 관련 기록을 찾는다는 것은 쉽지 않은 일이었다. 그러다 보니 이 책은 기획 단계에서부터 많은 고민과 시행착오를 겪어야만 했다.

먼저 고민스러웠던 점은 '어떤 자료를 수집할 것인가'였다. 고대라는 시간 속에 당대(當代)의 생활상을 고스란히 반영하는 '물품'을 가장 직접적으로 설명해줄 수 있는 기록물은 무엇일까. 본 연구단은 고대의 문자자료, 곧 고문서와 목간에 주목하였다. 고대 동유라시아 당대인(當代人)이 직접 작성하였던 문자자료로부터 물품의 생산·유통·교역·소비와 관련한 사료를 추출해낼 수 있다면, 이는 지금까지 한국 학계에 소개되지 않은 다양한 자료를 대상으로, 혹은 이미 소개되었던 자료라 하더라도 물품에 주목하는 새로운 시선으로 읽어낼 수 있을 것이라 판단하였다.

또 다른 문제는 '어느 곳의 사료를 수집할 것인가'였다. '고대 동유라시아'라는 광활한 시공간 속에 산재해 있는 문자자료를 모두 수집할 수는 없는 노릇이었기에, 결국은 대상이 되는 지역을 한정해야만 했다. '동유라시아'라는 공간과 '물품'이라는 키워드를 온전히 담아낼 수 있는 지역들을 찾고자 하였고, 자연스레 무수한 물품들이 오고 갔던 동유라시아의 고대 교역로, 실크로드에 시선이 모아졌다. 이에 연구단은 고대 실크로드의 핵심 관문이었던 투루판 지역과 그 종착지라 할 수 있는 한반도·일본열도를 염두에 두고 연구단 안팎으로 해당 지역을 전공하는 연구자 3인을 선정하였다. 이 책이 1부 한국, 2부 중국(실크로드), 3부 일본 이렇게 총 3부로 구성된 것은 바로 이러한 이유 때문이다.

'1부 한국' 편을 집필한 이승호는 8~9세기 통일신라와 발해 관련 고문서 및 목간 자료를 대상으로 물품 관련 기록을 수집하여 역주하였다. 여기서 다루는 기록물은 대부분 일본 쇼소인[正倉院]과 나라문화재연구소[奈良文化財研究所]에 소장되어 있는 문자자료로서, 우리 학계에 익히 알려진 「매신라물해(買新羅物解)」·「신라촌락문서(新羅村落文書)」 등의 고문서와 「천평(天平) 17년 탐라복(耽羅鰒) 목간」을 비롯한 여러 목간에 보이는 물품 관계 사료로 이루어져 있다. 이를 통해 1부에 수록된 자료가 고대 한국의 생활사·사회사뿐만 아니라 한반도로부터 일본으로 건너간 물품 연구의 기초 자료로 활용될 수 있도록 집필하였다.

'2부 중국(실크로드)' 편을 집필한 이완석은 중국 신장위구르자치구 투루판에 위치한 4~9세기 고창(高昌) 지역 무덤들에서 출토된 문서를 대상으로 관련 사료를 수집하여 역주하였다. 이 문서들은 중국에서 간행된 『투루판출토문서(吐魯番出土文書)』(전4책)에 수록되어 있으며, 기초 석독(釋讀) 역시 완료되어 사진과 함께 제시되고 있다. 출토문서 가운데 고창 사람들이 물품을 제조·소유·거래하거나 농·축산물을 경작·축양(畜養)하였던 사실과 관련된 문서들을 선정하였고, 대개 무덤에 수장된 의물소(衣物疏)나 당시의 매매 혹은 임대 계약서, 약방문 등을 번역·주석하였다. 2부에 수록된 자료와 역주는 당시 고창의 경제활동과 사회문화의 양상뿐만 아니라 실크로드에 위치한 반농반목(半農半牧) 지역인 투루판이 유라시아의 물품 교역과 문화 전파의 통로로서 기능한 사실을 연구할 수 있는 기초 자료를 마련한다는 목적 하에 집필되었다.

'3부 일본' 편을 집필한 方國花는 7~8세기 일본의 목간 및 쇼소인 문서를 대상으로 하여 여기에 서사된 물품 관련 기록을 수집하였다. 일본의 목간과 쇼소인 문서는 당시의 하급관리에 의해 작성되어 그들의 육필을 그대로 전하는 귀중한 자료로서, 당시 사람들의 일상생활을 꾸밈없이 보여주고 있다. 일본에서 목간은 대략 50만여 점이 출토되었는데, 그중 고대의 목간이 약 70%를 차지한다. 한편, 쇼소인 문서도 1만여 점이 전하고 있어 이 또한 방대한 양의 사료군이라고 할 수 있다. 이 책에서는 그중 "동유라시아 물품", 당시의 "역사적 배경", 물품의 생산·유통·교류·소비 등 이 책의 주요 키워드에 입각하여 상태가 비교적 양호한 자료를 골라서 번역·역주하였다. 이를 통해 3부에 수록된 자료가 당시 일본의 일상 생활사뿐만 아니라 동아시아 교류사의 기초 자료로 활용될 수 있도록 집필하였다.

이 책은 연구자뿐만 아니라 일반 대중들도 쉽게 자료에 접근할 수 있도록 기획되었다. "물품으로 본 고대 동유라시아 세계"라는 제목이 말해주듯 이 책은 고문서와 목간에 서사된 '물품' 기록을 읽어가며 동유라시아 사회의 한 단면을 살펴보는 것을 목적으로 한다. 따라서 독자에게 최대한 쉽고 친절한 자료집을 만들고자 애를 썼다. 이를 위해 단순히 고문헌과 목간에 서사된 내용을 판독·번역하는 것에 그치지 않고, 해제를 통해 각 자료를 둘러싼 역사적 배경을 설명하였으며, 물품과 역사 용어에 대한 주석을 더하여 자료에 보이는 물품의 당대적 의미와 자료의 역사적 의의를 서술하고자 하였다. 또한 이 책에 소개된 자료의 원본 이미지에 대한 판권을 확보하여 모두 책에 수록하였다.

책의 기획 단계로부터 출간까지 대략 1년이 넘는 시간이 소요되었다. 더딘 집필 과정 속에서도 물심양면으로 지원을 아끼지 않은 서인범 단장님을 비롯한 동국대학교 HK+ 사업단의 후의에 깊이 감사드리며, 책에 다양한 이미지 자료를 수록할 수 있도록 도움을 준 중국의 문물출판사(文物出版社), 일본의 나라문화재연구소[奈良文化財硏究所], 쇼소인[正倉院] 사무소, 공익재단법인 마에다육덕회[前田育德會]에도 감사의 뜻을 전한다.

2022년 2월

이승호·이완석·方國花 씀

목차

3부

일본

1부

한국

1. 「천평(天平) 10년(738) 스오국정세장[周防國正稅帳]」에 기재된 탐라방포(耽羅方脯)

| 자료 사진

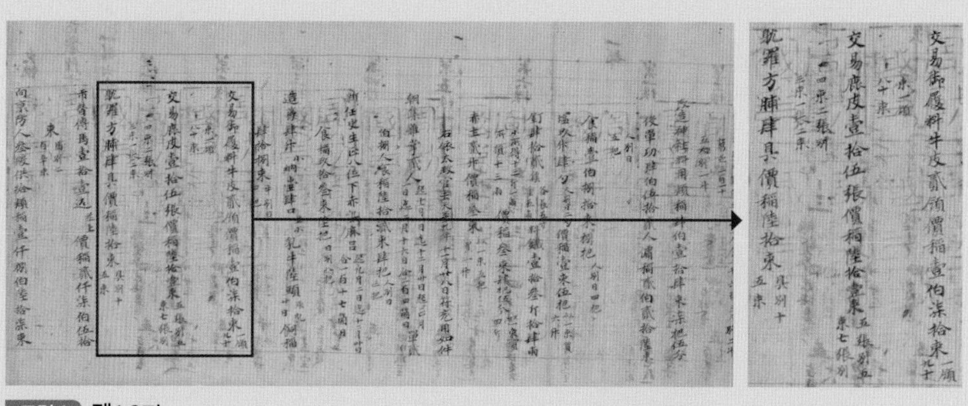

그림 1 제1·2지

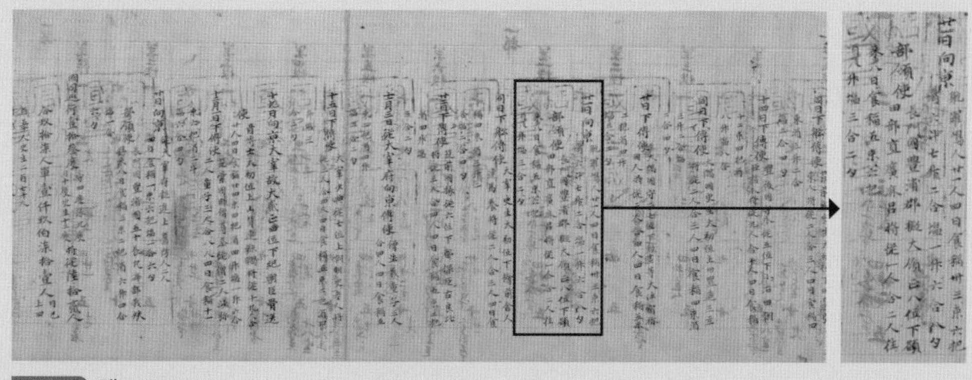

그림 2 제15·16지

出典 : 正倉院正倉(https://shosoin.kunaicho.go.jp/)

| 자료 기초 정보

국가	한국·일본 ‖ 신라·일본
연대	738년
품목	탐라방포(耽羅方脯) 등
크기	제1지(紙) : 길이 26.65cm, 너비 26.9cm 제2지(紙) : 길이 26.6cm, 너비 40.8cm 제15·16지(紙)의 크기는 미상
출토지	일본 쇼소인[正倉院]
소장처	일본 쇼소인[正倉院]

| 자료 해제

위의 「스오국정세장[周防國正稅帳]」은 일본 천평(天平) 10년(738)에 작성된 문서이며, 스오국[周防國]은 오늘날 일본 야마구치현[山口県] 동부에 위치해 있던 고대 일본의 쿠니[國]다. 이 문서에는 당시 스오국에서 여러 물품을 구입한 내역이 보이는데, 그 가운데 "탐라방포(耽羅方脯)"라는 고대 제주 지역의 특산물이 확인된다(第1·2紙). 스오국은 이 탐라방포를 같은 문서에 보이는 "탐라도인(耽羅島人) 21명"(第15·16紙)으로부터 구입한 것으로 추측되고 있다(森公章, 1985; 진영일, 1994). 구체적으로 문서에 따르면, 탐라도인 21명은 738년 10월 21일에 스오국을 통과하며 그곳으로부터 식료를 제공받았는데, 탐라도인이 스오국을 통과한 시기와 정세장에 기재된 탐라방포 구입 시기가 일치한다. 이로 보아 당시 스오국은 탐라방포를 이들 21명의 탐라인으로부터 구입했을 가능성이 크며, 이것을 다시 스오국에서 공헌물(貢獻物)로서 일본 중앙으로 공진(貢進)한 것으로 보인다(森公章, 1985).

다만 8세기 무렵 탐라는 신라의 감시와 통제 속에서 독자적으로 일본과 교역을 전개하기 어려웠다(이승호, 2021). 이 때문에 이들 21명의 탐라도인을 표착민으로 보는 견해도 있지만(森公章, 1985), 오히려 이때의 거래에는 신라 사신단의 개입을 상정해볼 필요가 있다. 왜냐하면 같은 시기 『속일본기(續日本記)』 기록에는 쇼무천황[聖武天皇] 10년(738) 봄 정월에 신라에서 급찬(級飡) 김상순(金想純)을 비롯한 147명을 일본에 사신으로 파견하였다는 사실이 확인되기 때문이다. 이들은 738년 봄 정월에 다자이후[太宰府]에 도착하여 대략 6개월간 체류하다가 같은 해 6월 24일 다자이후로부터 향응을 제공받고 신라로 돌아갔다.

이를 통해 「스오국정세장」에 보이는 탐라인 21명도 738년 김상순 일행과 함께 일본으로 건너가 교역을 행했던 고대 제주도 주민일 가능성이 크다고 볼 수 있다(박남수, 2019). 한편, 탐라 방포와 함께 문서 상에 확인되는 '교역(交易) 어리료우피(御履料牛皮) 2령'과 '교역(交易) 녹피(鹿皮) 15장' 등의 물품들도 당시 제주 지역의 특산품으로 다자이후가 신라 상단에게서 구입한 물품으로 보는 견해도 있다(박남수, 2019). 즉, 이 문서는 738년 일본으로 건너간 김상순 일행이 탐라의 특산물을 가지고 일본 측과 교역하였고, 이때의 교역에 21명의 탐라인이 함께 참여하였음을 보여준다.

판독문

① 第1·2紙에서 발췌[1]

……

交易御履料牛皮貳領 價稻壹伯柒拾束　一領九十束 一領八十束

交易鹿皮壹拾傚張 價稻陸拾壹束　五張別五束, 七張別四束, 二張別三束, 一張二束

躭羅方脯肆具 價稻陸拾束　具別十五束

……

1 문서의 판독은 『大日本古文書(編年文書)』 권2, 1901, 138쪽을 참고하였음.

② **第15·16紙에서 발췌**[2]

[天平十年十月]

……

廿一日向京 躭羅嶋人廿一人, 四日食稻卅三束六把 酒六斗七升二合, 塩一升六合八勺

部領使 長門国豊浦郡擬大領 正八位下額 田部直廣麻呂將從一人合二人往

來八日食稻五束六把

酒八升塩三合二勺

……

해석 및 역주

①

……

교역(交易) 어리료우피(御履料牛皮)[3] 2령(領). 가격[價]은 쌀[稻] 170속(束)이다. 1령은 90속, [다른] 1령은 80속.

교역(交易) 녹피(鹿皮) 15장(張). 가격은 쌀 61속이다. [이중] 5장은 각 5속, 7장은 각 4속, 2장은 각 3속, 1장은 2속.

탐라방포(躭羅方脯)[4] 4구(具). 가격은 쌀 60속이다. 1구(具)당 15속.

---

2 문서의 판독은 『大日本古文書(編年文書)』 권2, 1901, 133쪽을 참고하였음.

3 어리료우피(御履料牛皮) : "어리(御履)"는 임금의 신발을 뜻하는 말이므로, 어리료우피(御履料牛皮)는 곧 신발을 만드는 재료로 쓰일 소가죽을 뜻한다.

4 탐라방포(躭羅方脯) : '방(方)'은 곧 나라 혹은 지방을 뜻하고, '포(脯)'는 말린 고기를 뜻하는 글자이다. 즉 '탐라방포(躭羅方脯)'는 탐라국 혹은 탐라 지방에서 생산된 말린 고기를 의미하는 말이다. 탐라방포에 대해서는 鹿·牛·猪 등

……

②

[천평(天平) 10년 10월]

……

21일 향경(向京). 탐라도인(躭羅嶋人) 21인. 4일식(四日食)[5] 쌀[稻] 30속(束) 6파(把), 음료[酒] 6두(斗) 7승(升) 2홉(合), 소금[塩] 1승(升) 6홉 8작(勺).

부령사(部領使). 나가토국[長門國] 도요우라군[豊浦郡][6] 의대령(擬大領) 액전부직광마려(額田部直廣麻呂)[7]와 종(從) 1인, 합 2인. 왕래. 8일식(八日食) 쌀[稻] 5속(束) 6파(把), 음료[酒] 8승(升), 소금[塩] 3홉(合) 2작(勺).

으로 만든 건육(森公章, 1985)으로 보거나, 탐라복(耽羅鰒)과 연관시켜 "탐라산 말린 전복살"로 이해하는 견해가 있다(진영일, 1994).

5 4일식(四日食) : 「스오국정세장」의 "何日食" 기재 원칙에 따르면 스오국[周防國]을 통과할 때는 4일식을, 왕래할 때는 8일식이 지급되었으며, 그밖에 국부(國府)로 갈 때는 3일식, 왕래하는 경우에는 6일식이 지급되었다고 한다. 그리고 문서에 기재된 식료공급액 또한 이러한 당시의 식료 공급 원칙에 크게 벗어나지 않는다고 한다(森公章, 1985).

6 나가토국[長門國] 도요우라군[豊浦郡] : 현재 야마구치현[山口県] 서부에 위치한 도요우라군[豊浦郡]이다.

7 액전부직광마려(額田部直廣麻呂) : 8세기 중엽 나가토국[長門國] 도요우라군[豊浦郡]의 군사(郡司, 少領)였던 인물이다. 본 문서에서는 천평(天平) 10년(738) 正8位下 나가토국 도요우라군 의대령(擬大領)으로서 탐라도인(耽羅島人) 21명을 인솔[部領]하여 상경(上京)시킨 인물로 기록되어 있다. 『속일본기(續日本紀)』 기록에 따르면 그는 후지와라노 히로츠구[藤原広嗣]의 난(740) 당시 관군(官軍) 정병(精兵) 40인을 이끌고 규슈[九州]로 건너갔다고 하며, 이 공적으로 난이 진압된 이후 직성(直姓)을 하사받고 그 위계도 外從5位下로 승진되었다고 전한다.

참고문헌

박남수, 「탐라국의 동아시아 교섭과 신라」, 『고대 동아시아와 탐라』, 제주대학교 탐라문화연구원, 2019.

이승호, 「5~8세기 耽羅國의 대외교류와 진상·조공 품목」, 『동국사학』 70, 2021.

진영일, 「古代耽羅의 交易과 「國」形成考」, 『濟州島史研究』 3, 1994.

森公章, 「耽羅方脯考 −8世紀, 日本と耽羅の「通交」−」, 『續日本紀研究』 239, 1985.

https://clioimg.hi.u-tokyo.ac.jp/viewer/view/idata/850/8500/05/0002/0133?m=all&s=0130&n=20

https://shosoin.kunaicho.go.jp/treasures?id=0000011096&index=1

https://shosoin.kunaicho.go.jp/treasures?id=0000011095&index=0

2. 「천평(天平) 17년(745) 헤이조큐[平城宮] 목간」에 기재된 탐라복(耽羅鰒)

| 자료 사진

그림 1 앞면

그림 2 뒷면

나라문화재연구소 제공

자료 기초 정보

국가	한국·일본 ‖ 신라·일본
연대	745년
품목	전복(탐라복, 耽羅鰒)
크기	길이 28.3cm, 너비 3.8cm, 두께 0.4cm
출토지	헤이조큐[平城宮] 내리(内裏) 북쪽 관아(官衙) 지구
소장처	나라문화재연구소

자료 해제

제주도가 역사상에 처음 모습을 보인 것은 기원후 3세기 무렵에 작성된 역사서 『삼국지(三國志)』를 통해서이다. 『삼국지』 동이전(東夷傳) 한(韓) 조 기사에서는 제주도를 '주호(州胡)'라는 이름으로 전하는데, 당시 주호는 한반도 남부의 여러 소국과 교역하였다. 이후 제주 사회는 삼국시대로부터 고려 시대에 이르기까지 '탐라(耽羅)'라는 이름으로 불렸다. 처음 탐라는 『삼국사기』에 '탐라국'으로 등장하며 독립국가의 면모를 보였으나, 차츰 백제, 그 뒤에는 신라와 관계를 맺으며 서서히 이들 나라의 조공국, 혹은 속국으로 위치하게 된다. 한편, 탐라는 백제와 신라뿐만 아니라 당나라 및 일본과도 교류하였음이 여러 기록을 통해 확인된다.

바다 건너의 여러 나라와 교류하였던 고대 탐라인들은 외국과 관계를 맺는 과정에서 특산품인 전복을 활용하였다. 이미 고대로부터 제주도 전복은 '탐라복(耽羅鰒)'이라는 이름으로 일본에까지 수출될 정도로 유명하였는데, 일본 나라현 헤이조큐[平城宮] 유적에서 출토된 목간은 그러한 사정을 잘 보여준다. 이 목간은 일본 천평(天平) 17년(745)에 작성된 것으로서, 목간의 좌측 하단에 '탐라복 6근(耽羅鰒六斤)'이라는 구절이 보인다. 이를 통해 745년 고대 일본의 시마국[志摩國]이 제주도 전복, 즉 탐라복 6근을 중앙으로 진상하였음을 알 수 있다.

한편, 탐라복과 관련하여 고대 일본의 법령집 『연희식(延喜式)』 권24, 주계(主計) 상(上)의 조(調)와 관련된 기록에는 "히고국[肥後國, 현 규슈[九州] 구마모토현[熊本縣] 일대] 탐라복 39근, 분고국[豊後國, 현 규슈[九州] 오이타현[大分縣] 일대] 탐라복 18근"이라는 구절이 보인다. 『연희식』은 10세기, 즉 일본 헤이안[平安] 시대 중기에 편찬된 격식(格式)으로, 그 가운데 주계식(主計式) 상(上)은 지금의 규슈·오이타·구마모토 등의 지역에서 중앙에 내는 일종의 세금 명세서라 할 수 있다. 여기에 탐라복이 기재되어 있다는 것은 당시 탐라에서 잡아 건조가공 처리된 전복이 교역을 통해 일본에 전해져 유통되었음을 추측케 한다. 즉, 이를 통해 당시 일본 규슈 일대의 여러 세력이 탐라와의 교역을 통해 탐라복을 수입하여 천황가에 진상하였음을 알 수 있다(진영일, 1994).

다만, 모리 기미유키[森公章]는 목간이나 『연희식』에 보이는 '탐라복'에 대해 당시 일본이 제주도와 교역을 통해 전복을 수입한 것은 아니라고 보며, '탐라복'의 '탐라'는 단지 전복의 종류를 뜻하는 이름으로 이해하고 있다(森公章, 1985). 이를테면 '탐라에서 많이 생산되는 전복'이라는 뜻에서 '탐라복'이라고 불렀다는 것이다. 어쨌든 당시 일본에서 제주도산 전복이 유명했음을 이들 자료를 통해 알 수 있다. 즉, 이 자료는 고대 제주도 주민들이 바다 밖의 여러 나라와 교류함에 있어 중요 교역품으로 전복을 사용하였다는 사실을 확인시켜주는 것이다.

판독문

戸主大伴部国万呂戸口同部得嶋御調□

志摩国英虞郡名錐郷　耽羅鰒六斤

天平十七年九[月]□

해석 및 역주

시마국[志摩國][1] 아고군[英虞郡].[2] 나키리향[名錐鄕][3]

호주(戶主) 대반부국만려(大伴部國万呂), 호구(戶口) 동부득도(同部得嶋)가 [진상하는] 어조

1 시마국[志摩國] : 지금의 일본 미에현[三重県]에 위치해 있던 고대 일본의 쿠니[國]이다.
2 아고군[英虞郡] : 지금의 일본 미에현 시마시[志摩市] 남부 해안에 위치해 있던 군(郡)이다.
3 나키리향[名錐鄕] : 지금의 일본 미에현 시마시 남부 해안가의 다이오초나키리[大王町波切]에 비정된다.

(御調) ……

탐라복(耽羅鰒) 6근(斤)

천평(天平) 17년 9[월] ……

참고문헌

박남수, 「탐라국의 동아시아 교섭과 신라」, 『고대 동아시아와 탐라』, 제주대학교 탐라문화연구원, 2019.

이승호, 「5~8세기 耽羅國의 대외교류와 진상·조공 품목」, 『동국사학』 70, 2021.

진영일, 「古代耽羅의 交易과 「國」形成考」, 『濟州島史研究』 3, 1994.

森公章, 「耽羅方脯考 −8世紀, 日本と耽羅の「通交」−」, 『續日本紀研究』 239, 1985.

https://mokkanko.nabunken.go.jp/data/mokkan/6AABUS48/L/000764.jpg

3. 쇼소인[正倉院] 소장 신라 색전(色氈)·화전(花氈)과 전첩포기(氈貼布記)

자료 사진

그림 1 색전

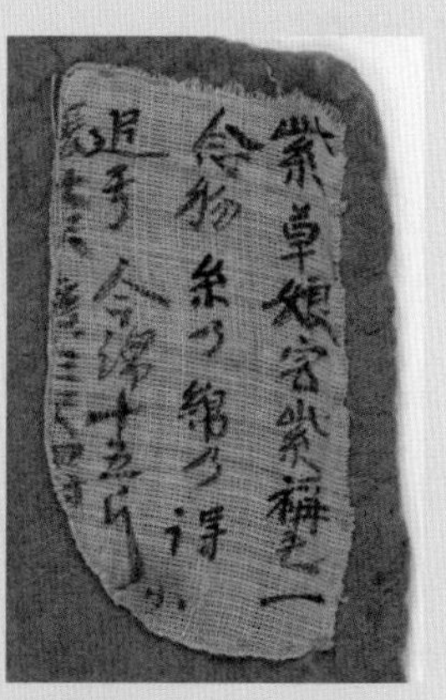

그림 2 색전 전첩포기

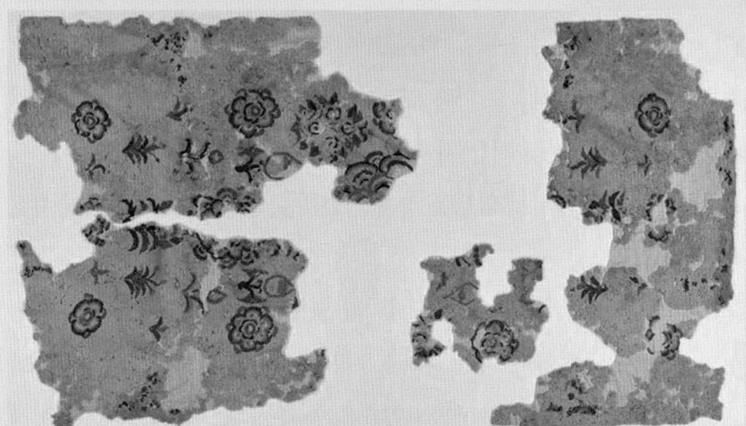

그림 3 화전

그림 4 화전전첩포기

出典 : 正倉院宝物(https://shosoin.kunaicho.go.jp/)

| 자료 기초 정보

국가	한국 ‖ 신라
연대	8세기경
품목	전(氈)
크기	길이 212cm, 너비 109cm
출토지	일본 쇼소인[正倉院]
소장처	일본 쇼소인[正倉院]

| 자료 해제

일본 도다이지[東大寺] 쇼소인[正倉院]에는 신라로부터 건너간 모전(毛氈)이 소장되어 있다. 해당 물품이 신라에서 일본으로 건너간 것임을 알 수 있게 해주는 것은 해당 모전에 붙어 있는 전첩포기(氈貼布記)이다. 모전이란 산양 등 짐승의 털을 압축해서 만든 펠트(felt) 재질의 깔개로 오늘날 양탄자를 떠올리면 이해하기 쉽다. 쇼소인 북창(北倉)에는 과거로부터 이러한 모전이 색전(色氈)과 화전(花氈)을 합해서 45점이 전해오는 것으로 알려져 있다. 당시 모전의 용도는 보통 법회에 승려들이 깔고 앉는 데에 이용하였던 것으로 추정된다.

이처럼 쇼소인에 소장되어 있는 모전 중에 신라로부터 건너온 것이 확실한 물품은 자색(紫色)의 색전과 화전[화훼 장방전]이 각각 1점씩 확인된다. 흔히 무늬가 있는 것을 화전, 없는 것을 색전이라고 부른다. 색전은 양털 섬유에 알칼리성 용액을 적시고, 띠로 엮은 발 모양의 물건 사이에 끼워 압축을 되풀이하는 축융(縮絨) 공정을 거치고 이후 염색을 가해 제작된 단색 깔개이다. 그리고 화전은 모전에 문양을 넣은 것으로, 축융 공정을 거쳐 만들어진 모전 표면에 문양을 넣을 부분의 털을 제거하여 오목하게 만든 다음 거기에 염색을 거쳐 가볍게 축융한 양털을 문양대로 집어넣고 다시 축융하여 제작한 것이다.

일반적으로 모전류는 원래 서역 땅에서 처음 만들어져 서역과 교통이 번성한 수·당 시대 무렵부터 중원에서 유행하였다고 한다. 그런데 앞서 말한 신라로부터 들어온 것이 확실한 색전과 화전이 확인되면서, 이러한 모전 물품이 신라에서도 제작되었음을 알 수 있게 되었다. 752년에 작성된 「매신라물해(買新羅物解)」에는 신라에서 들어온 물품으로 비전(緋氈)과 화전(花氈)이 보이는데, 전첩포기가 부착된 색전·화전과 성격이 통하는 것으로 이해된다. 또 이밖에 「매신라물해」에는 양고(羊膏)가 확인되고, 이와 함께 756년의 「정창원재물실록장(正倉院財物實錄帳)」에서는 신라양지(新羅羊脂)가 보인다. 이러한 일본 고문서 기록들은 당시 신라가 직접 양(羊)을 사육한 사실을 보여주고 있어, 신라가 이를 통해 각종 전류(氈類) 등을 생산하였음을 추측하게 한다(박남수, 2011).

신라산 모전 한 귀퉁이에 부착되어 있던 전첩포기는 삼베를 잘라 만든 베 조각에 글씨를 쓴 것인데, 여기에는 모전의 제조업자 혹은 판매자로 보이는 신라인의 이름과 일본과 교역 과정에서 해당 모전에 상당하는 교환 물품, 즉 모전을 일본에 수출하면서 신라 상인이 얻고자 하였던 물품[念物]이 적혀 있다. 이 전첩포기에 관해서는 신라의 모전 판매 측에서 신라 상인에게 판매를 위탁하려고 붙인 것으로 보거나(東野治之, 1977), 혹은 경주의 신라 귀족이 일본과의 교역을 전제로 하여 그 이름과 가치를 적고 그에 대한 교역 희망품의 획득을 지시하기 위한 - 오늘날의 전표와 같은 - 물품 꼬리표일 것이라는 견해(이성시, 1999)가 제기되었다. 혹은 이러한 첩포기를 일종의 '물품소개서'로 현재의 물품 광고와 같은 성격을 지닌 것으로 이해하기도 한다(윤선태, 1997).

이 두 점의 모전과 전첩포기는 8세기 중엽 신라와 일본 간에 활발히 전개되었던 교역을 반영하는 상징적인 유물로 평가되고 있다. 이와 함께 두 점의 모전은 당시 신라의 양모 생산 및 가공기술의 우수성도 보여준다. 당시 신라에는 양모 가공을 위한 내성 산하의 궁정 공방 모전(毛典, 759년 聚毳房의 개칭)이 있었으며, 진골 귀족 또한 궁정 공방에 뒤지지 않는 기술자 집단을 보유하고 있었다(이성시, 1999). 즉, 이 모전은 바로 이러한 신라 공방에서 제작된 것으로 추정되고 있다.

판독문

① 색전(色氈) 전첩포기(氈貼布記)

紫草娘宅紫稱毛一

念物糸乃綿乃得

追亐 今綿五十斤小

長七尺廣三尺四寸

② **화전(花氈) 전첩포기(氈貼布記)**

行卷韓舍價花氈一

念物得追亐

해석 및 역주

① **색전 전첩포기**

자초랑택(紫草娘宅)[1]이 [대가로] 자색(紫色)의 색전[2]을 1장

염물(念物)[3]을 실[糸]이나 (혹은) 솜[綿]으로 얻을 수 있도록[得追亐][4]

지금 면 50근소(斤小) [를 색전의 대가로 얻었음][5]

---

1 자초랑택(紫草娘宅) : 자초랑택은 전첩포기가 부착된 모전[자색 색전]의 제조업자(東野治之, 1977) 혹은 판매자(이성시, 1999)로 이해된다. 더불어 이 자초랑택의 "택(宅)"에 주목하여 이들이 당시 경주의 유력 진골 귀족으로 이루어져 있던 35개 '금입택'에 비견되는 진골 귀족 일원이었을 것으로 보는 견해도 있다(이성시, 1999). 한편, 자초랑택을 804년 선림원종(禪林院鐘)을 만드는 데 고중금(古鍾金) 280정(廷)을 시사(施賜)한 자초리(紫草里)와 관련된 것으로 보아, 이것이 자초리에서 자초(紫草)를 재배하여 모(毛) 등을 염색하던 민간 수공업장을 지칭하는 것으로 당시 신라의 진골 귀족 내지 그에 예속된 장인이나 6두품 관인의 수공업장일 것으로 파악하는 견해도 있다(박남수, 2011).

2 자색의 색전[紫稱毛] : "자칭모(紫稱毛)"는 곧 자색의 색전을 말한다. 색전은 양털 섬유에 알칼리성 용액을 적시고, 띠로 엮은 발 모양의 물건 사이에 끼워 압축을 되풀이하는 축융(縮絨) 공정을 거치고 이후 염색하여 제작된 단색 깔개이다. 여기서 말하는 자칭모는 해제에서 언급한 쇼소인 북창에 소장되어 있는 자색 색전을 말한다.

3 염물(念物) : 염물에 대해서는 이를 '교역품'의 의미로 이해하는 견해가 제기된 이래로(東野治之, 1977), '청하는 물건' 혹은 '원하는 물건'으로 풀이하여 신라 측이 일본에 모전을 전달하고 얻고자 한 물건이라는 의미로 이해하는 견해가 많다(윤선태, 1997 ; 이성시, 1999).

4 얻을 수 있도록[得追亐] : 여기서의 "亐"는 "于"의 이체자로 쓰였으며, "追于"는 "~하도록"이라는 의미의 이두 표기이다. 따라서 "得追亐"는 "얻을 수 있도록"이라는 의미로 해석된다(이성시, 1999). 한편, "亐"를 "于"의 이체자로 보지 않고 "汚"에서 '氵'변을 뺀 신라의 조자(造字)로 보아 "~(하)오"와 같은 권유형 종결어미로 이해하는 견해도 있다. 이렇게 볼 경우 "念物糸乃綿乃得追亐"는 "원하는 물건을 실이나 솜으로 얻으오"로, "念物得追亐"는 "원하는 물품을 얻으오"로 풀이할 수 있으며, 이는 곧 신라 측이 물건을 매입하려는 일본 측에 물품 매입을 권유하는 문장이 된다고 한다(윤선태, 1997).

5 지금 면 50근소[今綿五十斤小] : 이 대목은 신라 측이 색전의 대가로 일본으로부터 면 15근소를 얻었음을 기록한 것이다(東野治之, 1977). 신라와 일본의 관리가 색전과 면을 교환할 때 추기(追記)된 것으로, 교환의 결과를 그 자리에서 확인하려는 목적에서 기록한 것이다(이성시, 1999). 한편, '근(斤)'은 일본 나라시대에 '둔(屯)'과 함께 면의 계량 단위로 널리 쓰였다고 한다. 연구에 따르면 당시 일본에서 소근(小斤)은 대근(大斤)의 3분의 1에 해당하며 대근은 671g, 소근은 224g 정도라고 한다. 따라서 '면 15근소'는 곧 '면 15소근'로 3,360g이 된다. 당시 신라는 색전의 대가로 3kg이 조금 넘는 양의 면을 얻었던 것이다(이성시, 1999).

길이 7척(尺), 너비 3척(尺) 4촌(寸)[6]

② 화전 전첩포기

[김]행권(行卷)[7] 한사(韓舍)[8]가 대가로 화전(花氈)[9]을 1장

염물(念物)을 얻을 수 있도록

6 길이 7척, 너비 3척 4촌[長七尺廣三尺四寸] : 이 부분은 색전의 크기(길이 212cm, 너비 109cm)를 기록한 것으로, 이것은 신라와 일본의 교역 과정에서 기록된 것이 아니라 그 이후에 추기된 것으로 보인다. 셋째 줄의 "今綿五十斤小"와 넷째 줄의 "長七尺廣三尺四寸"의 필체가 서로 다르기 때문이다. 쇼소인 보물 가운데는 크기와 중량을 쪽지나 베에 기록하여 덧붙인 경우가 많은데, 보물이 입고된 뒤 그것이 상하지 않게 정기적으로 햇볕을 쬐고 바람을 쐬게 하는 과정에서 보물에 대한 점검이 이루어지고 이러한 물건의 측량치도 기록되었다고 한다(이성시, 1999). 즉, 이 구절은 쇼소인에 색전이 입고된 뒤 기록된 보물에 대한 측량 수치로 볼 수 있다.

7 행권(行卷) : 행권 또한 자초랑택의 경우와 마찬가지로 전첩포기가 부착된 모전[자색 색전]의 제조업자(東野治之, 1977) 혹은 판매자(이성시, 1999)로 이해된다.

8 한사(韓舍) : 한사는 신라 시대 17관등 가운데 제12등 대사(大舍)의 이표기로서 '한사'라는 표기는 보통 8세기 이후의 자료에서 확인된다. 곧 이는 해당 전첩포기와 화전이 8세기 이후의 자료임을 확인시켜 준다.

9 화전(花氈) : 화전은 모전에 문양을 넣은 것으로, 축융 공정을 거쳐 만들어진 모전 표면에 문양을 넣을 부분의 털을 제거하여 오목하게 만든 다음 거기에 염색을 거쳐 가볍게 축융한 양털을 문양대로 집어넣고 다시 축융하여 제작한 깔개이다. 여기서 말하는 화전은 해제에서 언급한 쇼소인 북창에 소장되어 있는 전첩포기가 부착된 화전을 말한다.

참고문헌

윤선태, 「752년 신라의 대일교역과 「바이시라기모쯔게(買新羅物解)」 -쇼소인(正倉院) 소장 「첩포기(貼布記)」의 해석을 중심으로-」, 『역사와 현실』 24, 1997.

이성시 지음·김창석 옮김, 『동아시아의 왕권과 교역 -신라·발해와 정창원 보물-』, 청년사, 1999.

사카에하라 토와오 지음·이병호 옮김, 『정창원문서 입문』, 태학사, 2012.

東野治之, 「正倉院氈の墨書と新羅の對外交易」, 『正倉院文書と木簡の研究』, 塙書房, 1977.

https://shosoin.kunaicho.go.jp/treasures?id=0000010539&index=4

https://shosoin.kunaicho.go.jp/treasures?id=0000012844&index=8

4. 「매신라물해(買新羅物解)」에 기재된 신라의 대일 교역 물품

| 자료 사진

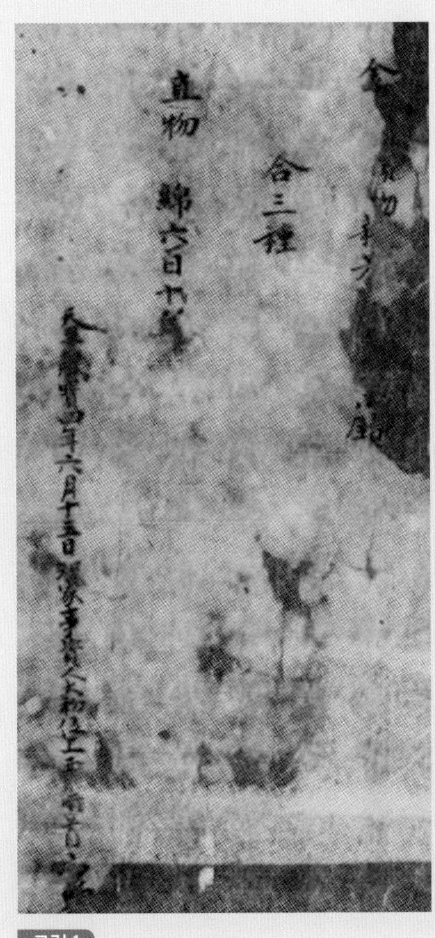

그림 1

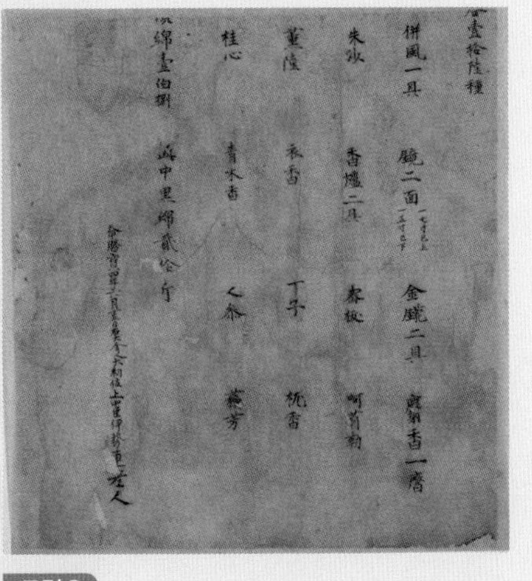

그림 2

公益財団法人前田育徳会所蔵

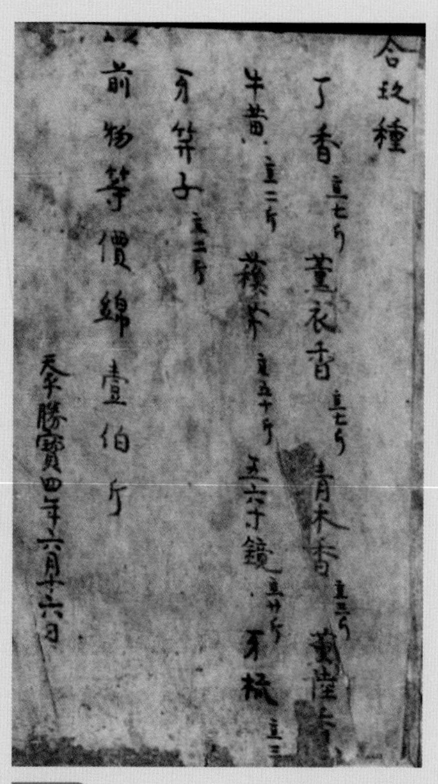

合玖種
丁香 重七斤 薫衣香 重七斤 青木香 重三斤 藿香
牛黄 重二斤 蘓芳 重五十斤 五六寸鏡 重廿斤 牙梳 重三
牙笄子 重二斤
以前物等價綿壹伯斤
天平勝寶四年六月廿六日

그림 3

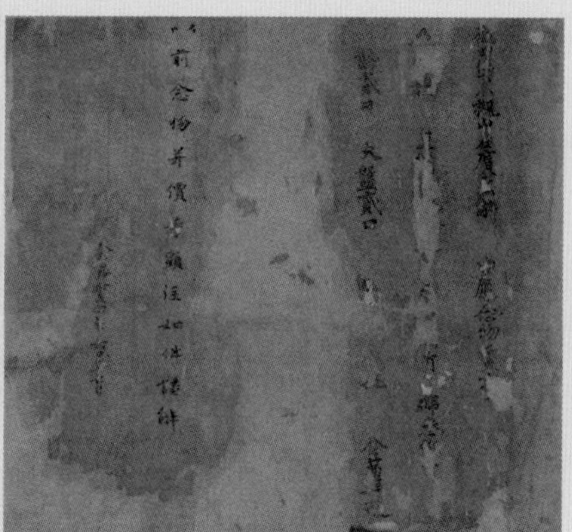

그림 4

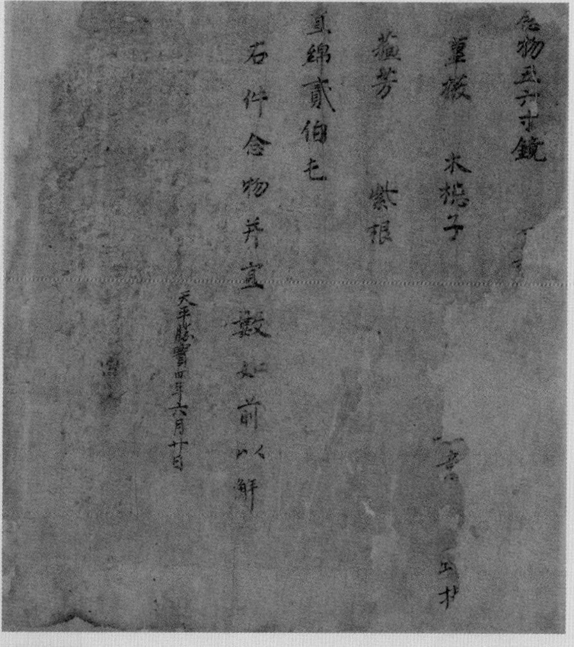

合物五六寸鏡
薫衣 木槵子
蘓芳 紫根
直綿貳伯屯
右件念物并直數如前以解
天平勝寶四年六月廿日

그림 5

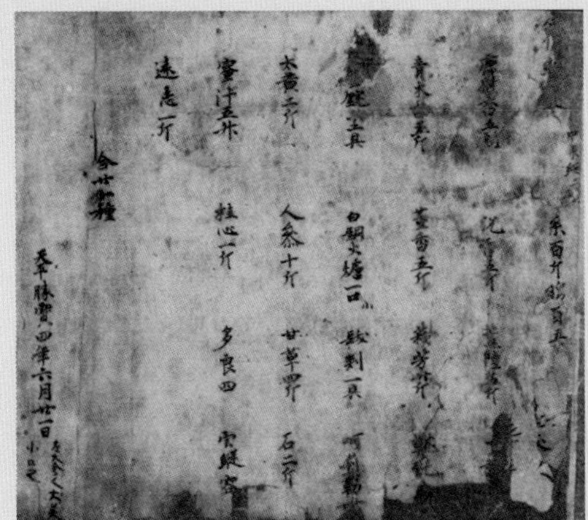

그림 6

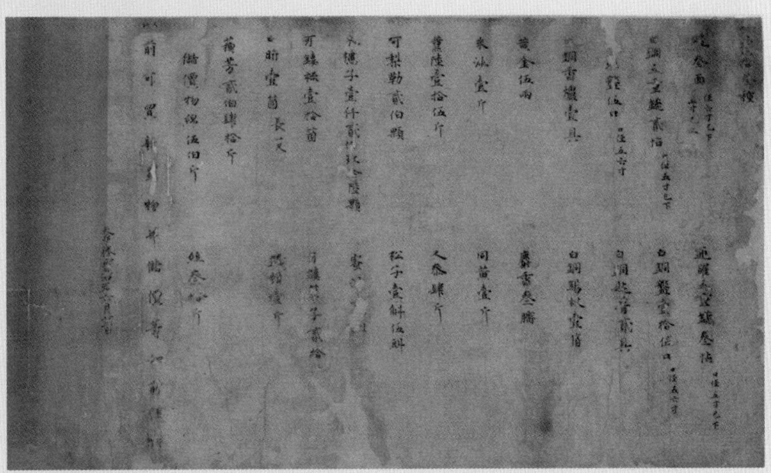

그림 7

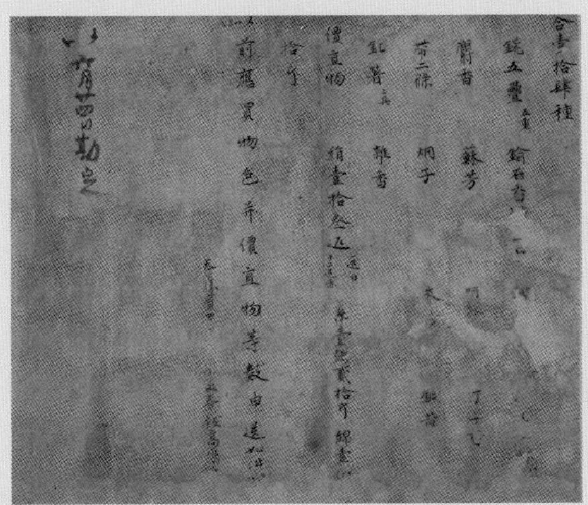

그림 8

公益財団法人前田育徳会所蔵

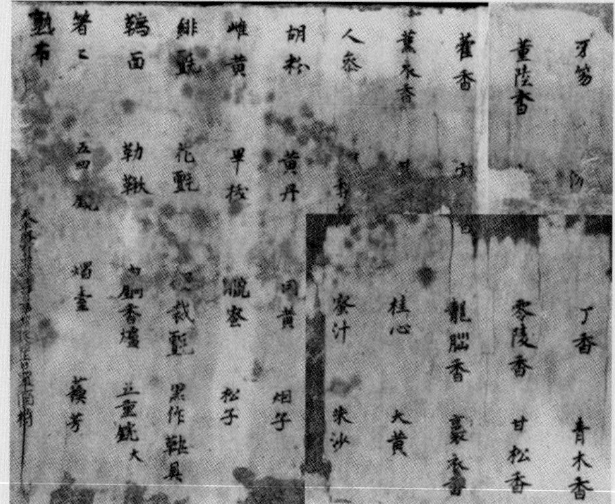

그림 9

그림 10

그림 11

그림 12

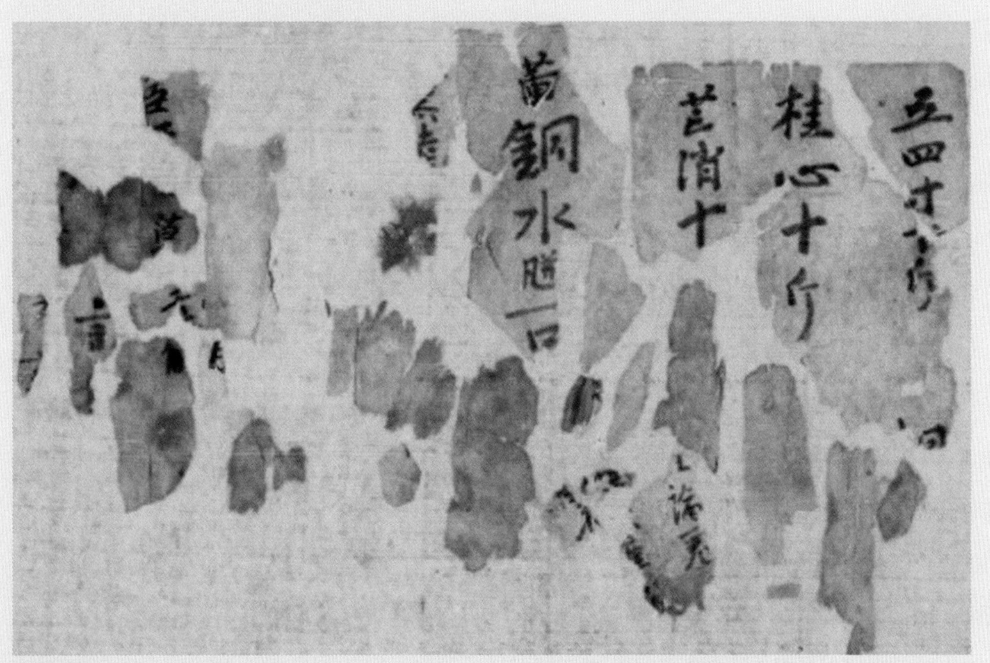

그림 13

公益財団法人前田育徳会所蔵

자료 기초 정보

국가	한국 ‖ 신라
연대	752년
품목	약재류 등
크기	-
출토지	일본 쇼소인[正倉院]
소장처	일본 쇼소인[正倉院]

자료 해제

「매신라물해(買新羅物解)」는 752년 신라 사절단이 가져간 교역품을 일본의 왕족과 귀족들이 구입하는 과정에서 작성된 문서이다. 당시 신라 사절단은 "신라 왕자"를 자칭한 김태렴(金泰廉)과 대사(大使) 김훤(金暄), 김필언(金弼言) 등을 위시로 한 대략 700여 명의 인원으로 구성된 대규모 사절단이었고, 이 가운데 김태렴을 비롯한 370명의 인원이 입경할 수 있었다. 이들은 단순히 일본 측과의 외교적 업무만 수행한 것이 아니라 현지에서 활발한 무역을 진행하였는데, 신라는 특산품을 비롯하여 외국으로부터 구입한 여러 상품을 일본으로 가져가 왕족 및 귀족에게 제공하고 그 가치에 상응하는 만큼의 직물(織物), 곧 실[糸]이나 솜[綿], 비단 등을 대가로 받았다. 이 과정에서 작성된 「매신라물해」는 당시 신라 사절단이 가져간 물품을 구입하려고 일본의 왕족과 귀족들이 담당 관청에 제출한 목록이자 일종의 '상품 구입 신청서'로서, 당시 신라와 일본의 교역 상황을 파악할 수 있는 귀중한 자료로 평가받는다.

당시 일본 귀족들은 신라 사절단이 가져온 물품을 매입하기에 앞서 자신들이 매입할 물품과 수량, 그리고 물품들의 총 가격을 기재하여 일본 정부에 제출하였는데, 이들이 제출한 '신라 물품[新羅物] 매입[買]을 신청한 문서[解]'가 현재 전해지는 「매신라물해」라 할 수 있다. 문서에는 '매입할 물품 목록과 수량', '매입할 물품의 총 가격', '문서를 제출한 날짜', '문서 제출자' 등이 기재되어 있다. 각 문서를 살펴보면, 당시 일본 정부는 5위 관등 이상 고급 귀족에 한정하여 신라 물품에 대한 구입 신청을 받았으며, 각 문서에 기록된 날짜에 따르면 이들 문서의 제출 일자는 대략 752년 6월 15일부터 7월 8일 사이로 확인된다.

그림 14

「매신라물해」가 발견된 조모립녀병풍(일부)
出典 : 正倉院 物(https://shosoin.kunaicho.go.jp/)

문서를 통해 확인되는 당시 신라의 교역품에는 향료, 약품, 안료(顔料), 염료, 금속, 기물(器物), 일반 생활용품, 직물(織物), 서적(書籍) 등 100여 종이 있으며, 매매된 물품의 수는 200점 가량 된다(윤선태, 1997). 교역 품목에 보이는 물품 가운데에는 신라에서 자체 생산한 제품도 있지만, 신라가 아닌 중국, 동남아시아 및 서역산 물품도 보인다. 이를 통해 당시 신라가 외국 상품을 수입한 뒤 이를 다시 일본에 되파는 중개 교역도 수행하였음을 알 수 있다. 특히 확인되는 품목들은 비싸면서도 가벼운 물품이 주종을 이루는데(東野治之, 1974), 해운을 통해 이루어지는 무역의 특성을 이해하고 교역을 통한 이익을 극대화하려 했던 당시 신라 사절단의 의도를 읽을 수 있다.

「매신라물해」가 기록된 문서는 본래의 용도를 다하고 폐기되었으나 그 일부가 쇼소인[正倉院]에 소장되어 있는 조모립녀병풍(鳥毛立女屛風)의 배접지로 활용되었고, 이후 그 일부가 다시 병풍에서 떨어져 나옴으로써 세상에 존재가 알려지기 시작하였다. 병풍을 재차 조사하는 과정에서 문서가 새로 발견되기도 하면서 현재까지 대략 30건의 문서가 확인되었는데, 토노 하루유키[東野治之]의 선구적인 연구를 통해 쇼소인 문서[正倉院文書](『正倉院文書』「續修後集」 卷43)와 손케이카쿠분코[尊經閣文庫]에서 26점의 문서가 분석되었고(東野治之, 1977), 이후 미나가와 칸이치[皆川完一]에 의해 일본 도쿄대학사료편찬소 영인본 『병목문서(並木文書)』「천고유향(千古遺響)」에서 새로 4점의 「매신라물해」가 추가로 발견되었다(皆川完一, 2012).

문서가 병풍의 배접지로 활용되었던 만큼 현재 확인되는 문서는 훼손된 부분이 많고 대부분이 일부 조각 문서로만 전해지고 있다. 하지만 그 가운데 문서 〈7〉처럼 문서 내용 대부분이 온전히 전해지는 것도 있어 이를 통해 당시 신라와 일본 간에 거래된 다양한 물품을 확인할 수 있다. 여기서는 발견된 30여 점의 문서 모두를 소개하지는 않았고, 문서의 내용 파악이 비교적 용이하며 입수한 사진 자료를 통해 원문 대조가 가능한 문서를 대상으로 그 판독문과 해석 및 역주를 제시하였다. (「천고유향」에 수록되어 있는 4점의 「매신라물해」는 아쉽게도 사진 자료를 확보하지 못한 관계로 여기서는 소개하지 않는다.)

문서 〈1〉 판독문

출전 『續修後集』 卷43(『大日本古文書』 25, 44쪽)

金　　蘇芳　小鏡

　合三種

直物　綿六百十斤

　天平勝寶四年六月十五日知家事資人大初位上栗前首□□

문서 〈1〉 해석 및 역주

금(金)[1]　소방(蘇芳)[2]　작은 거울[小鏡]

---

1 금(金) : 금은 신라의 대표적인 특산품으로서, 752년 신라 김태렴 일행이 방일하기 3년 전부터 일본에서는 도다이지[東大寺] 대불(大佛) 도금(塗金)에 쓰일 금이 부족하여 몇 개의 지방에서 임시로 황금을 조달한 사실이 확인되고 있다. 이를 통해 「매신라물해(買新羅物解)」에 기재된 금은 도다이지 대불의 도금 작업을 의식한 신라 사절단이 752년에 대량의 금을 일본에 가져간 것이라고 보기도 한다(김창석, 2004).

2 소방(蘇芳) : 소방은 당시 염료로 사용되었는데, 와목(窊木), 단목(丹木)이라고도 한다. 소방을 채취하여 껍데기를 벗기고 햇빛에 말리면 그 색이 홍적(紅赤)이 되어 비자색(緋紫色)을 물들이는 데 사용되었다. 『성호사설(星湖僿說)』과 『신증동국여지승람(新增東國輿地勝覽)』에 따르면, 소방은 해도(海島) 소방국(蘇方國)의 산물이라 하며, 『당본초(唐本草)』에서는 소방목(蘇妨木)이 남해의 곤륜(崑崙)으로부터 전래하여 교주(交州)·애주(愛州)에서 생산된다고 하였다. 신라에는 내성(內省) 산하에 소방전(蘇芳典)이 존재하였는데, 이곳은 소방을 수입하여 궁중 소비품이나 대외 교류품으로 쓰일 옷감에 홍색 물을 들였던 수공업장이었을 것으로 추정된다(박남수, 2011). 한편, 소방은 『동의보감(東

[모두] 합해서 3종(種)[의 물품].

값을 치를 물건[直物][3] 면(綿) 610근(斤)

천평승보(天平勝寶)[4] 4년 6월 5일 지가사자인(知家事資人) 대초위(大初位) 상률전수…(上栗前首…)

문서 〈2〉 판독문

출전 「尊經閣文庫藏影印」(『大日本古文書』 25, 45쪽)

合壹拾陸種

併風一具 鏡二面 一七寸已上 一五寸已上 金鋺二具 麝香一齋

朱沙 香爐二具 密拔 呵莉勒

薰陸 衣香 丁字 枕香

桂心 青木木 人參 蘇芳

價綿壹伯捌□□[斤]此中黑綿貳拾斤

天平勝寶四年六月十五日右大舍人大初位上中臣伊勢連老人

醫寶鑑)』에 부인의 혈기병(血氣病), 산후 혈창(産後 血脹), 월경 중단, 옹종·어혈 등에 효능이 있다고 하여, 약재로도 사용되었음을 알 수 있다. 「매신라물해」에서는 30건의 문건 중 13개 문건에서 소방이 확인되는데, 한 건의 사례를 제외하면 모두 소방과 함께 거울[鏡]을 구입하였다. 이를 통해 볼 때 소방은 여성 용품으로 사용되었거나, 주로 여성들이 주도하였던 옷감 염색 등의 과정에 주재료로 사용되었을 것으로 추측된다(박남수, 2011).

3 값을 치를 물건[直物] : 「매신라물해」에서는 문서에 기재된 신라 측 물품에 대한 가치를 면(綿), 견(絹), 실[糸] 등의 '직물(直物)'로 표현하고 있는데, 이를 통해 신라에서 증여된 품목과 일본의 '直物' 사이에 교관이 행해졌음을 알 수 있다(신카이 사키코, 2020). 곧 '직물'이란 신라 측 품목에 상응하는 '값을 치를 물건[直物]'이라는 의미로 볼 수 있다.

4 천평승보(天平勝寶) : 일본 고켄천황[孝謙天皇] 시대의 연호로 원년은 고켄천황이 즉위한 749년이다. 곧 문서의 천평승보(天平勝寶) 4년은 753년에 해당한다.

문서 〈2〉 해석 및 역주

[모두] 합해서 16종(種).

병풍(併風) 1구(具), 거울[鏡] 2면(面) [하나는] 17촌(寸) 이상, [다른 하나는] 15촌 이상

금완(金鋺) 2구, 사향(麝香) 1재(齋)

주사(朱沙)[5] 향로(香爐) 2구 밀발(密拔) 가리륵(呵莉勒)

훈육(薰陸) 의향(衣香) 정자(丁字) 침향(枕香)

계심(桂心) 청목목(青木木) 인삼(人參)[6] 소방(蘇芳)

가격[價] 면(綿) 108 … [근(斤)]. 이중에 흑면(黑綿) 20근.

천평승보(天平勝寶) 4년 6월 15일 우대사인(右大舍人) 대초위상(大初位上) 중신이세련노인(中臣伊勢連老人)

문서 〈3〉 판독문

출전 『續修後集』 卷43(『大日本古文書』 25, 45쪽)

合玖種

丁香 直七斤 薰衣香 直七斤 青木香 直三斤 薰陸香 直二斤 □

牛黄 直二斤 蘇芳 直五十斤 五六寸鏡 直廿斤 牙梳 直三斤

牙笄子 直二斤

5 주사(朱沙) : 주사(朱砂)라고도 하며 짙은 홍색의 광택이 있는 덩어리 모양의 광물로서, 약재·수은과 함께 단약 제조, 안료·염료 등으로 사용되었다. 주사는 진대(秦代)에 처음 중국에 전래되었으며, 천촉(川蜀), 교파(咬吧)[자카르타] 등지의 것이 유명하였다. 『동의보감』에는 한반도에서도 산출된다고 기록하고 있다. 주사는 무엇보다도 안료로 많이 사용되었는데, 가루로 만들어 아교를 달인 물과 맑은 물을 함께 사기그릇에 넣고 흔들어서, 맨 위의 주표(朱標)는 옷에 물들이는 물감으로, 중간의 홍색(紅色)은 난간(欄干)·사관(寺觀) 등을 그리는 물감으로, 그리고 가장 아래의 색채가 거친 부분은 인물화를 그리는 데 사용하였다. 「매신라물해」 중의 주수(朱水)도 주사로 인정된다(박남수, 2011).

6 인삼(人蔘) : 인삼은 우황(牛黃) 등과 함께 북중국, 만주, 한반도에 걸쳐 생산되는 약재다. 따라서 「매신라물해」의 인삼은 신라산일 가능성이 있다(김창석, 2004).

以 前 物 等 價 綿 壹 伯 斤

天平勝寶四年六月十六日

문서 <3> 해석 및 역주

[모두] 합해서 9종(種).

정향(丁香)[7] 값[直] 7근(斤) 훈의향(薰衣香)[8] 값 7근 청목향(青木香)[9] 값 3근 훈육향(薰陸香)[10]

---

7 정향(丁香) : 정향은 「매신라물해」에서 정자(丁字)·정자향(丁子香)·계설향(鷄舌香) 등으로도 표기되어 있다. '정(丁)'자와 모습이 비슷한데서 정향이라 이름이 붙여졌는데, 정자향(丁字香) 또한 같은 이유에서 비롯한 이름이다. 정자·정자향·계설향은 「매신라물해」에서 같은 문건에 함께 보이기도 한다. 같은 문건에 동일종의 향약을 중복 신청한 것은 용도에 따라 명칭을 달리 사용했기 때문으로 보는 견해가 있다(박남수, 2011). 정향은 곤륜(崑崙)과 교주(交州), 애주(愛州) 이남에서 산출되며, 『제번지(諸蕃志)』에 따르면 조정의 낭관(郎官)들은 정향[계설향]을 씹거나 입에 물고 있음으로써 입 냄새를 피하였다고 한다. 한편 『증도본초비요(增圖本草備要)』에 따르면, 정향은 위를 따뜻하게 해주며, 콩팥의 기능을 도와주는 약재로도 사용되었다고 한다(김지은, 2013a).

8 훈의향(薰衣香) : 훈의향은 감송향·백단·정향·침향 등의 향을 혼합해서 보존용으로 조합한 향이다. 훈의향 처방과 관련하여 당대 약방서 『천금익방』과 『외대비요방』에는 별도로 훈의향·의향(依香)과 같은 조합향에 대한 처방이 전해지는데, 「매신라물해」에 보이는 향이 바로 이것으로 보인다(김지은, 2013a). 한편, 훈의향을 훈향(薰香)과 동일한 향료로 보기도 한다(박남수, 2011).

9 청목향(青木香) : 청목향은 화향(和香)의 재료로 사용된다. 『제번지(諸蕃志)』에 따르면, 청목향은 대식(大食)의 나말국(囉抹國)[로마]이 원산지로서 일명 목향(木香) 혹은 밀향(蜜香)이라고도 한다. 『당본초(唐本草)』에는 청목향이 곤륜산(崑崙產)과 서호산(西胡產)에서 난다고 하며, 『약성본초(藥性本草)』에 인용된 『남주이물지(南州異物志)』에는 천축(天竺)에서 난다고 전한다. 『도경본초(圖經本草)』에서는 오직 광주(廣州) 해상들이 가져오는 물품이라 하였으며, 『명의별록(名醫別錄)』은 외국 해상들이 로마[大秦國] 산을 들여오는데 합향(合香)으로만 사용한다고도 하였다. 『동의보감(東醫寶鑑)』에 따르면, 청목향은 흉통과 복통, 심통, 설사·곽란(霍亂)[급성 위장염]·이질 등의 치료제로 사용된다고 한다(박남수, 2011).

10 훈육향(薰陸香) : 훈육향은 유향(乳香)을 뜻하며, 마니향·편택향·마륵향·다가라향 등으로도 불린다. 유향은 감람과에 속하는 열대식물인 유향수(乳香樹)의 분비액을 말려서 만든 유백색의 수지(樹脂)이며, 그 방울져 내리는 것이 유두(乳頭)와 같아 유두향(乳頭香)이라고 일컫는다. 유향[훈육향]은 보통 방향제·방부제로 쓰이며, 그밖에 부스럼이나 복통 등에 약재로 쓰이기도 한다. 주산지는 아라비아 반도 남부의 하드라마우트 연안과 아프리카 소말리아 해안지대이다. 유향[훈육향]은 불교의 전래와 함께 기원후 2~3세기 인도로부터 중국에 처음 전해졌으며, 8세기 이후에는 아랍 유향이 해로를 통해 직접 동남아시아나 중국에 수출되었다. 이는 『제번지(諸蕃志)』에서 대식(大食)[아라비아] 상인들이 배로 삼불제(三佛齊)[수마트라]까지 유향을 운반하면 그곳에서 번상(蕃商)들에 의해 교역되었다는 내용을 통해 유추할 수 있다. 한편, 1966년 불국사(佛國寺) 석가탑 2층 탑신 상면 방형사리공(方形舍利孔)에서 고려시대 공양품으로서 '유향(乳香)'이라는 묵서(墨書)와 향목(香木)이 발견된 바 있다. 이를 통해, 유향이 단순한 사치성 소비품만 아니라 불교의례의 관용품(慣用品)으로도 사용되었음을 알 수 있다(김지은, 2013a). 또한 조선 중종 시대 편찬된 『패관잡기(稗官雜記)』에 따르면, 유향[훈육향]은 조선에 나지 않는 약재로 중국으로부터 구입한다고 기록되어 있다. 한편, 훈육향은 침향·청목향·곽향·안식향·용뇌향·감송향 등과 함께 조합향의 재료로 사용되었는데,

값 2근 …

우향(牛黄) 값 2근 소방(蘇芳) 값 50근 56촌(寸) 거울[鏡] 값 20근 아소(牙梳)[11] 값 3근

아계자(牙笄子)[12] 값 2근

앞서 열거한[以前][13] 물건들의 가격[價]은 면(綿) 100근이다.

천평승보(天平勝寶) 4년 6월 16일

문서 〈4〉 판독문

출전 「尊經閣文庫藏影印」(『大日本古文書』 25, 47쪽)

從四位下小槻山君廣虫解　申應念物賈事

合[玖]種　直絹[絁参拾]匹　[糸壹伯]斤　綿參伯斤

鉢貳口　大盤貳口　小□　鋺　金筯肆枚

□　□

□

以 前 念 物 并 價 等 顯 注 如 件 謹 解

天平勝寶四年六月十七日

훈육향을 구입한 「매신라물해」 문건 가운데 일부가 조합제를 함께 구매하고 있음이 확인되고 있어, 조합향으로 사용하였을 것으로 보인다. 또 향로(香爐)를 구입한 4명이 모두 훈육향을 함께 구입하였음도 확인되어, 이들은 훈육향을 사르는 향로로 사용했을 것으로 추측된다(박남수, 2011).

11 아소(牙梳) : 아소는 상아[牙]로 제작한 빗을 말한다. 상아는 코끼리 엄니 혹은 다른 포유동물의 어금니를 공예 재료로 활용한 것으로, 은은한 색상과 광택을 지닌다. 이를 바로 깎아 기물을 만들기도 하지만, 여기에 염색을 가하거나 표면에 조금기법을 더해 장식하여 다양한 장신구를 제작할 수 있다. 현재 쇼소인[正倉院] 중창(中倉)에는 아소 3점이 전하고 있다(신숙, 2021).

12 아계자(牙笄子) : 아계자는 상아로 제작한 비녀를 말한다. 상아에 대해서는 위의 각주 11)번을 참조.

13 앞서 열거한[以前] : 문서 양식의 하나로 앞서 기재한 항목이 2건 이상일 경우, 앞에 서술한 내용을 통틀어서 지칭할 때 쓰이는 용어이다.

문서 〈4〉 해석 및 역주

종4위하(從四位下) 소규산군광충(小槻山君廣虫)[14][이 올리는] 문서[解]. 염물(念物)[15]을 사는 일에 대하여 [문서를] 올림.

[모두] 합해서 [9]종(種). 값[直]은 견(絹)·[시(絁) 30]필(匹), [실[糸] 일백] 근(斤), 면(綿) 삼백 근.

발(鉢) 2구(口)　대반(大盤) 2구　소□(小□)　완(鋺)　금저(金筯)[16] 4매(枚)

……　　……

……

앞서 열거한[以前] 염물(念物) 모두의 가격[價]을 기입하여 이와 같이 삼가 문서[解]를 올립니다.

천평승보(天平勝寶) 4년 6월 17일

문서 〈5〉 판독문

출전 「尊經閣文庫藏影印」(『大日本古文書』 25, 48쪽)

念物五六寸鏡　丁[香]□

葷撥　木槵子　□　如意　[蠅]拂

---

14 소규산군광충(小槻山君廣虫) : 소규산군광충은 일본 나라시대[奈良時代] 중기에 우네메[采女]로 활동한 여관(女官)이었다. 우네메는 군(郡)의 소령(少領) 이상의 가족 중에서 선발하여 봉사시킨 후궁(後宮)의 여관을 말한다. 그 씨(氏)는 소관산(小櫬山)이라고도 쓴다. 성(姓)은 군(君)이며 관위(官位)는 종4위하(從四位下)의 명부(命婦)였다.

15 염물(念物) : 염물은 곧 일본 측에서 구입하고자 하는 신라 물품[교환 물품]을 말하는 것으로, '청하는 물건' 혹은 '원하는 물건'으로 풀이된다. 이와 관련하여서는 앞의 「쇼소인[正倉院] 소장 신라 색전(色氈)·화전(花氈)과 전첩포기(氈貼布記)」 각주 3)번을 참조 바람.

16 금저(金筯) : 저(筯)와 관련하여 『진씨향보(陳氏香譜)』에는 향품기(香品器)로써 향반(香盤)·향시(香匙)·향저(香筯) 등의 명칭이 나오는데 이 기물(器物)들은 향을 피울 때 사용한다고 한다. 「매신라물해」에서는 많은 종류의 향(香)을 구입하고 있음이 확인되며, 이들 향(香)은 불교의례에서도 사용되었을 것으로 추정된다. 따라서 「매신라물해」에 나타난 반(盤)·시(匙)·저(筯)는 불교행사용구(佛教行事用具)로써 사용되었을 것으로 추정하는 견해가 있다(김지은, 2013a).

蘇芳　紫根

直綿貳伯屯

右 件 念 物 并 直 數 如 前 以 解

天平勝寶四年六月廿日

문서 〈5〉 해석 및 역주

염물(念物) 56촌(寸)의 거울[鏡]　정[향](丁[香]) ……

필발(蓽撥)[17]　목환자(木槵子)[18]　……　여의(如意)[19]　[승(蠅)]불(拂)[20]

소방(蘇芳)　자근(紫根)[21]

값[直]을 치를 면(綿) 이백 둔(屯).

상기의 염물(念物) 모두의 값과 수량을 앞과 같이 문서[解]로 올립니다.

천평승보(天平勝寶) 4년 6월 20일

---

17 필발(蓽撥) : 후추과 열매로 인도긴후추[Indian long pepper]를 말한다. 약재 및 향신료로 쓰이는데,『동의보감』에 따르면 위가 찬 것을 없애고 음산(陰疝)과 현벽(痃癖)을 낫게 하며, 곽란(霍亂) 및 냉기(冷氣)와 혈기(血氣)로 가슴이 아픈 것을 낫게 하는 효능이 있다고 전한다. 또 음식을 삭게 하거나 비린 냄새를 없애는 데도 사용하였다.

18 목환자(木槵子) : 무환자(無患子)라고도 한다. 불교경전인『목환자경(木槵子經)』에 따르면, 108개를 엮은 목환자를 지니고 다니며 염송(念誦)하면 업보를 소멸하고 안락할 수 있다고 하였다. 이로 보아 목환자는 염주의 재료로 사용되었을 것으로 파악된다. 뒤에서 살펴볼 문서 〈7〉에서는 목환자 1296과에 대한 구입 신청이 보이는데, 이는 108개 염주를 12개 제작할 수 있는 수량이다(신숙, 2021). 한편, 목환자는『신증동국여지승람(新增東國輿地勝覽)』에 제주도 산물로 기록되어 있다(박남수, 2011).

19 여의(如意) : 여의는 온역(瘟疫)을 치료하고 일체의 귀신을 숭복(崇伏)시키는 여의단(如意丹)과 관련된 물품일 것으로 추정되고 있다(박남수, 2011).

20 [승(蠅)]불(拂) : 흔히 먼지떨이[총채] 혹은 파리채라는 뜻을 가지고 있지만, 여기서의 승불은 불교용품으로 추정하는 견해(박남수, 2011)가 타당할 듯하다. 만약 그렇다면 이는 승불자(蠅拂子)일 것이다. 승불자는 짐승의 털이나 삼베 등을 묶어 자루 끝에 매어 단 도구로서 승려가 번뇌나 장애를 물리친다는 상징을 담고 있는 불기(佛器)이다.

21 자근(紫根) :『산림경제(山林經濟)』에 따르면 자근(紫根)은 자초(紫草) 뿌리로서 두창(痘瘡)[천연두]에 효능이 있고, 짙은 녹색 껍질은 물감으로 쓰인다고 한다. 자초는 만주·일본·중국·아무르 지방에 분포하며『신증동국여지승람(新增東國輿地勝覽)』에서는 한반도에서도 난다고 하였다. 앞서 검토한「쇼소인[正倉院] 소장 신라 색전(色氈)·화전(花氈)과 전첩포기(氈貼布記)」에는 자초랑택(紫草娘宅)이 확인되는데, 이를 통해 자초랑택에서 자초를 재배하여 뿌리를 약재로 공급하는 한편 직물류에 직접 물감을 들여 색모전(色毛氈) 등을 생산·판매하였음을 추측할 수 있다.「매신라물해」에 나타난 자근은 염료로 사용되었다기보다는 두창(痘瘡)[천연두] 등의 치료제로 구매된 것으로 보인다(박남수, 2011).

문서 〈6〉 판독문

출전 『續修後集』 卷43(『大日本古文書』 3, 579~580쪽)

[合價絁]□□[匹] 中東絁二[匹] 糸百斤綿五十[斤]

鹿射香五[劑]	沈香五斤	薰陸五斤	丁香□
青木香五斤	董香五斤	蘇芳廿斤	鞾氈□
□鋺十二具	白銅火爐一口〈小〉	髮刺一具	呵棃勒卌□
太黃二斤	人參十斤	甘草四斤	石二斤
蜜汁五升	桂心一斤	多良四	宍縱容
遠志一斤			

合廿一種

天平勝寶四年六月廿一日 左大舍人大[養] 小足

문서 〈6〉 해석 및 역주

[물건을 모두 합한 가격[價]] [시(絁)] … [필(匹)] 중동시(中東絁) 2[필] 사(糸) 100근(斤), 면(綿) 50[근]

녹사향(鹿射香)[22] 5[제(劑)] 침향(沈香)[23] 5근 훈육(薰陸) 5근 정향(丁香) ……

---

22 녹사향(鹿射香) : 곧 사향(麝香)을 말한다. 사향노루 수컷의 사향낭에서 얻어지는 흑갈색 가루로서 값비싼 약품인 동시에 고급 향료로 사용된다. 다만, 여기서 말하는 녹사향, 곧 사향은 사향목(麝香木)을 말하는 것이다. 사향목은 점성(占城)[베트남 중남부 지방-참파]·캄보디아[眞臘] 등지에서 나는데, 수명이 다 된 나무가 땅 속에 묻힌 뒤 부패하여 물러지고 벗겨진 것을 상품으로 여기며, 그 기(氣)가 묽어져 사향노루[麝]와 비슷하므로 사향(麝香)이라 한다. 천주인(泉州人)이 많이 기용(器用)으로 삼는다고 한다. 고려에서는 중국 황제의 조칙을 맞이할 때 사양을 피웠다고 한다. 일본에서는 주로 사향을 약재로 사용하였으나, 관정행법(灌頂行法) 등 불교행사에도 이용하였다(박남수, 2011).

23 침향(沈香) : 침수향(沈樹香), 가라향(伽羅香)이라고도 한다. 침향은 『남방초목상(南方草木狀)』에 따르면, 밀향수(密

청목향(青木香) 5근 동향(董香) 5근 소방(蘇芳) 20근 화전(鞾氈)[24] ……

□완(□鋺) 12구(具) 백동화로(白銅火爐) 1구(口) 〈작은 것〉 발자(髮刺) 1구 가려륵(呵棃勒)[25] 30 ……

태황(太黃)[26] 2근 인삼(人參) 10근 감초(甘草)[27] 4근 석(石)[28] 2근

香樹)라는 나무에서 취한다고 전한다. 밀향수를 베어 수년이 지나면 뿌리와 줄기·가지 마디가 각각 별도의 빛깔을 띠는데, 나무 가운데와 마디가 견고하고 검어 물에 가라앉은 것을 침향이라고 한다(박남수, 2011). 침향의 주산지는 해남도(海南道-하이난), 베트남, 타이, 말레이시아, 수마트라, 미얀마, 부탄, 아삼 등 말레이반도를 중심으로 한 지역이다(김지은, 2013). 『산림경제(山林經濟)』에 따르면, 침향 가운데 캄보디아[眞臘]산을 상품(上品), 인도네시아의 Champa[占城]산을 중품(中品), 도파(闍婆)[爪哇, 자바]와 삼불제(三佛齊)[자바 서쪽의 나라] 산물을 하품(下品)으로 등급을 매겼다고 하며, 또 향료뿐만 아니라 만경(慢驚)의 환자가 웅황(雄黃)·몰향(沒香)·유향(乳香)·사향(麝香)과 함께 가루로 만들어 복용하는 약재로 언급되고 있다. 『성호사설(星湖僿說)』에서 이익(李瀷)은 우리나라에 밀향수가 없으므로 침향을 만들 수 없다고 언급하였다. 한편, 「매신라물해(買新羅物解)」에서 향로(香爐)를 구입한 4명 중 3명이 침향을 구입하는 것으로 보아 당시 침향은 사르는 향으로서 기능하였을 것으로 보이며, 고려에서는 공회 때 침수향 등을 태웠다고 한다(박남수, 2011). 843년 흥덕왕(興德王)의 사치 금령은 진골에서부터 일반 백성에 이르기까지 수레와 침상에 침향을 사용하지 못하게 규정하고 있다. 이는 신라가 침향의 수입량이 많았지만, 지나친 사치를 금지하기 위한 조치로 보는 견해가 있다(김지은, 2013a).

24 화전(鞾氈) : 전(氈)은 일반적으로 면양(綿羊)의 털로 짠 모직물을 말한다. 전(氈)에 대해서는 「쇼소인[正倉院] 소장 신라 색전(色氈)·화전(花氈)과 전첩포기(氈貼布記)」의 자료 해제를 참조 바람. 여기서의 화전(鞾氈)은 신발의 재료로 쓰이는 모직물로 보인다. 『삼국사기(三國史記)』 색복(色服)에는 국왕의 자피화(紫皮靴)와 진골대등의 오미추문자피(烏麋皺文紫皮)가 보이는데, 이밖에 기록에 나타나지 않는 6두품 이하 계층의 신발 재료, 즉 전화(氈靴)의 재료가 아니었을까 생각된다(박남수, 2011).

25 가려륵(呵棃勒) : 가려륵은 곧 가려륵(訶黎勒)을 말하는 것으로 다른 「매신라물해」 문건에서는 "가리륵(呵梨勒)"이라고 쓴 경우도 있다. 흔히 가자(訶子) 혹은 가자육(訶子肉)으로 불린다. 사군자과에 속한 낙엽 교목인 가자나무의 열매를 뜻하는데, 열매는 씨를 제거하고 껍질을 건조시켜 약재로 사용된다. 대체로 폐기(肺氣)나 화상으로 인한 화기를 내리는 데 효능이 있고, 『본초강목(本草綱目)』에는 정향·반하·생강·구감초·초두구·청피 등을 함께 섞어 가슴 속에 기(氣)와 담(痰)이 뭉친 데 치료하는 탕약재를 제조한다고 하였다(박남수, 2011).

26 태황(太黃) : 태황은 대황(大黃)이라고도 하며, 회의(回夷)와 서양인이 즐겨 마시던 대왕풀이다. 한반도 북부 고산지대에 흔히 나는데, 2월과 8월에 뿌리를 캐어 검은 껍질을 제거하고 불로 말려서 술에 섞어 볶거나 씻어 생으로 사용한다고 한다. 어혈(瘀血) 등에 쓰이며 계심(桂心)과 함께 역병 예방 등에 효과가 있다고 한다. 또 소합원(蘇合元)이나 비급환(備急丸)의 제조에도 사용된다. 태(대)황과 계심을 함께 신청하고 있음을 통해 역병 예방을 위한 약재로 사용되었을 것으로 추정하는 견해가 있다(박남수, 2011).

27 감초(甘草) : 감초는 위를 보호하고, 속을 편안하게 하며 약물의 성질을 완화하거나 약물의 작용을 조절하는 데 사용한다. 『신증동국여지승람(新增東國輿地勝覽)』에는 경상도 영산과 창녕, 전라도 무안, 해남의 산물로 나타난다(박남수, 2011).

28 석(石) : 여기서의 석(石)은 석뇌(石腦)를 말하는 것으로 석지(石芝) 혹은 태일여량(太一餘糧)이라고도 한다(박남수, 2011). 이밖에 석뇌유(石腦油)는 유황유(硫黃油)라고도 불린다. 석뇌는 급경(急驚)·경계(驚悸)·풍허(風虛)·정허(精虛) 등의 치료에 사용되며, 주로 환약 등을 제조할 깨 조합제로 사용된다. 중국 운남 및 광동 지역의 산물로 알려져 있으며, 『오주연문장전산고(五洲衍文長箋散稿)』에 따르면, 고려에서도 화유(火油)·석유(石油)가 산출되었다 전한다(박남수, 2011).

밀즙(蜜汁)[29] 5승(升) 계심(桂心)[30] 1근 다랑(多良)[31] 4 육종용(宍縱容)[32]
원지(遠志)[33] 1근

[모두] 합해서 21종

천평승보(天平勝寶) 4년 6월 21일 좌대사인(左大舍人) 견[양]소족(犬[養]小足)

문서 〈7〉 판독문

출전 「尊經閣文庫藏影印」(『大日本古文書』 25, 48~50쪽)

合貳拾參種

鏡參面 徑六寸已下 五寸已上　　迊羅五重鋺參帖 口徑五寸已下

29 밀즙(蜜汁) : 밀즙은 벌꿀[蜂蜜]로서 발해 사신이 일본에 보낸 물품 중에도 보인다. 「매신라물해」에서 확인되는 꿀 종류로는 밀즙 외에도 밀(蜜), 납밀(臘蜜) 등이 있다. 『동의보감』 등 각종 의서에 따르면, 대체로 밀즙(蜜汁)·밀(蜜)은 약재 가루를 반죽하여 환약을 제조하는 조합제로 사용된다 한다(박남수, 2011).

30 계심(桂心) : 『산림경제(山林經濟)』에 따르면 계심(桂心)은 계피(桂皮)의 겉껍질을 벗긴 속껍질로서 교지(交趾)에서 산출되는데, 객오(客忤)·산통(疝痛)·실음(失音)·제과독(諸果毒) 등에 쓰이는 구급약이다. 계심으로 도소음(屠蘇飮) 등을 만들어 먹으면 역병(疫病)을 예방할 수 있다고 한다(박남수, 2011).

31 다랑(多良) : 다랑은 다라(多羅)를 말한다. 다라 잎은 부처의 제자 아난(阿難)이 불경을 쓴 패엽(貝葉)으로 잘 알려져 있는데, 이 잎을 구하여 몸에 지니면 온갖 귀신들이 공경하고 복종한다고 한다. 이와 같은 내용에 주목하여 다라(多羅)를 구지(口脂)와 함께 향약명으로 보는 견해가 있으며(永正美嘉, 2005), 『법륭사가람연기병유기자재장(法隆寺伽藍緣起幷流記資財帳)』에서는 다라를 공양구(供養具)로 분류하고 그 재질을 은(銀)·백동(白銅)으로 전하고 있다. 「매신라물해」의 다라는 기물(器物)의 한 종류를 지칭한 것으로 추정된다(박남수, 2011).

32 육종용(宍縱容) : 육종용은 『본초몽전(本草蒙筌)』(1565)에 마분(馬糞)이 떨어진 땅에서 자라나는 더부사리과의 다년생 기생풀로서 중국 섬서 지방에서 산출된다고 하였다. 따라서 육종용은 초목류 약재였음을 알 수 있다. 『동의보감』에는 음력 3월에 뿌리를 캐어 그늘에서 말려 사용하는데, 오로(五勞)·칠상(七傷)·남자의 음위증·여자의 불임증에 효능이 있다고 한다(박남수, 2011).

33 원지(遠志) : 원지는 산속에 나는 애기풀 뿌리로서 그 잎은 소초(小草)라고 한다. 우리나라 곳곳에 나는 고채(苦菜) 곧 씀바귀[徐音朴塊]이다. 4월과 9월에 뿌리와 잎을 채취하여 볕에 말리고, 감초(甘草)를 달인 물에 씻어서 뼈를 제거한 뒤에 생강즙을 섞어 볶아서 사용한다. 『동의보감』에는 귀와 눈을 밝게 하며 심기를 진정시키고 경계(驚悸)를 멎게 하며 건망증·중풍 등에 처방한다고 하였다. 또한 원지환(遠志丸)과 원지주(遠志酒)를 만들어 놀랐을 때나 옹저 등의 치료에 쓰인다고 한다. 「매신라물해」에서는 감초와 함께 환(丸)의 제조에 쓰이는 밀즙을 신청하고 있음이 확인되므로 원지로 약이나 환 등을 제조하였던 것으로 보이며, 더불어 백동화로(白銅火爐)도 이러한 약이나 환 등의 제조와 관련이 있을 것으로 추정된다(박남수, 2011).

白銅五重鋺貳帖 口徑五寸已下　　白銅盤壹拾伍口 口徑五六寸
[迊]羅盤伍口 口徑五六寸　　白銅匙箸貳具
白銅香爐壹具　　白銅錫杖壹箇
黃金伍兩　　麝香參臍
朱沙壹斤　　同黃壹斤
薰陸壹拾倍斤　　人參肆斤
呵莉勒貳伯顆　　松子壹斛伍㪷
木槵子壹仟貳伯玖拾陸顆　　蜜汁貳[㪷]
牙鏤梳壹拾箇　　牙鏤子貳拾箇
口脂壹箇 長一尺　　鐵精一斤
蘇芳貳伯肆拾斤
儲價物綿伍伯斤　　絲參拾斤
以 前 可 買 新 羅 物 并 儲 價 等 如 前 謹 解

天平勝寶四年六月廿三日

문서 〈7〉 해석 및 역주

[모두] 합해서 23종(種)

거울[鏡] 3면(面) 지름[徑] 6촌(寸) 이하 5촌 이상　　잡라오중완(迊羅五重鋺)[34] 3첩(帖) 구경(口徑) 5촌 이하

34 잡라오중완(迊羅五重鋺) : 잡라(迊羅)는 오중완(五重鋺), 즉 다섯 겹으로 포개어진 완(鋺)의 재질을 일컫는 것으로 보인다. 잡라의 발음은 사후라(サフラ)로, 『왜명류취초(倭名類聚抄)』에 등장하는 금속제 그릇[金鋺]인 사라(鈔鑼)의 이칭이었던 사포라(沙布羅)의 발음(サフラ)과 통한다. 그뿐만 아니라 같은 사료에서 사라(鈔鑼)는 신라(新羅)라고도 하는데, 이는 금완(金鋺)이 신라국(新羅國)에서 나오는 데에서 연유하며, 잡라(雜羅)는 신라를 잘못 쓴 것이라고 언급하고 있다. 또 남송(南宋)대의 『연번로(演繁露)』에서는 구리그릇[銅盆]을 시라(厮羅)라고 하는데, 시라는 구리가 많이 생산되는 斯羅[신라]에서 유래하였다고 언급하고 있다. 이를 통해 「매신라물해」에 나타난 잡라는 교역에 사용할 동기(銅器)를 칭하는 신라인의 표현이라고 볼 수 있으며, 따라서 잡라(迊羅)는 신라에서 생산된 물품으로 파악된다(김민수, 2019).

백동오중완(白銅五重鋺) 2첩 구경 5촌 이하

[잡]라반([迊]羅盤) 5구 구경 56촌

백동향로(白銅香爐) 1구

황금(黃金) 5냥(兩)

주사(朱沙) 1근(斤)

훈육(薰陸) 15근

가리륵(呵莉勒)[37] 2백과(顆)

목환자(木槵子) 1,296과

아루소(牙鏤梳)[39] 10개

구지(口脂)[41] 1개 길이[長] 1척(尺)

소방(蘇芳) 240근

백동반(白銅盤) 15구(口) 구경 56촌

백동시저(白銅匙箸)[35] 2구

백동석장(白銅錫杖)[36] 1개(箇)

사향(麝香) 3제(臍)

동황(同黃) 1근

인삼(人參) 4근

송자(松子)[38] 1곡(斛) 5두(㪷)

밀즙(蜜汁) 2[두]

아루계자(牙鏤笄子)[40] 20개

철정(鐵精)[42] 1근

---

35 백동시저(白銅匙箸) : 백동(白銅)으로 제작한 시저(匙箸), 곧 수저[숟가락과 젓가락]를 말한다. 다만, 이는 식기로 사용된 것이라기보다는 불교용품으로 사용되었을 가능성이 크다(앞의 각주 16)번을 참조 바람).

36 백동석장(白銅錫杖) : 백동(白銅)으로 제작한 석장(錫杖)을 말하는데, 석장은 승려들이 짚고 다니는 지팡이를 말한다.

37 가리륵(呵莉勒) : 앞의 각주 25)번을 참조 바람.

38 송자(松子) : 송자는 잣을 뜻한다. 잣은 신라산이었을 가능성이 크며, 일본에서는 약용으로도 사용되었다(김창석, 2004). 『본초강목(本草綱目)』에서는 해송자(海松子)를 신라송자(新羅松子)라고 일컬었으며, 『고려도경(高麗圖經)』에는 고려의 토산으로 오엽송(五葉松)에서만 취할 수 있다고 언급하였다. 송자는 「매신라물해」에 가리륵(呵梨勒)·자황 등과 함께 기재되어 있어 약재로 구입한 것으로 생각되며, 『동의보감(東醫寶鑑)』에는 골절풍(骨節風)과 풍비증(風痺症), 어지럼증 등의 치료와 함께 오장 및 허약체질의 개선에 효능이 있다고 전한다(박남수, 2011). '신라 잣'에 대해서는 「「신라촌락문서(新羅村落文書)」에 보이는 물품과 촌락 사회」의 각주 26)번을 참조 바람.

39 아루소(牙鏤梳) : 아루(牙鏤)는 상아의 표면에 새김장식을 한 것을 말한다. '루(鏤)'는 각루(刻鏤)와 같이 아로새기는 기법, 금실이나 금알갱이로 꾸미는 누금 기법, 돋을새김으로 문양을 드러내는 방식 등을 뜻하는데, 특히 고대의 '루'는 선각과 누금, 타출 등 여러 종류의 조금기법을 아우르는 표현으로 사용했다고 한다(신숙, 2021). 따라서 아루소는 '상아를 누금한 빗'을 뜻한다. 다만, 현재까지 상아에 누금을 결합한 공예품이 알려진 바가 없다는 점에서 여기서의 "아루"는 상아 표면에 선각으로 문양을 장식하는 기법이었을 것으로 보는 견해도 있다(신숙, 2021).

40 아루계자(牙鏤笄子) : 아루(牙鏤)는 상아의 표면에 새김장식을 한 것을 말하며, 아루계자는 '상아를 누금한 비녀'를 뜻한다. 이와 관련하여서는 앞의 각주 39)번을 참조.

41 구지(口脂) : 구지는 진랍(眞臘)[캄보디아]의 특산품으로, 갑향(甲香)에 약재 및 미과화향(美果花香)을 납(蠟)으로 섞어 만든 일종의 화향(和香)이다. 구체적으로 『수헌집(睡軒集)』의 "구지면약(口脂面藥)"이란 구절을 통해 구지가 향료뿐만 아니라 일종 약재 또는 여성들의 향분 등을 조합할 때 사용되었을 것으로 추정하기도 한다(박남수, 2011).

42 철정(鐵精) : 철정은 철화(鐵花)라고도 하는데 신라의 대표적인 특산품이었다(김창석, 2004). 다만, 철정은 흔히 금속 제품으로 분류되나 「매신라물해」에 나타난 구매량이 1근에 불과한 점을 근거로 약재로 파악하기도 한다(박남수, 2011). 이에 따르면 『명의별록(名醫別錄)』에 철정은 강철을 단련할 때 단조(鍛竈)에서 나오는 진자색(塵紫色)을 띠는 가볍고 고운 미지근한 미립자를 지칭하는데, 놀라 가슴이 두근거리거나 간질·대하증·탈장 등의 치료에 쓰인다고 한다.

여기에 대한 값을 치를 물건[儲價物]　　　　　면(綿) 500근　　실[絲] 30근

앞서 열거한[以前] 사고자 하는 신라물(新羅物) 모두의 가격을 앞과 같이 삼가 문서[解]를 올립니다.

천평승보(天平勝寶) 4년 6월 23일

문서 〈8〉 판독문

출전 「尊經閣文庫藏影印」(『大日本古文書』 25, 50쪽)

合壹拾肆種

鋺五疊 五重　鍮石香爐[參]口　鏡□寸　□

麝香　蘇芳　呵梨[勒]　丁字香

帶二條　烟子　朱沙　銅黃

鈼箸 二具　雜香

價直物　絹壹拾參匹 一匹白 十二匹赤　糸壹伯貳拾斤　綿壹伯□拾斤

以 前 應 買 物 色 并 價 直 物 等 數 申 送 如 件 以 [解]

天平勝寶四年[六月廿三]日「文奉飯高嶋□」

「以六月廿四日勘定」　　※「 」안의 글자는 필체가 다른 글자를 표시

문서 〈8〉 해석 및 역주

[모두] 합해서 14종(種)

완(鋺) 5첩(疊) 5겹[五重] 유석향로(鍮石香爐)[43] [3]구(口) 거울[鏡] … 촌(寸) …

사향(麝香) 소방(蘇芳) 가리[륵[(呵梨[勒])]][44] 정자향(丁字香)

대(帶) 2조(條) 연자(烟子) 주사(朱沙) 동황(銅黄)

비저(鈚箸) 2구(具) 잡향(雜香)

값을 치를 물건[價直物] 견(絹) 13필(匹) 한 필은 백색, 12필은 적색 실[糸] 120근 면(綿) 백…십 근

앞서 열거한[以前] 살 물건[買物]에 상당하는 색과 가격의 값을 치를 물건[直物] 수량을 적어 이와 같이 문서[解]로 올립니다.

천평승보(天平勝寶) 4년 [6월 23]일 문봉(文奉)「반고도□(飯高嶋□)」

「6월 24일에 감정(勘定)하였음」[45] ※「 」안의 글자는 필체가 다른 글자를 표시

---

43 유석향로(鍮石香爐) : 유석(鍮石)은 일찍이 중국에서 페르시아[波斯國] 특산품으로 금에 비견될 정도로 귀중한 금속으로 여겨졌다고 한다. 중국과 일본의 기록에 등장하는 유석(鍮石)은 현재의 황동(黃銅)으로 구리-아연의 합금을 가리킨다. 그런데 신라 성덕왕(聖德王) 12년[725]에 '유(鍮) 3,300정(鋌)'을 사용하여 주조하였다는 종명(鐘銘)을 전하고 있는 상원사동종(上院寺銅鐘)의 성분조사 결과 구리-주석 합금 즉 청동(青銅)임이 밝혀져 8세기 당시 신라에서의 '유(鍮)'는 청동을 지칭한다는 것을 알 수 있다. 또 이규경(李圭景)이 1834년에 저술한 과학기술서인 『오주서종박물고변(五洲書種博物考辨)』에 따르면, 구리-주석 합금인 향동(響銅)은 '우리나라의 유(鍮)이다[我東鍮]'라고 언급하고 있어, 중국·일본-우리나라 간의 유석(鍮石)에 대한 인식이 달랐음을 알 수 있다. 그 때문에 신라 국내에서 사용된 유석(鍮石)의 개념을 국가 간의 교역에 사용한다면 문제가 생길 수 있다. 「매신라물해」에 보이는 유석(鍮石)은 중국·일본에서 통용되던 구리-아연 합금을 의미하고, 신라가 당(唐)을 통해 들여와 일본에 전해준 무역품으로 볼 수 있다. 한편, 신라의 동기(銅器)를 의미하는 잡라(迊羅)는 신라 국내에서 통용되던 구리-주석 합금으로, 신라에서 생산한 물품으로 이해된다(김민수, 2019).

44 가리륵(呵梨勒) : 앞의 각주 25)번을 참조 바람.

45 문서를 보면 품목을 쓴 필적 "天平勝寶四年六月廿三日文奉"과 감정(勘定)을 적은 필적 "以六月廿四日勘定"은 분명 다르다. 문서가 관사에 제출된 뒤 다음 날 즉시 감정된 것으로 보인다(신카이 사키코, 2020).

문서 〈9〉 판독문

출전 「尊經閣文庫藏影印」(『大日本古文書』 25, 45쪽)

□[解]申請應買物事

[合肆拾壹]種 價物[絁]□拾匹 綿陸伯伍拾斤

··

牙笏	沈[香]	丁香	青木香
薫陸香	□	零陵香	甘松香

··

藿香	安[息]香	龍腦香	裛衣香
薰衣香	[甘]草	桂心	大黄
人參	呵莉勒	蜜汁	朱沙
胡粉	黄丹	同黄	烟子
雌黄	畢拔	臘蜜	松子
緋氈	花氈	□裁氈	黑作鞍具
鞴面	勒鞦	白銅香爐	五重鋺 大
箸匕	五四寸鏡	燭臺	蘇芳
熟布			

天平勝寶四年六月廿四日事業從八位上日置酒持

※ "....." 점선 표시는 문서의 절단면을 표기한 것임.

문서 〈9〉 해석 및 역주

…… 살 물건[買物]에 대한 사항을 문서[解]로 신청합니다.

[모두 합해서 41]종(種) 값을 치를 물건[價物]은 [시(絁)] □십 필(匹), 면(綿) 650근(斤)

아홀(牙笏)[46]	침(沈)[향(香)]	정향(丁香)	청목향(青木香)
훈육향(薰陸香)	□□□	영릉향(零陵香)[47]	감송향(甘松香)[48]

곽향(藿香)[49] 안[식]향(安[息]香)[50] 용뇌향(龍腦香) 읍의향(裛衣香)[51]

46 아홀(牙笏) : 아홀은 상아(象牙)로 만든 홀(笏)을 말한다. 홀(笏)은 관료가 관복을 입을 때 손에 쥐는 수판(手板)이다. 「매신라물해」에서 확인할 수 있는 신분은 5위 이상의 귀족이다. 당시 일본에서는 5위 이상의 관리가 아홀을 들었고, 6위 이하는 목홀(木笏)을 들었다고 한다(『續日本記』 卷8, "[養老 3년(719)] 二月壬戌, 初令天下百姓右襟. 職事主典已上把笏, 其五位以上牙笏. 散位亦聽把笏, 六位已下木笏").

47 영릉향(零陵香) : 영릉향은 『본초강목(本草綱目)』 권34에 보이는 다가라(多伽羅, tagara)를 말한다. 『영외대답(嶺外代答)』에 따르면 정강(靜江)·융주(融州)·상주(象州) 등지에서 산출되며, 늦은 봄에 꽃을 피우고 씨를 맺는데 쪼개어 연기불을 피면 향내가 나므로 상인들이 그늘진 곳에 말려 판매한다고 한다. 중국 영남(嶺南) 지방에서는 이것을 향으로 사르지 않지만, 영외(嶺外) 지방에서는 정강(靜江)이 옛 영릉군(零陵郡)에 속하였기에 영릉향(零陵香)이라 일컫고 향으로 사용한다고 한다. 『동의보감(東醫寶鑑)』에 따르면 영릉향은 복통을 낫게 하고 몸에 향기를 풍기게 하는 효과가 있으며, 우리나라에서는 오직 제주도에만 산출된다 언급하고 있다. 『신증동국여지승람(新增東國輿地勝覽)』에서는 제주도의 제주·정의·대정 일대를 산출지로 전하고 있다(박남수, 2011).

48 감송향(甘松香) : 『경사증류대관본초(經史證類大觀本草)』(1108)에 따르면 감송향은 중국 고장(姑臧)[黔·蜀州]과 요주(遼州) 지방에서 생산되며, 잎이 가늘어 모초(茅草)[띠풀]와 같고 뿌리는 극히 번밀(繁密)하여 8월에 채취하여 사용한다고 한다. 또한 감송향은 악기(惡氣)와 졸심(卒心)·복통(腹痛) 등을 다스리며, 여러 향과 섞어 탕욕(湯浴)을 만들어 사용하는 등 조합향의 재료로 사용된다(박남수, 2011). 한편 감송향의 원산지를 인도로 보는 견해도 있다(東野治之, 1974).

49 곽향(藿香) : 곽향은 꿀풀과에 속하는 방아풀과 광곽향(廣藿香)의 전초를 말린 것이다. 방아풀은 산기슭에서 자라고 광곽향은 아열대인 교지국(交趾國)[安南]에서 난다고 한다. 『증도본초비요(增圖本草備要)』에 따르면, 중국 교주(交州)와 광주(廣州) 지역에서 산출되며 곽란이나 토사(吐瀉)[구토 및 설사], 비위병으로 오는 구토와 구역질을 치료하는 효능이 있다고 한다. 한편, 『패관잡기(稗官雜記)』에 따르면 곽향은 조선에 나지 않는 약재로 중국으로부터 구입한다고 기록되어 있다(박남수, 2011).

50 안[식]향(安[息]香) : 『당본초(唐本草)』에 따르면 안식향은 서융(西戎)의 산물로서 송지(松脂)와 같이 황흑색(黃黑色)의 덩어리 모양인데 중향(衆香)을 내므로 사람들이 취하여 화향(和香)으로 삼는다고 한다. 또 『유양잡조(酉陽雜俎)』에서는 안식향 나무의 산지는 파사국(波斯國)[페르시아]이며 벽사수(辟邪樹)라 일컫는다고 하였다. 『동의보감』에는 안식향이 본래 중국 남해산이지만 제주도와 충청도에서도 산출된다고 전하며, 악기(惡氣)·고독·온역·곽란·월경 중단·산후혈훈 등에 효능이 있다고 한다. 『신증동국여지승람(新增東國輿地勝覽)』에서는 우리나라 전 지역의 산물로 전한다(박남수, 2011). 또 『산림경제(山林經濟)』에 의하면 천금목(千金木)의 씨는 약에 많이 들어가고 그 즙액(汁液)은 황칠(黃漆)이 되며, 수지(樹脂)는 안식향(安息香)이 된다고 언급하고 있다(김지은, 2013b). 『금광명최승왕경(金光明最勝王經)』 대변재천여품(大辯才天女品)에서는 의식을 행할 때 '안식향을 늘 피우고 다섯 가지 연주 소리가 끊기지 않게 하며, 깃발과 일산으로 장엄하게 하고 비단을 걸어 단장 네 귀퉁이에 늘 달아 두어라'라고 설하고 있으므로, 안식향을 포함한 각종 향(香)들이 불교 의례에서 사용되었을 가능성이 크다(김지은, 2013a).

51 읍의향(裛衣香) : 읍의향은 훈향(薰香)과 같이 의복에 향기를 내는 향료이다. 「정창원어물출납주문(正倉院御物出納注文)」 다케우치 리조[竹內理三] 편에 따르면, 천응(天應) 원년(781) 쇼소인[正倉院]에서 서책들을 보관하는 금대(錦袋) 등에 함께 넣어 보관하였다고 하는 것으로 보아 서책의 보관이나 의류 등에 사용되었을 것으로 추정된다(박남수, 2011).

훈의향(薰衣香)	[감(甘)]초(草)	계심(桂心)	대황(大黄)
인삼(人參)	가리륵(呵莉勒)	밀즙(蜜汁)	주사(朱沙)
호분(胡粉)	황단(黄丹)[52]	동황(同黄)	연자(烟子)[53]
자황(雌黄)[54]	필발(畢拔)[55]	납밀(臘蜜)[56]	송자(松子)
비전(緋氈)[57]	화전(花氈)[58]	□재전(□裁氈)	흑작안구(黑作鞍具)

52 황단(黄丹) : 황단은 연분(鉛粉)을 만들면서 나온 찌꺼기를 초석(硝石)과 여석(礜石)을 사용하여 볶아 만든 광물성 약재이다. 『동의보감』에 따르면, 황단은 백반과 섞어 알약을 만들어 반위증의 치료에 쓰거나, 염창산(斂瘡散)·도화산(桃花散)·홍옥산(紅玉散) 등 염증과 부스럼, 살이 헌 데를 치료한다고 한다(박남수, 2011).

53 연자(烟子) : 연자라고도 한다. 인도네시아·인도 방면에서 생산되는 안료로서(東野治之, 1974) 연지(胭脂)와 같은 것으로 이해된다. 「매신라물해」를 살피면 연자를 신청한 이들은 모두 주사(朱沙)와 동황(同黄)을 함께 구입하고 있다. 연지는 홍람(紅藍)이라고도 하는데 중국 복건성(福建省) 산물이 유명하며, 이것을 다른 빛깔의 안료와 섞어 붉은 색 계통의 각종 빛깔을 만든다고 한다. 또 연분(鉛粉)[호분(胡粉)]과 합쳐 도화분(桃花粉)을 제조하거나, 일정한 연분에 청목향(靑木香)·마황근(麻黄根)·백부자(白附子)·감송(甘松)·곽향(藿香)·영릉향(零陵香)을 각각 똑같이 나누어 가늘게 갈아 가는 체로 걸러 합쳐 향분(香粉)을 만들기도 하였다. 여기서는 소개하지 못했지만 「천고유향(千古遺響)」에 실려 있는 「매신라물해」 문건 중에서 연자와 함께 훈육향·침향·청목향·곽향·안식향·용뇌향·감송향 등의 향약(香藥)과 함께 호분(胡粉)등을 구매하였음도 확인되는데, 이를 통해 당시 일본에서 향분 제조가 보편화되었음을 보여준다(박남수, 2011).

54 자황(雌黄) : 자황은 석자황(石紫黄)이라고도 하는데, 산의 양지 면에서 캔 것을 석자황(石雄黄), 음지 면에서 캔 것을 자황(雌黄)이라고 한다. 유황(硫黄)과 비소(砒素)의 화합물로 빛깔이 누렇고 고와 안료(顔料)로서 사용된다. 이뿐만 아니라 『동의보감(東醫寶鑑)』에 따르면 자황은 불에 달구어 식힌 다음 부드럽게 가루내어 악창, 옴, 문둥병의 치료제로도 사용한다고 하였다. 『신증동국여지승람(新增東國輿地勝覽)』에는 석자황(石紫黄)을 전라도 진산(珍山)의 산물로 소개하고 있다(박남수, 2011).

55 필발(畢拔) : 필발은 「매신라물해」의 다른 문서에는 밀발(密拔)·화발(華撥)·한발(旱撥) 등으로 나타나기도 한다. 필발은 천응(天應) 원년(781) 8월 16일자 쇼소인[正倉院] 「잡물출입계문(雜物出入繼文)」에 약물(藥物)로 분류되어 있다. 『유양잡조(酉陽雜俎)』에서는 필발(蓽撥)에 대해 마가타국(摩伽陁國)에서는 필발리(蓽撥梨)로 불림국(拂林國)에서는 '아리가타(阿梨訶咃)'로 부르며 8월에 채취한다고 전한다. 『심전고(心田稿)』에는 섬라(暹羅)[태국]의 산물이라고 전하며, 『동의보감(東醫寶鑑)』에는 곽란·냉기와 혈기로 인한 흉통을 치료한다고 하였다(박남수, 2011).

56 납밀(臘蜜) : 납밀은 주로 그림을 그리거나 건물 등에 색을 입힐 때 재료의 고착제로 사용되었으며, 금동불상 및 동종의 주조 등에도 사용되었다고 한다. 『신증동국여지승람(新增東國輿地勝覽)』에서는 청밀(淸蜜)·석청밀(石淸蜜)·백납(白蠟)·봉밀(蜂蜜) 등이 전국 각지에서 나온다고 전한다(박남수, 2011). 한편, 납밀은 광택을 내거나 염색을 할 때도 사용되며, 초의 원료로 사용되기도 한다. 「매신라물해」에서와 같이 신라가 밀(蜜)·밀즙(蜜汁)·납밀(臘蜜)을 일본에 공급할 정도였다면, 신라에서 이 시기 밀초를 제작했을 가능성이 있다고 보는 견해도 있다(신숙, 2016).

57 비전(緋氈) : 비전은 단어 그대로 붉은 색 전(氈)을 말한다. 전은 양모(羊毛)로 제작한 깔개를 뜻하는데(「쇼소인[正倉院] 소장 신라 색전(色氈)·화전(花氈)과 전첩포기(氈貼布記)」의 자료 해제 참조), 문서에 보이는 비전(緋氈)을 앞서 「쇼소인[正倉院] 소장 신라 색전(色氈)·화전(花氈)과 전첩포기(氈貼布記)」의 색전(色氈, 色毛氈)과 동일한 성격의 것으로 자초랑택(紫草娘宅)에서 제작하였다고 보는 견해도 있다(박남수, 2011).

58 화전(花氈) : 전(氈)은 양모로 제작한 깔개를 뜻하는데, 화전(花氈)은 거기에 무늬를 더한 것이다(「쇼소인[正倉院] 소장 신라 색전(色氈)·화전과 전첩포기(氈貼布記)」의 자료 해제 참조). 앞의 비전(緋氈)과 마찬가지로 여기서의 화전(花氈)도 앞서 「쇼소인[正倉院] 소장 신라 색전(色氈)·화전(花氈)과 전첩포기(氈貼布記)」의 화전(花氈)과 동일한 성격의 것으로 행권한사(行卷韓舍)가 제작하였다고 보기도 한다(박남수, 2011).

천면(韉面)[59] 늑추(勒鞦)[60] 백동향로(白銅香爐) 오중완(五重鋺) 큰 것[大]
저비(勒鞦) 54촌(寸) 거울[鏡] 촉대(燭臺)[61] 소방(蘇芳)
숙포(熟布)[62]

천평승보(天平勝寶) 4년 6월 24일 事業從八位上日置酒持

문서 〈10〉 판독문

출전 『續修後集』 卷43(『大日本古文書』 3, 581쪽)

☐[八] 絁十匹 糸廿斤
☐[朱]沙 同黃 烟子 沈[香]
太黃 ☐ 八寸鏡 蘇芳 ☐
天平勝寶☐月☐
散位寮[散]☐

문서 〈10〉 해석 및 역주

…… [8(八)] 시(絁) 10필(匹) 실[糸] 20근(斤)
…… [주]사([朱]沙) 동황(同黃) 연자(烟子) 침[향](沈[香])

59 천면(韉面) : 천면은 안장 밑에 까는 방석이나 요를 가리키지만, 정확한 재질은 알 수 없다.
60 늑추(勒鞦) : 늑추는 말의 배에 채우는 띠와 말굴레의 턱 밑 가죽을 말한다(박남수, 2011).
61 촉대(燭臺) : 촉대는 '촛대'를 말한다. 촛대의 존재는 초의 사용을 전제로 하는데, 같은 문건에 납밀과 밀즙이 함께 구매되고 있다. 납밀과 밀즙은 밀초를 제작할 때 사용되는 원료로서, 여기에 보이는 촉대도 밀초와 연관된 물품으로 추정된다(신숙, 2016).
62 숙포(熟布) : 숙포는 빛깔이 흰 삼베를 말하며, 견면류(繭綿類)로서 신라에서 6두품 이하 계층이 착용하는 복두(幞頭)·내의(內衣)·반비(半臂)·고(袴) 등이 이것으로 제작되었다(박남수, 2011).

태황(太黃) …… 8촌(寸) 거울[鏡] 소방(蘇芳) ……

천평승보(天平勝寶) … 월 ……

산위료산(散位寮[散]) ……

문서 〈11〉 판독문

출전 「尊經閣文庫藏影印」(『大日本古文書』 25, 51~52쪽)

鼓吹司正外從五位下大右□

合八種　直綿四百斤

鏡五面

麝香

烟子

金青

雜香

朱沙

同黃

蘇芳

右件念物具録[如件以解]

天平勝[寶四年六月]□

문서 〈11〉 해석 및 역주

고취사(鼓吹司) 정외종5위하(正外從五位下) 대우…(大右…)

[모두] 합해서 8종(種)　값(直) 면(綿) 400근(斤)

거울[鏡] 5면(面)

사향(麝香)

연자(烟子)

금청(金青)[63]

잡향(雜香)[64]

주사(朱沙)

동황(同黃)

소방(蘇芳)

상기의 염물(念物) 목록[具錄]을 [이와 같이 문서[解]로 올립니다.]

천평승[보](天平勝[寶]) [4년 6월] ……

문서 <12> 판독문

출전 『續修後集』 卷43(『大日本古文書』 25, 51쪽)

□ [朱]沙 金青

同黃 烟子 花鏡

右 念 物 [并] 價 直 物 申 送 如 前

※ "....." 점선 표시는 문서의 절단면을 표기한 것임.

63 금청(金青) : 금청은 옥(玉)으로 제조한 푸른색 계통의 안료이다. 「매신라물해」에서 금청과 함께 동황(同黃)을 신청하였음이 확인된다. 금청은 대체로 중국과 조선에서 글자의 자획을 메꾸는 채료로 사용되었다고 하며, 이를 통해 볼 때 이를 신청한 일본 측 관료들도 금청을 안료로 사용하였을 것으로 보인다(박남수, 2011). 한편 최근 문서에 보이는 금청이 라피스라줄리[青金石]을 말하는 것으로 보아 역시 푸른색 안료로 사용되었을 것으로 보는 견해도 제기되었다(신숙, 2021).

64 잡향(雜香) : 여러 향약을 조합한 조합향료(調合香料)로 파악된다. 잡향을 비롯하여 훈의향(薰衣香)·읍의향(裛衣香)·의향(衣香)·화향(和香) 등 여러 조합향료가 「매신라물해」 곳곳에서 확인되는데, 이를 통해 당시 일본 귀족들 사이에서 수입한 남해산 향의 분향(焚香)을 즐기는 문화가 형성되어 있었음을 알 수 있다. 이들은 신체나 의복에 향이 스며들게 하려고 침향을 중심으로 보통 6~7종의 향을 조합하여 피웠다고 한다(서영교, 2012).

문서 〈12〉 해석 및 역주

…… 주사([朱]沙) 금청(金青)

동황(同黃) 연자(烟子) 화경(花鏡)

상기 염물(念物) 모두의 값을 치를 물건[價直物]을 앞과 같이 적어 보냅니다.

문서 〈13〉 판독문

출전 『續修後集』 卷43(『大日本古文書』 25, 46쪽)

五四寸[鏡]

□ 十斤 烟[子]

桂心十斤□

芒消十□

白銅水瓶一口□

薰陸□

※ "....." 점선 표시는 문서의 절단면을 표기한 것임.

문서 〈13〉 해석 및 역주

54촌(寸) [거울[鏡]]

…… 10근(斤) 연[자](烟[子])

계심(桂心) 10근 ……

망소(芒消)[65] 10 ……

65 망소(芒消) : 망소는 소석(消石) 또는 석비(石脾)라고도 한다. 노지(鹵地) 등에서 만든 박소(朴消)를 나복(蘿蔔)과

백동수병(白銅水甁) 1구(口) ……

······································

훈육(薰陸) ……

함께 그릇에 넣고 하룻밤이 지나도록 달이면 흰 결정체인 백소(白消)를 얻는데, 윗면에 가는 털끝과 같이 칼끝처럼 생성된 것이 망소이고, 모서리 뿔처럼 이빨 형상을 한 것을 마아소(馬牙消)라고 한다. 망소는 물에 닿으면 녹으며 또 물건을 약하게 만든다. 또 소와 말의 가죽을 무르게 하므로 피초(皮硝)라고도 한다. 이러한 물품의 특징으로 보아 문서의 망소는 가죽제품의 가공제로 구매했을 가능성이 있다. 다만, 천응(天應) 원년 8월 16일자 「잡물출입계문(雜物出入繼文)」에서는 망소를 '약(藥)'으로 분류하고 있어 약재로 구매했을 가능성도 있다. 『인제지(仁濟志)』에 따르면 망소는 눈에 열이 쌓이거나 붉은 장예(障翳)가 끼는 것을 치료하는 데 쓴다고 한다(박남수, 2011).

참고문헌

김민수, 「신라의 鍮石 인식과 그 특징」, 『韓國古代史研究』 96, 2019.

김지은, 「고대 香藥의 유통과 불교의례 -통일신라시대를 중심으로-」, 『경주사학』 37, 2013a.

김지은, 「통일신라 黃漆의 일본 전래와 金漆」, 『新羅文化』 41, 2013b.

김창석, 「8세기 신라·일본간 외교관계의 추이 -752년 교역의 성격 검토를 중심으로-」, 『역사학보』 184, 2004.

박남수, 『한국 고대의 동아시아 교역사』, 주류성, 2011.

서영교, 「新羅의 南海品 중개무역과 銅」, 『사회과학저널』 2, 2012.

신 숙, 「통일신라 금속공예의 성취와 국제교류 -국보 제174호 〈금동 수정장식 촛대〉-」, 『美術史學研究』 290, 2016.

신 숙, 「8세기 「買新羅物解」와 韓日 보석장식 공예품 교류」, 『한국고대사탐구』 39, 2021.

신카이 사키코[新飼 早樹子], 「8세기 중반 신라의 대일 관계 동향과 「買新羅物解」」, 『한일관계사연구』 67, 2020.

윤선태, 「752년 신라의 대일교역과 「바이시라기모쯔게(買新羅物解)」 -쇼소인(正倉院) 소장 「첩포기(貼布記)」의 해석을 중심으로-」, 『역사와 현실』 24, 1997.

이성시 지음·김창석 옮김, 『동아시아의 왕권과 교역 -신라·발해와 정창원 보물-』, 청년사, 1999.

사카에하라 토와오 지음·이병호 옮김, 『정창원문서 입문』, 태학사, 2012.

신카이 사키코, 「8세기 중반 신라의 대일 관계 동향과 「買新羅物解」」, 『한일관계사연구』 57, 2020.

한준수, 「新羅 眞德王代 唐制의 受容과 체제정비」, 『한국학논총』 34, 2010.

東野治之, 「鳥毛立女屛風下貼文書の研究」, 『正倉院文書と木簡の研究』, 塙書房, 1977.

永正美嘉, 「新羅의 對日香藥貿易」, 『韓國史論』 51, 2005.

https://shosoin.kunaicho.go.jp/documents?id=0000011198&index=42

https://clioimg.hi.u-tokyo.ac.jp/viewer/view/idata/850/8500/05/0025/0048?m=all&s=0048

5. 헤이조큐[平城宮] 출토 「맥인급미(貊人給米)」·「초피(貂皮)」 목간

| 자료 사진

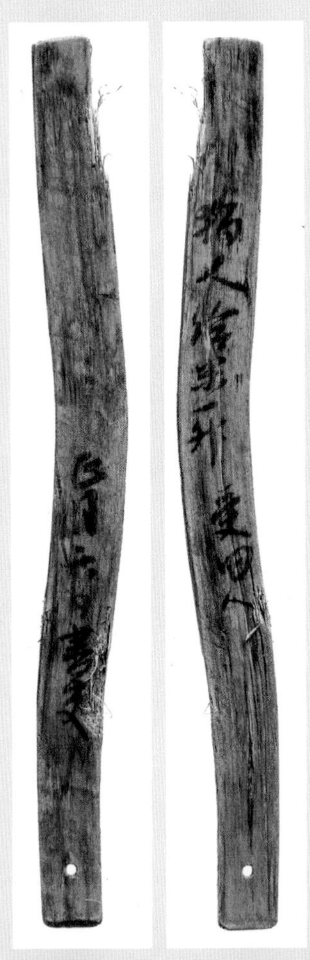

그림 1 「맥인급미(貊人給米)」 목간

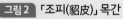

그림 2 「조피(貂皮)」 목간

나라문화재연구소 제공

자료 기초 정보

국가	한국 ‖ 발해
연대	8세기경
품목	목간
크기	그림 1 : 길이 198mm, 너비 18mm 그림 2 : 길이 95mm, 너비 18mm
출토지	나가야오[長屋王] 저택지
소장처	나라문화재연구소

자료 해제

위의 두 목간은 일본 나라시[奈良市] 중심 지역에 위치한 헤이조쿄[平城京] 터 바로 앞[左京三條二坊一·二·七·八坪]에 자리 잡고 있던 나가야오[長屋王] 저택지에서 발견된 목간이다.[1] 두 목간에는 각각 "박인(狛人)"(목간 1)과 "초피(貂皮)"에 대한 내용이 적혀 있어 주목된다. 출토 지점과 목간 내용으로 보아 두 점 모두 8세기 초에 작성된 것으로 볼 수 있으며, 여기서 "狛人"은 곧 "맥인(貊人)"을 의미하며, "초피"는 곧 담비 가죽을 의미한다.

일반적으로 '맥(貊)'은 고구려의 별칭 혹은 종족명으로 간주되는데, 8세기라는 시점을 고려하면 목간 1의 "맥인[狛人]"은 곧 발해인을 뜻하는 것으로 추측된다. 즉 목간 1은 맥인에게 쌀 1승을 지급하였음을 기록한 목간인데, 목간을 작성한 자가 서리(書吏)였으므로 쌀은 나가야오케[長屋王家]로부터 지급되었을 것으로 이해된다. 다만, 쌀을 받은 자가 전인(田人)이라 하였는데, 이것이 인명인지는 불확실하다.

한편, 목간 2의 경우 파손된 채 목간의 상단부만 남겨져 있어 정확한 내용을 파악하기 어렵지만, 남은 묵서의 내용으로 보아 초피 구입과 탑(塔) 조영에 대한 금액 지출을 기록한 것으로 추측

1 나가야오케[長屋王家] 목간에 대해서는 3부 일본편의 「나가야오케[長屋王家] 목간에 보이는 물품」을 참고 바람.

된다. 당시 초피를 구입하는 데 지출된 돈은 600문(文)이었다. 그런데 목간에 보이는 초피, 즉 담비가죽은 당시 발해로부터 일본으로 수출되는 주요 물품 가운데 하나였다(윤재운, 2006). 이에 1, 2 두 목간은 상호 관련이 있는 것으로 보이며, 바다를 건너온 발해 사신단과 일본 측 간에 담비 가죽을 매개로 한 교역이 이루어졌음을 보여주는 자료라고 추정된다.

발해 건국 시점은 698년이지만 발해와 일본의 공식적인 교류는 727년에 발해의 첫 번째 사신단이 일본으로 건너가면서 시작된다. 이때 발해 사절단은 고인의(高仁義)를 대사(大使)로 하여 당초 24명이 출발하였으나 에조지[蝦夷地]에 닿자마자 고인의를 비롯한 16명이 살해당하고, 우여곡절 끝에 수령(首領) 고제덕(高齊德)을 비롯한 8명만이 입경하여 쇼무천황[聖武天皇]을 만날 수 있었다[『속일본기(續日本記)』 권10, 쇼무천황 신구(神龜) 4년(727) 9월 12일; 12월 20일; 12월 29일].

특히 이때의 교류에서 주목되는 것은 발해 사신단이 우호의 증표로 일본에 초피 300장을 전달하였다는 점이다[『속일본기』 권10, 쇼무천황 신구 5년(728) 1월 17일]. 이와 더불어 나가야오케[長屋王家] 목간 중에는 "발해사신[渤海使]", "교역(交易)" 등이 습서(習書)한 목간도 확인되고 있어,[2] 727~728년 무렵 나가야오케와 발해 사신단의 직접적인 교류가 있었음을 알 수 있다(이성시, 1999; 사토 마코토 지음·송완범 옮김, 2017). 그렇다면, 위에 제시한 목간 1, 2는 727~728년에 걸쳐 일본에 체류하였던 발해 사신단과 나가야오케가 담비 가죽을 매개로 교류하였던 상황을 반영하는 자료로 이해할 수 있다.

---

2 奈良國立文化財硏究所, 『平城宮發掘調査出土木簡概報(二十三) -長屋王家木簡 二-』, 1990年 12月, 20쪽의 목간 "城23-20上(209)"(https://mokkanko.nabunken.go.jp/ja/6AFISQ08000101). 이 목간은 발해 사신단과의 교류에 앞서 나가야오케[長屋王家]의 실무 담당자가 붓을 가지런히 하기 위해 글씨 연습을 한 습서 목간으로 보인다(이성시, 1999).

판독문

목간 1

– 앞면

狛人給米一升 受田人 ◇

– 뒷면

正月六日書吏 ◇ ※ ◇ 표시는 인위적으로 뚫은 구멍

목간 2

– 앞면

貂皮分六百文 □

– 뒷면

塔分 □

해석 및 역주

① 목간 1

맥인[狛人]에게 쌀[米] 1승(升)을 지급함. [쌀을 받은 자는] 전인(田人).

정월(正月) 6일 서리(書吏)[3]

3 서리(書吏) : 당시 "書吏"는 가정기관의 제4등관이었다. 이로 보아 이 목간은 나가야오케[長屋王家] 가정기관에서 발급한 문서일 것으로 판단된다.

② 목간 2

담비 가죽[貂皮][4] 분(分)[에 대한 지출 금액] 600문(文)

탑(塔) 분(分)[5][에 대한 지출 금액] …

4 담비 가죽[貂皮] : 담비는 고대 모피 자원 중에서도 최상품으로 취급되었으며, 특히 검은 담비의 가죽[黑貂皮]이 귀하였다. 주산지는 오늘날 시베리아 동부와 연해주 지역, 중국 동북 지역과 한반도 북동부 삼림지대였다. 고대 동아시아에서 담비 가죽의 생산·유통은 오환(烏桓)·선비(鮮卑) 등 동북방 유목 세력과 읍루(挹婁)·말갈(靺鞨) 등 동북방 수렵 종족, 그리고 한때 만주의 패권을 장악하였던 정주국가로서 부여·고구려·발해 등의 국가가 중심이 되어 전개되었는데, 이들은 이른바 '읍루담비[挹婁貂]'로 유명하였던 담비 가죽의 교역을 주도하였다(이승호, 2019). 특히 목간 2에 보이는 "담비 가죽[貂皮]"은 해제에서 언급한 것처럼 발해로부터 건너온 것으로 추정되는데, 전통적으로 발해는 일본과의 교류를 전개하면서 담비 가죽을 비롯한 다양한 모피 자원을 활용하였다(윤재운, 2006). 한편, 발해의 담비는 중국과 일본에서 크게 인기를 누렸을 뿐만 아니라 소그드 상인을 매개로 중앙아시아 일대에까지 유통되었다. 이러한 광역의 유통이 가능하였던 배경에는 유라시아 동부 지역으로부터 중앙아시아까지 이어지는 '담비길[Sable road]'의 존재가 주목되고 있다(정석배, 2019).

5 탑(塔) 분(分) : "탑 분"이라는 표기의 명확한 뜻은 알 수 없다. 다만, 같은 목간의 "담비 가죽 분(分) 600문(文)"이 담비 가죽 구입에 대한 지출 금액을 적은 것으로 생각되므로, 여기서의 "탑 분"도 탑 조영 등의 불사(佛事)에 대한 금액 지출과 관련된 것으로 추정된다. 그런데 이와 관련하여 천평(天平) 19년에 작성된 『호류지가람연기병유기자재장[法隆寺伽藍緣起幷流記資財帳]』에서도 "탑 분 백단향 160냥[塔分白檀香壹伯陸拾兩]"이라는 구절이 보인다. 이 자재장에 기술된 '탑 분 백단향'은 천평 6년(734) 2월 황후의 치병을 기원하며 황후궁으로부터 호류지[法隆寺]에 헌납된 것이다(박남수, 2011). 이로 보아 본 목간의 "탑 분 …" 또한 모종의 사찰에 대한 나가야오케의 시주가 있었음을 보여주는 것으로 볼 수 있다.

참고문헌

박남수, 『한국 고대의 동아시아 교역사』, 주류성, 2011.
사토 마코토 지음·송완범 옮김, 『목간에 비친 고대 일본의 서울 헤이조쿄』, 성균관대학교 출판부, 2017.
이성시, 『동아시아의 왕권과 교역』, 청년사, 1999.
이승호, 「1~3세기 중국 동북지역 정세 변화와 貂皮 교역」, 『동국사학』 67, 2019.
윤재운, 「8~10세기 발해의 문물교류」, 『한국사학보』 23, 2006.
정석배, 「발해의 북방 – 서역루트 '담비길' 연구」, 『고구려발해연구』 63, 2019.

奈良國立文化財研究所, 『平城宮發掘調查出土木簡概報(二十三) –長屋王家木簡 二–』, 1990年 12月.

https://mokkanko.nabunken.go.jp/ja/6AFITC11000145
https://mokkanko.nabunken.go.jp/ja/6AFITJ11000222

6. 쇼소인[正倉院] 소장 사하리[佐波理] 가반(加盤)과 부속 문서

자료 사진

그림 1 쇼소인[正倉院] 소장 사하리[佐波理] 가반(加盤) 제7호 팔중완(八重鋺)

그림 2 쇼소인 소장 사하리 가반 제15호 사중완(四重鋺)

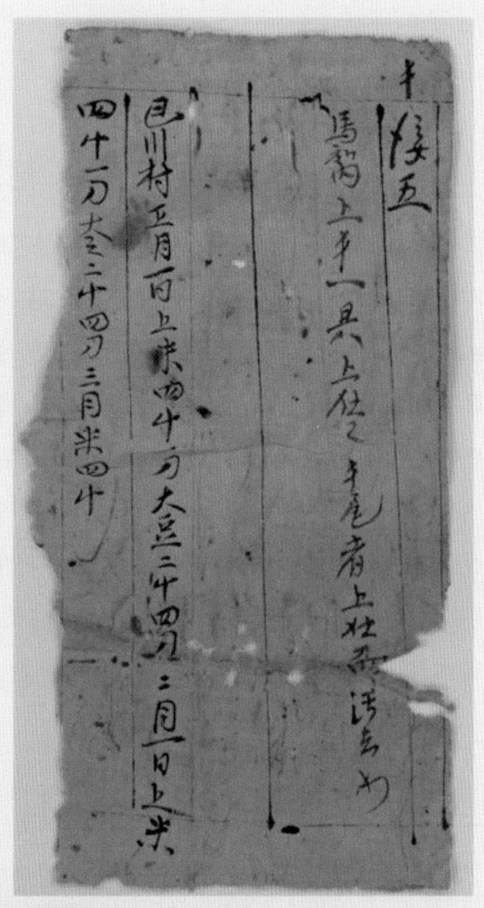

그림 3 부속 문서(제15호 부속) 앞면

出典：正倉院宝物(https://shosoin.kunaicho.go.jp/)

자료 기초 정보

국가	한국·일본 ‖ 신라·일본
연대	752년 추정
품목	그릇류
크기	그림 1 : 지름 17.1cm, 높이 14cm 그림 2 : 지름 22cm, 높이 9.2cm 그림 3 : 가로 13.5cm, 세로 29cm
출토지	쇼소인[正倉院]
소장처	나라문화재연구소

자료 해제

가반(加盤)이란 물레[輪臺]를 이용하여 만든 그릇으로 조금씩 치수가 다른 여러 개의 그릇을 크기에 따라 포개어 집어넣고 뚜껑을 덮은 그릇 세트이다. 쇼소인[正倉院]에는 이러한 사하리[佐波理] 가반 그릇 세트 86세트, 총 436구가 전해 온다. 이러한 그릇 세트 일괄이 신라로부터 건너왔음을 알려주는 것은 여러 그릇 세트 가운데 4중 가반의 네 번째 그릇 속에 부착된 신라 문서 단편이다. 두꺼운 황갈색의 닥종이[楮紙]에 작성된 문서에는 앞면에 괘선과 함께 문자가 쓰여 있고, 뒷면에도 앞면과는 다른 필치로 문자가 쓰여 있다.[1]

문서에는 파천촌(巴川村)이라는 지명과 신라 관등, 계량 단위가 보이고 또 한국 고유의 한자와 이두가 확인되어 신라 시대에 작성된 문서임을 알 수 있게 한다. 그 내용을 보면, 앞면에는 표범[犭=土豹]와 그 꼬리[犭尾] 등의 모피 자원, 쌀·콩[大豆] 등의 공물과 이를 진상한 지역 및 진상 시

1 이 문서는 본래 신라 중앙관청[內省 소속 物藏典으로 추정]에서 상납 물품을 관리하기 위해 작성한 문서로 그 관련 내용은 문서의 '앞면'에 적혀 있다. 이후 문서의 용도가 다하자 다시 관료의 녹봉 지급을 담당하였던 기관[左右司祿館으로 추정]에서 문서를 재활용하여 녹봉 지급 장부로 '뒷면'을 사용한 다음, 신라 내성(內省)의 왜전(倭典) 소속 공방에 폐지로 불하되어 대일 교역품인 오중완(五重鋺)의 포장·완충지(緩衝紙)로 사용되었던 것으로 보인다(윤선태, 1997).

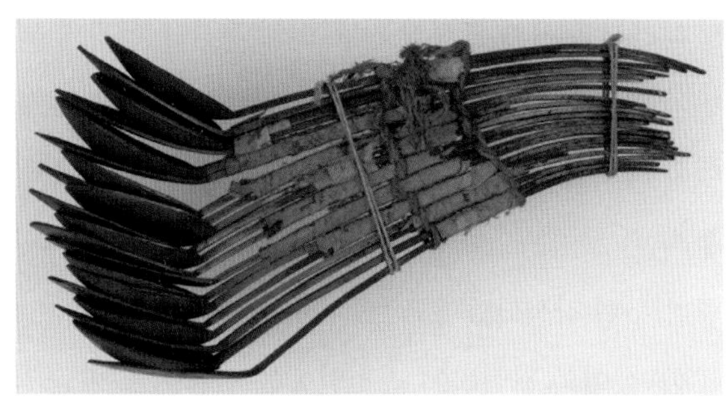

그림 4 사하리제[佐波理製] 수저(신라산으로 추정)
出典：正倉院 物(https://shosoin.kunaicho.go.jp/)

기 등의 정보가 기재되어 있다. 이를 통해 문서는 신라 시대 지방에서 올라온 공진물(貢進物)을 내성(內省) 소속 기관에서 집계하여 기록한 장부의 초안이라고 추정된다(윤선태, 1997; 이성시, 1999). 한편, 뒷면에는 세 사람의 관인 이름이 보이고, 각각의 관인에게 상미(上米) 등의 곡물이 지급된 사실을 적고 있어 관료들에 대한 녹봉 지급에 관한 문서로 추정되고 있다(鈴木靖民, 1977).

사하리 가반의 '사하리'라는 말은 신라에서 유래한 것인데, 이는 「매신라물해(買新羅物解)」에 보이는 "잡라오중완(迊羅五重鋺)"[2]의 "잡라(雜羅)" 곧 "사후라[迊羅, さふら]"와도 연결된다. 『왜명유취초(倭名類聚鈔)』에는 신라산 금속제 그릇이 일본에서 유명해지면서 '신라'가 금속제 그릇의 보통명사처럼 사용되었고, 이후 그 명칭이 '신라(新羅)'에서 '잡라(雜羅)'로 글자의 변화가 나타났다고 전한다. 즉, 「매신라물해」의 "잡라(迊羅)"라는 말은 신라의 유기그릇이 일본에서 유명해진 다음 나타난 상용적인 일본 용어로 이해할 수 있다(윤선태, 1997).

한편, '사하리'의 어원에 대해서는 일찍이 그릇을 뜻하는 '사발'에서 유래한 말로 추정하는 견해가 제기되었다(鈴木靖民, 1985). 그러나 '사발'은 "사발(沙鉢)"이라는 한자 어원을 가지고 있으므로 이 견해를 따르기는 어렵다. 오히려 이것은 금속 그릇을 의미하는 신라 시대 고대어 '삽라[歃良]'에서 유래한 것일 가능성이 큰데, 사하리와 「매신라물해」의 "잡라[迊羅, 사후라さふら]" 등의 명칭이 모두 '삽라'에서 유래한 것이라는 견해가 유력하다(윤선태, 1997). 여기서 '잡라'는 교역에 사용할 동기(銅器)를 칭하는 신라인의 표현이었던 것으로 이해된다(김민수, 2019).

2 「「매신라물해(買新羅物解)」에 기재된 신라의 대일 교역 물품」의 '문서 〈7〉' 및 각주 34)번을 참조 바람.

따라서 문서가 발견된 가반 일체도 본래 신라의 특산품이었음을 알 수 있는데, 해당 문서는 가반이 신라 공장부(工匠府) 혹은 궁정 공방에서 제조된 후 짐을 꾸릴 때, 관료의 봉록을 맡은 관청에서 폐기한 종이를 포장지로 사용한 흔적으로 이해된다. 문서의 작성 연대에 대해서는 「매신라물해」에 보이는 "잡라오중완"이 쇼소인에 입고된 과정을 주목한다면 752년 이전, 대략 8세기 초중반 무렵 작성되었다고 보는 견해가 유력하다(鈴木靖民, 1985; 윤선태, 1997).

한편, 이와 관련하여 쇼소인에는 닥종이에 싸인 사하리제[佐波理製] 수저도 확인되는데, 원형과 타원형의 세트로 된 수저 345개가 전해온다. 이러한 형태의 수저는 경주 안압지를 비롯하여 황해도 평산, 충청남도 부여 등지에서도 출토되어 통일신라의 전형적인 수저로 이해된다. 사하리제 수저 또한 닥종이에 싸인 채로 쇼소인에 전해져오는데, 수저의 포장지로 사용된 닥종이에도 묵흔이 확인되어 본래는 신라 관청에서 작성된 문서였을 것으로 추측된다.

판독문 [문서의 앞면]

犭‖接五

馬於內上犭一具上仕乙[3] 犭尾者上仕而汚去如

巴[4]川村正月一日上米四斗一刀大豆二斗四刀二月一日上‖米

四斗一刀大豆二斗四刀三月米四斗

……………………………………………………………

※ "‖" 표기는 문서의 궤선을 표시한 것임. 첫 문장의 "犭"와 세 번째 문장의 "米"는 궤선 바깥에 쓰여 있음.

※ "…" 표기는 문서에서 떨어져 나간 절단면을 표시한 것임.

3 乙 : 자형은 "乙"에 가깝지만, 이는 이두의 종결형어미 "之"를 쓴 것으로 이해된다.

4 巴 : 원문은 "巴"인데, 이는 "巴"의 이체자로 보인다.

해석 및 역주

표범[犭=土豹][5] ‖ 접(接) 5[6]

마어내(馬於內)[7]에서 상등(上等)의 표범[犭] [가죽을] 바쳤다. 표범 꼬리[犭尾]도 바쳤으나 더럽혀졌다.[8]

파천촌(巴川村)에서 정월(正月) 1일에 상미(上米) 4말[斗] 1되[刀]와 대두(大豆) 2말 4되를, 2월 1일에 상미 4말 1되와 대두 2말 4되를, 3월에 미(米) 4말을 [바쳤다.][9]

---

5 표[犭=豹] : 문서의 "犭"에 대해서는 '짐승' 혹은 "損"의 이체자일 것이라는 견해가 제시된 뒤(鈴木靖民, 1977), 짐승의 모피나 가죽의 일종일 것으로 보아「매신라물해(買新羅物解)」에 기재된 "干皮"를 관련지어 '담비(가죽)'일 것으로 추정하는 견해(윤선태, 1997), '스라소니[土豹]'나 '삵피'를 포함하는 광의의 표범가죽으로 보는 견해(윤선태, 2000), "豹[土豹=스라소니]"나 "狐[여우]"의 이체자로 보는 견해(권인한, 2007), "犭"가 아닌 "毛"의 이체자로 보는 견해(박남수, 2019) 등이 제기된 바 있다. 일단 "犭尾"라는 표현으로 보아 "犭"는 모피동물에 대한 표기로 풀이하는 것이 순리라 판단된다. 그런데 당시 담비가죽은 신라보다 발해의 특산품이었던 점, 그리고 스라소니의 꼬리는 짧아 상품성이 떨어진다는 점 등을 고려하였을 때 "犭"은 "豹"의 이체자로 보아 '표범'을 뜻하는 것일 가능성이 크다.

6 접(接) 5 : 여기서 "접(接)"을 "수(受)"와 같은 뜻으로 보아 "접수한 차례로 다섯 번째[第五]" 또는 "대장(臺帳)에 연접(連接)한 차례로 다섯 번째 장[第五張]"이라고 해석하기도 하며(남풍현, 1976), 이것을 물품 창고의 일련번호로 파악하고 문서에 기재된 물품이 보관되어 있는 장소를 의미한다고 보는 견해도 제기된 바 있다(윤선태, 1997). 한편, 최근 "犭"를 "毛"로 판독하고 첫 행을 "毛接五"으로 읽은 다음, 毛接을 '함께 거처하면서 장적에 편성되어 모(毛)와 모미(毛尾)를 올리는 단위 집단'으로 이해하는 견해도 제기된 바 있다(박남수, 2019). 그러나 문서를 보면 1행의 첫 글자 "犭"은 다른 행의 첫 글자보다 한 칸 위로 괘선[‖] 바깥에 쓰여 있어 "犭"과 "接"을 붙여 하나의 명사로 읽기 꺼려지는 점이 있다.

7 마어내(馬於內) : '마구(馬具)의 일종'으로 보거나(남풍현, 1976), "마응(馬膺)"으로 판독하고 "말고기[馬肉]"로 이해하는 견해(鈴木靖民, 1977)도 있지만, 이는 지명으로 파악하는 것이 타당하다(윤선태, 1997). 구체적으로 이를 지명으로 보고 "마늘나[蒜地]"로 풀이하는 견해도 제기된 바 있다(권인한, 2007). 한편, 최근에는 이를 "마소내(馬所內)"로 읽는 견해도 제기되었는데, '마(馬)의 소내(所內)'는 신라 문무왕 9년(669) 소내(所內)에 주었다는 마거(馬阹) 22소(所)와 관련된 것으로 '우마(牛馬)를 관장하는 소내'를 지칭한다고 보았다. 또 '소내'는 '궁궐 내'라는 의미로서 곧 마소내가 신라 내성(內省)과 관련된 것으로 이해하였다(박남수, 2019). 다만, 고대로부터 '內'는 지명 어미로 많이 쓰였다는 점을 고려할 때, 이는 마어내(馬於內)로 읽고 지명으로 파악하는 것이 타당할 듯하다.

8 2행에 보이는 "상등(上等)의 표범[犭] 가죽"과 "표범 꼬리[犭尾]"는 모두 마어내(馬於內)에서 중앙으로 진상한 조(調)로 추정된다(윤선태, 1997).

9 3행에 보이는 상미(上米)·대두(大豆)·미(米) 등은 모두 파천촌(巴川村)에서 중앙으로 진상한 조(調)로 이해된다. 특히 정월(正月) 1일과 2월 1일에 진상된 상미와 대두는 그 진상 시점을 고려할 때, 신라에서 보통 정월과 2월에 치러졌던 시조묘(始祖廟)나 신궁(神宮)의 제사의례에 사용되었을 것으로 추정된다(윤선태, 1997).

참고문헌

권인한, 「正倉院藏 '第二新羅文書'의 正解를 위하여」, 『구결연구』 18, 2007.
김민수, 「신라의 鍮石 인식과 그 특징」, 『한국고대사연구』 96, 2019.
남풍현, 「第二村落帳籍에 대하여」, 『미술자료』 19, 1976.
남풍현, 『吏讀研究』, 태학사, 2000.
박남수, 「「新羅內省毛接文書」('佐波理加盤付屬文書')와 신라 內省의 馬政」, 『신라문화』 54, 2019.
이성시, 『동아시아의 왕권과 교역』, 청년사, 1999.
윤선태, 「正倉院 所藏〈佐波理加盤附屬文書〉의 新考察」, 『國史館論叢』 74, 1997.
윤선태, 「新羅 統一期 王室의 村落支配」, 서울대학교 박사학위논문, 2000.

鈴木靖民, 「正倉院佐波理加盤附屬文書の基礎的研究」, 『朝鮮學報』 85, 1977.
鈴木靖民, 『古代對外關係史の研究』, 吉川弘文館, 1985.

https://shosoin.kunaicho.go.jp/treasures?id=0000014341&index=9
https://shosoin.kunaicho.go.jp/treasures?id=0000014446&index=7
https://shosoin.kunaicho.go.jp/treasures?id=0000014454&index=8

7. 「신라촌락문서(新羅村落文書)」에 보이는 물품과 촌락 사회

| 자료 사진

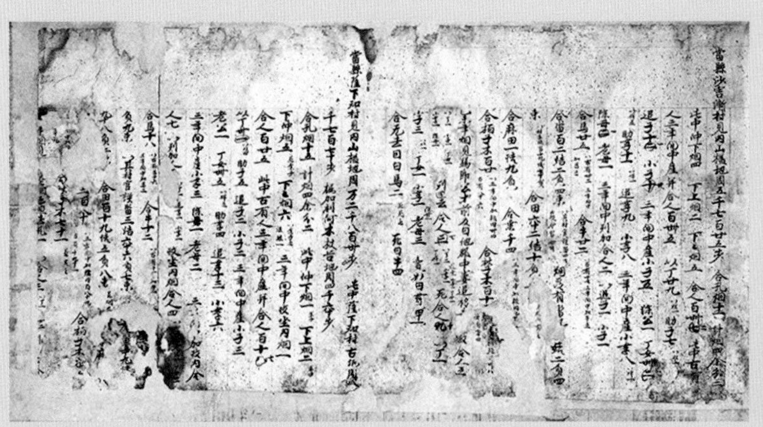

그림 1 경질(經帙)의 겉 편[表片] 문서

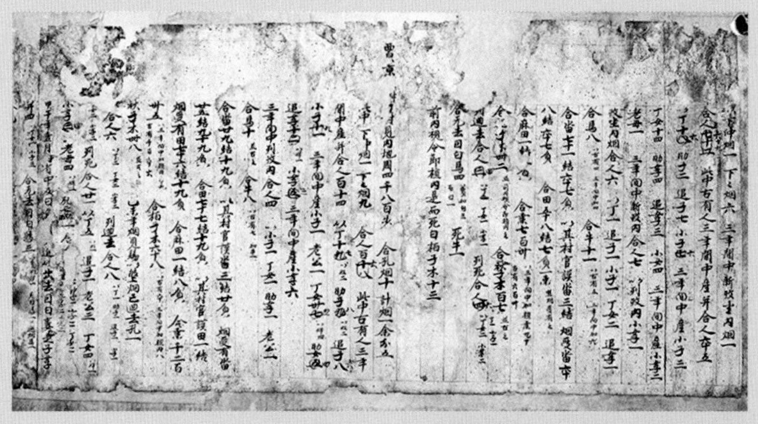

그림 2 경질의 속 편[裏片] 문서

出典：正倉院正倉(https://shosoin.kunaicho.go.jp/)

자료 기초 정보

국가	한국·일본 ‖ 신라·일본
연대	695년 또는 815년 추정
품목	행정문서
크기	가로 58cm, 세로 29.5cm
출토지	쇼소인[正倉院]
소장처	쇼소인[正倉院]

자료 해제

「신라촌락문서(新羅村落文書)」는 1933년 10월 일본 쇼소인[正倉院] 중창(中倉)에 소장되어 있던 「화엄경론질(華嚴經論帙)」의 파손 부분을 수리하는 과정에서 발견되었다. 발견 당시 문서는 「화엄경론」 책자를 보관하려고 싸는 덮개인 질(帙)[제7질]의 내부에 붙어 있었는데, 문서는 닥나무로 만든 종이[楮紙]를 사용하였으며, 크기는 가로 58cm, 세로 29.5cm였다. 을미년(乙未年)에 연(烟)을 조사하였다는 기재 내용으로 보아 문서는 '을미년'에 작성되었음을 알 수 있다. 문서가 작성된 을미년에 대해서는 695년 설, 755년 설, 815년 설 등의 견해가 제시었는데, 그중에서도 695년 설(윤선태, 2000)과 815년 설(武田幸男, 1976; 이인철, 1996)이 연구자들의 지지를 받고 있다.

「신라촌락문서」에는 신라의 4개 촌락에 대한 각종 정보가 상세히 기록되었다. 즉, 문서는 통일신라 시기 지방 지배의 실상을 전하는 구체적인 자료로서 여기에는 총 4개 촌에 관한 촌락의 이름[村名]과 영역[村域], 전체 가호[烟] 숫자와 계연수(計烟數), 등급별 가호 숫자, 전체 인구수와 및 연령 등급별 인구 상황, 가축[牛馬] 숫자, 논밭[畓田]의 면적, 각종 수목(樹木)의 숫자, 그리고 호구(戶口)·가축·수목의 증감 내용 등의 순서로 촌의 실상을 알려주는 내용이 기재되어 있다. 다만, 현재 문서에는 사해점촌(沙害漸村)과 살하지촌(薩下知村) 두 촌의 이름만 확인되며 다른 두 마을의 이름은 확인되지 않는다.

기재 내용을 구체적으로 살피면, 먼저 마을 영역은 단순히 주거지와 경작지만을 기재한 것이 아니라 주변의 산지까지 모두 포함하고 있다. 그리고 문서에 담긴 촌락에 대한 정보는 3년을 주기로 작성되었던 것으로 보이며, 문서 상에 부분 부분 정보의 갱신이 이루어진 흔적[추기]도 보인

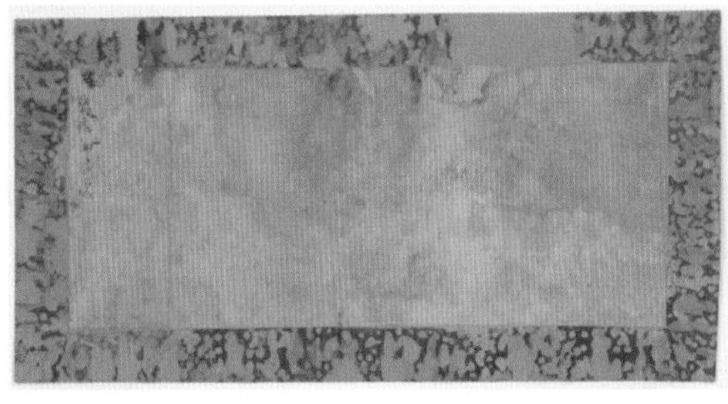

그림 3 문서가 발견된 「화엄경론질(華嚴經論帙)」 좌) 앞면, 우) 뒷면
出典：正倉院 物(https://shosoin.kunaicho.go.jp/)

다. 특히 문서에 기재된 인구는 전체 인구수를 비롯한 3년간의 출생·사망·이동한 인구를 표기하였으며, 노비의 수도 기록하였다. 각 촌에 거주하는 연(烟)은 아홉 등급으로 구분되어 문서 작성 당시 신라에서 9등호제(九等戶制)가 실시되고 있었음을 보여준다. 토지는 논·밭·마전(麻田) 등의 총면적을 나누어 결(結)·부(負)·속(束)으로 기재하였다. 수목은 뽕나무·잣나무·가래나무 등을 기록하였는데, 나무에서 거두는 산품 역시 수취의 대상이었기 때문에 나무의 숫자와 그 증감도 자세히 기록되었다.

문서의 "당현(當縣) ○○촌(村)"이라는 표현으로 보아 「신라촌락문서」는 최소한 현(縣) 단위 이상에서 집계된 촌락의 정보를 주(州) 단위 이상의 기관에서 재정리하면서 작성한 문서로 이해된다. 문서는 '당현' 소속의 촌과 '서원경(西原京)' 소속의 촌 등 행정단위를 달리하는 촌들이 한 사람의 필체로 일괄적으로 정리되어 있다. 이러한 문서의 상태로 볼 때, 촌락문서는 '당현'과 '서원경'을 행정적으로 총괄할 수 있는 '웅천주(熊川州)' 혹은 '중앙'에서 작성되었을 것으로 볼 수 있다(윤선태, 2000).

이렇게 작성된 문서는 경주, 즉 중앙에서 행정 자료로서 활용되었고, 이후 용도를 마치고 폐기된 문서가 당시 왕경 내 어느 귀족 가문이 주축이었을 사절단 혹은 상단의 교역 물품에 포장용지로 사용되어 일본으로 흘러들어 갔다. 이러한 경위로 보아 이 문서는 당시 신라 왕경인 경주에서 그 용도를 마치고 폐기되었다고 보는 것이 자연스럽다. 즉, 문서의 실제 용도는 신라 왕경 내 어느 기관의 행정 문서였던 것으로(전덕재, 2006), 이것은 신라 정부의 지방행정을 위해 다양한 촌락 관련 정보가 기재되었던 문서이다.

판독문[1]

① 문서 1 : 經帙의 表片

(前缺)

當縣沙害漸村見內山地周五千七百廿五步 合孔烟十一 計烟四余分三

此中仲下烟四 下上烟二 下乙烟五 合人百卌七(二) 此中古有

人三年間中産幷合人百卌五 以丁廿九[以奴一] 助子七[以奴一]

追子十三(一) 小子十(九) 三年間中産小子五 除公一 丁女卌三

[以婢五]助女子十一 [以婢一]追女子九 小女子八 三年間中産小女子八[以婢一]

除母三(二) 老母一 三年間中列加合人二 以追子一 小子一

合馬廿五 以古有廿二 三年間中加馬三 合牛廿二 以古有十七 三年間中加牛五

合畓百二結二負四束 以其村官謨畓四結 [內]視令畓四結 烟受有畓九[十四] 結二負四

束[以村主位畓十九結七十負] 合田六十二結十負[五束] [並烟受有之]

合麻田一結九負 合桑千四 以三年間中加植內九十 [古有九百十四]

合栢子木百廿 以三年間中加植內卅四 古有八十六 合秋子木百十[二] 以三年間中加植內卅八 古有七十四

乙未年烟見賜節公[ォ]前及白他郡中妻追移去[因][教]合人五

以丁一 小子一 丁女一 小女子一 除母一 列廻去合人三(七) 追子一 小子一 丁女一 以丁二 小女子一 丁婢一 除母一 死合人九(十) 以丁一

小子三[以奴一] 丁女一 小女子一 老母三 賣如白貫甲一

合无去因白馬二[並死之] 死白牛四

1 본 판독문은 제시된 도판 자료를 바탕으로 하고 旗田巍, 1972; 武田幸男, 1976; 兼若逸之, 1979; 이인재, 1994; 이인철, 1996; 윤선태, 2000 등의 선행 연구를 참조하여 작성한 것이다.

當縣薩下知村見內山地周万二千八百卅步 此中薩下知村古地周八

千七百七十步 掘加利何木杖谷地周四千六十步

合孔烟十五 計烟四余分二 此中仲下烟一 余子 下上烟二 余子

下仲烟五 並余子 下乙烟六 以余子五 法私一 三年間中收坐內烟一

合人百廿五 此中古有人三年間中産幷合人百十~~六~~七

以丁卅一 以奴四 助子五 追子二 小子二 三年間中産小子三

老公一 丁女卌五 以婢三 追女子十三 小女子六

三年間中産小女子三 除母一 老母二 三年間中加收內合

人七 以列加人[三] 以丁一追女子一小女子一 收坐內烟合人四 以助子一老公一丁女二

合馬十八 以古有馬十六 三年間中加馬二 合牛十二 以古有十一 加牛一 [合畓六十]三結[六]十四

負九束 以其村官謨畓三結六十六負七束 [烟受]有畓五十九結

九十八負二束 合田百十九結五負八[束] 並烟受[有之] 合麻[田一結]

[ ]負 合桑千]二百八十 以三年間中加植內百八十九 古有千九十一 合栢子木六十[九]

以三年間中加植[內十] [古有]五十九 合秋子木七十一 並古之

乙未年烟見[賜以彼]上烟亡廻去孔一 以合人三 以丁一[丁]女二 [列廻去合]

(後缺)

② 문서 2 : 經帙의 裏片

(前缺)

… 以下仲烟一 下乙烟六 三年間中新收坐內烟一

合人~~七十三~~六十九 此中古有人三年間中産幷合人六十五

以丁十~~六~~六 助子二 追子七 小子~~七~~六 三年間中産小子三

丁女十四 助女子四 追女子三 小女四 三年間中産小女子二

老母一 三年間中新收內合人七 以列收內小女子一

收坐內烟合人六 以丁一 追子一 小子一 丁女二 追女子一

合馬八 以古有四 三年間中加四 合牛十一 以古有五 三年間中加六

合畓七十一結六十七負 以其村官謨畓三結 烟受畓六十

八結六十七負 合田五十八結七負一束 並烟受有之

合麻田一結[二]負 合桑七百卅 以三年間中加植桑九十 古有六百卌

合栢子木卌二 並前內視令節植內之 合秋子木百七 並古之

列廻去合人〈三〉(四) 以丁二 丁女一 小女子一 列死合人〈四〉(六) 丁一 小子一 以丁女二 小女子二

合无去因白馬四 以賣如白三 死白一 死牛一

前內視令節植內是而死白栢子木十三

西原京□□□村見內地周四千八百步 合孔烟十 計烟一余分五

此中下仲烟一 下乙烟九 合人百~~十六~~(六) 此中古有人三年

間中產幷合人百十四 以丁十~~九~~(七) 以奴二 助子~~九~~(八) 以奴二 追子~~六~~(六)

小子~~十一~~(九) 三年間中產小子一 老公一 丁女卅~~七~~(五) 以婢四 助女~~五~~(四)

追女子十~~三~~ 以婢一 小女子~~五~~(三) 三年間中產小女子六

三年間中列收內合人四 以小子一 丁女一 助女子一 老公一

合馬十 並古之 合牛八 以古有七 加牛一

合畓卄九結十九負 以其村官謨畓三結卄負 烟受有畓

卄五結九十九負 合田七十七結十九負 以其村官謨田一結

烟受有田七十六結十九負 合麻田一結八負 合桑千二百

卅五 以三年間中加植內六十九 古有千百六十六 合栢子木六十八 以古有六十 三年間中加植內八

秋子木卌八 並古之 乙未年烟見賜以彼上烟亡廻去孔一

[以]合人六 以丁二 丁女二 小女子二 列廻去合人八 以丁一 助子一 追子一 小子一

[丁]女二 小女子二 列死合人卄一 以丁五 以奴一 追子一 老公三 丁女四 以婢一

小女子三(四) 老母四 以婢一 孔亡廻一合[人十一] 以丁二 助子一 小子二 丁女二 助女子一 追女子二 小女子一

甲午年壹月[內]省中及白[色]□[夫]追以出去因白妻是子女子

幷四 以丁女一 小子三 合无去因白馬三 以賣如白一 死白馬一 廻烟馬一

[合无去因白牛六] 以賣如白牛一 廻去烟[牛一 死白四]

(後缺)

※ 붉은 색 글자는 문서 상에서 삭제를 의미하며,

그 위에 표기된 글자는 본래 문서 작성자가 수정 사항을 추기한 것임.

※ "[ ]" 표기 속의 글자는 추정 글자이며, "□" 표기는 판독 불가 글자임.

| 해석 및 역주[2]

① 문서 1 : 경질(經帙)의 겉 편[表片] 문서

당현(當縣) 사해점촌(沙害漸村)에 보이는 산과 수목지[榼],[3] 땅[을 모두 합한] 둘레는 5,725보(步)이다. 공연(孔烟)[4]을 합하면 ~~11가구~~ 10가구이며, 계연(計烟)[5]은 4에 여분(余分) 3이다.

이 중 중하연(仲下烟)은 4가구, 하상연(下上烟)은 2가구, 하하연(下下烟)[6]은 5가구이다.[7] 사람을 합하면 ~~147명~~ 142명으로, 이 중 예부터 있던 사람들[古有人]과

---

2 본 해석문 작성에 참고한 선행 연구는 다음과 같다. 이인재, 1994; 이인철, 1996; 남풍현, 2000.

3 수목지[榼] : "榼"는 지금은 쓰지 않는 글자로 아마도 '나무로 덮인 땅'을 뜻하는 신라의 조자(造字)인 듯하다. 따라서 "榼"는 "수목지(樹木地)"를 말하는 것으로 이해된다.

4 공연(孔烟) : 통일신라시대 촌락문서와 같은 행정문서에 기재된 호(戶)를 말한다. 공연에 대해서는 이를 자연호(自然戶)로 보는 견해와 몇 개의 자연호가 합쳐진 편호(編戶)로 보는 견해가 각각 제기된 바 있으나, 편호로 보는 견해가 우세하다. 촌락문서에 보이는 연의 구성 인원 평균을 내보면 사해점촌(沙害漸村) 약 13명, 살하지촌(薩下知村) 약 8명, 서원경(西原京) □□촌 약 12명 정도로, 공연을 '자연호'라고 하기는 연 구성 인원이 조금 많아 보인다는 점, 각 연이 경영하는 농지 규모 또한 부부·자녀 중심의 자연호가 경영하기에는 너무 넓다는 점 등을 고려할 때, 공연은 인원이 많은 자연호를 중심으로 경제적 형편이 열악하거나 사람이 적은 가호를 합쳐 일정 규모의 편호로 구성되었던 것으로 이해된다.

5 계연(計烟) : 말 그대로 '계산상의 연(烟)'을 말한다. 촌락문서에서 계연(計烟)으로 표기된 수가 산출되는 방식을 살펴보면, 먼저 중상연(仲上烟)을 기본수 1, 즉 6/6으로 놓고 호등이 하나씩 내려갈 때마다 1/6씩 줄어들어 중중연(仲仲烟)은 5/6, 仲下烟은 4/6, 下上烟은 3/6, 下仲烟은 2/6, 下下烟은 1/6이 기본수가 된다. 그리고 이 기본수를 촌에 거주하는 각 등급연의 수와 곱한 다음, 그 전체를 더한 값의 정수와 분자를 '계연 몇 여분(余分) 몇'으로 나타낸 것이 각 촌의 계연 수치이다(旗田巍, 1972; 이태진, 1979). 이러한 계연 수치는 행정기관이 각 촌락에 대해 부역과 조세를 부과할 때 가장 일차적으로 참고한 핵심 행정 정보였을 것으로 이해된다.

6 하하연(下下烟) : 촌락문서에서는 같은 글자가 반복될 때, "乙"와 같은 표기로 반복 글자를 대신하였다.

7 이 중 중하연(仲下烟)은 … 5가구이다 : 사해점촌(沙害漸村)에 거주하는 가호[烟]의 숫자를 등급별로 기재한 부분이다. 이를 통해 문서 작성 당시 신라에서는 가호를 하하(下下)·하중(下中)·하상(下上)·중하(中下)·중중(中中)·중상(中上)·상하(上下)·상중(上中)·상상(上上)의 9등급으로 구분하는 9등호제가 실시되었음을 알 수 있다. 이처럼 연의 등급을 부여하는 기준에 대해서는 학계에서 다양한 견해를 놓고 아직 논쟁 중에 있다. 대체로 가구의 노동력, 즉 인정(人丁)을 기준으로 산정되었을 것으로 추측하는 견해가 많지만(旗田巍, 1972; 윤선태, 2000; 木村誠, 2004), 이밖에 각 연이 소유한 토지의 다과(多寡)를 기준으로 하였다거나(이인재, 1994; 이인철, 1996) 혹은 가구의 자산을 기준으로 등급을 나누었다는 견해(김기홍, 1991; 전덕재, 2006) 등 다양한 견해들이 제시되고 있다.

3년간 늘어난[三年間中產][8] 사람을 모두 합하면 145명이다.
정(丁)[9]은 29명, 노(奴) 1명 조자(助子)[10]는 7명 노 1명

추자(追子)[11]는 ~~12명~~ 11명, 소자(小子)[12]는 ~~10명~~ 9명이다. 3년간 늘어난 소자는 5명, 제공(除公)[13]은 1명이다. 정녀(丁女)[14]는 ~~42명~~ 40명,

비(婢) 5명 조녀자(助女子)[15]는 11명, 비 1명 추녀자(追女子)[16]는 9명, 소녀자(小女子)[17]는 8명이다. 3년간 늘어난 소녀자는

---

8 3년간 늘어난[三年間中產] : 글자대로 풀이하면 "3년 사이에 태어난"이 되지만, 뒤에 "三年間中產" 중에 "除公"도 포함되어 있어 "태어난"이라고 해석할 수 없다. 이는 '3년 사이에 늘어난 사람'을 말하는 것으로 이해된다. 한편, 문서에서는 이처럼 '3년'의 기간을 두고 마을의 여러 변동 내용을 기재하고 있는데, 이는 이와 같은 문서가 3년에 한 번씩 조사·작성되었음을 추측케 한다.

9 정(丁) : 정은 곧 정남(丁男)을 말하는 것으로 대략 20~59세 나이의 성인 남성이 해당되는 것으로 추정된다(정덕기, 2021). 정은 제공(提公)보다는 젊고 조자(助子)보다는 윗 연배로서, 통일신라 시기 부역과 군역에 동원될 수 있는 국가의 핵심 노동력으로 인식되었다.

10 조자(助子) : 대략 15~19세 나이의 남성이 해당하는 것으로 추정되며(정덕기, 2021), "助子"라는 명칭은 '정(丁)을 도울 수 있는[補助] 남자' 정도의 뜻으로 풀이된다. 성인 남성으로 분류되는 정보다는 어리며 추자보다는 나이가 위이다. 중국 당대(唐代)의 정 아래 등급인 중남(中男)과 유사하여 반역(半役)이 부과되었을 것으로 보는 견해도 있다.

11 추자(追子) : 대략 12~14세 나이의 남성을 말하는 것으로 추정된다(정덕기, 2021). 중국 당대(唐代)에 정(丁) 아래 연령을 중(中)·소(小) 2단계로 구분하였던 것에 비해, 신라는 정 아래 조(助)·추(追)·소(小) 3단계로 연령등급을 더욱 세분하였던 것이 문서를 통해 확인된다. "追子"는 '정·조자의 연령에 곧 이를 수 있는 남자' 혹은 '정·조자를 따르는 남자' 정도의 의미였을 것으로 보인다.

12 소자(小子) : 대략 1~11세 나이의 남성을 말하는 것으로 추정된다(정덕기, 2021). 추자(追子) 아래 가장 나이가 어린 연령층이 이에 해당하였다.

13 제공(除公) : 노공(老公)과 함께 "공(公)"이라는 존칭형 접미사가 붙어 있는 연령등급으로, 여기서 "公"은 "翁"과 의미가 통한다고 본다. 여자 연령 등급의 제모(除母)에 대응한다. 정(丁)보다는 위, 노공보다는 아래의 연령층으로서, 대략 60~69세 나이의 남성을 말하는 것으로 추정된다(정덕기, 2021). 제공의 "제(除)"는 면제(免除)를 뜻하는 것으로 추정되어 이 연령층부터는 각종 부역·군역이 면제되었을 것으로 보인다.

14 정녀(丁女) : 위의 정(丁), 즉 성인 남성에 대응하는 성인 여성의 연령 등급으로서 대략 20~59세 나이의 여성을 말하는 것으로 추정된다. 정과 마찬가지로 다양한 부역에 동원되었을 것으로 보인다.

15 조녀자(助女子) : 위의 조자(助子) 남성에 대응하는 여성의 연령 등급으로서 대략 15~19세 나이의 여성을 말하는 것으로 추정된다. 정녀(丁女)보다는 어리고, 추녀자(追女子)보다는 나이가 위이다.

16 추녀자(追女子) : 위의 추자(追子) 남성에 대응하는 여성의 연령 등급으로서 대략 12~14세 나이의 여성을 말하는 것으로 추정된다.

17 소녀자(小女子) : 위의 소자(小子) 남성에 대응하는 여성의 연령 등급으로서 대략 1~11세 나이였을 것으로 추정된다.

8명, 비 1명

제모(除母)[18]는 ~~2명~~ 1명, 노모(老母)는 1명이다. 3년간 개별적으로 더해진[列加][19] 사람을 합하면 2명으로, 추자 1명과 소자 1명이다.

말을 합하면 25마리이다. 예부터 있었던 것이 22마리, 3년간 더해진 말이 3마리 소를 합하면 22마리이다.[20] 예부터 있던 것이 17마리, 3년간 더해진 소가 5마리

논[畓]을 합하면 102결(結) 2부(負) 4속(束)이다. 그 촌의 관모답(官謨畓)[21]은 4결, [내]시령답([內]視令畓)[22]은 4결 연(烟)이 받아서 가진 논은 [94]결 2부 4속이다.

촌주위답(村主位畓)[23] 19결 70부 밭[田] 62결 10부 [5속] 모두 연이

---

18 제모(除母) : 위의 제공(除公) 남성에 대응하는 여성의 연령 등급으로서 대략 60~69세 나이의 여성을 말하는 것으로 추정된다.

19 개별적으로 더해진[列加] : 여기서 "列"은 '개별적으로'라는 의미로 해석되어 "列加"는 곧 '개별적으로 늘어난' 정도의 의미로 풀이된다(이인재, 1994).

20 말을 합하면 … 22마리이다 : 촌락문서에 기재된 말과 소의 숫자를 보면 촌락에 거주하는 가호[烟]나 인구수에 비해 상당히 많음을 볼 수 있다. 같은 문서에서 연(烟)이 말과 소를 자체적으로 팔았던 모습도 확인되므로 기재된 말과 소는 모두 연의 소유였음은 분명하다(이인재, 1994). 이에 문서에 보이는 각 촌락에 말과 소의 숫자가 많은 이유를 놓고 이들 촌락이 '왕실직속지'이기 때문에 생긴 특수 사례라고 이해하기도 한다(이태진, 1990).

21 관모답(官謨畓) : '관(官)이 계획한[謨] 논[畓]' 혹은 '관의 몫으로 설치된 논'이라는 뜻으로, 여기서 거두어들인 소출은 관청의 운영 경비로 사용되었을 것으로 추정한다(이희관, 1999).

22 [내]시령답([內]視令畓) : 신라 신문왕(神文王) 7년(687)에 지급된 문무관료전(文武官僚田)의 실례로서 내시령(內視令)에게 지급된 직전(職田)이다. 내시령에 대해서는 내성(內省)의 장관으로 보는 견해(武田幸男, 1976), 내성 소속 관인으로 보는 견해(김기흥, 1991; 윤선태, 2000), 지방관의 비리를 감찰하기 위해 파견된 외사정(外司正)으로 보는 견해(이인철, 199) 등이 제기되었다. 그런데 문서에서는 서원경(西原京) □□□촌의 인구 이동과 관련하여 "內省"으로 판독되는 기관이 관여하고 있음이 확인된다. 따라서 내시령도 내성(內省)과 관련된 관인일 가능성이 크다. 다만, 신라 내성의 장관은 내성사신(內省私臣)·전중령(殿中令) 등으로 불렸으며, '내시령'은 이 문서를 제외한 여타 자료에서 찾아지지 않는다. 이에 내시령은 내성 소속 관인 정도로 보는 것이 가장 타당해 보인다.

23 촌주위답(村主位畓) : 촌주(村主)는 신라 지방통치의 말단 행정기구인 촌의 행정 실무를 주관하는 존재였다. 촌주위

받아서 가지고 있음

삼밭[麻田][24]을 합하면 1결 9부이다. 뽕나무[桑][25]를 합하면 1,004그루이다. 3년간 더 심은 것이 90그루, [예부터 있던 것이 914그루]

잣나무[栢子木][26]를 합하면 120그루이다. 3년간 더 심은 것이 34그루, 예부터 있던 것이 86그루 가래나무[秋子木][27]를 합하면 11[2]그루이다. 3년간 더 심은 것이 38그루, 예부터 있던 것이 74그루

을미년(乙未年)에 연(烟)을 살펴보니[28] 이때[節] 공등(公等)

답(村主位畓)은 '위답(位畓)'이란 표현에서 알 수 있듯이 촌주에게 주어진 직전(職田)으로 보이는데, 앞서의 관모답(官謨畓)이나 내시령답(內視令畓)과 달리 '연이 받아서 가진 논[烟受有畓]'에 포함되어 있다. 곧 촌주의 지위는 '관료'로서 인정되지는 않았던 것을 알 수 있는데, 그럼에도 불구하고 촌주가 소유한 토지는 '위답(位畓)'으로 인정되어 조세를 면제받았을 것으로 추정된다(이희관, 1999).

24 삼밭[麻田] : 삼[麻]을 재배하던 밭으로서 촌락문서에 보이는 각 촌에는 모두 촌락 구성원이 공동으로 재배하는 삼밭[麻田]이 기재되어 있다. 삼은 대마[大麻]라고도 하며 그 껍질의 섬유로 베를 짜서 옷감을 만든다. 이것이 마포(麻布), 곧 삼베다. 마포는 고대 평민 의복의 주된 재료였다. 또 그 꽃과 잎은 약재로도 사용되었다. 한편, 문서에 기재된 삼밭에서 생산된 마포는 대부분 국가로부터 촌조(村調)의 형식으로 수취되었을 것으로 보인다(이희관, 1999). 실제 『삼국사기』 권47, 열전 7, 소나(素那) 조를 보면 "상원(上元) 2년 을해(675) 봄에 아달성(阿達城) 태수(太守) 급찬(級湌) 한선(漢宣)이 백성에게 교(教)하기를, '며칠[某日]에 모두 나가 삼을 심도록 하되, 영(令)을 거스르지 말라'고 하였다(上元二年乙亥春, 阿達城太守級湌漢宣教民, 以某日, 齊出種麻, 不得違令)"라는 기록이 보인다. 즉, 삼을 심는 작업이 일종의 요역 형태로 공동으로 이루어졌음을 살필 수 있다(박남수, 1996).

25 뽕나무[桑] : 뽕나무는 고대로부터 양잠(養蠶)하는 데에 이용되었던 나무이다. 양잠은 잠엽(蠶葉)이라고도 부르는 뽕나무 잎으로 누에를 치는 일을 말하는데, 누에고치에서 뽑은 명주실[絹絲]로 비단을 비롯한 여러 견직물을 제작할 수 있었다. 또한 그 목재는 가구재로도 쓰였고, 뽕나무 열매인 오디는 식용하며, 뽕나무 잎사귀와 껍데기도 예로부터 약재로 널리 쓰였다. 촌락문서에 보이는 각 촌에는 모두 뽕나무의 숫자가 기재되어 있는데, 여기서의 양잠업은 공동 요역으로 이루어졌던 것으로 추정되며, 또 산출된 명주실도 국가에 공물로 바쳐졌을 것이다.

26 잣나무[栢子木] : 신라의 잣나무는 신라송(新羅松)이라고도 불렸다. 그 목재는 가볍고 가공이 용이하여 건축 자재로 사용되었고, 잣은 다양한 식재료로 활용되었다. 특히 신라산 잣은 해송자(海松子)라고도 불리며 중국에까지 널리 알려져 있었다. 촌락문서에 보이는 각 촌에는 모두 잣나무의 숫자가 기재되어 있는데, 여기서 거두어들인 잣 또한 국가에 공물로 바쳤을 것으로 보인다.

27 가래나무[秋子木] : "추자목(秋子木)"은 가래나무를 말한다. 가래나무의 목재는 가구재로 활용되며, 그 과실은 가래는 식용이 가능하고 약재로도 사용되었다. 다만, 문서에 기재된 추자목을 '호두나무'로 보는 견해(이인철, 1996)도 있다.

28 을미년에 연을 살펴보니[乙未年烟見賜] : 이 구절은 "을미년에 연을 보샨 지위"로 풀이할 수 있다(이태진, 1979).

[公才][29] 앞에 이르러 아뢰길[白] 타군(他郡)에 있는 처를 좇아 이사 간다고 하여 이로 인하여 교(敎)를 내려 [허락한] 사람을 합하면 5명이다.

정 1명, 소자 1명, 정녀 1명, 소여자 1명, 제모 1명 [연을 이루지 않고] 개별적으로[列] [촌을] 떠나간[廻去] 사람을 합하면 ~~3명~~ 7명이다.
정 2명, 소녀자 1명, 정비(丁婢) 1명, 〈추자 1명, 소자 1명, 정녀 1명〉 죽은 사람을 합하면 ~~9명~~ 10명이다. 정은 1명,
※"〈 〉" 표기 안의 글자는 행 바깥에 추기된 것을 표기한 것.

소자는 3명, 노 1명 정녀는 1명, 소녀자는 1명, 〈제모는 1명〉 노모(老母)는 3명이다. 팔아버렸다고[賣如] 아뢴[白] 관갑(貫甲)[30]이 1개이다.
※"〈 〉" 표기 안의 글자는 행 바깥에 추기된 것을 표기한 것.

사라진 것이 확실하여 아뢴 말을 합하면 2마리이다. 모두 죽은 것 죽었다고 아뢴 소는 4마리이다.

당현 살하지촌(薩下知村)에 보이는 산과 수목지, 땅[을 모두 합한] 둘레는 12,830보이다. 이 중 살하지촌 옛땅[古地]의 둘레는

29 공등(公等)[公才] : 원문은 "公才"이다. "才"에 대해 보통 '等'의 이체자로 보거나, '木'로 판독하기도 하지만, 자형은 분명 "才"에 가깝다. 다만 이는 문맥상 '等'의 이체자를 쓴 것으로 이해된다. "공등(公等)"은 곧 촌락문서에 보이는 마을의 연장자 '제공(除公)'과 '노공(老公)'을 가리키는 것으로 보인다.

30 관갑(貫甲) : 관갑에 대해 사람과 우마(牛馬) 사이에 기재되어 있으므로 노예라고 본 견해(旗田巍, 1972)가 제기되었으나, 연령 표기가 없는 것으로 보아 이는 사람을 기재한 것은 아닐 것이다(武田幸男, 1976). 한편, 이를 『태종실록』과 『세종실록』에 보이는 관갑(貫甲)과 관련지어 갑옷 제작에 쓰이는 사슴 가죽으로 본 견해도 있다(이영훈, 1998)

8,770보이고, [새로] 개간[掘加利]을 한 목장곡(木杖谷) 땅의 둘레는 4,060보이다.

공연을 합하면 15가구이며, 계연은 4 여분 2이다. 이 중 중하연은 1가구, 여갑당 징발자[余子][31]가 있음 하상연 2가구, 여갑당 징발자가 있음

하중연은 5가구, 모두 여갑당 징발자임 하하연은 6가구이다. 여갑당 징발자가 5명, 법당 징발자[法私][32]가 1명 3년간 거두어 앉힌 연[三年間中收坐內烟][33]이 1가구이다.

사람을 합하면 125명으로, 이 중 예부터 있던 사람들과 3년간 늘어난 사람을 모두 합하면 ~~118명~~ 117명이다.

정은 ~~31명~~ 30명 노 4명 조자는 5명, 추자는 2명, 소자는 2명이다. 3년간 늘어난 소자는 3명,

노공(老公)은 1명, 정녀는 45명, 비 3명 추녀자는 13명, 소녀자는 6명이다.

31 여갑당 징발자[余子] : 연(烟)의 구성원 중 법당 군역에 징발된 자가 있음을 표기한 것으로, "여자(余子)"는 해당 가호의 장정이 군단 이름에 '여(餘)'자가 붙은 소경여갑당(小京餘甲幢)·외여갑당(外餘甲幢)과 같은 여갑당(餘甲幢)에 차출되어 지방 군역을 지고 있음을 의미하는 것으로 추정된다. 이러한 군역 차출은 호등(戶等)에 차이 없이 각 가호별로 1명씩 균등하게 징발되었던 것으로 보이며, 문서의 이러한 표기는 촌락이 다른 역역(力役)에서 면제되거나 감액될 수 있도록 알려주는 역할을 했던 것으로 보인다.

32 법당 징발자[法私] : 연(烟)의 구성원 중 법당 군역에 징발된 자가 있음을 표기한 것으로, "법사(法私)"는 해당 가호의 장정이 외법당(外法幢)에 차출되어 지방 군역을 지고 있음을 의미하는 것으로 추정된다.

33 3년간 거두어 앉힌 연[三年間中收坐內烟] : 이는 '지난 3년 사이에 들어와 정착한 연호'를 뜻하는 것으로(이인재, 1994), 문서 작성 당시까지는 아직 호등(戶等)이 정해지지 않은 '등외연(等外烟)'이었던 것으로 파악된다(이인철, 1996).

3년간 늘어난 소녀자는 3명, 제모는 1명, 노모는 2명이다. 3년간 더하여 거두어들인[三年間中加收內] 사람을 합하면

7명인데, 개별적으로 더해진[列加] 사람이 [3명]이며, 정 1명, 추녀자 1명, 소녀자 1명 거두어 앉힌 연의 사람을 합하면 4명이다. 조자 1명, 노공 1명, 정녀 2명

말을 합하면 18마리이다. 예부터 있던 것이 16마리, 3년간 더해진 말이 2마리 소를 합하면 12마리이다. 예부터 있던 것이 11마리, 더해진 소가 1마리 [논을 합하면 63]결 [64]부

9속이며, [이 중] 그 촌의 관모답(官謨畓)이 3결 66부 7속이고, [연이 받아서] 가진 논이 59결

98부 2속이다. 밭을 합하면 119결 5부 8[속]이다. 모두 연이 받아 가지고 있음 삼[밭을 합하면 1결]

[□부이다. 뽕나무를 합하면 1]280그루이다. 3년간 더 심은 것이 189그루, 예부터 있던 것이 1,091그루 잣나무를 합하면 69그루이다.

3년간 더 심은 것이 [10]그루, [예부터 있던 것이] 59그루 가래나무를 합하면 71그루이다. 모두 예부터 있던 것

을미년에 연을 살펴보니 그 상연(上烟)이 없어져 돌아간[亡廻去][34] 공(孔)이 1[연]으로 [돌아간 연의] 사람을 합하면 3명이다.

---

34 없어져 돌아간[亡廻去] : "亡"의 의미에 주목하면 "亡廻去"는 연호가 특별한 보고 없이 도망·유망(流亡)해버린 상황을 말하는 것으로 이해된다(旗田巍, 1972; 武田幸男, 1976; 이태진, 1979). 여기서는 "없어져 돌아가 버린"으로 해

정 1명, [정]녀 2명

② 문서 2 : 경질(經帙)의 속 편[裏片] 문서

… 하중연은 1가구, 하하연은 6가구이다. 3년간 새로 거두어 앉힌 연이 1가구이다.

사람을 합하면 ~~72명~~ 69명이다. 이 중 예부터 있던 사람들과 3년간 늘어난 사람을 모두 합하면 65명이다.

정은 ~~18명~~ 16명, 조자는 2명, 추자는 7명, 소자는 ~~7명~~ 6명이다. 3년간 늘어난 소자는 3명이다.

정녀는 14명, 조녀자는 4명, 추녀자는 3명, 소녀자는 4명이다. 3년간 늘어난 소녀자는 2명,

노모는 1명이다. 3년간 새로 거두어들인 사람을 합하면 7명인데, [이중] 개별적으로 거두어들인 소녀자가 1명이고,

거두어 앉힌 연의 사람을 합하면 6명으로, [이중] 정은 1명, 추자는 1명, 소자는 1명, 정녀는 2명, 추녀자는 1명이다.

말을 합하면 8마리이다. 예부터 있던 것이 4마리, 3년간 더해진 말이 4마리 소를 합하면 11마리이다. 예부터 있던 것이 5마리, 더해진 소가 6마리

석하고 '도망을 내포한 소멸'로 이해한 이인재, 1994의 풀이를 따른다.

논을 합하면 71결 67부인데, 그 촌의 관모답은 3결이고, 연이 받은 논[烟受畓]이 68결

67부이다. 밭을 합하면 58결 7부 1속이다. 모두 연이 받아 가지고 있음

삼밭을 합하면 1결 [2]부이다. 뽕나무를 합하면 730그루이다. 3년간 더 심은 뽕나무가 90그루, 예부터 있던 것이 640그루

잣나무를 합하면 42그루이다. 모두 이전 내시령(內視令) 때에 심은 것 가래나무를 합하면 107그루이다. 모두 예부터 있던 것

개별적으로[列] [촌을] 떠나간[廻去] 사람을 합하면 3명 4명이다. 정 2명, 정녀 1명, 소녀자 1명 개별적으로 죽은 사람을 합하면 4명 6명이다. 정녀 2명, 소녀자 2명, 〈정 1명, 소자 1명〉

사라진 것이 확실하여 아뢴 말을 합하면 4마리이다. 팔았다고 아뢴 것이 3마리, 죽었다고 아뢴 것이 1마리 죽은 소는 1마리이다.

이전 내시령 때에 심은 것인데 죽은 잣나무가 13그루이다.

서원경(西原京)[35] □□□촌[36]에 보이는 땅 둘레는 4,800이다. 공연을 합하면 10가구이고, 계연은 1 여분 5이다.

35 서원경(西原京) : 통일신라시대 5소경의 하나로, 오늘날 충청북도 청주 일대에 해당한다. 신문왕 5년(685)에 처음 서원소경(西原小京)으로 설치되어, 경덕왕 16년(757) 군현 개편 과정에서 서원경(西原京)으로 개칭되었다.

36 □□□촌 : 판독이 어려운 부분 중 두 글자를 "□椒子"로 판독하고 "□초자촌(□椒子村)"으로 읽어, 충청북도 청원군 북일면 초정리 일대로 비정하는 견해가 있다(兼若逸之, 1979 ; 이인철, 1996).

이 중 중하연은 1가구, 하하연은 9가구이다. 사람을 합하면 ~~118명~~ 106명이다. 이중 예부터 있던 사람들과 3년간

늘어난 사람을 모두 합하면 114명이다. 정은 ~~19명~~ 17명, 노 2명 조자는 ~~9명~~ 8명, 노 2명 추자는 ~~8명~~[37] 6명,

소자는 ~~11명~~ 9명이다. 3년간 늘어난 소자는 1명, 노공은 1명, 정녀는 ~~37명~~ 35명, 비 4명 조녀는 ~~5명~~ 4명,

추녀자는 ~~12명~~ 10명, 비 1명 소녀자는 ~~5명~~ 3명이다. 3년간 늘어난 소녀자는 6명이다.

3년간 개별적으로 거두어들인 사람을 합하면 4명인데, 소자는 1명, 정녀는 1명, 조녀자는 1명, 노공은 1명이다.

말을 합하면 10마리이다. 모두 예부터 있던 것 소를 합하면 8마리이다. 예부터 있던 것이 7마리, 더해진 소가 1마리

논을 합하면 29결 19부이며, [이중] 그 촌의 관모답은 3결 20부이고, 연이 받아서 가진 논은

25결 99부이다. 밭을 합치면 77결 19부이며, [이중] 그 촌의 관모전(官謨田)은 1결이고
연이 받아서 가진 밭은 76결 19부이다. 삼밭을 합하면 1결 8부이다. 뽕나무를 합하면 1,235그루이다.

37 추자 8명 : 여기서 "追子八"의 인원수 "八"에는 삭제나 수정을 의미하는 "○" 표기가 보이지 않지만, 그 위에 "六"이 추기되어 있어, 8명에서 6명으로 인원 변동이 있었음을 알 수 있다.

3년간 더 심은 것이 69그루, 예부터 있던 것이 1166그루 잣나무를 합하면 68그루이다. 예부터 있던 것이 60그루, 3년간 더 심은 것이 8그루

가래나무는 48그루이다. 모두 예부터 있던 것 을미년에 연을 살펴보니 그 상연이 없어져 돌아간 공이 1[연]으로

[돌아간 연의] 사람을 합하면 6명이다. 정 2명, 정녀 2명, 소녀자 2명 개별적으로[列] [촌을] 떠나간[廻去] 사람을 합하면 8명이다. 정 1명, 조자 1명, 추자 1명, 소자 1명

[정]녀 2명 소녀자 2명 개별적으로 죽은 사람을 합하면 21명인데, 정은 5명, 노 1명 추자 1명, 노공 3명, 정녀 4명, 비 1명

소녀자 3명 4명, 노모 4명 비 1명 이다. 공이 없어져 돌아간 것이 1인데 [그 공연의] 사람을 합하면 [11명이다.] 정 2명, 조자 1명, 소자 2명, 정녀 2명, 조녀자 1명, 추녀자 2명, 소녀자 1명

갑오년(甲午年) 1월[壹月][38]에 [내]성([內]省)에 이르러 [색]□([色]□)[39]에게 아뢰고 남편을 좇아서 마을을 나가겠다고[出去] 아뢴 처(妻)와 그 자녀[是子女子]는

모두 4명이다. 정녀 1명, 소자 3명 사라진 것이 확실하여 아뢴 말

---

38 1월[壹月] : "갑오년 1월[甲午年壹月]"에서 1월을 "정월(正月)"로 쓰지 않고 "일월(壹月)"로 쓰고 있음에 주목하여, 이것이 당(唐) 측천무후(則天武后)가 채용한 주정(周正)[周歷]과 관련된 것으로 이해하는 견해도 있다. 즉, 주력(周歷)에서는 세수(歲首)인 11월을 정월로, 12월을 납월(臘月)로, 원래 정월인 1월을 '일월(壹月)'로 표기하는데, 이 시기 신라가 당을 모방해 주력을 도입하였다는 것이다(윤선태, 2000). 이러한 견해는 촌락문서의 작성 연대를 695년으로 보는 주요 근거 중 하나로 제시된 것이기도 하다.

39 [색]□([色]□) : 이를 색전(色典)으로 추정하여 호장(戶長)과 같은 것으로 이해하는 견해도 있다(이인재, 1994).

이 3마리이다. 팔았다고 아뢴 것이 1마리, 죽었다고 아뢴 것이 1마리, 돌아간 연[廻烟]이 [가져간] 말이 1마리

사라진 것이 확실하여 아뢴 소가 6마리이다. 팔았다고 아뢴 소가 1마리, 돌아간 연[廻去烟]이 [가져간] 소가 1마리, 죽었다고 아뢴 것이 4마리

참고문헌

兼若逸之, 「新羅《均田成册》의 硏究」, 『한국사연구』 23, 1979.
남풍현, 『吏讀硏究』, 태학사, 2000.
박남수, 『신라수공업사』, 신서원, 1996.
윤선태, 「新羅 統一期 王室의 村落支配」, 서울대학교 박사학위논문, 2000.
이기백 편저, 『韓國上代古文書資料集成』, 일지사, 1987.
이영훈, 「貫甲」, 『古文書硏究』 13, 1998.
이인재, 「신라통일기 조세 수취기준과 등급연(等級烟) -촌락문서를 중심으로-」, 『역사와 현실』 11, 1994.
이인철, 『新羅村落社會史硏究』, 일지사, 1996.
이태진, 「新羅 統一期의 村落支配와 孔烟 : 正倉院 所藏의 村落文書 재검토」, 『한국사연구』 25, 1979.
이태진, 「新羅 村落文書의 牛馬」, 『民族史의 展開와 그 文化(碧史李佑成敎授定年退職紀念論叢)』 上, 1990.
이희관, 『統一新羅土地制度硏究』, 일조각, 1999.
정덕기, 「삼국 신라 연령등급제의 연령과 속성」, 『동아시아고대학』 63, 2021.

旗田巍, 『朝鮮中世社會史の硏究』, 法政大学出版局, 1972.
木村誠, 『古代朝鮮の國家と社會』, 吉川弘文館, 2004.
武田幸男, 「新羅の村落支配 -正倉院所蔵文書の追記をめぐって-」, 『朝鮮學報』 81, 1976.

https://shosoin.kunaicho.go.jp/treasures?id=0000011963&index=0

8-1. 기타 쇼소인[正倉院] 소장품으로 본 고대 한일 교류

일본으로 건너간 백제의 바둑판

| 자료 사진

그림 1 목화자단기국(木畵紫檀碁局)

그림 2 은평탈합자[銀平脫合子] 제1호

그림 3 은평탈합자 제3호

그림 4 홍아발루기자(紅牙撥鏤碁子)

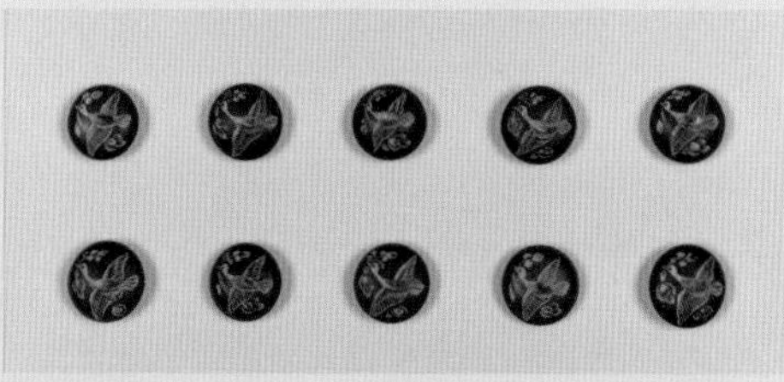

그림 5 감아발루기자(紺牙撥鏤碁子)

出典：正倉院宝物(https://shosoin.kunaicho.go.jp/)

자료 기초 정보

국가	한국·일본 ‖ 백제·일본
연대	7세기 중엽
품목	바둑판, 바둑돌함, 바둑돌
크기	그림 1 : 가로 48.8cm, 세로 49.0cm, 높이 12.7cm 그림 2~3 : 지름 11.5cm, 높이 4.4cm 그림 4~5 : 지름 1.5~7cm, 두께 0.6~8cm
출토지	쇼소인[正倉院]
소장처	쇼소인[正倉院]

자료 소개

756년 5월 2일 일본에서 쇼무천황[聖武天皇]이 향년 56세의 나이로 사망하였다. 그리고 같은 해 6월 21일, 사망한 천황의 49재 당일에 많은 보물이 도다이지[東大寺]에 헌납되었다[제1차 헌납].[1] 이날의 헌납은 현전하는 쇼소인[正倉院] 문서 가운데 북창(北倉) 문서로 전하는 「헌물장(獻物帳)」의 「국가진보장(國家珍寶帳)」과 「종종약장(種種藥帳)」 이렇게 2권의 헌물장으로 기록되어 있다(스기모토 가즈키, 2015). 특히 「국가진보장」에 기재된 여러 보물 가운데 백제 의자왕(義慈王)과 관련된 기록이 있어 많은 주목을 받아왔다. 바로 적칠관목주자(赤漆欟木廚子)가 그것이다.

1 이때의 황실 보물 헌납은 쇼무천황(聖武天皇)이 사망한 뒤 그 부인 코묘황후[光明皇后]가 주도하였는데, 쇼무천황 49재 당일인 756년 6월 21일부터 758년 10월 1일까지 모두 다섯 차례에 걸쳐 이루어졌다.

『동대사헌물장(東大寺獻物帳)』「국가진보장」 제4지(紙) (북창158)

赤漆欟木厨子一口
右百濟國王義慈進於內太臣
納物

犀角一具	重大五斤　二角連底　一角長一尺三寸 一角長六寸
白犀角一枚	重大六斤八兩　長三尺一寸七分 本径五寸五分
犀角一枚	重大三斤六兩　長二尺　本径五寸七分
斑犀角一枚	重大一斤十三兩二分　長七寸 本径五寸
白石鎮子十六箇	師子形八　牛形六　兔形二
銀平脱合子四合	各納棊子

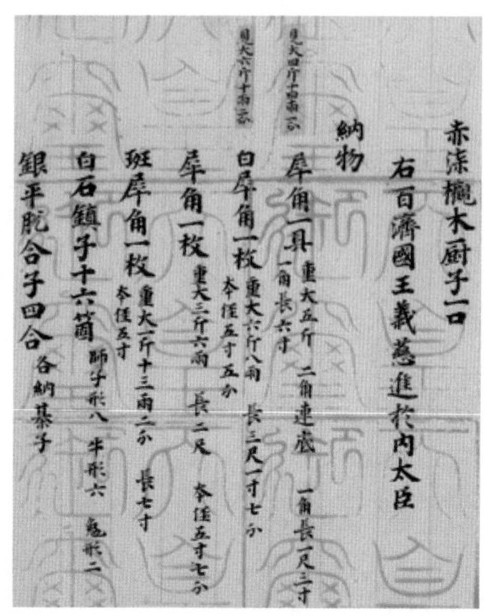

위의 기록 앞 부분에서 보듯 756년 도다이지에 헌납된 적칠관목주자 1구는 백제 의자왕이 일본의 내대신(內太臣)[2]이었던 후지와라노 가마타리[藤原鎌足]에게 준 것으로, 이후 이것이 다시 쇼무천황에게 보내졌던 것으로 보인다. 후지와라노 가마타리의 주요 활동 시기는 645~669년까지이므로, 주자(廚子)의 전달 시점은 대략 6세기 중엽으로 볼 수 있다. 한편, 기록에는 이 주자 안에 들어 있는 '납물(納物)'로서 각종 무소 뿔[犀角] 물품, 백석(白石)으로 만든 문진[鎭子], 은평탈합자(銀平脫合子)[3]와 그 안에 들어 있는 바둑돌[棊子] 등이 열거되어 있다(사카에하라 토와오, 2012). 다만,

2 문서의 내대신(內太臣)은 일본 아스카[飛鳥] 시대의 권력자 후지와라노 가마타리[藤原鎌足](614?~669)를 의미한다. 그는 645년, 훗날 덴지천황[天智天皇]이 되는 중대형황자(中大兄皇子)와 함께 정변을 일으켜 당시 최고 권력자였던 소가노 에미시[蘇我蝦夷]와 소가노 이루카[蘇我入鹿] 부자 일족을 몰아내고 중앙집권적 정치 개혁인 다이카개신[大化改新]을 이끈 인물이다. 그는 두 손녀를 황실에 시집보내 쇼무천황[聖武天皇]의 증조부이면서 부인 코묘황후[光明皇后]의 조부가 되었다. 따라서 그가 의자왕에게 받은 선물이 황실 소장품으로 계승될 수 있었던 것으로 보인다(신숙, 2018).

3 평탈(平脫) 기법은 옻칠한 기물에 금은 조각 무늬를 붙여 장식하는 공예 기법으로, 은평탈합자의 "은평탈(銀平脫)"은 은을 두드려 얇은 판을 만들고 문양을 재단하여 기물에 부착한 다음 다시 옻칠을 더해 장식을 고정한 것을 말한다(신숙, 2018). 즉, 은평탈합자는 은장식이 얇게 새겨진 함[合子]을 뜻한다.

안타깝게도 기록의 적칠관목주자는 현재 전해지지 않는다.[4]

그런데 현재 쇼소인에는 해당 주자 안에 납물로서 들어있었던 은평탈합자 4점과 그 안에 들어있던 바둑돌로 추정되는 516점의 적색·감색·흑색·백색의 바둑돌이 전해진다.[5] 그리고 같은 「국가진보장」에는 목화자단기국(木畵紫檀碁局)과 금은구갑기국감(金銀龜甲碁局龕) 등의 보물도 기록되어 있는데, 목화자단기국은 바둑판이고 금은구갑기국감은 그것을 담는 함을 말한다. 그리고 일본 제형(齊衡) 3년(856)에 쇼소인 북창의 보물을 점검하고 작성한 「잡재물실록(雜財物實錄)」(북창 165)에서는 의자왕이 전해준 주자의 납물로 은평탈합자와 목화자단기국, 금은구갑기국감을 함께 나열하고 있다. 당시에는 주자와 은평탈합자, 바둑돌, 바둑판[碁局], 바둑함[碁局龕] 모두를 백제에서 건너온 물품으로 인식했던 것이다(西川明彦, 2012).[6] 따라서 4점의 은평탈합자나 목화자단기국뿐만 아니라 금은구갑기국감과 홍아발루기자(紅牙撥鏤碁子)·감아발루기자(紺牙撥鏤碁子) 등의 바둑돌까지 모두 백제로부터 전래된 물품일 가능성이 크다고 볼 수 있다.

---

4 현재 일본에 전해지는 적칠관목주자(赤漆欟木廚子)는 이른바 '제1주자'이며, 위의 기록에 보이는 의자왕이 전했다는 적칠관목주자는 '제2주자'로 불린다. 현재 제2주자는 유실되었고 제1주자도 파손되어 있던 것을 메이지 시대에 복원한 것이다. 제1주자에 대해서는 대체로 당(唐) 또는 일본에서 자체 제작된 것으로 추정하지만, 제1·2주자가 모두 백제 의자왕이 후지와라노 가마타리[藤原鎌足]에게 하사한 것으로 보는 견해도 있다(최재석, 1996).

5 적색·감색 바둑돌은 상아로 제작되었으며, 흰색 바둑돌은 석영으로, 검은색 바둑돌은 사문석으로 제작되었다. 상아로 제작된 적색·감색 바둑돌에는 꽃을 머금고 날아가는 새가 음각되어 있는데, 이처럼 상아 표면에 색을 입히고 무늬를 새기는 기법을 일본에서는 '발루(撥鏤)'라고 쓴다. 따라서 현전하는 적색 바둑돌은 "홍아발루기자(紅牙撥鏤碁子)", 감색 바둑돌은 "감아발루기자(紺牙撥鏤碁子)"로 부른다. 그리고 이러한 발루 기법에 대해서는 「매신라물해(買新羅物解)」에 보이는 "아루소(牙鏤梳)"나 "아루계자(牙鏤笄子)"의 아루(牙鏤)가 그 선례일 것으로 추정되고 있다(신숙, 2018). 이와 관련하여서는 「「매신라물해」에 기재된 신라의 대일 교역 물품」의 각주 39번과 40번을 참고 바람.

6 물론 西川明彦, 2012에서는 의자왕이 전한 적칠관목주자와 목화자단기국(木畵紫檀碁局)·금은구갑기국감(金銀龜甲碁局龕)을 곧바로 관련짓는 것에 신중할 필요가 있음을 지적하고 있다. 그러나 목화자단기국에는 연화문 문양의 화점(花點)은 오늘날과는 달리 17개로 되어 있다. 이는 당시 한반도에서만 행해졌던 한국 고유의 바둑인 순장바둑의 치석(置石)과 일치하는 것으로, 이로 보아 현전하는 목화자단기국은 백제에서 제작된 것이 분명해 보인다(연민수, 2006).

8-2. 기타 쇼소인[正倉院] 소장품으로 본 고대 한일 교류

일본으로 건너간 신라 먹

| 자료 사진

그림 1 쇼소인[正倉院]에 전해지는 신라 먹

出典 : 正倉院宝物(https://shosoin.kunaicho.go.jp/)

자료 기초 정보

국가	한국·일본 ‖ 신라·일본
연대	8세기(?)
품목	먹
크기	第8호 먹 : 길이 29.6cm, 폭 5.0cm, 두께 1.9cm 第9호 먹 : 길이 26.6cm, 폭 4.2cm, 두께 1.3cm 第10호 먹 : 길이 24.2cm, 폭 3.2cm, 두께 1.6cm
출토지	쇼소인[正倉院]
소장처	쇼소인[正倉院]

자료 소개

쇼소인[正倉院] 중창(中倉)에는 현재 15자루의 먹이 전해지는데, 대체로 그 형태는 원통형 혹은 배 모양을 하고 있다. 그런데 이 가운데 신라로부터 들어온 것으로 보이는 배 모양의 먹이 2자루 확인된다[제9호 및 제10호]. 두 먹의 길이는 각각 26.6cm와 24.2cm 정도로 기다란 배 모양[舟形]을 하고 있다. 이것이 신라로부터 전래된 물품임을 알 수 있는 것은 바로 먹의 중앙부에 새겨진 문구 때문이다.

먼저 제9호 먹에는 "•新羅楊•家上墨•"이라는 글자가, 제10호 먹에는 "•新羅武•家上墨•"이라는 글자가 각각 양각으로 새겨져 있다["•" 표시는 붉은색 점을 표기한 것]. 여기에 보이는 "양가(楊家)"와 "무가(武家)"는 묵을 제조한 신라 공장의 이름으로 여겨지며, "상묵(上墨)"은 거기서 만들어진 상등품의 먹이란 의미로 해석된다(이성시, 1999).

한편, 신라와 관련짓기는 어렵지만, 제10호 먹에도 글자가 양각으로 새겨져 있는데, "•華烟飛龍鳳•皇極貞家墨•"이라고 되어 있고, 그 뒷면에는 붉은색 글씨로 "開元四年丙辰秋作貞□□□"라는 문구가 적혀 있다. 개원(開元)은 당(唐) 현종(玄宗) 시기의 연호로 개원 4년은 716년에 해당한다. 이로 보아 제10호 먹은 당에서 제작된 것으로 볼 수 있는데, 신라 먹을 비롯하여 쇼소인에 소장된 여러 먹이 일본으로 전래되는 과정과 시기를 추측하는 데에 참고가 된다.

참고문헌

사카에하라 토와오 지음·이병호 옮김, 『정창원문서 입문』, 태학사, 2012.
스기모토 가즈키 저, 서각수·송완범·서보경 역, 『정창원 –역사와 보물–』, 동북아역사재단, 2015.
신숙, 「7세기 백제와 일본 正倉院 소장품」, 『미술사학』 36, 2018.
연민수, 「日本 正倉院의 百濟遺物과 그 역사적 성격」, 『국사관논총』 108, 2006.
이성시 지음·김창석 옮김, 『동아시아의 왕권과 교역 –신라·발해와 정창원 보물–』, 청년사, 1999.
최재석, 『正倉院 소장품과 統一新羅』, 일지사, 1996.

西川明彦, 「赤漆文欟木御厨子と〈赤漆欟木厨子〉」, 『正倉院紀要』 34, 2012.

https://shosoin.kunaicho.go.jp/treasures/?id=0000010084&index=0
https://shosoin.kunaicho.go.jp/treasures/?id=0000010065&index=0
https://shosoin.kunaicho.go.jp/treasures/?id=0000010066&index=1
https://shosoin.kunaicho.go.jp/treasures/?id=0000010067&index=2
https://shosoin.kunaicho.go.jp/treasures/?id=0000010068&index=3
https://shosoin.kunaicho.go.jp/treasures/?id=0000010069&index=4
https://shosoin.kunaicho.go.jp/treasures/?id=0000010070&index=5
https://shosoin.kunaicho.go.jp/treasures/?id=0000011899&index=5

물품으로 본 고대 동유라시아 세계

2부

중국(실크로드)

1. 전량(前涼) 승평(升平) 11년(367) 왕념(王念)이 낙타를 판매한 계약문서[券]

| 자료 사진

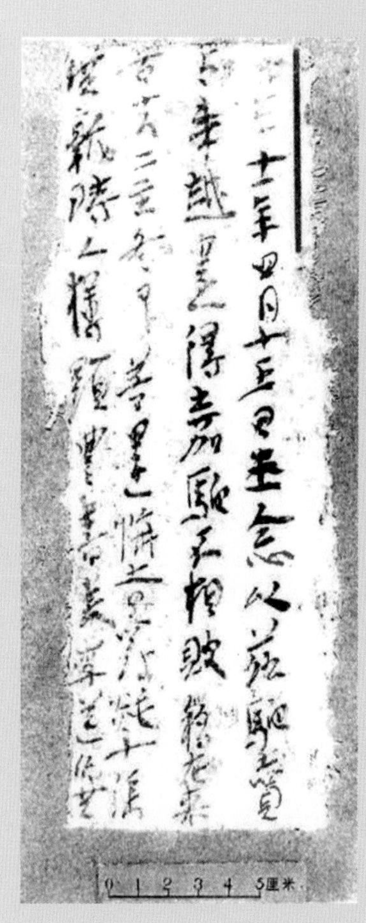

『吐魯番出土文書』(北京:文物出版社, 1992)로부터 轉載

자료 기초 정보

국가	중국 ‖ 전량
연대	367년
출토지	투루판 아스타나 39호 묘
자료 출처	『吐魯番出土文書』(全4冊) 1(北京: 文物出版社, 1992, 2쪽)

자료 해제

중국 신장웨이우얼자치구 투루판시에서 발굴된 아스타나 고분군은 주로 당(唐)나라 시대에 이곳 투루판 분지의 중심이었던 고창(高昌) 고성(古城) 부근에 위치한 고창국(高昌國)과 당나라 때의 무덤 군(群)이다. 이 지역은 동서 교통의 요지로서 한족(漢族)을 위시한 농경민과 북방 유목민 등 여러 민족이 잡거하면서 각각의 생업에 종사하였고, 일부는 실크로드 무역에 종사하였다.

이 문서는 아스타나 39호 묘에서 출토된 전량(前涼) 시기 문서이다. 전량은 오호십육국 중 하나로 서진(西晉)의 한인대성(漢人大姓)인 양주자사(涼州刺史) 장궤(張軌)가 세운 나라이다. 전량은 표면적으로 동진(東晉)에 칭신하였으나 실제로는 독립국이었다. 현 간쑤성을 근거지로 한 전량은 서방으로 확장하여 투루판 지역을 지배하였고, 327년 이 지역에 고창군을 설립하였다.

후대이긴 하지만 당대(唐代)에는 노비나 가축을 매매할 때 반드시 계약문서를 작성하였다. 즉, 노비나 가축을 사고 값을 치른 후 3일 내에 시권(市券)을 작성하지 않으면 매매자 쌍방을 태형으로 처벌하였다. 시권은 관사(官司)에서 발급하는 것이며 이때 보증인이 필요하였다. 이 시권은 구매자에게 관사가 발급한 교역의 증빙이며 소위 '사계(私契)'와는 다른 것이었다. 사계는 매매자 쌍방만이 합의에 의거하여 작성하는 계약문서이고 관사에서는 이에 관여하지 않았다. 당대 출토문서를 보면 시권에는 관인(官印)이 날인되어 있거나 사계에는 '별립시권(別立市券)'이라는 문구가 들어 있는 등 양자 간의 차이가 두드러진다(凍國棟, 1988). 비록 당과 다른 시기이기는 하나 아스타나 39호 묘에서 출토된 이 문서는 석독자(釋讀者)에 의해 비록 권(券)이라는 제목이 부여되었으나 관사에서 발급한 시권이 아닌 개인 간의 사계일 가능성이 높다.

투루판과 둔황에서 출토된 마(馬)·우(牛)·타(駝)·여(驢) 매매 계약문서는 대략 4~10세기 경에 작성된 것으로 현재 중국에서 가장 오래된 마·우·타·여 매매 계약문서이다. 그중 투루판에서 10건의 문서가 출토되고 둔황에서 5건이 출토되었다. 이러한 매매 계약문서들은 그 기본 형식이 대개 비슷하다. 계약 성립 시간, 매매자 쌍방, 가축의 가격, 지불 시기, 예방(豫防) 조항 및 위약(違約) 벌칙, 서명 의무 등의 여러 형식을 포함하고 있다. 매매 계약에서 구매자가 의무를 이행하고 난 후에도 판매자는 다른 의무를 여전히 지고 있었다. 즉, 가축의 내력이 정확하고 그 소유관계를 명확하게 해야 할 의무였다. 매매가 완료된 후 다른 사람이 그 가축이 본래 자신의 소유라고 주장하거나 혹은 도난당한 것이라고 주장했을 때 판매자는 이를 책임져야 했다. 그렇기 때문에 계약문서에는 이런 상황이 발생하였을 때 판매자가 책임을 져야 하며, 아울러 계약문서는 구매자가 소유할 것을 명시하였다. 그래서 서명에 있어서도 종종 판매자는 서명을 반드시 하였지만, 구매자는 생략하는 경우도 있었다(楊際平, 2019).

이 계약문서에는 왕념(王念)이 주월(朱越)에게 낙타를 판매한 사실이 기록되어 있다. 투루판 지역의 자연환경과 거주민들의 특성으로 보아, 이 지역에서도 당시 낙타의 사육과 매매가 활발히 이뤄졌을 가능성이 크다. 그런데 이 문서에서 매매의 주체는 유목민이 아닌 한인들로 추정되며, 중원 내지에서 낙타를 사육하지 않는 점과 비교해보면, 투루판 지역의 농경과 유목 문화의 융합을 잘 보여주는 징표로 생각된다.

특이한 점은 매매를 후회하여 계약을 무효로 했을 때 바치도록 한 담요[毯]이다. 낙타의 가격 자체가 명시되어 있지 않지만 위약금인 담요 10장을 그 가격으로 추산해 볼 수도 있을 것이다. 또한 담요는 짐승의 털을 이용해 만든 직물로, 당시 화폐경제의 미발달을 보여주는 표지이다. 아울러 화폐의 역할을 담당한 여타 식물성 직물[견(絹)이나 포(布) 등]이 아닌 동물의 털을 이용해 만든 직물이라는 점에서 투루판 지역의 사회 특징을 가늠할 수 있게 해준다.

매매의 공정한 집행을 위해 매매 당사자가 아닌 시인(時人) 준현풍(樽顯豊)이 계약문서를 작성하였다는 점도 특기할 만하다. 함께 등장하는 이도백(李道伯) 역시 이러한 보증의 임무를 담당한 것으로 추정되며, 복수의 보증인을 취함으로써 계약 집행의 공정성을 제고한 것으로 보인다. 문서의 후반부가 소실되었기에 정확히 알 수는 없으나 마지막 부분에는 왕념과 주월의 서명이 첨부되었을 것이다.

판독문

① 升平十一年四月十五日, 王念以兹駝賣

② 与朱越, 還得嘉駝, 不相敗移. 左來

③ 右去, 二主各了. 若還悔者, 罰毯十張

④ 供獻. 時人樽顯豊, 書券李道伯共

해석 및 역주

① 승평(升平)[1] 11년 4월 15일, 왕념(王念)이 이 낙타[駝][2]를

② 주월(朱越)에게 매도하였는데, 좋은 낙타를 얻었으나 서로 건네주지 않다가 서로

③ 주고받아 쌍방[二主][3]이 각각 완료하였다. 만약 후회하는 경우 벌로 담요[毯] 10장을

④ 바친다[供獻].[4] 시인(時人)[5] 준현풍(樽顯豊), 서권(書券)[6] 이도백(李道伯)이 함께 …

---

1 승평(升平) : 본래 동진(東晉) 목제(穆帝) 시대의 연호이며 전량(前涼)은 이를 그대로 사용하였다. 승평 11년(367)은 전량의 제 9대 군주 장천석(張天錫)의 통치 시기이다.

2 낙타[駝] : 낙타는 그 신체 구조와 생리가 사막에서의 생존에 유리하다. 또한 힘이 세고 지구력이 강해 많은 화물을 장기간 운반할 수 있고, 고기와 젖, 털은 인간 생활에 매우 유용하다. 기원전 3000년경부터 가축화된 낙타는 특히 사막과 초원 지대에 거주하는 유목민에게 널리 사육되었다. 신장·칭하이성·간쑤성과 네이멍구 지역은 현재 중국에서 쌍봉낙타의 발원지로 추정되고 있다(賀新民·楊獻孝, 1986). 낙타는 이른바 유목민의 오축(五畜) 중 하나로서 고려 초 유목민인 거란족 사신이 낙타를 타고 고려를 방문했다는 사실에서도 그 사육 실례를 찾을 수 있다.

3 쌍방[二主] : 원문은 "二主"이나 이를 매주(賣主)와 매주(買主)라고 보기 어렵다. 구매자는 계약문서 작성 당시 계약이 실현되지 않아 아직 물건의 주인이 될 수 없는 단계이기 때문에, 물건의 진정한 주인은 여전히 판매자이다. 따라서 계약을 하는 쌍방이라고 해석하는 것이 옳다(黑文婷, 2012, 30쪽).

4 바친다[供獻] : 원문은 "供獻"이다. 본래 계약을 후회하여 해지하는 경우, 다른 계약문서들을 살펴보면 먼저 해지하고자 한 인물이 계약을 유지하려는 인물에게 위약금을 준다. 그런데 이 계약문서에는 위약금을 받는 주체도 명시되지 않아 알 수 없으며, 또한 왜 '바친다.'라는 용어를 사용했는지도 알 수 없다. 서량(西涼) 시기 계약문서 잔권(殘券) [63TAM1:18] 중에 있는 "罰毯貳拾貳張入官"이라는 벌칙 조건으로 보아, 이 거래에서도 관에 바치는 것으로 추정할 수 있다(楊際平, 2019).

5 시인(時人) : 고대 중국에서 민사(民事)와 관련된 절차 중에서 계약을 체결하는 쌍방의 합의된 권리와 의무를 서면으로 기록할 때 제삼자의 참여가 부수되었다. 계약의 엄정한 집행을 위해 참여하는 보증인이라고 볼 수 있다. 이러한 임무를 담당하는 자를 한대에는 임자(任者)·임지(任知)·시임지자(時任知者) 등으로 칭했고, 위진남북조 시기에는 시견(時見)·시인·시증지(時證知)·임좌(臨坐) 등으로 칭하였다(李祝環, 1997).

6 서권(書券) : 계약문서를 쓰는 작성자를 가리킨다. 권(券)은 고대 중국에서 매매나 채무 관계에서 만드는 증거를 말한다. 간독(簡牘)에 작성하여 반으로 나눈 후 계약 쌍방이 하나씩 소지함으로써 증빙으로 삼았다. 후에는 간독이 종이로 대체되었다. 서권이란 단어가 계약 그 자체를 가리키기도 하지만 투루판 출토 문서에서는 계약문서를 쓴 사람을 가리킨다. 비슷한 단어로 천서(倩書)가 있다(張永莉, 2012, 24~25쪽).

참고문헌

凍國棟, 「唐代的"市劵"與"私契" -敦煌, 吐魯番文書劄記之一-」, 『喀什師範學院學報』, 1988年 第4期.

李祝環, 「中國傳統民事契約中的中人現象」, 『法學硏究』, 1997年 第6期.

楊際平, 「4-13世紀漢文, 吐蕃文, 西夏文買賣, 博換牛馬駝驢契比較硏究」, 『敦煌學輯刊』, 2019年 第1期.

張永莉, 『吐魯番契約文書詞語例釋』, 陝西師範大學 碩士學位論文, 2012.

賀新民 · 楊獻孝, 「中國雙峰駱駝起源考」, 『中國農史』, 1986年 第2期.

黑文婷, 「契約文書"二比"類詞語釋義」, 『甘肅高師學報』, 2012年 第6期.

2. 피장자·연대 미상 무덤의 의물소(衣物疏) 2건

| 자료 사진

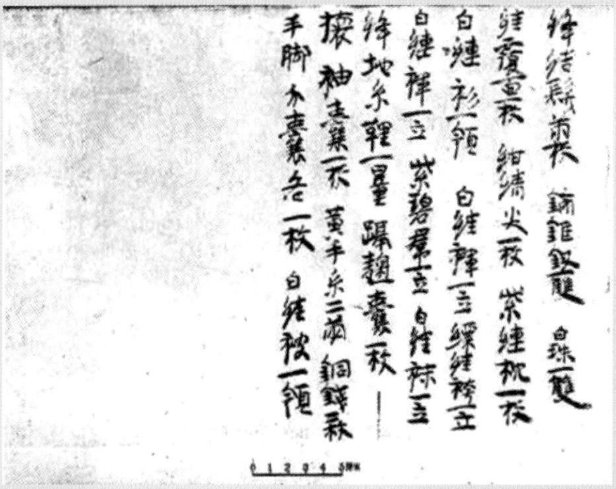

그림 1

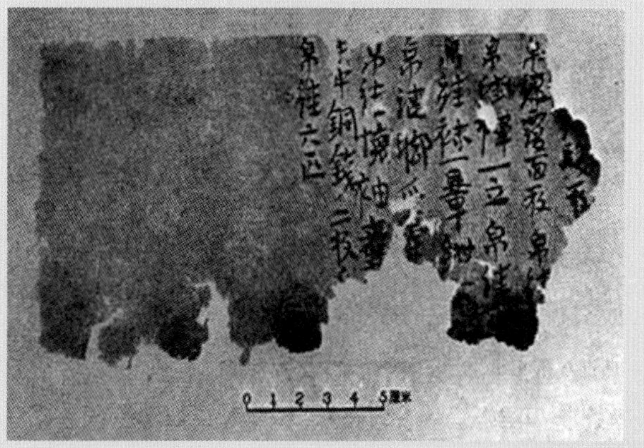

그림 2

『吐魯番出土文書』(北京:文物出版社, 1992)로부터 轉載

| 자료 기초 정보

국가	중국 ‖ 전진[추정]
연대	미상
출토지	투루판 아스타나 305호 묘
자료 출처	『吐魯番出土文書』(全4冊) 1(北京: 文物出版社, 1992, 3쪽)

| 자료 해제

중국 신장웨이우얼자치구 투루판시에서 발굴된 아스타나 고분군은 고창(高昌) 고성(古城) 부근에 위치한 고창국(高昌國)과 당나라 때의 무덤 군(群)이다.[1] 이 문서는 아스타나 305호 묘에서 출토된 작성 시기 미상의 문서이다. 다만 동일 분묘에서 전진(前秦) 건원(建元) 20년(384)에 성립된 문서가 발견된 것으로 보아, 이 역시 전진 시기의 문서로 추측해 볼 수 있다. 전진은 오호십육국 시기 저족(氐族)의 추장 부건(苻建)이 장안(長安)을 도읍으로 하여 건국한 국가이다. 한화(漢化)된 인물이었다는 평가를 받는 3대 군주 부견(苻堅)이 중국의 북방을 통일하고 동진(東晉)을 공격하였으나 비수(淝水) 전투에서 대패하면서 전진은 멸망하였다.

이 문서는 의물소(衣物疏)라고 불리며, 분묘에 망자(亡者)와 함께 매장된 부장품의 목록이다. 투루판 아스타나 고분군과 카라호자 고분군에서 출토된 의물소 계통의 문서는 통계에 의하면 모두 65건이다. 그중 대부분인 57건은 『투루판출토문서(吐魯番出土文書)』에 수록되어 있다. 또한 오타니[大谷]와 스타인(Stein)이 각각 4건과 3건을 획득하였다. 이 의물소 중 가장 오래된 것은 전진(前秦) 건원(建元) 20년(384)의 것이고 가장 나중의 것은 당(唐) 고종(高宗) 함형(咸亨) 5년(674)의 것이다(馬高強 · 錢光勝, 2008).

출토 이후 학계의 많은 주목을 받았던 의물소에 대한 연구는 다음과 같은 몇 가지 방면으로 진

1 아스타나 고분군에 대해서는 「전량(前涼) 승평(升平) 11년(367) 왕념(王念)이 낙타를 판매한 계약문서[券]」의 자료 해제를 참조 바람.

행되었다. ①의물소의 저록(著錄)과 석독(釋讀), ②의물소의 성격 연구, ③의물소와 견책(遣册)과의 연원 관계 연구, ④의물소에서 언급된 종교 신앙 연구, ⑤의물소에 기록된 경제 문화 연구, ⑥의물소 중의 물품 명사 연구 등이다(吳婭婭, 2012). 한편, 의물소의 형식은 일반적으로 '표제(標題) + 부장품목록 + 미제(尾題)' 또는 '부장품목록 + 미제'의 두 가지인 경우가 많다. 표제는 단순히 의물소 혹은 '망자 성명 + 의물소'의 형식으로 구성되며, 부장품목록은 대개 '색-재질-물품 명칭-수량사' 등의 형식으로 기록되었다. 미제에는 날짜와 문서의 합법성의 증명 그리고 문서 시행의 관용어 등이 포함되었다(趙國伶, 2020).

의물소에 등장하는 부장품은 당시 현지의 상장 의례에 따라 구비되었으며, 의복과 생활용품이 대부분을 차지한다. 의물소에 등장하는 각종 물품의 연구를 통해 투루판 지역에서의 생산, 유통되던 직물과 복식 등을 파악할 수 있으며, 이들 물품이 어떤 용도로 소비되었는지 역시 추적해 볼 수 있다. 다만, 의물소에 등장하는 물품이 모두 의복과 같은 생활용품만은 아니다. '의물소 1(59TAM305:8)'에 보이는 황사(黃絲), 즉 노란 명주실은 실제 생활용품과는 상관없는 신앙과 관련 있는 물품이다(吳婭婭, 2012). 또 이 두 건의 의물소 모두에서 보이는 동전 2매도 이러한 의례적 측면이 두드러지는 부장품으로, 일종의 상장 의례의 일환으로 볼 수 있을 것이다.

이 두 건의 의물소가 발견된 아스타나 305호 묘의 경우 묘주의 성명이나 신분을 알아볼 정보는 찾을 수 없다. 그런데 두 의물소에서 모두 보이는 괘(絓)로 제작된 부장품이 주목된다. 특히 '의물소 2(59TAM305:17)'에 보이는 6필의 괘로 제작한 부장품은 상당히 고가의 물품이기에 실제 부장된 것인지에 대해서는 의문의 여지가 있다. 만약 이러한 물품이 실제 부장된 것이 아니라고 한다면, 의물소에 이와 같은 고가의 물품이 기입되는 것 역시 상장 의례의 관습적 표현이라고 볼 여지도 있을 것이다.

의물소 1 [缺名隨葬衣物疏一] (59TAM305:8) 판독문

① 絳結髮兩枚, 鍮鋋釵一雙, 白珠一雙,

② 絓覆面一枚, 紺綪尖一枚, 紫縺(練)枕一枚,

③ 白縺(練)衫一領, 白絓褌一立, 縹絓袴一立,

④ 白縺(練)褌一立, 紫碧裙一立, 白絓袜一立,

⑤ 絳地糸鞕(履)一量, 蹹麴囊一枚,

⑥ 懷袖囊一枚, 黄手絲二兩, 銅錢二枚,

⑦ 手脚爪囊各一枚, 白絓被一領.

의물소 1 [缺名隨葬衣物疏一] (59TAM305:8) 해석 및 역주

① 진홍색 결발(結髮)[2] 2매, 놋쇠로 테두리를 두른 채(釵)[3] 1쌍, 흰 구슬[白珠][4] 1쌍,

② 괘(絓)[5]로 만든[6] 복면(覆面)[7] 1매, 감색과 적색의 비단으로 만든 첨(尖)[8] 1매, 자색 연(練)[9]으로 만든 베개 1매,

③ 흰 연으로 만든 삼(衫)[10] 1령, 흰 괘로 만든 곤(褌)[11] 1립, 청백색 괘로 만든 고(袴)[12] 1립,

---

2 결발(結髮) : 머리카락을 땋은 후 그 위에 패용하는 띠 모양의 머리 장식이다. 실물자료로서 출토된 바도 있다(吳婭婭, 2012, 73~74쪽).

3 채(釵) : 부인의 틀어 올린 머리에 꽂는 장식이다. 고대에는 한 가닥으로 된 계(笄)를 사용했지만 이후 양 가닥으로 갈라진 모양을 갖게 되고, 이를 채라고 칭하였다. 의물소에 보이는 채의 재질은 다양하여서 금채·은채·동채 등이 기록되어 있다(吳婭婭, 2012, 60~61쪽).

4 흰 구슬[白珠] : 결발 및 채와 함께 기록된 것으로 보아 일종의 장식물로 추정된다. 『후한서(後漢書)』(3676쪽)에서 떨잠[步搖]과 함께 연칭(連稱)되는 것으로 보아 머리장식을 가리키는 가능성이 높다(吳婭婭, 2012, 160쪽).

5 괘(絓) : 거친 명주실로 짠 견직물이다. 폐(廢) 누에고치에서 추출한 거친 명주실을 사용하여 직조하였다(吳婭婭, 2012, 81쪽).

6 괘(絓)로 만든 : 오호십육국 시기 하서(河西) 지역은 실크로드 무역의 중요한 교역장이었으며, 아울러 사서에는 이 지역에서 비단이 풍부하게 생산되었다고 기록되어 있다(『晉書』, 2252쪽). 주천(酒泉), 장액(張掖)이나 가욕관(嘉峪關) 서쪽의 위진 시기 고분 벽화에서는 뽕나무의 재배와 양잠, 그리고 견직물의 도안 등이 발견되었다. 의물소에 의복과 같은 비단 가공품뿐만 아니라 그 원재료 자체도 명단에 기록되어 있는 것으로 보아, 이 지역에서 비단 생산이 성대하였음을 방증하고 있다(趙國伶, 2020, 49쪽).

7 복면(覆面) : 사자의 얼굴에 덮는 포백(布帛)을 가리킨다. 복면은 중원 지역의 장례 문화에서는 일찍부터 출현하였고 명목(幎目)이라고도 불렀다. 『의례(儀禮)』에서는 1척 2촌 크기의 사다리꼴 모양의 천으로 겉은 흑색이고 안은 적색이라고 설명하였다(吳婭婭, 2012, 76~77쪽).

8 첨(尖) : 정수리 부분이 솟은 모자를 가리킨다. 중원의 관모(冠帽)가 아닌 호모(胡帽)이며 그 재질과 색에 따라 다양하게 불린다(吳婭婭, 2012, 88~89쪽).

9 연(練) : 무늬 없이 보드랍게 짠 견직물인 증(繒)을 쪄서 만든 흰색의 가공한 명주[絹]이다(吳婭婭, 2012, 102쪽).

10 삼(衫) : 적삼과 같은 윗도리로서 짧은 홑겹의 옷을 가리킨다. 크기와 목적에 따라 대삼(大衫)·소삼·한삼(汗衫)의 구별이 있다(吳婭婭, 2012, 130~131쪽).

11 곤(褌) : 바지 위에 덧입어 외부로 드러나는 덧바지를 가리킨다. 의물소에 보이는 곤은 대곤(大褌)과 소곤(小褌)으로 구별되는데, 이 중 소곤은 덧바지라기보다는 의복 안에 입는 속바지일 것으로 추정된다(吳婭婭, 2012, 101~102쪽).

12 고(袴) : 바지를 가리킨다. 본래 경의(脛衣)라 하여 각각 무릎과 정강이를 감싸는 하의이다. 한대에 이르러 합당고(合襠褲)로 발전하였는데, 중국 북방의 이민족들로부터 전래되었다는 설이 있다(吳婭婭, 2012, 100~101쪽).

④ 흰 연으로 만든 곤 1립, 자주색과 옥빛 군(裙)[13] 1립, 흰 괘로 만든 말(袜)[14] 1립,

⑤ 진홍색 실로 만든 이(履)[15] 1량, 답국낭(蹹麴囊)[16] 1매,

⑥ 회수낭(懷袖囊)[17] 1매, 손 안의 황사(黃絲)[18] 2량, 동전(銅錢)[19] 2매,

⑦ 수각조낭(手脚爪囊)[20] 각 1매, 흰 괘로 만든 피(被)[21] 1령.

의물소 2 [缺名隨葬衣物疏二](59TAM305:17) 판독문

① ☐ 結髮一枚, ☐

---

13 군(裙) : 하의인 치마의 일종이다. 통상 5폭(幅), 6폭 또는 8폭의 포백(布帛)을 연결하여 제작하였다. 그 상부는 허리까지 이르렀고 하부는 무릎 정도에 이르거나 혹은 땅에 끌리기도 하였다. 한대에는 남녀 모두가 입었으나 당대에 이르러 여성들이 많이 입었다(吳娅娅, 2012, 124~125쪽).

14 말(靺) : 발에 신는 버선을 가리킨다. "袜", "韈"이라고도 표기한다. 이 의물소에 등장하는 말은 그 문자 자체로 보아 가죽으로 만들어진 것으로 추측된다(吳娅娅, 2012, 143쪽).

15 이(履) : 신발을 가리킨다. 이에는 크게 사리(絲履)와 감리(紺履)로 구별되며, 사리는 통상 가죽이나 포(布)로 밑창을 만들고 비단이나 면으로 몸체를 만들었다. 진한 시기 이래 흔하게 보이며 귀천을 가리지 않고 착용하였다. 감리는 심홍색의 이(履)이다(吳娅娅, 2012, 107~108쪽).

16 답국낭(蹹麴囊) : 답국낭은 "蹹臼囊", "蹹毱囊", "蹹舊囊", "合究囊", "蹹後囊" 등으로도 표기되는데, 모두 유희의 일종인 축국(蹴鞠)의 공[毬]을 가리킨다. 다만 부장품으로 축국의 공을 쓸 리가 없으므로 이는 공 모양의 주머니를 가리키는 것으로 보아야 한다. 또는 답국낭을 다리를 보호하기 위해 다리를 감싸는 용구와 같은 것으로 추정하는 견해도 있다. 즉, 답국낭이란 이름은 원래 축국을 할 때 다리를 보호하려고 감싼 가죽이나 비단 용구에서 유래하였다는 것이다(常萍, 2013, 138쪽).

17 회수낭(懷袖囊) : 회수낭은 소매 속에 넣어 물건을 싸는 주머니를 가리킨다. 옛 의복은 그 소매가 넓고 커서 물건을 소매 속에 넣어 소지하였다. 이렇게 물건을 소매 속에 넣어둘 때 사용한 주머니가 회수낭이다(吳娅娅, 2012, 114~117쪽). 또는 회수낭을 추위를 막기 위해 팔에 두르는 방한용구로 추정하는 견해도 있다(常萍, 2013, 138쪽).

18 황사(黃絲) : 노란색의 명주실을 가리킨다. 오나라 때 상인 진선(陳仙)이 우연히 빈 집에 들어가 숙박하다가, 손에 노란 명주실[黃絲]을 들고 있는 귀신이 나타나 함부로 집에 들어온 것에 대해 꾸짖자 놀라 도망쳤다. 다음 날 다시 빈 집을 찾아가 보니 무덤이었다는 일화가 『태평광기(太平廣記)』에 전해진다. 이를 보면 손에 황사를 쥐어주는 것이 상장(喪葬)의 풍습이었음을 알 수 있다(吳娅娅, 2012, 137~138쪽).

19 동전(銅錢) : 고대 중국의 구리[銅]로 만든 화폐이다. 그 모양은 대개 둥근 모양에 네모난 구멍이 나 있다. 당시 통용되던 오수전(五銖錢)이 부장되었을 것으로 추정되며, 적게는 1매 많게는 1만 매가 부장되었다(趙國伶, 2020, 67~68쪽). 이러한 동전은 저승길 노자의 성격을 지니고 있다고 해석하기도 한다(馬高強·錢光勝, 2008).

20 수각조낭(手脚爪囊) : 수조낭과 각조낭을 가리킨다. 수조낭을 손을 감싼 포대, 장갑으로 해석하기도 하나, 사자의 손톱을 넣은 주머니로 보는 것이 정확하다. 중국에서는 사람의 손톱을 중요시하여 제사나 신(神)을 내리게 하는 일, 병 치료에 사용하였다. 『예기(禮記)』에서도 상장 의례 중 관 안에 사자의 손톱과 터럭을 함께 넣는다고 기록되어 있다. 투루판 지역 역시 이러한 상장 풍습을 지니고 있었던 것으로 보인다(吳娅娅, 2012, 117~118쪽).

21 피(被) : 수면 시에 사람의 몸을 덮는 이불을 가리킨다(吳娅娅, 2012, 55쪽).

② 帛縺(練)覆面一枚, 帛絓[ ]

③ 帛絓褌一立, 帛絓小[ ]

④ 帛絓袜一量, 紺布鞮(履)[ ]

⑤ 帛縺(練)脚爪囊[ ]

⑥ 帛絓懷袖囊[ ]

⑦ 手中銅錢二枚, [ ]

⑧ 帛絓六匹.

의물소 2 [缺名隨葬衣物疏二](59TAM305:17) 해석 및 역주

① …… 결발(結髮) 1매, ……

② 백(帛)[22]인 연(練)으로 만든 복면(覆面) 1매, 백인 괘(絓)로 만든 ……

③ 백인 괘로 만든 곤(褌) 1립, 백인 괘로 만든 작은 ……

④ 백인 괘로 만든 말(袜)[23] 1량, 심홍색 포(布)[24]로 만든 이(履) ……

⑤ 백인 연으로 만든 각조낭(脚爪囊)[25] ……

⑥ 백인 괘로 만든 회수낭(懷袖囊) ……

⑦ 손 안의 동전 2매, ……

⑧ 백인 괘 6필(匹).[26]

22 백(帛) : 증(繒) 등 견직물의 총칭이다(吳娅娅, 2012, 58쪽).

23 말(袜) : 발에 신는 버선을 가리킨다. 이에 대해서는 앞의 "말(靺)" 각주를 참조 바람.

24 포(布) : 목화[棉], 삼[麻], 칡[葛], 털[毛] 등으로 만든 직물의 총칭이다(吳娅娅, 2012, 59쪽).

25 각조낭(脚爪囊) : 사람의 발톱을 넣은 주머니이다. 의물소에서는 수조낭(手爪囊)과 함께 등장하는 경우가 많다. 수조낭과 각조낭에 대해서는 앞의 "수각조낭(手脚爪囊)" 각주를 참조 바람.

26 필(匹) : 포백(布帛)의 길이 단위이다. 4장(丈)을 1필로 한다. 당대(唐代)에는 포백 1필이 길이 4장, 너비 8척이었다.

참고문헌

馬高強·錢光勝,「從吐魯番出土的隨葬衣物疏看高昌民間冥界觀的變化」,『齊齊哈爾師範高等專科學校學報』, 2008年 第1期.

常萍,「再論吐魯番出土隨葬衣物疏中的"蹹麴囊"」,『敦煌學輯刊』, 2013年 第2期.

吳婭婭,『吐魯番出土衣物疏輯錄及所記名物詞彙釋』, 西北師範大學 碩士學位論文, 2012.

趙國伶,『甘肅河西地區十六國時期衣物疏整理與研究』, 西北師範大學 碩士學位論文, 2020.

3. 서량(西涼) 건초(建初) 14년(418) 한거(韓渠) 처 무덤의 의물소(衣物疏)

자료 사진

『吐魯番出土文書』(北京:文物出版社, 1992)로부터 轉載

자료 기초 정보

국가	중국 ‖ 서량
연대	418년
출토지	투루판 아스타나 1호 묘
자료 출처	『吐魯番出土文書』(全4冊) 1(北京: 文物出版社, 1992, 5쪽)

자료 해제

중국 신장웨이우얼자치구 투루판시에서 발굴된 아스타나 고분군은 고창(高昌) 고성(古城) 부근에 위치한 고창국(高昌國)과 당나라 때의 무덤 군(群)이다.[1] 이 문서는 아스타나 1호 묘에서 출토된 서량(西涼) 시기 문서이다. 서량은 오호십육국 시기의 국가로 농서(隴西)의 한인 명문 출신 이고(李暠)가 둔황[敦煌]을 도읍 삼아 건국하여 간쑤성 서부와 신장 일부를 통치하였다.

이 문서는 의물소(衣物疏)로서 분묘에 망자(亡者)와 함께 매장된 부장품의 목록이다.[2] 해당 의물소에 보이는 기곽(機郭)은 쇠뇌의 발사 장치를 가리키는 단어로 이는 궁노(弓弩)의 대명사로 사용되었을 것으로 본다. 여성인 망자에게 궁노가 부장되었다는 것은 망자가 평소 사용하던 물품을 묻은 것이라기보다는 일종의 장례와 관련된 신앙 혹은 묘주의 신분 지위와 관련이 깊었을 것으로 추정된다. 황사(黃絲)와 토호(兎毫), 즉 노란 명주실과 토끼털 역시 실제 생활용품과는 상관없는 신앙과 관련 있는 물품이다(吳婭婭, 2012). 또 이러한 의례적 측면이 두드러지는 부장품은 황금 1,000냥과 정백사견(正帛絲絹) 100필인데, 의물소에서 망자의 남편이 스스로를 백성[民]이라 칭하고 있는 것으로 보아 이러한 액수의 부장품을 실제로 매장하였다고 보기는 어렵다. 따라서 이 역시 일종의 상장 의례로서 관습적으로 사용된 표현 방법이라고 볼 수 있을 것이다.

1 아스타나 고분군에 대해서는 「전량(前涼) 승평(升平) 11년(367) 왕념(王念)이 낙타를 판매한 계약문서[券]」의 자료 해제를 참조 바람.

2 의물소(衣物疏)에 대한 설명은 「피장자·연대 미상 무덤의 의물소(衣物疏) 2건」의 자료 해제 내용을 참조 바람.

판독문

① 故紫結髮□故縺(練)萩頭□

② □故縺(練)覆面一枚, 故幘一枚, 故絹小衫

③ □故縺(練)襦一領, 故絹小褌一立,

④ □故縺袴一立, 故生絹裙一立,

⑤ □衣一領, 故縺(練)韎一量, 故鞾(履)一量,

⑥ 故碧絓□鐖(機)郭一具, 故手中黄絲□

⑦ 兔豪(毫)萬束, 黄金千兩, 正帛絲絹百匹, 故懷袖

⑧ 蹹臼嚢各一枚, 故絹毯一領, 故絹被一領,

⑨ 黄松棺□□, 故木疏(梳)一枚.

⑩ 建初十四年八月廿九日, 高昌郡高縣都鄉孝敬里民

⑪ 韓渠妻□命早終, 謹條隨身衣裳雜

⑫ 物如右. 時見:左淸(青)龍, 右白虎. 書物數:前朱雀,

⑬ 後玄武. □要. 急急如律令.

해석 및 역주

① 고인(故人)[3]의 자주색 결발(結髮),[4] 고인의 연(練)[5]으로 만든[6] 추두(萩頭)[7]

3 고인(故人) : 원문의 '고(故)'는 망자가 생전에 사용하던 물품을 사후에 함께 매장한 것을 표시하는 용어이다(趙國伶, 2020, 22쪽).

4 결발(結髮) : 「피장자·연대 미상 무덤의 의물소(衣物疏) 2건」의 각주 2)번을 참조 바람.

5 연(練) : 「피장자·연대 미상 무덤의 의물소(衣物疏) 2건」의 각주 9)번을 참조 바람.

6 연(練)으로 만든 : 오호십육국 시기 하서(河西) 지역은 실크로드 무역의 중요한 교역장이었으며, 아울러 사서에는 이 지역에서 비단이 풍부하게 생산되었다. 이와 관련하여서는 「피장자·연대 미상 무덤의 의물소(衣物疏) 2건」의 각주 6)번을 참조 바람.

7 추두(萩頭) : 조두(幧頭) 또는 "絡頭", "綃頭", "帩頭", "陌頭"라고도 한다. 중국 고대에 남자가 머리를 묶을 때 사용한 두건이다(吳婭婭, 2012, 124쪽).

② …… 고인의 연으로 만든 복면(覆面)[8] 1매, 고인의 책(幘)[9] 1매, 고인의 견(絹)[10]으로 만든 소삼(小衫)[11]

③ …… 고인의 연으로 만든 유(襦)[12] 1령, 고인의 견으로 만든 소곤(小褌)[13] 1립

④ …… 고인의 연으로 만든 고(袴)[14] 1립, 고인의 생견(生絹)으로 만든 군(裙)[15] 1립,

⑤ …… 의(衣) 1령, 고인의 연으로 만든 말(靺)[16] 1량(量), 고인의 이(履)[17] 1량,

⑥ 고인의 푸른색 괘(絓)[18] …… 기곽(機郭)[19] 1구, 고인의 손 안의 황사(黃絲)[20] ……

⑦ 토끼털[兔毫][21] 10000속, 황금(黃金)[22] 1000냥(兩),[23] 정백[24]사[25]견(正帛絲絹) 100필(匹),[26] 고인의 회수

---

8 복면(覆面) : 「피장자 · 연대 미상 무덤의 의물소(衣物疏) 2건」의 각주 7)번을 참조 바람.

9 책(幘) : 묶은 머리[髻]를 싸는 두건을 가리킨다. 책은 한위(漢魏) 시기부터 유행한 머리장식으로 존비귀천을 가리지 않고 모두 사용하였다(吳婭婭, 2012, 152~153쪽).

10 견(絹) : 누에고치에서 뽑아낸 실로 짠 가볍고 얇은 무늬 없는 비단이다(吳婭婭, 2012, 98~99쪽). 삶지 않은 명주실로 짠 것은 생견(生絹)이라 하고 빳빳하고 단단한 촉감이 있다.

11 삼(衫) : 「피장자 · 연대 미상 무덤의 의물소(衣物疏) 2건」의 각주 10)번을 참조 바람.

12 유(襦) : 저고리와 같은 짧은 상의를 가리킨다. 길어도 무릎 아래로 내려가지 않으므로 치마나 바지와 함께 입는다(吳婭婭, 2012, 128쪽).

13 곤(褌) : 「피장자 · 연대 미상 무덤의 의물소(衣物疏) 2건」의 각주 11)번을 참조 바람.

14 고(袴) : 「피장자 · 연대 미상 무덤의 의물소(衣物疏) 2건」의 각주 12)번을 참조 바람.

15 군(裙) : 「피장자 · 연대 미상 무덤의 의물소(衣物疏) 2건」의 각주 13)번을 참조 바람.

16 말(靺) : 「피장자 · 연대 미상 무덤의 의물소(衣物疏) 2건」의 각주 14)번을 참조 바람.

17 이(履) : 「피장자 · 연대 미상 무덤의 의물소(衣物疏) 2건」의 각주 15)번을 참조 바람.

18 괘(絓) : 「피장자 · 연대 미상 무덤의 의물소(衣物疏) 2건」의 각주 5)번을 참조 바람.

19 기곽(機郭) : 쇠뇌의 발사 장치이고 대개 청동으로 만들어졌다. 쇠뇌의 자루는 비(臂)라 하고, 현을 거는 갈고리는 아(牙)라고 한다. 아의 바깥 테두리를 곽(郭)이라 하고 그 아래에 방아쇠인 현도(縣刀)가 달려 있다. 아와 현도를 연동하여 움직이게 하는 장치를 기(機)라고 한다. 이를 합하여 기곽이라고 부른다(吳婭婭, 2012, 85쪽).

20 황사(黃絲) : 「피장자 · 연대 미상 무덤의 의물소(衣物疏) 2건」의 각주 18)번을 참조 바람.

21 토끼털[兔毫] : 당시의 상장(喪葬) 풍속에 따라 토끼털을 부장하였다. 그 의미는 알 수 없으나 불교 사상이나 음정(陰精)의 상징 동물이라는 성격 등 신앙과의 관련성을 추측할 수 있다. 여우털[狐毛] 역시 의물소에 등장하는데, 토끼털이나 여우털은 보통 백이나 천, 만 단위로 계산하였다(吳婭婭, 2012, 139쪽). 혹은 붓을 만드는 재료인 토끼털이나 여우털을 가리키며, 재산으로서의 가치를 지닌다고 보는 견해도 있다(李硏, 2020, 35쪽).

22 황금(黃金) : 귀금속인 황금을 가리키지만, 의물소 중의 황금은 그 수량으로 보아 실제 황금을 부장한 것이 아니라 명폐(冥幣)일 것이다(吳婭婭, 2012, 93~94쪽).

23 냥(兩) : 고대 중국의 무게 단위이다. 1석(石)이 4균(鈞), 1균이 30근(斤), 1근이 16량, 1량이 24수(銖)이다. 위진남북조 시기 1근은 약 222.73g이니 1량은 약 13.92g이다.

24 백(帛) : 「피장자 · 연대 미상 무덤의 의물소(衣物疏) 2건」의 각주 22)번을 참조 바람.

25 사(絲) : 누에고치에서 생산한 명주실을 가리킨다(吳婭婭, 2012, 137쪽).

26 필(匹) : 「피장자 · 연대 미상 무덤의 의물소(衣物疏) 2건」의 각주 26)번을 참조 바람.

⑧ 답구낭(懷袖蹹臼囊)[27] 각 1매, 고인의 견으로 만든 담요[毯][28] 1령, 고인의 견으로 만든 피(被)[29] 1령

⑨ 황송으로 만든 관[黃松棺],[30] 고인의 나무빗 1매

⑩ 건초(建初)[31] 14년 8월 29일, 고창군 고창현[32] 도향 효경리 백성

⑪ 한거(韓渠)의 처는 일찍 명을 마쳤으니 부장하는 의상과 물품들을

⑫ 조목조목 오른쪽과 같이 기록하였습니다. 좌청룡 우백호가 증거하고[時見][33] 전주작과

⑬ 후현무가 물품의 종류와 수량을 기록하였습니다. 율령대로 신속히 시행하십시오[急急如律令].[34]

---

27 회수답구낭(懷袖蹹臼囊) : 의물소에서는 종종 회수낭(懷袖囊)과 답구낭(蹹臼囊)이 연칭(連稱)되며, 이 의물소에서도 회수낭과 답구낭을 각 1매씩 부장한다고 기록되어 있다. 답구낭은 "蹹麴囊", "蹹毱囊", "踰舊囊", "合究囊", "蹹後囊" 등으로도 표기되는데, 모두 유희의 일종인 축국(蹴鞠)의 공[毬]을 가리킨다. 회수낭과 답구낭에 대해서는 「피장자·연대 미상 무덤의 의물소(衣物疏) 2건」의 각주 16)번과 17번)을 참조 바람.

28 담요[毯] : 본래 담요는 동물의 털을 이용해 만든 자리[席]를 가리킨다. 이 의물소에서는 견을 이용해서 만들었기에 특별히 '견담(絹毯)'이라고 기록하였다(吳婭婭, 2012, 138쪽).

29 피(被) : 「피장자·연대 미상 무덤의 의물소(衣物疏) 2건」의 각주 21)번을 참조 바람.

30 황송(黃松)으로 만든 관 : 의물소에 등장하는 관에는 황송관(黃松棺), 황상관(黃桑棺), 백목관(白木棺) 황관(黃棺)이 있다. 아스타나 고묘군 중 대부분에서 사자는 목재 선반이나 나뭇가지로 만들어진 평상 위에 안치되었다. 의물소에 관이 등장하는 것은 희귀한 사례이다(吳婭婭, 2012, 81~82쪽).

31 건초(建初) : 서량의 초대 군주 이고(李暠)의 연호이다. 그런데 건초 13년에 이고가 사망하고 2대 이흠(李歆)이 즉위하며 가흥(嘉興)으로 개원하였기 때문에 건초 14년은 존재할 수 없다. 아마도 고창 지역은 건초 연호를 그대로 사용한 것으로 보인다. 건초 14년은 가흥 2년으로 서기 418년이다.

32 고창현 : 원문에서는 "고현(高縣)"이라고 되어 있으나 당시 고창군 밑에는 고창현이 존재하였으므로 이는 오기이다. 원주(原註)에 따라 고쳐서 번역하였다.

33 증거하고[時見] : 고대 중국에서 민사(民事)와 관련된 절차 중에서 계약을 체결하는 쌍방의 합의된 권리와 의무를 서면으로 기록할 때 제삼자의 참여가 부수되었다. 계약의 엄정한 집행을 위해 참여하는 보증인이라고 볼 수 있다. 이러한 임무를 담당하는 자를 한대에는 임자(任者), 임지(任知), 시임지자(時任知者) 등으로 칭했고, 위진남북조 시기에는 시견(時見), 시인(時人), 시증지(時證知), 임좌(臨坐) 등으로 칭하였다(李祝環, 1997, 139~140쪽).

34 율령대로 신속히 시행하십시오[急急如律令] : 원문의 "급급여율령(急急如律令)"은 공문서에서 사용되는 관용어이다. 전한 시기부터 '여율령(如律令)'을 공문서 말미에 사용하여 문서 작성을 완료하고 시행하기 시작하였다. 공문서에 담긴 내용을 법령에 따라 집행할 것을 뜻하며, "급급여율령"은 문서의 통행과 집행에서 지체되는 바 없이 신속히 행할 것을 강조하는 것이다. 한대 방사(方士)들은 이러한 관용어를 사용하여 문서나 부주(符呪)의 위력을 증대시켜 귀신에 대한 위협을 강화하였다. 의물소의 말미에도 이러한 관용어가 사용하여 귀신이 방해하는 것을 막고 신속히 문서가 통행될 것을 기대하였다(趙國伶, 2020, 26쪽).

참고문헌

馬高強·錢光勝, 「從吐魯番出土的隨葬衣物疏看高昌民間冥界觀的變化」, 『齊齊哈爾師範高等專科學校學報』, 2008年 第1期.

常萍, 「再論吐魯番出土隨葬衣物疏中的“蹹麴囊”」, 『敦煌學輯刊』, 2013年 第2期.

李祝環, 「中國傳統民事契約中的中人現象」, 『法學研究』, 1997年 第6期.

李研, 「吐魯番出土衣物疏中的“兔豪(毫)”“狐毛”性質考釋」, 『西域研究』, 2020年 第3期.

吳婭婭, 『吐魯番出土衣物疏輯錄及所記名物詞彙釋』, 西北師範大學 碩士學位論文, 2012.

趙國伶, 『甘肅河西地區十六國時期衣物疏整理與研究』, 西北師範大學 碩士學位論文, 2020.

4. 북량(北涼) 시기
피장자·연대 미상 무덤의 의물소(衣物疏)

자료 사진

『吐魯番出土文書』(北京:文物出版社, 1992)로부터 轉載

자료 기초 정보

국가	중국 ‖ 북량
연대	미상
출토지	투루판 아스타나 59호 묘
자료 출처	『吐魯番出土文書』(全4冊) 1(北京: 文物出版社, 1992년, 12쪽)

자료 해제

중국 신장웨이우얼자치구 투루판시에서 발굴된 아스타나 고분군은 고창(高昌) 고성(古城) 부근에 위치한 고창국(高昌國)과 당나라 때의 무덤 군(群)이다.[1] 이 문서는 아스타나 59호 묘에서 출토된 작성 시기 미상의 문서이다. 다만 동일 분묘에서 발견된 문서들의 작성 연대가 북량(北涼) 신새(神璽) 3년(399)부터 현시(玄始) 12년(423)까지 분포되어 있으므로, 이 문서 역시 북량 시기에 작성된 문서로 추측할 수 있다.

북량은 오호십육국 시기 흉노(匈奴) 노수호족(盧水胡族) 저거몽손(沮渠蒙遜)이 현 간쑤성 지역에 세운 국가이다. 이후 북량은 닝샤후이족자치구 및 칭하이성 북부, 신장웨이우얼자치구 동남부 일대를 지배하였다. 북위(北魏)에 의해 멸망된 뒤 저거무휘(沮渠無諱)가 고창에서 왕위에 올라 북량 정권을 다시 세웠고, 이를 '고창 북량'이라고 한다. 그러나 고창 북량 또한 460년 유연(柔然)의 공격으로 멸망하였다.

이 문서는 의물소(衣物疏)로서 분묘에 망자(亡者)와 함께 매장된 부장품의 목록이다.[2] 이 의물소에서는 망자의 성명이나 신분을 알 수 있는 정보는 찾을 수 없지만, 문서가 훼손되어서 정체를 알 수 없는 포백(布帛) 100필의 부장품은 상당한 고가의 물품이기에 실제 부장된 것인지에 대해서는 의문의 여지가 있다. 만약 그렇다면 이 역시 종교 신앙이나 내세관과 관련된 상장 의례의 관습적 표현이라고 볼 여지도 있을 것이다.

1 아스타나 고분군에 대해서는 「전량(前涼) 승평(升平) 11년(367) 왕념(王念)이 낙타를 판매한 계약문서[券]」의 각주 1)번을 참조 바람.

2 의물소(衣物疏)에 대한 설명은 「피장자·연대 미상 무덤의 의물소(衣物疏) 2건」의 자료 해제 내용을 참조 바람.

판독문

① 𦎧淸(綪)結髮一枚, 紫結髮一枚, 取一枚, 帛絹

② 衫一枚, 緋襦一枚, 帛小棍(褌)一枚, 故絓棍(褌)

③ 一枚, 帛裙一枚, 綪 ☐ 一枚, 帛䋣一枚, 手爪

④ ☐ 各一枚 ☐ 究囊 ☐ 枚 ☐ 𦎧鞸(履)一枚

⑤ 囊一枚, 脚 爪囊 一枚, ☐ 百匹

⑥ ○

해석 및 역주

① 𦎧[3]적색 결발(結髮)[4] 1매, 자주색 결발 1매, 1매를 취함, 백(帛)[5]인 견(絹)[6]으로 만든[7]

② 삼(衫)[8] 1매, 적색 유(襦)[9] 1매, 백으로 만든 소곤(小褌)[10] 1매, 고인(故人)[11]의 괘(絓)[12]로 만든 곤

③ 1매, 백으로 만든 군(裙)[13] 1매, 적색 … 1매, 백으로 만든 䋣[14] 1매, 수조(手爪)[15]

---

3 글자의 독음과 의미를 알 수 없다.

4 결발(結髮) : 「피장자·연대 미상 무덤의 의물소(衣物疏) 2건」의 각주 2)번을 참조 바람.

5 백(帛) : 「피장자·연대 미상 무덤의 의물소(衣物疏) 2건」의 각주 22)번을 참조 바람.

6 견(絹) : 「서량(西涼) 건초(建初) 14년(418) 한거(韓渠) 처 무덤의 의물소(衣物疏)」의 각주 10)번을 참조 바람.

7 견(絹)으로 만든 : 오호십육국 시기 하서(河西) 지역은 실크로드 무역의 중요한 교역장이었으며, 아울러 사서에는 이 지역에서 비단이 풍부하게 생산되었다. 이와 관련하여서는 「피장자·연대 미상 무덤의 의물소(衣物疏) 2건」의 각주 6)번을 참조 바람.

8 삼(衫) : 「피장자·연대 미상 무덤의 의물소(衣物疏) 2건」의 각주 10)번을 참조 바람.

9 유(襦) : 「서량(西涼) 건초(建初) 14년(418) 한거(韓渠) 처 무덤의 의물소(衣物疏)」의 각주 12)번을 참조 바람.

10 곤(褌) : 「피장자·연대 미상 무덤의 의물소(衣物疏) 2건」의 각주 11)번을 참조 바람.

11 고인(故人) : 「서량(西涼) 건초(建初) 14년(418) 한거(韓渠) 처 무덤의 의물소(衣物疏)」의 각주 3)번을 참조 바람.

12 괘(絓) : 「피장자·연대 미상 무덤의 의물소(衣物疏) 2건」의 각주 5)번을 참조 바람.

13 군(裙) : 「피장자·연대 미상 무덤의 의물소(衣物疏) 2건」의 각주 13)번을 참조 바람.

14 글자의 독음과 의미를 알 수 없다.

15 수조(手爪) : 수조낭(手爪囊)을 가리킬 가능성이 높다. 수조낭에 대해서는 「피장자·연대 미상 무덤의 의물소(衣物疏) 2건」의 각주 20)번을 참조 바람.

④ … 각 1매, …구낭(究囊)[16] …매, …𧹞[17] 이(履)[18] 1매

⑤ 낭(囊) 1매, 각조낭(脚爪囊)[19] 1매, …… 100필(匹)[20]

⑥ ……[21]

16 구낭(究囊) : 답구낭(蹹臼囊)을 가리킬 가능성이 높다. 답구낭은 "蹹麴囊", "蹹毱囊", "蹹舊囊", "合究囊", "蹹後囊" 등으로도 표기되는데, 이에 대해서는 「피장자·연대 미상 무덤의 의물소(衣物疏) 2건」의 각주 16)번을 참조 바람.

17 글자의 독음과 의미를 알 수 없다.

18 이(履) : 「피장자·연대 미상 무덤의 의물소(衣物疏) 2건」의 각주 15)번을 참조 바람.

19 각조낭(脚爪囊) : 각조낭에 대해서는 「피장자·연대 미상 무덤의 의물소(衣物疏) 2건」의 각주 25)번을 참조 바람.

20 필(匹) : 「피장자·연대 미상 무덤의 의물소(衣物疏) 2건」의 각주 26)번을 참조 바람.

21 도말(塗抹)되어 글자를 판독할 수 없음.

참고문헌

馬高強·錢光勝,「從吐魯番出土的隨葬衣物疏看高昌民間冥界觀的變化」,『齊齊哈爾師範高等專科學校學報』, 2008年 第1期.

常萍,「再論吐魯番出土隨葬衣物疏中的"蹹麴囊"」,『敦煌學輯刊』, 2013年 第2期.

吳婭婭,『吐魯番出土衣物疏輯錄及所記名物詞彙釋』, 西北師範大學 碩士學位論文, 2012.

趙國伶,『甘肅河西地區十六國時期衣物疏整理與研究』, 西北師範大學 碩士學位論文, 2020.

5. 북량(北涼) 승평(承平) 8년(450) 적소원(翟紹遠)이 비(婢)를 구매한 계약문서[買婢券]

자료 사진

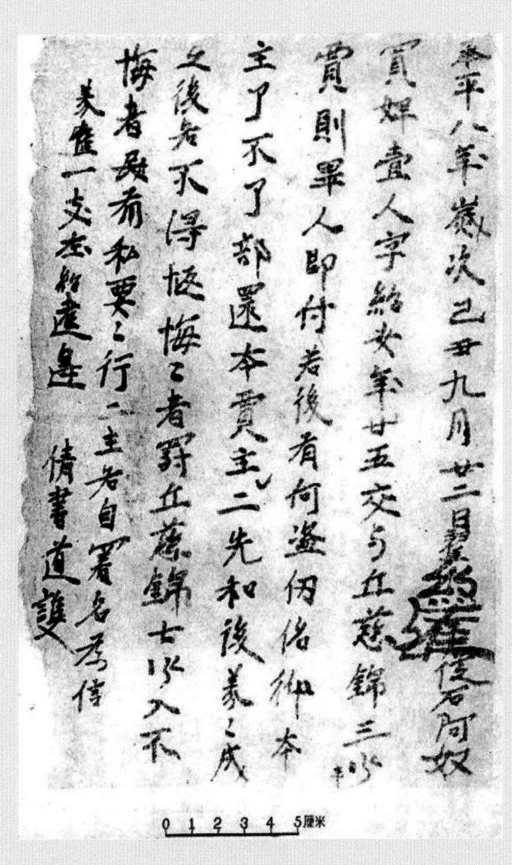
承平八年歲次己丑九月廿二日翟紹遠從石阿奴
買婢壹人字紹女年廿五交与丘慈錦三張半
賈則畢人即付若後有何盜仞佲仰本
主了不了部還本賈主二先和後券券成
之後各不得返悔悔者罰丘慈錦七張入不
悔者民有私要要行二主各自署名為信
券唯一支在紹遠邊 倩書道護

0 1 2 3 4 5厘米

『吐魯番出土文書』(北京:文物出版社, 1992)로부터 轉載

자료 기초 정보

국가	중국 ‖ 북량
연대	450년(?)
출토지	투루판 카라호자 99호 묘
자료 출처	『吐魯番出土文書』(全4冊) 1(北京: 文物出版社, 1992년, 93쪽)

자료 해제

중국 신장웨이우얼자치구 투루판시에서 발굴된 아스타나 고분군은 고창(高昌) 고성(古城) 부근에 위치한 고창국(高昌國)과 당나라 때의 무덤 군(群)이다.[1] 아스타나 고분군은 아스타나와 카라호자 고분군으로 구분되지만 일반적으로는 아스타나로 통칭된다. 이 문서는 카라호자 99호 묘에서 출토된 북량(北涼)[2] 시기 문서이다. 다만 문서의 작성 시기에 대해서는 의문의 여지가 있다. 북량의 승평(承平) 8년은 실제로는 경인년(庚寅年)이어서 문서에 기록된 바처럼 기축년(己丑年)이 아니다. 후대 고창 왕국에도 승평 연호가 존재하고 그중 기축년이 509년이므로 그때 작성된 문서일 가능성도 있으나 확증은 없다. 다만 석독자(釋讀者)가 이 문서에서 등장하는 인물이 다시 등장하는 다른 출토 문서에 의거하여 북량 시기 문서로 일단 비정하였다.

후대이긴 하지만 당대(唐代)에는 노비나 가축을 매매할 때 반드시 계약문서를 작성하였다. 즉 노비나 가축을 사고 값을 치른 후 3일 내에 시권(市券)을 작성하지 않으면 매매자 쌍방을 태형으로 처벌하였다. 시권은 관사(官司)에서 발급하는 것이며 이때 보증인이 필요하였다. 이 시권은 구매자에게 관사가 발급한 교역의 증빙이며, 소위 '사계(私契)'와는 다른 것이다. 사계는 매매자 쌍방만이 합의에 의거하여 작성하는 계약문서이고 관사에서는 이에 관여하지 않았다. 당대 출토 문서를 보면 시권에는 관인(官印)이 날인되어 있는 반면, 사계에는 '별립시권(別立市券)'이라는 문

1 아스타나 고분군에 대해서는 「전량(前涼) 승평(升平) 11년(367) 왕념(王念)이 낙타를 판매한 계약문서[券]」의 자료 해제를 참조 바람.

2 북량에 대해서는 「북량(北涼) 시기 피장자·연대 미상 무덤의 의물소(衣物疏)」의 해제를 참고 바람.

구가 들어 있는 등 양자 간의 차이가 두드러진다(凍國棟, 1988). 당대 이전 시기 유적인 카라호자 99호 묘에서 출토된 이 문서에는 권(券)이라는 제목이 부여되었으나 관사에서 발급한 시권이 아닌 개인 간의 사계일 가능성이 높다.

이러한 매매 계약문서들은 그 기본 형식이 대개 비슷하다. 계약 성립 시간·매매자 쌍방·물품의 가격·지불 시기·예방(豫防) 조항 및 위약(違約) 벌칙·서명 의무 등의 여러 형식을 포함하고 있다. 매매 계약에서 구매자가 의무를 이행하고 난 후에도 판매자는 다른 의무를 여전히 지고 있었다. 즉, 그 내력이 정확하고 그 소유관계를 명확하게 해야 할 의무였다. 매매가 완료된 후 다른 사람이 그 노예를 본래 자신의 소유라고 주장하거나 혹은 도난당한 것이라고 주장했을 때 판매자는 이를 책임져야 했다. 그렇기 때문에 계약문서에는 이런 상황이 발생하였을 때 판매자가 책임을 져야 하며, 아울러 계약문서는 구매자가 소유할 것을 명시하였다. 그래서 서명에 있어서도 종종 판매자는 서명을 반드시 하였지만, 구매자는 생략하는 경우도 있었다(楊際平, 2019).

주지하듯이 고대 중국에서 노비는 자재(資財)·축산(畜産)과 같이 재화로 취급되었고 매매가 가능하였다. 이 문서는 적소원(翟紹遠)이 석아노(石阿奴)에게서 25세의 비(婢) 소녀(紹女)를 매매하기로 하고 작성한 계약문서이다. 특이한 점은 지불 수단으로 금(錦)이 이용되었다는 점이다. 고대 중국에서는 법정화폐인 동전 외에도 포백(布帛)이 널리 사용되었고, 투루판 지역에서도 금이 화폐로서 유통되고 있었음을 보여준다. 비 1인의 가격은 금 3장 반에 상당하였을 것으로 추측할 수 있다. 또한 위약금의 경우에도 원 가격의 2배인 금 7장으로 지불할 것으로 기록된 것으로 보아, 당시 금이 화폐로서의 역할을 수행하였음을 알 수 있다.

한편, [北涼承平五年(447?)道人法安弟阿奴擧錦券](75TKM88:1(b))은 대차(貸借) 관련 계약문서로 시기적으로 앞서의 매매 계약문서가 작성된 시점에 근접하여 있으며, 또한 두 문서에서 모두 동일한 인물들이 등장하고 있다. 정월 8일에 석아노는 적소원에게 "고창에서 만든 노란 바탕의 구자중금[高昌所作黃地丘慈中錦] 1장"을 빌리고 다음 해 2월 30일까지 1장 반으로 상환하기로 계약하였다. 또한 상환 기한을 어긴다면 1개월마다 행포(行布) 3장의 추가 이자가 발생할 것도 약속하였다(鍾盛, 2004). 이 계약 조건을 통해 금이 고가이고 반면에 행포는 비교적 낮은 가치를 지니며, 또한 양자가 당시 화폐로서의 기능을 수행했던 것을 확인할 수 있다(鍾盛, 2004, 95쪽).

이 대차 문서에는 금 1장의 규격이 길이 9척 5촌, 너비 4척 5촌으로 기록되어 있다. 그러나 적소원이 다시 등장하는 별개의 출토 문서 [義熙五年(454?)道人弘度擧錦券](75TKM99:6(b))에서는 서향백지금(西向白地錦) 반 장의 규격을 길이 4척, 너비 4척으로 기록하였다. 두 문서에서의 규격이 정확히 일치하지 않는다는 점에서 당시의 장을 필(匹)처럼 엄격하게 정해진 단위라고 보기는 어렵다.

계약문서 마지막에 등장하는 천서(倩書) 도호(道護)는 이 문서를 작성한 인물로 계약문서의 공정한 작성을 위해 초빙된 인물이다. 문서 후반부가 소실되어 알기 어렵지만, 문서의 마지막 부분에는 매매 쌍방의 서명이 첨부되었을 것이다. 특기할 점은 이 문서는 오직 한 부만이 작성되어 구매자인 적소원이 소지한다고 명시된 점이다. 이는 매매 완료 후 혹 문제가 발생하였을 때 판매자에게 책임을 요구하기 위한 근거로서 적소원은 반드시 이 문서를 소유하여야 하는 것을 의미한다.

판독문

① 承平八年歲次己丑九月卄二日, 翟紹遠從石阿奴

② 買婢壹人, 字紹女, 年卄五, 交与丘慈錦三張半.

③ 賈(價)卽畢, 人卽付. 若後有何(呵)盜認名, 仰本

④ 主了, 不了, 部(倍)還本賈(價). 二主先和後券, 券成

⑤ 之後, 各不得返悔, 悔者罰丘慈錦七張, 入不

⑥ 悔者. 民有私要, 々行二主, 各自署名爲信.

⑦ 券唯一支, 在紹遠邊. 倩書道護

해석 및 역주

① 승평(承平)[3] 8년 세차 기축(己丑) 9월 22일, 적소원(翟紹遠)은 석아노(石阿奴)에게서

3 승평(承平) : 북량의 연호로 승평 원년(443)부터 18년(460)까지 사용되었다. 승평 8년(450)의 세차는 경인(庚寅)이어서 문서에 기록된 기축(己丑)과 부합하지 않는다. 국씨(麴氏) 고창국(高昌國)에서도 승평 연호를 사용하였는데 승평 8년(509)이 기축년이다.

② 비(婢) 1인을 구매한다. 이름은 소녀(紹女)이고 나이는 25세이며 구자(丘慈)[4]의 금(錦)[5] 3장 반을 지불한다.

③ 값이 치러지면 사람을 곧 보낸다. 만약 뒤에 도난당한 비로서 매매된 것이 발견되면 그 주인이

④ 처리하고 처리하지 않는다면 원래 값의 배를 돌려보낸다. 쌍방[二主]이[6] 먼저 합의하고 계약문서를 뒤에 만드는데, 문서가

⑤ 완성되면 각자가 후회해서 물릴 수 없으며, 후회하는 사람은 벌로 구자의 금 7장을 후회하지 않는

⑥ 사람에게 준다. 민간에는 사적인 계약[要][7]이 있으니, 쌍방은 계약을 이행하고 각각 스스로 서명하여 신표로 삼는다.

⑦ 계약문서는 하나만 만들고 소원(紹遠) 측에 둔다. 천서(倩書)[8] 도호(道護)

---

4 구자(丘慈) : 구자(龜玆)의 다른 표기이다. 구자는 현 신장웨이우얼자치구에 속해 있으며 고대부터 서역 교통로 중 중요한 위치를 점하고 농업과 목축 및 실크로드 무역에 종사하였다. 원문의 "丘慈錦"이라는 단어로 보아 구자에서도 이 시기 금(錦)을 생산하였음을 알 수 있다. 이는 출토 문서 [北涼承平5年(447?)道人法安弟阿奴舉錦券](75TKM88:1(b))에서 "고창에서 만든 노란 바탕의 구자중금[高昌所作黃地丘慈中錦]"이란 기록을 통해서도 알 수 있다(鍾盛, 2004, 12~13쪽).

5 금(錦) : 금은 다채한 색사 또는 금·은사를 사용하여 제직한 문직물의 일종으로 평직 또는 능직으로 제직된 문직물이다. 금은 견직물 중 그 제직 방법이 매우 복잡하여 시대의 흐름에 따라 점점 발달된 양상을 보이며 그 종류도 다양해진다. 전래 문헌과 출토 자료에서는 '금' 앞에 다양한 수식어 '大'·'細'·'雜色'·'波斯' 등을 붙여 각종 견직물을 가리키기도 하였다.

6 쌍방[二主] : 「전량(前涼) 승평(升平) 11년(367) 왕념(王念)이 낙타를 판매한 계약문서[券]」의 각주 3)번을 참조 바람.

7 계약[要] : 원문의 "要"는 계약을 의미한다(徐秀玲, 2010, 53쪽).

8 천서(倩書) : 계약문서를 쓰는 작성자를 가리킨다. 권(券)은 고대 중국에서 매매나 채무 관계에서 만드는 증거를 말한다. 간독(簡牘)에 작성하여 반으로 나눈 후 계약 쌍방이 하나씩 소지함으로써 증빙으로 삼았다. 후에는 간독이 종이로 대체되었다. '倩'이란 '請', '使'의 의미이다. 따라서 '천서'란 사람에게 계약문서를 써달라고 부탁한 것을 말하며, 계약문서 작성 시에 보수를 받고 입회하여 계약문서를 작성한 사람을 가리킨다. 비슷한 단어로 서권(書券)이 있다(張永莉, 2012, 24~25쪽).

참고문헌

凍國棟, 「唐代的“市券”與“私契”-敦煌, 吐魯番文書劄記之一」, 『喀什師範學院學報』, 1988年 第4期.

徐秀玲, 「晩唐五代宋初敦煌雇傭契約樣文研究」, 『中國農史』, 2010年 第4期.

楊際平, 「4-13世紀漢文、吐蕃文、西夏文買賣、博換牛馬駝驢契比較研究」, 『敦煌學輯刊』, 2019年 第1期.

張永莉, 『吐魯番契約文書詞語例釋』, 陝西師範大學 碩士學位論文, 2012.

鍾盛, 「吐魯番出土文書中所見的南北朝時期高昌地區的奴婢狀況」, 『內蒙古社會科學(漢文版)』, 2004年 第1期.

黑文婷, 「契約文書“二比”類詞語釋義」, 『甘肅高師學報』, 2012年 第6期.

6. 고창(高昌) 장화(章和) 18년(548) 광비(光妃)의 의물소(衣物疏)

자료 사진

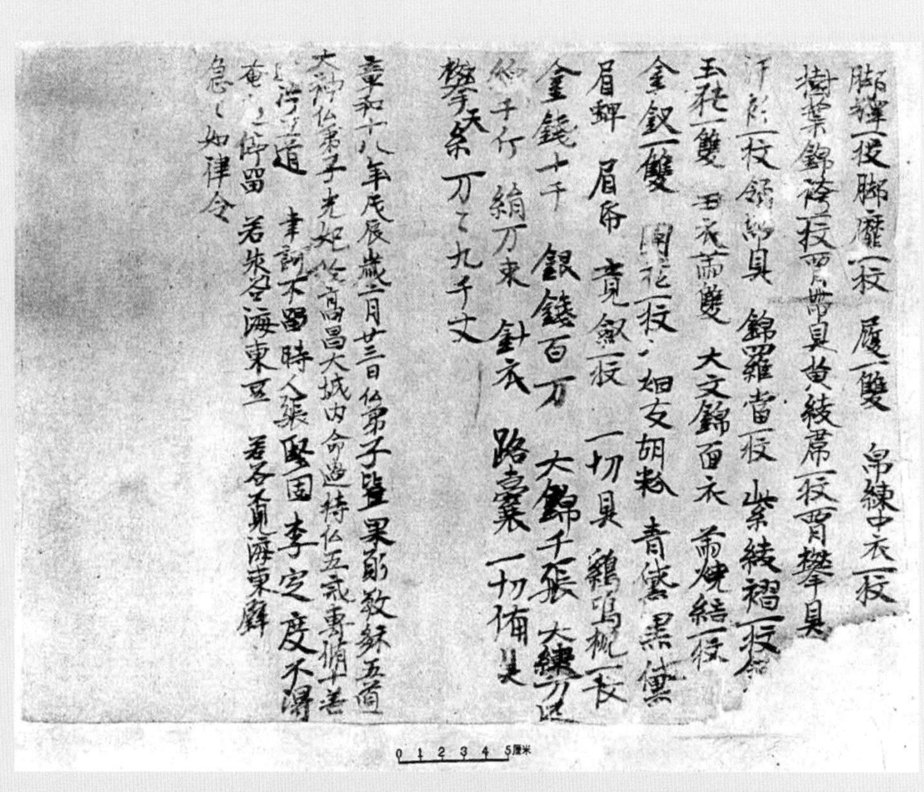

『吐魯番出土文書』(北京:文物出版社, 1992)로부터 轉載

| 자료 기초 정보

국가	중국 ‖ 고창
연대	548년
출토지	투루판 아스타나 170호 묘
자료 출처	『吐魯番出土文書』(全4冊) 1(北京: 文物出版社, 1992년, 144쪽)

| 자료 해제

중국 신장웨이우얼자치구 투루판시에서 발굴된 아스타나 고분군은 고창(高昌) 고성(古城) 부근에 위치한 고창국(高昌國)과 당나라 때의 무덤 군(群)이다.[1] 고창을 중심으로 한 투루판 분지에는 다양한 종족들의 정권이 있었다. 한대(漢代)에는 차사국(車師國)이 있었다. 그 뒤 오호십육국 혼란기에 한족(漢族)이 들어와 살게 되고 전량(前涼)이 고창군을 설치한 이래 전진(前秦)·후량(後涼)·서량(西涼)·북량(北涼)이 이 지역을 통치하였다. 북량 시기 유연(柔然)의 지지를 얻은 현지 한인인 감(闞)씨가 고창국을 건설하였다. 북위(北魏)의 화북지방 통일 이후에는 흉노(匈奴) 노수호(盧水胡) 출신 저거씨(沮渠氏)가 고창군을 탈취하고 북량 정권을 다시 세웠는데, 이를 '고창(高昌) 북량(北涼)'이라고 한다. 그러나 고창 북량은 460년 유연의 공격으로 멸망하였고, 유연의 속국으로 세워진 감씨고창(闞氏高昌, 460~488 혹은 491)이 재건되었다. 이후 장씨고창(張氏高昌, 488 혹은 491~496)·마씨고창(馬氏高昌, 496~501)·국씨고창(麴氏高昌, 501~640) 등 4대의 한족 정권에 이어 640년 당(唐)이 정복하여 서주(西州) 고창현을 설치하였다. 이 문서에 기록된 연호인 장화(章和, 531~548)는 국씨고창의 3대 왕 국견(麴堅)의 연호이다.

이 문서는 아스타나 170호 묘에서 출토된 의물소(衣物疏)[2]이다. 망자(亡者) 광비는 다량의 부장품과 함께 매장되었다. 일부는 상장 의례에 따라 실제 부장되지 않았을 것으로 보이는 물품도 있

1 아스타나 고분군에 대해서는 「전량(前涼) 승평(升平) 11년(367) 왕념(王念)이 낙타를 판매한 계약문서[券]」의 자료 해제를 참조 바람.

2 의물소(衣物疏)에 대한 설명은 「피장자·연대 미상 무덤의 의물소(衣物疏) 2건」의 자료 해제 내용을 참조 바람.

으나, 생전에 사용하던 의복과 장신구는 실제 부장되었을 것이다. 그중 주목되는 물품은 각종 화장품이다. 연지·호분·청대·흑대 등의 화장품과 미비·미지·경렴과 같은 화장도구들이 눈에 띈다. 이 문서는 당시 고창국 여성이 사용했던 화장품과 화장 방법에 대한 정보를 전해주며, 아울러 투루판 지역에서 화장품이 생산 또는 유통되었던 정황을 설명해준다. 또한 여성이 즐겨 사용하는 생활용품인 반진고리의 존재 또한 투루판 지역 여성들의 생활상을 전달해주고 있다. 아울러 이전 시기와는 달리 의물소 내에서 오도·오계·십선 등 불교 용어가 다량 발견된다. 고인과 의물소 작성자 모두가 불제자였으며, 이를 통해 고창에서 도교를 대신하여 불교가 유행하였고 인민의 생사관에 깊은 영향을 주었음을 알 수 있다.

판독문

① 脚釋一枚 脚靡一枚 履一雙 帛練中衣一枚□□□

② 樹葉錦袴一枚, 腰帶具 黃綾裙一枚, 腰攀具□□

③ 汗衫一枚, 領帶具 錦羅當一枚 紫綾褶一枚, 領□□

④ 玉㹠(豚)一雙 丑衣兩雙 大文錦面衣 兩燒結一枚

⑤ 金釵一雙 團花一枚 烟(胭)支(脂)胡粉 青黛 黑黛

⑥ 眉蜱 眉紙 竟(鏡)歛(奩)一枚 一切具 鷄鳴枕一枚

⑦ 金錢十千 銀錢百萬 大錦千張 大練萬匹

⑧ 錦千斤 絹萬束 針衣 路囊 一切具備

⑨ 攀天糸万々九千丈

⑩ 章和十八年戊辰歲二月廿三日, 佛弟子比丘果願, 敬移五道

⑪ 大神, 佛弟子光妃於高昌大城內命過. 持佛五戒, 專修十善,

⑫ 逕(經)涉五道, 幸不訶留. 時人張堅固, 李定度. 不得

⑬ 奄遏停留, 若欲求海東豆(頭), 若欲覓海東壁,

⑭ 急々如律令.

❙ 해석 및 역주

① 각석(脚釋)[3] 1매, 각미(脚靡)[4] 1매, 이(履)[5] 1쌍, 백(帛)[6]인 연(練)[7]으로 만든 중의(中衣)[8] 1매 ……

② 수엽금(樹葉錦)[9]으로 만든 고(袴)[10] 1매 요대(腰帶)[11] 구비, 노란색 능(綾)[12]으로 만든 군(裙)[13] 1매 요반(腰攀)[14] 구비, ……

③ 한삼(汗衫)[15] 1매 영대(領帶)[16] 구비, 금(錦)으로 만든 나당(羅當)[17] 1매, 자주색 능으로 만든 습(褶)[18] 1매, 영(領) ……

---

3 각석(脚釋) : 주행(走行)에 도움을 주기 위해 다리에 사용하는 물품이다. 각석은 각사(脚赦)와 같으며, 각사는 각척(脚蹠), 각차(脚遮) 등과 같다(王啓濤, 2012, 538~539쪽).

4 각미(脚靡) : 주행에 도움을 주기 위해 다리에 사용하는 물품이다. 일종의 다리를 싸서 보호하는 천이었으며 방한이나 장식품의 역할을 했을 가능성이 있다. '미'란 정세(精細)한 직물을 가리키는 단어이다(王啓濤, 2012, 539~540쪽).

5 이(履) : 「피장자·연대 미상 무덤의 의물소(衣物疏) 2건」의 각주 15)번을 참조 바람.

6 백(帛) : 「피장자·연대 미상 무덤의 의물소(衣物疏) 2건」의 각주 22)번을 참조 바람.

7 연(練) : 「피장자·연대 미상 무덤의 의물소(衣物疏) 2건」의 각주 9)번을 참조 바람.

8 중의(中衣) : 내의와 겉옷 사이에 입는 옷으로 대의(大衣)와 소의(小衣) 사이에 위치하기에 중의라고 한다. '심의(深衣)'라고도 한다. 유물소에서 등장하는 중의는 대개 견직물로 제작되어있다. 중의를 하체에 입는 내의로 보는 견해도 있다(吳婭婭, 2012, 146~147쪽).

9 금(錦) : 금에 대해서는 「북량(北涼) 승평(承平) 8년(450) 적소원(翟紹遠)이 비를 구매한 계약문서[買婢券]」의 각주 5)번을 참조 바람. '수엽금(樹葉錦)'은 수엽문(樹葉紋)이 들어간 금을 가리킨다(吳婭婭, 2012, 95~96쪽).

10 고(袴) : 「피장자·연대 미상 무덤의 의물소(衣物疏) 2건」의 각주 12)번을 참조 바람.

11 요대(腰帶) : 허리춤을 묶는 띠이다. 의물소 중에서 '요'라는 글자는 의대(衣帶)를 입는 곳의 위치를 설명하는 단어이다(吳婭婭, 2012, 63~64쪽).

12 능(綾) : 얇고 세밀하며 광택이 나는 견직물이다. 사선(斜線) 문양 혹은 사선으로 배치된 꽃 문양을 넣어 직조하였다(吳婭婭, 2012, 103~104쪽).

13 군(裙) : 「피장자·연대 미상 무덤의 의물소(衣物疏) 2건」의 각주 13)번을 참조 바람.

14 요반 : '攀'은 '襻'과 같다. 옷을 묶는 띠로 즉 요대(腰帶)와 같다(吳婭婭, 2012, 64~65쪽).

15 한삼(汗衫) : 삼(衫)에 대해서는 「피장자·연대 미상 무덤의 의물소(衣物疏) 2건」의 각주 10)번을 참조 바람. 한삼은 가장 안쪽에 입는 땀받이 용도의 옷이다(吳婭婭, 2012, 130~131쪽).

16 영대(領帶) : 정확히 알 수 없으나 의물소에서 짝을 이뤄 함께 등장하는 의복이 '襦', '褶', '褄', '大衫', '少衫', '汗衫'인 것으로 보아, 이에 딸린 장식으로 추측된다(吳婭婭, 2012, 64쪽).

17 나당(羅當) : 견직물로 만든 양당(裲襠)을 가리킨다. 양당은 '兩當', '兩襠'이라고도 한다. 소매와 옷깃이 없는 짧은 옷으로 조끼와 모양이 흡사하다. 위진남북조 시기에 크게 유행하였고, 이후로도 널리 이용되었다. 진(晉) 이전의 양당은 본래 내의였으나 진대부터 겉옷으로 변화하였다(吳婭婭, 2012, 66~67쪽).

18 습(褶) : 고대 중국 주변의 민족이 입었던 단의(短衣)이다. 길이는 짧고 소매는 넓으며 가장 바깥에 입는 겉옷이다(吳婭婭, 2012, 153~154쪽).

④ 옥돈(玉豚)[19] 1쌍, 축의(丑衣) 2쌍, 대문금(大文錦)으로 만든 면의(面衣),[20] 양소결(兩燒結) 1매

⑤ 금으로 만든 채(釵)[21] 1쌍, 단화(團花)[22] 1매, 연지(胭脂),[23] 호분(胡粉),[24] 청대(青黛),[25] 흑대(黑黛),[26]

⑥ 미비(眉崥), 미지(眉紙),[27] 경렴(鏡奩)[28] 1매, 일체구비 계명침(鷄鳴枕)[29] 1매,

⑦ 금전(金錢)[30] 1만, 은전(銀錢)[31] 100만, 대금(大錦) 1,000장(張), 대련(大練) 10,000필(匹),[32]

---

19 옥돈(玉豚) : 고대 중국인들은 사자의 손에 옥을 쥐여주었는데, 이를 '옥악(玉握)'이라고 하였다. 옥악은 구멍이 없는 황형(璜形)의 옥기였으나 한나라 시기부터 돼지 모양의 옥을 사용하기 시작하였다. 고대인들은 옥에 시체가 부패하는 것을 방지하는 특별한 효능이 있다고 믿었다. 돼지는 재부(財富)를 상징한다(吳婭婭, 2012, 150~151쪽).

20 면의(面衣) : 고창 사람들이 사용하던 일종의 모자이다. 바람·먼지와 눈·추위를 막는 용도이기도 했으며, 여성이 외출 시에 얼굴을 가리는 용도로도 착용하였다. 눈에 해당하는 부분에 구멍을 내어 시야를 확보하였다. 의물소 중의 면의를 일종의 마스크로 보는 견해도 있다(吳婭婭, 2012, 77~78쪽).

21 채(釵) : 「피장자·연대 미상 무덤의 의물소(衣物疏) 2건」의 각주 3)번을 참조 바람.

22 단화(團花) : 본래 둥근 꽃무늬[團花] 문양을 가리키나 의물소 중에서 화장품이나 장신구 등과 병기되는 것으로 보아 일종의 머리 장신구로 추정된다.

23 연지(胭脂) : 얼굴을 꾸밀 때 쓰는 붉은 색 안료이다. 여성들이 얼굴이나 입술에 발랐다. 본래 흉노(匈奴)의 풍습이었으나 한 무제(武帝) 때 장건(張騫)의 사행(使行)으로 인해 이국 문물이 수입되면서 연지 역시 중국으로 전래되었다(吳婭婭, 2012, 75쪽).

24 호분(胡粉) : 얼굴에 바르는 연분(鉛粉)이다. 연분은 납이나 주석 따위를 초산과 반응시켜 황단(黃丹)을 만들고, 다시 황단을 이용해 호상(糊狀)의 연분을 만들었다. 한대 이후에 수분을 제거하여 가루 혹은 고체 형태의 연분이 등장하였다. 본래 연분이 호상이었기에 속칭 호분(胡粉)이라고 부른 것이지, 외래에서 들어온 물품이라서 그렇게 부른 것이 아니다(吳婭婭, 2012, 74~75쪽).

25 청대(青黛) : 눈썹을 그리는 푸른색 눈썹먹[黛]이다. 청대는 본래 외국 수입품이었으나 송대(宋代)에 이르러 중국에서 제조하였다. 식물에서 채취한 안료로 만들었다(吳婭婭, 2012, 65쪽).

26 흑대(黑黛) : 눈썹을 그리는 검은색 눈썹먹[黛]이다. 본인의 눈썹을 깎거나 혹은 분으로 덮은 후에 붓으로 눈썹먹을 찍어 눈썹을 그리는 것이 구체적인 사용법이다(吳婭婭, 2012, 65쪽).

27 미비(眉崥), 미지(眉紙) : 여성들이 눈썹을 그릴 때 사용하는 눈썹 장식이다(吳婭婭, 2012, 110쪽).

28 경렴(鏡奩) : '염(奩)'이란 중국 고대 여성들이 화장품을 담아두는 갑(匣)이다. 일반적으로 옻칠한 나무로 만들고 색칠을 하였으며, 혹은 금은으로도 제작하였다. 모양은 원형, 계심형(鷄心形)이며 내부는 여러 층으로 구별되어 있기도 하여 분대(粉黛), 연지, 빗, 동경(銅鏡), 잠채(簪釵) 등을 각각 수납하였다. 경렴이란, 즉 경갑(鏡匣)으로, 여성이 거울이나 빗을 담아두는 기구이다(吳婭婭, 2012, 98쪽).

29 계명침(鷄鳴枕) : 투루판 아스타나 묘지 중에서 실물이 출토되었다. 마포(麻布)로 만들고 붉은색 비단으로 벼슬을 만들었으며 검은 실로 눈과 깃털을 표현하였다. 베개의 이름이 '계명'인 이유는 불명확하나 '鳴'과 '明'이 서로 통하므로 날이 밝을 때 닭이 그에 응하는 것을 상징한다고 추측할 수 있다(吳婭婭, 2012, 158~159쪽).

30 금전(金錢) : 남북조 시기에 중국에는 비잔틴제국의 금화와 페르시아 사산왕조의 은화가 서역으로부터 유입되었고, 고창에서도 역시 사용되었을 것으로 추정된다. 다만 의물소에 기재된 금전이나 은전은 그 수량으로 보아 실제 화폐보다는 종이로 만든 지전일 수 있다(吳婭婭, 2012, 94~95쪽).

31 은전(銀錢) : 「피장자·연대 미상 무덤의 의물소(衣物疏) 2건」의 각주 19)번을 참조 바람. 은으로 만든 주화를 은전이라고 하는데, 고창에서 유통되던 은전은 페르시아 사산왕조에서 주조한 것과 고창 자체에서 주조한 것의 두 가지로 구분할 수 있다(吳婭婭, 2012, 149~150쪽).

32 필(匹) : 「피장자·연대 미상 무덤의 의물소(衣物疏) 2건」의 각주 26)번을 참조 바람.

⑧ 금(錦) 1,000근(斤), 견(絹)[33] 1만속(束), 침의(針衣),[34] 노낭(路囊) 일체구비

⑨ 반천사(攀天糸) 만만구천장(万々九千丈)[35]

⑩ 장화(章和) 18년 무진세(戊辰歲) 2월 23일, 불제자 비구 과원(果願)은 공경히 [문서를] 오도대신(五道大神)[36]

⑪ 에게 보냅니다. 불제자 광비(光妃)는 고창의 대성(大城) 안에서 명을 다했습니다. 불교의 오계(五戒)[37]를 지키고, 십선(十善)[38]을 오로지 닦았으니,

⑫ 오도(五道)를 지남에 책망하여 붙잡지 않길 바랍니다. 시인(時人)[39] 장견고(張堅固), 이정도(李定度).

⑬ 오래 막고 머무르게 하지 마십시오. 만약 해동두(海東頭)를 구하거나, 해동벽(海東壁)[40]을 찾더라도,

⑭ 율령대로 신속히 시행하십시오[急々如律令].[41]

---

33 견(絹) : 「서량(西凉) 건초(建初) 14년(418) 한거(韓渠) 처 무덤의 의물소(衣物疏)」의 각주 10)번을 참조 바람.

34 침의(針衣) : 바늘과 실 등을 담아두는 반짇고리이다(吳婭婭, 2012, 156~157쪽).

35 반천사(攀天糸) 만만구천장(万々九千丈) : 하늘을 오르는 실이라는 뜻이며 만만구천장은 실제 수가 아닌 허사(虛辭)이다. 사자가 속히 천국에 가는 것을 상징한다(吳婭婭, 2012, 112~113쪽).

36 오도대신(五道大神) : 중국의 민간 신으로 오도장군(五道將軍), 오도야(五道爺)이라고도 한다. 본래 불교의 오도(五道), 즉 천도·인도·아귀도·축생도·지옥도를 수호하는 신이었는데, 후에 중국화 되어서 천하를 순례해서 사람들의 선악을 조사하는 명계의 역인, 나아가서 사자의 혼을 성황묘에 호송하는 신으로 전화되었다.

37 오계(五戒) : 불교에 입문한 재가신도가 지켜야 할 5가지 계율이다. ① 살생하지 말라[不殺生]. ② 도둑질 하지 말라[不偸盜]. ③ 음행을 하지 말라[不邪淫]. ④ 거짓말을 하지 말라[不妄語]. ⑤ 술을 마시지 말라[不飮酒]의 5종이다.

38 십선(十善) : 불교에서는 인간의 모든 행위를 신체, 입(언어), 마음의 3종으로 구분하고, 십선이라는 것은 신삼(身三), 구사(口四), 의삼(意三)의 악행을 행하지 않는 것이다. 즉, 신체에서 살생(죽이는 것), 투도(훔치는 것), 사음(남녀의 관계의 부정), 말에서는 망언(거짓말하는 것), 양설(사이를 이간질하는 것), 악구(험담하는 것), 기어(함부로 말하는 것), 의에서는 탐욕(탐하는 것), 진에(화내는 것), 사견(잘못된 생각을 하는 것)의 각각을 행하지 않는 것인데 이 십선을 엄격하게 지키는 것을 십선계라고 한다.

39 시인(時人) : 「전량(前涼) 승평(升平) 11년(367) 왕념(王念)이 낙타를 판매한 계약문서[券]」의 각주 5)번을 참조 바람.

40 해동두(海東頭)·해동벽(海東壁) : '海'는 본래 극히 먼 변황(邊荒)을 가리키는 단어이며 또한 대해(大海)를 가리키기도 한다. '해'는 태산부군(泰山府君) 신앙과 관련하여 망령의 거처하는 곳을 뜻하기도 한다. '두'나 '벽'은 명사 뒤에 붙어서 방위를 표시하며 이면(裏面), 지방(地方)의 뜻을 갖는다. '해동벽'은 종종 '海西壁'으로도 표기된다. 해동두나 해동벽은 명계를 가리키는 단어로 이해할 수 있다(王啓濤, 2012, 417~418쪽).

41 율령대로 신속히 시행하십시오[急々如律令] : 「서량(西凉) 건초(建初) 14년(418) 한거(韓渠) 처 무덤의 의물소(衣物疏)」의 각주 34)번을 참조 바람.

참고문헌

馬高強·錢光勝, 「從吐魯番出土的隨葬衣物疏看高昌民間冥界觀的變化」, 『齊齊哈爾師範高等專科學校學報』, 2008年 第1期.

常萍, 「再論吐魯番出土隨葬衣物疏中的"蹹麴囊"」, 『敦煌學輯刊』, 2013年 第2期.

李祝環, 「中國傳統民事契約中的中人現象」, 『法學硏究』, 1997年 第6期.

李研, 「吐魯番出土衣物疏中的"兔豪(毫)""狐毛"性質考釋」, 『西域硏究』, 2020年 第3期.

吳婭婭, 『吐魯番出土衣物疏輯錄及所記名物詞彙釋』, 西北師範大學 碩士學位論文, 2012.

王啓濤, 『吐魯番出土文獻詞典』, 成都: 巴蜀書社, 2012.

張永莉, 『吐魯番契約文書詞語例釋』, 陝西師範大學 碩士學位論文, 2012.

趙國伶, 『甘肅河西地區十六國時期衣物疏整理與研究』, 西北師範大學 碩士學位論文, 2020.

7. 고창(高昌) 연창(延昌) 36년(576) 송씨(宋氏) 아무개의 하전권(夏田券)

| 자료 사진

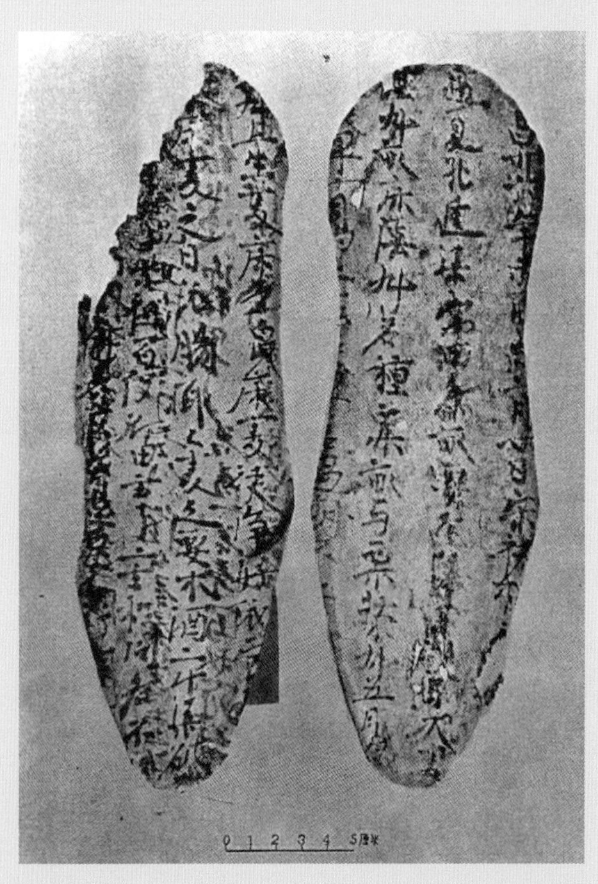

『吐魯番出土文書』(北京:文物出版社, 1992)로부터 轉載

| 자료 기초 정보

국가	중국 ‖ 고창
연대	576년
출토지	투루판 아스타나 153호 묘
자료 출처	『吐魯番出土文書』(全4冊) 1(北京: 文物出版社, 1992, 279쪽)

| 자료 해제

중국 신장웨이우얼자치구 투루판시에서 발굴된 아스타나 고분군은 고창(高昌) 고성(古城) 부근에 위치한 고창국(高昌國)과 당나라 때의 무덤 군(群)이다.[1] 연창(延昌, 561~601)은 국씨고창(麴氏高昌)[2]의 7대 왕 국건고(麴乾固) 시대의 연호로서, 이 문서는 아스타나 153호 묘에서 출토된 연창 36년(576)에 작성된 계약문서이다.

이 계약문서는 전지(田地)의 임대와 관련된 문서이다. 투루판 출토 문서 중 토지와 관련된 문서는 국가 차원의 토지 수수(收受) 문서나 전전부(佃田簿) 외에도 민간에서의 조전(租佃) 계약 관련 문서, 일명 하전권(夏田券)이 있으며, 이러한 문서를 통해 당시 전주(田主)와 전인(佃人)의 관계를 잘 살펴볼 수 있다. 지조(地租)의 주요 형식은 정액(定額) 지조와 정률(定率) 지조로 나눌 수 있으며 당대(唐代) 전기에는 정액 지조가 대부분을 차지하였다. 또한 지조는 화폐나 실물로 지급되었다(趙文潤, 1989 ; 尙輝, 2009). 이러한 조전 계약 관련 문서는 투루판에서 44건이 발견되었는데, 당대 균전제(均田制)와의 연관성에 특별히 주목받아 연구되고 있으며 아울러 투루판 지역의 농업 발전, 사회경제 발전 측면에서도 다양하게 연구되고 있다(趙文潤, 1987).

이 계약문서는 송 아무개[宋某]가 이름을 알 수 없는 임대인에게서 공진거(孔進渠)라는 관개수

1 아스타나 고분군에 대해서는 「전량(前涼) 승평(升平) 11년(367) 왕념(王念)이 낙타를 판매한 계약문서[券]」의 자료 해제를 참조 바람.

2 고창 지역 역사 전반에 대해서는 「고창(高昌) 장화(章和) 18년(548) 광비(光妃)의 의물소(衣物疏)」의 자료 해제를 참조 바람.

로 부근의 상전(常田) 3무(畝)를 6년간 빌려서 경작하는 내용을 담고 있다. 또한 5월에 보리로, 10월에 메기장 또는 조로써 지조를 납부하도록 되어 있다. 지조 납부 기한을 어겼을 경우 그에 대한 이자가 붙도록 약속되었으며, 수로의 파손이나 세금 문제에 관한 합의도 마련되어 있다. 마지막으로 위약금 관련 규정이 설정되었다. 그리고 마지막 부분에는 계약자 쌍방과 보증인 등의 서명이 있었을 것이나 훼손되어서 알 수 없다.

이 문서를 통해 당시 고창국에서 전지 소유나 조전의 방식 외에도 농업에 대한 제반 정보 또한 잘 알 수 있다. 우선 투루판 지역에서 생산하는 작물은 보리, 메기장, 조가 있었음을 알 수 있다. 전지의 이용 방법으로 보아 메기장과 조는 그 경작 시기가 동일하였고, 또한 1년에 2번의 경작이 가능하였음을 알 수 있다. 이러한 작물은 모두 한전(旱田)에서 재배하며, 이는 투루판 지역의 자연환경과 부합되었기에 널리 재배되었을 것이다. 즉, 강수량이 부족한 초원, 사막기후의 특성상 벼농사는 식량 작물로 선택되지 못했을 것이다. 그러나 투루판 지역은 카레즈라는 지하 관개수로를 통해 농업 생산을 영위하였다. 즉, 한정된 수자원을 이용하여 경작할 수 있는 작물을 선택하여 재배하였던 것이다. 보리, 메기장, 조는 중국 북방 지역에서 오랫동안 주식으로 이용된 곡물이었으며 보통 5곡 중의 하나로 거론될 만큼 보편적으로 재배되었다. 식용 외에도 가축의 사료로 사용되거나 혹은 그 줄기를 공작에 이용할 만큼 주요한 작물로 널리 재배되었다.

판독문

① 延昌卅六年丙辰歲二月廿日, 宋□□

② 邊夏孔進渠常田參畝, 要逕(經)陸年. 畝与大麥

③ 陸九丿(斛), 畝床陸九丿(斛). 若種粟, 畝与粟柒九丿(斛). 五月內□

④ □使畢, 十月內上床使畢. 若過期不上, □□

⑤ 壹九丿(斛)上生麥床壹鼎(斗). 床麥使淨好, 依官斛□□

⑥ 取床麥之日, 依腸取, 々麥之, 要木酒二斗. 渠破水

⑦ □, □□田人了, 紫(貲)祖(租)百役, 仰田主了. 二主和同, 各不得

⑧ □□, □□□□□入不悔者. 民有私要, 々行二主.

해석 및 역주

① 연창(延昌)[3] 36년 병진세(丙辰歲) 2월 20일, 송(宋) ……

② 측[邊][4]의 공진거(孔進渠)[5] 상전(常田)[6] 3무(畝)를 빌려[夏][7] 6년간 경작한다. 무 당 보리 [大麥][8]

③ 6곡(斛)과 무 당 메기장[床][9] 6곡을 준다. 만약 조[粟][10]를 심는다면 조 7곡을 준다. 5월 안에 …

④ …[납부를] 마치고, 10월 내에 메기장 납부를 마친다. 만약 납부 기한을 어긴다면 ……

⑤ 1곡에 보리, 메기장 1두가 [이자로] 발생한다. 메기장, 보리는 깨끗하고 좋은 것으로 하며, 관의 곡[官斛]에 의거하여 ……

⑥ 메기장, 보리를 취하는 날, 현장에서 취하고 보리를 취할 때 맥주(麥酒)[11] 2두를 마련한다.

---

3 연창(延昌) : 국씨고창의 7대 왕 국건고(麴乾固)의 연호(561~601)이다.

4 측[邊] : 원문의 '邊'은 투루판 출토 문서(「高昌延昌二十八年(588)趙顯曹夏田券」)들에서 자주 등장하는데, 문서들의 내용으로 보아 계약자 중 한쪽을 특정할 필요가 있을 때 사용하는 용어로 보인다. 즉, 이 문서에서는 임대인 측을 특정하는 것으로 생각된다(趙文潤, 1989, 22~23쪽).

5 공진거(孔進渠) : 아스타나 48호 묘「高昌章和十一年(541)某人從佐佛得邊買田券」등 여러 출토 문서에서도 등장하는데, 그 내용을 살펴보면 이 지역 관개수로의 이름으로 보인다(趙文潤, 1989, 21쪽).

6 상전(常田) : 상전은 연작(連作)이 가능한 전지(田地)를 말한다. 상전은 본래 영구히 고정불변의 전지를 가리키며 당대 균전제(均田制)의 영업전(永業田)과 유사한 의미를 지닌다. 계약문서들의 내용을 살펴보면 상전에는 맥(麥)·속(粟)을 심어 5월에 한 번 수확하고 10월에 한 번 수확한다. 이로 보아 상전은 쉬지 않고 연속해서 경작하는 전지를 가리키는 것으로 볼 수 있다(張永莉, 2012, 31~32쪽). 한편으로는, 상전을 휴경 없이 계속 이어서 경작할 수 있는 전지로 보는 견해도 있다(趙文潤, 1989, 18쪽).

7 빌려[夏] : 원문의 '夏'는 '假'의 통가자이다. 계약문서 중에서 '하'는 '借貸'를 의미한다(張永莉, 17쪽). 투루판 문서 중에서 '하'자로 기록하여 빌리는 대상은 대개 전지(田地)인 경우가 많다(張永莉, 2012, 38쪽).

8 보리[大麥] : 맥(麥)은 대맥과 소맥의 구별이 있다. 대맥은 보리로 외떡잎식물 벼목 화본과의 두해살이풀이다. 낟알을 먹거나 혹은 맥아를 이용하여 맥주 등 가공품을 만들기도 한다(吳婭婭, 2012, 100쪽).

9 메기장[床] : 원문의 '床'의 독음은 '미'이며 '미(糜)'의 속자로 추정된다. 현대 중국어로는 '穄子', '糜子'이며, 바로 메기장을 가리킨다(吳婭婭, 2012, 110~111쪽). 기장은 외떡잎식물 벼목 화본과의 한해살이풀이다. 원종은 명확하지 않으나, 동부 아시아 및 그보다 약간 중앙아시아에 가까운 지역까지 포함한 대륙성기후의 온대 지역에서 유목민에 의하여 재배되었을 것이라는 견해가 유력하다.

10 조[粟] : 외떡잎식물 벼목 화본과의 한해살이풀이다. 조의 분류와 품종을 살펴보면 봄에 뿌리는 봄조와 여름에 뿌리는 그루조로 구분된다. 봄조는 5월 상순·중순, 그루조는 밀·보리를 수확한 뒤 6월 중순부터 7월 상순까지 파종하면 되나 늦뿌림에 비교적 잘 적응하여 7월 중순까지 파종하여도 된다. 또한 '속(粟)'은 기장[黍], 피[稷] 등의 총칭이기도 하다(吳婭婭, 2012, 138쪽).

11 맥주(麥酒) : 원문의 "木酒"는 맥(麥)을 이용하여 만든 술을 의미한다. 이 계약문서의 내용으로 보면 경작하는 보리와 관련이 있는 술로 짐작된다(張永莉, 2012, 30쪽).

수로가 파손되어 물이

⑦ …… 경작인이 담당하고, 조세와 요역은 전주가 담당한다.[12] 쌍방[二主][13]이 합의하여 동의했으니 각각 … 할 수 없다.

⑧ …… 후회하지 않는 사람에게 준다. 민간에는 사적인 계약[要][14]이 있으니, 계약은 쌍방이 이행한다.

---

12 수로가 파손되어 … 전주가 담당한다 : 원문의 훼탈로 인해 잘 알 수 없으나, 출토 문서들에서 유사한 구절이 반복되어 그 뜻을 짐작할 수 있게 해준다. 앞 구절은 수로가 파손되었을 때 전인(佃人)이 그에 대한 책임을 지고('渠破水譴'), 뒷구절은 국가에서 전지에 부과하는 조세와 요역은 전주가 책임을 지는 것으로 해석된다(趙文潤, 1989, 18~19쪽).

13 쌍방[二主] : 「전량(前涼) 승평(升平) 11년(367) 왕념(王念)이 낙타를 판매한 계약문서[券]」의 각주 3)번을 참조 바람. 이 계약은 임대 문서이므로 전지(田地)의 주인은 한 명뿐이다. 따라서 계약을 하는 쌍방이라고 해석하는 것이 옳다(黑文婷, 2012, 30쪽). 원문 역시 계약자들을 전주(田主)와 전인(佃人)으로 석독 혹은 복원하였다.

14 계약[要] : 「북량(北涼) 승평(承平) 8년(450) 적소원(翟紹遠)이 비를 구매한 계약문서[買婢券]」의 각주 7)번을 참조 바람.

참고문헌

徐秀玲, 「晩唐五代宋初敦煌雇傭契約樣文研究」, 『中國農史』, 2010年 第4期.
尙輝, 「吐魯番租佃契約研究」, 『絲綢之路』, 2009年 12期.
吳婭婭, 『吐魯番出土衣物疏輯錄及所記名物詞彙釋』, 西北師範大學 碩士學位論文, 2012.
張永莉, 『吐魯番契約文書詞語例釋』, 陝西師範大學 碩士學位論文, 2012.
趙文潤, 「隋唐時期吐魯番地區租佃制發達的原因」, 『陝西師大學報(哲學社會科學版)』, 1987年 1期.
趙文潤, 「從吐魯番文書看唐代西州地租的性質及形態」, 『敎煌學輯刊』, 1989年 第1期.
黑文婷, 「契約文書"二比"類詞語釋義」, 『甘肅高師學報』, 2012年 第6期.

8. 고창(高昌) 오세(午歲) 무성제인(武城諸人)의 조사미(趙沙彌)를 고용하여 양(羊)을 방목하는 계약문서[契]

자료 사진

『吐魯番出土文書』(北京:文物出版社, 1992)로부터 轉載

자료 기초 정보

국가	중국 ‖ 고창
연대	586년
출토지	투루판 아스타나 326호 묘
자료 출처	『吐魯番出土文書』(全4冊) 2(北京: 文物出版社, 1994년, 250쪽)

자료 해제

중국 신장웨이우얼자치구 투루판시에서 발굴된 아스타나 고분군은 고창(高昌) 고성(古城) 부근에 위치한 고창국(高昌國)과 당나라 때의 무덤 군(群)이다.[1] 이 문서는 아스타나 326호 묘에서 출토된 국씨고창(麴氏高昌)[2] 시기의 문서이다. 투루판과 둔황 지역에서는 북량(北涼) 시기부터 당(唐)에 이르는 시기 동안의 다양한 계약문서들이 출토되었다. 그중 다양한 형태의 고용과 관련된 계약문서도 발견되었다. 고용 계약문서는 피고용인의 노동 분야에 따라 농업, 목축업, 수공·건축업, 고인대역(雇人代役)의 넷으로 구별할 수 있다. 그중 목축업 분야는 다시 고인방목계약(雇人放牧契約), 고거우·여·타(雇車牛·驢·駝) 등의 계약으로 구분된다. 현재 출토된 문서 중 방목의 대상이 되는 가축은 양과 말 두 종류이다. 방목 계약문서는 계약 시기, 고용 쌍방의 성명, 고용가(雇傭價) 및 지급 방식, 책임과 의무, 위약처벌(違約處罰), 해약처벌(解約處罰), 문서 말미의 천서인(倩書人)과 증인 서명의 7개 부분으로 구성되어 있다(徐秀玲, 2011).

투루판 지역은 자연환경으로 인해 목축업이 번성했던 지역으로 선사시대에는 유목과 수렵 위주의 생활을 하였다가 고창왕국 건립 이후 오아시스 지역을 중심으로 한 농업과 목축업이 흥성하였다. 당대에 이르러서는 서주(西州) 고창군 내에 목축업이 현저히 발전하여 양·말·소·낙타

1 아스타나 고분군에 대해서는 「전량(前涼) 승평(升平) 11년(367) 왕념(王念)이 낙타를 판매한 계약문서[券]」의 자료 해제를 참조 바람.

2 고창 지역 역사 전반에 대해서는 「고창(高昌) 장화(章和) 18년(548) 광비(光妃)의 의물소(衣物疏)」의 자료 해제를 참조 바람.

등을 많이 길렀다. 특히 실크로드의 중요한 중간기지로서 군사적 목적과 교통 운수의 필요성에 의해 당은 이 지역에서 관영(官營) 목축업을 크게 발전시켰다. 또한 역마(驛馬) 등의 수요로 인해 서주는 당대 최대의 말 교역 시장을 형성하여 유목민족으로부터 말을 구매하였다. 민간에서는 양의 목축이 보편적이어서 양육(羊肉)과 유제품은 투루판 지역의 일상 음식물이었고, 양피(羊皮)와 양모(羊毛)는 모방(毛紡)·피혁(皮革)의 원재료로 사용되었다(王蕾, 2010).

둔황 지역 역시 풍부한 수자원으로 인해 초목이 무성하여 목축에 적합하였다. 민간에서의 목축업이 활발하였는데, 일반 백성들이 한두 마리 정도의 가축을 우리에서 키웠던 반면, 호문지주(豪門地主)들은 대규모의 목축을 시행하였으며 이는 대개 방목의 형식으로 시행되었다. 특히 둔황의 사원(寺院)들 또한 민간 목축업에서 주요한 역할을 담당하였다. 사원은 가축 무리를 목인(牧人)에게 위탁하여 방목하는 방식으로 가축을 키웠다. 사원 역시 농경·교통운수 용도의 대형 가축 외에도 양을 많이 키웠는데, 치즈·버터 같은 유제품을 음식물로 섭취한 점과 더불어 원자재인 모·피에 대한 수요 때문이었다. 다만 일반인과 달리 양육은 섭취하지 않고 육식을 금한 계율을 엄격히 준수하였다(蘇金花, 2014). 둔황 지역에서 양을 방목하는 노동자는 '목양인(牧羊人)'·'목자(牧子)' 등으로 불렸는데, 이들은 단순한 고용인, 사원에 의부한 인호(人戶), 사원의 노비로 구분된다. 단순한 고용인의 경우 이들의 고용계약은 장기(9~10개월)와 단기(3~4개월)로 구분되기도 하며, 고용가 외에 일하는 동안에 음식을 지급받기도 하였다. 또한 이 음식에는 절일(節日)의 주식(酒食)이 포함되기도 하였다(張弓, 1984).

이 문서는 국씨고창 시기 양 방목과 관련된 고용 계약문서이다. 문서의 내용을 정리해보면 다음과 같다. 고용 기간은 미세 정월부터 미세 10월 말까지이다. 방목하는 양의 두수 및 고용가는 방목을 시작할 때 중양 3구 당 조 1두를 주고 10개월이 지난 후에는 양 5구 당 전(錢) 약간을 지급한다. 정월 내에 고용가를 지불한다. 상벌 조항으로서 양의 번식 수효에 따라 상을 지급하며 기간 내에 새끼 양이 태어나 30일이 지나 무리에 집어넣으면 보리 1두를 지급한다. 반면 양이 골절상을 당하면 방양아(放羊兒)가 배상 책임을 진다. 책임 소재 역시 구분하고 있는데 양이 주인집에서 밤에 돌연 죽은 경우 방양아는 책임이 없다. 그러나 양이 손상된 경우에는 방양아에게 책임을 물어 매를 친다. 마지막으로 해약의 경우 해약자가 두 배의 배상액을 상대방에게 주도록 하였다(張弓, 1984 ; 乜小紅, 2003). 이 고용 계약문서의 이해를 통해 당시 투루판 지역에서 주요한 가축이었던 양을 어떠한 방식으로 사육하였는지를 추정할 수 있다.

판독문

① □□□□□□□□□□□□午歲十月廿五日, 趙沙彌爲武城諸人放羊

② □□□□中羊三口, 与粟一斗, 從未歲正月, 到未歲十月卅日. 羊五口, 与錢□□□

③ □正月內償放羊價錢使畢. 羊朋大償大, 朋小償小. 若羊□□□

④ 折骨, 仰放羊兒. 若□□□□□□□□□□□□□□□□□□

⑤ 卅日, 羔子入郡(群), 与大麥一斗. 若羊逕(經)宿究具(俱)死, 放羊兒悉不知. □□□

⑥ □上有破壞處, 仰大(打)放羊兒了. 諸人和可後爲卷(券)要, 卷□□

⑦ □□□不得返悔, 々者壹罰二入不悔者. 民有私要, 々行二主, 各

⑧ □□□□□□□□□□□□□□□□□□□□放羊兒, 放羊兒悉不知.

⑨ □□□□□□法賢

해석 및 역주

① …… 오세(午歲)[3] 10월 25일, 조사미(趙沙彌)[4]는 무성성(武城城)[5]의 여러 사람을 위해 양(羊)[6]을 방목[한다.]

3 오세(午歲) : 문서에서는 구체적인 기년(紀年)이 없고, 단지 문서의 석독자(釋讀者)는 오세(午歲)라고만 문서 작성 연도를 추정하였다. 이는 본문 중 아마도 '미세(未歲)'에 근거한 것으로 보인다. 그런데 같은 아스타나 326호 묘에서 출토된 다른 문서를 보면 연창(延昌) 24년에 작성된 것들이 있다. 연창 24년(584)은 갑진세(甲辰歲)이므로 이와 가장 근접한 '오세'는 병오세(丙午歲)이며, 이 해는 연창 26년이다. 즉, 이 문서의 구체적인 연대는 586년이다(乜小紅, 2003, 23쪽). 연창(561~601)은 국씨고창 제7대 군주 국건고(麴乾固)의 연호이다.

4 조사미(趙沙彌) : 양의 방목을 담당하는 방양아이다. 사미를 이름으로 보지 않고 신분으로 보아, 사원에 소속된 소승(小僧)으로 파악하는 견해도 있다(張弓, 1984, 58쪽).

5 무성성(武城城) : 원문의 '무성'은 지명으로 무성성이라고도 하며 투루판에서 출토된 적장(籍帳)에서 자주 등장한다(乜小紅, 2003, 24쪽).

6 양(羊) : 소목 소과 양속의 총칭이다. 인류가 고기와 젖, 피 그리고 털과 가죽을 얻기 위해 널리 키워온 가축이다. 양이 가축화된 연대는 기원전 6000년경으로 추정되며 우랄 알타이민족에 의하여 순화된 것으로 추측된다. 중국에서는 양을 면양(綿羊)과 산양(山羊)으로 구분하는데, 산양은 염소를 가리키는 단어이다. 따라서 이 문서에 등장하는 '양'에 염소 또한 포함될 가능성도 있다. 중국에서는 상(商) 시기부터 양을 키운 기록이 남아 있으며 유목민들의 세계에서도 5가지 가축 중 하나로서 널리 사육되었다, 특히 유목민의 의식주는 거의 양과 염소에 의지하는 바가 컸다. 유목민의 문화가 큰 영향을 준 투루판 지역의 특성상 이러한 양이 대량으로 사육되었을 것이다.

② …… 중양(中羊) 3구(口) 당 조[粟][7] 1두(斗)를 주며, 미세(未歲)[8] 정월에서부터 미세 10월 30일까지[가 고용 기간이다.] 양 5구 당 전(錢) [얼마를] 준다.[9]

③ 정월에 이르러[10] [그] 안에 상(償)과 양을 방목한 값의 전을 주는 일을 마친다. 양 무리[朋][11]가 커지면 [그에 따른] 상도 크게 [주고], 무리가 작으면 상도 작다. 만약 양이 ……

④ 뼈가 부러지면, 방양아(放羊兒)가 책임진다.[12] 만약 ……

⑤ 30일에 새끼 양을 무리에 들이고 보리[大麥][13] 1두를 준다. 만약 양이 [본래 양 주인의 집에서] 밤을 지내다가[14] 돌연 죽으면, 방양아는 책임지지 않는다. ……

⑥ [양] 위에 부서지고 헌 곳이 있으면,[15] 방양아의 책임으로 매를 친다. 여러 사람과 [방양아가] 합의한 후에 계약문서[券要][16]를 만드니, 문서가 완성된 후에는

⑦ 각자가 후회해서 물릴 수 없다.[17] 후회하는 사람은 벌로 1을 2로 후회하지 않는 사람에게 들

---

7 조[粟] : 「고창(高昌) 연창(延昌) 36년(576) 송씨(宋氏) 아무개의 하전권(夏田券)」의 각주 10)번을 참조 바람.

8 미세(未歲) : 위의 각주 3)에서와 같이 오세를 병오세로 파악한다면, 미세는 정미세(丁未歲) 연창 27년(587)으로 추정할 수 있다.

9 전(錢) [얼마를] 준다. : 일반적으로 양을 방목한 대가로 받는 보수를 조와 전으로 보는 것과 달리 양과 조와 은전(銀錢)으로 파악하는 견해가 있다. 즉, 중양 3구와 양 5구를 실제 지급하는 고용가(雇傭價)로 본 것이다. 아울러 561~640년의 국씨고창에서는 은화가 주된 화폐로 통용되었다고 본다(徐秀玲, 2011, 83쪽·85~86쪽).

10 이르러 : 원문 '정월' 앞에 바로 전 문장의 '到未歲'를 참조하여 '도(到)'자가 훼손된 것으로 이해하고 번역하였다(乜小紅, 2003, 23쪽).

11 무리[朋] : 원문의 '붕(朋)'은 군(群)을 의미한다. 양의 무리가 커졌다는 것은 무리 안 양의 수효가 늘어났다는 것을 의미한다(乜小紅, 2003, 23쪽).

12 책임진다. : 문서의 석독자(釋讀者)는 원문 '仰放羊兒'의 말미에 '了'가 빠진 것으로 보았다. 양의 뼈가 부러졌다면 방양아가 배상 책임을 진다는 의미일 것이다(張弓, 1984, 58쪽).

13 보리[大麥] : 「고창(高昌) 연창(延昌) 36년(576) 송씨(宋氏) 아무개의 하전권(夏田券)」의 각주 8)번을 참조 바람.

14 밤을 지내다가 : 여러 연구자가 밤에는 양을 방목하는 것이 아니라 양이 본래 주인의 집으로 돌려보내는 것으로 보았다. 즉, 양을 방목하는 때는 낮 시간이었고 만약 이때 양이 죽으면 방양아에게 배상 책임을 지게 하였다고 추정된다(徐秀玲, 2011, 100쪽).

15 [양] 위에 부서지고 헌 곳이 있으면 : 방목 중인 양이 손상을 입으면 책임을 물어 방양아에게 육체적 징벌을 가한다는 의미이다. 이러한 고용계약 중의 육체적 징벌은 당 서주(西州) 시기에는 소멸되었다(徐秀玲, 2011, 124쪽). 반면에 양 자체의 손상이 아니라 양 무리에 손상이 가는 경우, 예를 들면 양을 잃어버려서 무리의 수량이 축날 경우에 배상하게 한다고 보는 견해도 있다(乜小紅, 2003, 24쪽).

16 계약문서[券要] : 원문은 "券要"이다. '券'은 고대 중국에서 매매나 채무 관계에서 만드는 증거를 말한다. 간독(簡牘)에 작성하여 반으로 나눈 후 계약 쌍방이 하나씩 소지함으로써 증빙으로 삼았다. 후에는 간독이 종이로 대체되었다(張永莉, 2012, 24~25쪽). '要'는 계약을 의미한다(徐秀玲, 2010, 53쪽). 이때 계약문서를 작성할 때 서로 합의한 주체를 무성성의 여러 사람으로 이해하는 견해도 있다(乜小紅, 2003, 24쪽).

17 문서가 완성된 후에는 각자가 후회해서 물릴 수 없다. : 원문은 '卷□□□□□不得返悔'이지만, 출토된 계약문서들을 살펴보면 '券成之後, 各不得返悔'의 구절이 관용적으로 빈번하게 등장하여서 이에 의거하여 번역하였다.

인다. 민간에는 사사로운 계약이 있으니 쌍방[二主][18]은 계약을 이행하고 각각

⑧ …… 방양아, 방양아는 모두 담당하지 않는다.

⑨ …… □□법현(法賢)[19]

18 쌍방[二主] : 「전량(前涼) 승평(升平) 11년(367) 왕념(王念)이 낙타를 판매한 계약문서[券]」의 각주 3)번을 참조 바람. 이는 양의 방목 고용계약이므로 양의 주인은 무성성의 여러 사람이다. 따라서 계약을 하는 쌍방이라고 해석하는 것이 옳다(黑文婷, 2012, 30쪽).

19 법현(法賢) : 승려의 법명으로 보인다. 계약문서의 말미에는 문서를 작성한 천서(倩書)나 혹은 시견(時見) 등의 성명과 서명이 첨부되는 것이 일반적이다. 법현 역시 그러한 역할을 담당했을 가능성이 크다. 천서는 계약문서를 쓰는 작성자를 가리킨다. 천서에 대해서는 「북량(北涼) 승평(承平) 8년(450) 적소원(翟紹遠)이 비를 구매한 계약문서[買婢券]」의 각주 8)번을 참조 바람. 시견(時見)·시인(時人) 등의 표현에 대해서는 「전량(前涼) 승평(升平) 11년(367) 왕념(王念)이 낙타를 판매한 계약문서[券]」의 각주 5)번을 참조 바람. 이 법현을 소승인 조사미가 소속된 사원의 주지로 보는 견해도 있다(張弓, 1984, 58쪽).

참고문헌

乜小紅, 「從吐魯番敦煌雇人放羊契看中國7―10世紀的雇傭關系」, 『中國社會經濟史研究』, 2003年 第1期.
徐秀玲, 「晩唐五代宋初敦煌雇傭契約樣文研究」, 『中國農史』, 2010年 第4期.
徐秀玲, 『中古時期雇傭契約研究―以敦煌吐魯番出土雇傭文書爲中心』, 南京師範大學 博士學位論文, 2011.
蘇金花, 「試論唐五代敦煌寺院畜牧業的特點」, 『中國經濟史研究』, 2014年 第4期.
李祝環, 「中國傳統民事契約中的中人現象」, 『法學研究』, 1997年 第6期.
吳婭婭, 『吐魯番出土衣物疏輯錄及所記名物詞彙釋』, 西北師範大學 碩士學位論文, 2012.
王蕾, 「唐代吐魯番地區畜牧業發展狀況管窺」, 『安康學院學報』, 2010年 第3期.
張弓, 「唐五代敦煌寺院的牧羊人」, 『蘭州學刊』, 1984年 第2期.
張永莉, 『吐魯番契約文書詞語例釋』, 陝西師範大學 碩士學位論文, 2012.
黑文婷, 「契約文書"二比"類詞語釋義」, 『甘肅高師學報』, 2012年 第6期.

9. 고창(高昌) 연창(延昌) 27년(587) 4월 병부(兵部)에서 말을 구매하는 데 쓴 돈과 마리 수[買馬用錢頭數]를 보고하는 상주 문서[奏行文書]

| 자료 사진

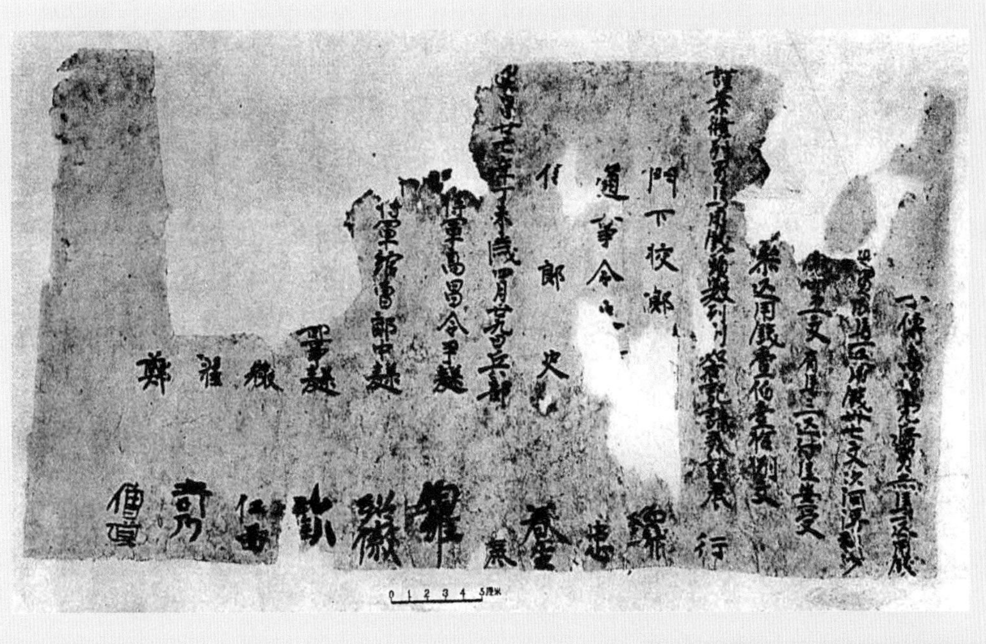

『吐魯番出土文書』(北京:文物出版社, 1992)로부터 轉載

자료 기초 정보

국가	중국 ‖ 고창
연대	587년
출토지	투루판 아스타나 48호 묘
자료 출처	『吐魯番出土文書』(全4冊) 1(北京: 文物出版社, 1992년, 338쪽)

자료 해제

중국 신장웨이우얼자치구 투루판시에서 발굴된 아스타나 고분군은 고창(高昌) 고성(古城) 부근에 위치한 고창국(高昌國)과 당나라 때의 무덤 군(群)이다.[1] 연창(延昌, 561~601)은 국씨고창(麴氏高昌)[2]의 7대 왕 국건고(麴乾固) 시대의 연호로서, 아스타나 48호 묘에서 출토된 이 문서는 연창 27년(587)에 작성된 상주(上奏) 문서이다. 상주 문서는 투루판 지역에서 총 35건이 출토되었으나, 그중 분석이 가능한 문서는 18건에 불과하다(孟憲實, 2003). 상주 문서, 즉 주(奏)는 관문서(官文書)의 일종으로 아래에서 위로 올라가는 문서이며, 이 문서는 병부(兵部)에서 작성하여 문하(門下)를 거쳐 국왕에게 올라간 문서이다.

고창국의 관제(官制)는 중국의 것을 모방하고 자국의 사정을 참작하여 운용되었다. 국왕을 중심으로 왕명(王命)을 발출하고 상주된 문서를 수합하여 보고하는 기관은 크게 두 관사였다. 문사(文事)는 문하가 담당하고 무비(武備)는 중병(中兵)이 관장하였다. 문하의 장관은 문하교랑(門下校郎)이며, 통사사인(通事舍人)·통사영사(通事令史)·성사(省事)·시랑(侍郎) 등의 관인들을 거느렸다. 국씨고창 중앙행정기구의 수장은 고창영윤(高昌令尹)이었고 차관은 관조낭중(綰曹郎中)이다. 고창영윤은 대개 세자(世子)가 담당하였으며 관조낭중은 종실이나 저성(著姓)이 담당하였다. 이부(吏部)·사부(祠部)·고부(庫部)·창부(倉部)·주객(主客)·예부(禮部)·민부(民部)·병부의 8부가 설치

1 아스타나 고분군에 대해서는 「전량(前涼) 승평(升平) 11년(367) 왕념(王念)이 낙타를 판매한 계약문서[券]」의 자료 해제를 참조 바람.

2 고창 지역 역사 전반에 대해서는 「고창(高昌) 장화(章和) 18년(548) 광비(光妃)의 의물소(衣物疏)」의 자료 해제를 참조 바람.

되었고 낭중·시랑 등의 관인이 소속되었다(王素, 1989).

한편, 투루판 출토 문서들을 통해 말 1필의 평균 구매 가격을 계산해보면 은전(銀錢) 41.5문(文)인데, 전지(田地) 상전(常田)의 1년 평균 임대료는 1무(畝)에 7.5문 이상이다. 즉, 마가(馬價)가 전지 1무에 대한 임대료에 비해 5배 이상인 것을 보아, 말이 상당히 귀한 가축으로 취급되었음을 짐작할 수 있다. 다만 비용을 들여 상전을 경작해서 기대할 수 있는 수입을 생각하면 마가가 비교적 낮고 임대료가 비싸다고도 볼 수 있다. 이는 본래 고창이 말의 산지로 유명하고 그에 따라 중국 내지에 비해 말의 가격이 저렴하였기 때문일 것이다(馬雍, 1972).

동일한 분묘에서 동일 성격의 상주 문서 7건이 더 발굴되었다(66TAM48:28(a), 32(a) ; 66TAM48:27(a) ; 66TAM48:29(a), 33(a), 34(a) ; 66TAM48:26(a) ; 66TAM48:30(a), 38(a), 41(a) ; 66TAM48:35(a), 40(a) ; 66TAM48:36(b)). 이들 상주 문서는 모두 연창 27년(587) 4월에서 8월까지(2건은 월 미상) 병부에서 올린 것들로 왕명에 따라 구입한 말의 원 소유자, 말의 종류, 말의 수량과 구입비를 조목조목 나열하여 기록하고 있다. 8건의 문서에서 확인할 수 있는 말의 종류는 적마(赤馬)·왜마(騧馬)·자마(紫馬)·왜유마(騧騮馬)·적도마(赤騟馬)·준마(駿馬)·청마(青馬)·백청마(白青馬)·철청마(鐵青馬)·유마(騮馬)·도마(騟馬)·황마(黃馬)·표마(驃馬) 등으로 털색이나 체격과 같은 외형적 특징에 따른 구분으로 여겨진다.

또한 상주 문서들에서 확인할 수 있는 말 1필 가격은 다음과 같다. 적마 1필 은전 36문, 왜마 1필 은전 37문, 미상(未詳)의 말 1필 은전 45문, 적마 1필 은전 45문, 자마 1필 은전 37문, 왜마 1필 은전 35(?)문, 적마 1필 은전 32문이다. 확인되는 자료 내에서 말 1필의 최저 가격은 32문이고 최고 가격은 45문이다. 말을 가장 많이 구매한 경우는 80여 필이며 구입비를 가장 많이 지출한 경우는 480문이다. 이러한 상주 문서들에 담긴 세세한 내역은 말 구입이 국가 행정상 단순한 가축의 충족이 아닌 국왕에게 보고해야 할 정도의 중요 사안임을 의미하며, 말이 전근대사회에서 갖고 있던 귀중한 자원으로서의 지위를 반영한다. 아울러 말의 구매를 군사(軍事)를 담당하는 병부에서 진행한 점이나, 구매한 수량으로 보아 이 말들은 군마(軍馬)로서 사용되었을 것으로 보인다(孟憲實, 2003).

판독문

① ☐☐☐☐☐☐☐☐子傳: 高伯亮邊買赤馬一匹, 用錢

② □邊買瓜(騧)馬一匹, 用錢卌七文; 次阿不利沙

③ □錢卌五文. 有(右)馬三匹, 付匡安受.

④ 都合□參匹, 用錢壹伯(佰)壹拾捌文.

⑤ 謹案條列買馬用錢頭數, 列別如右記識奏諾奉　行.

⑥ 門　下　校　郎　□　**瓊**

⑦ 通　事　令　史　□　**患**

⑧ 侍　　郎　　史　**養生**

⑨ 延昌卄七年丁未歲四月卄九日兵部　奏

⑩ □軍將軍高昌令尹　麴　**伯雅**

⑪ □衛將軍綰曹郎中　麴　**紹徽**

⑫ □□□□□□都事　麴　**歡**

⑬ 嚴　**佛圖**

⑭ 翟　**奇乃**

⑮ 鄭　**僧道**

해석 및 역주

① …… 자(子)[3]가 [다음과 같이] 전했습니다. 고백량(高伯亮) 측[邊][4]의 적마(赤馬)[5] 1필(匹)을 샀고, [몇] 전(錢)[6]을 사용했습니다.[7]

3 자(子) : 동일 분묘에서 출토된 동년(同年)의 다른 매마(買馬) 상주 문서들을 보면 시랑(侍郞) 승자(僧子)로 추정된다.

4 측[邊] : 「고창(高昌) 연창(延昌) 36년(576) 송씨(宋氏) 아무개의 하전권(夏田券)」의 각주 4)번을 참조 바람. 이 문서에서는 말의 판매자 측을 특정하는 것으로 생각된다.

5 적마(赤馬) : 털빛이 붉은 말로 추정된다. 말은 대형 가축으로 농업생산·교통운수의 도구로서 인간이 일상생활을 영위하는 데 불가결한 존재였다. 특히 군사 목적으로도 중요해서 신장 투루판 지역에서 가장 귀중한 가축이었다(吳婭婭, 2012, 104~105쪽). 한 무제(武帝) 시기 한혈마(汗血馬)를 획득하려고 대완(大宛) 원정을 강행했을 정도로 중앙아시아 지역은 명마의 생산지로 유명하였다.

6 전(錢) : 이 문서의 전은 동전이 아닌 은전(銀錢)을 가리킨다(馬雍, 1972, 48쪽). 고창에서 유통되던 은전은 페르시아 사산왕조에서 주조한 것과 고창 자체에서 주조한 것의 두 가지로 구분할 수 있다(吳婭婭, 2012, 149~150쪽).

7 [몇] 전(錢)을 사용했습니다 : 이 상주 문서에서 말 3마리에 118문을 사용했다고 기록되어 있으므로 적마의 값은 은

② …… 측의 왜마(騧馬)[8] 1필을 샀고, 전 37문(文)을 사용했습니다. 다음으로 아불리사(阿不利沙)

③ …… 전 45문을 [사용했습니다.] 오른쪽의 말 3필은 광안수(匡安受)[9]에게 보냈습니다.

④ 모두 □□[10]3필이며, 전 118문을 사용했습니다.

⑤ 삼가 산 말과 사용한 전의 마리 수와 액수를 조목조목 문안으로 올리며, 오른쪽 기록처럼 나열하여 기록해 상주하오니 재가하오시면 봉행하겠습니다.

⑥ 문 하 교 랑(門下校郎) □ 경(瓊)[11]

⑦ 통 사 영 사(通事令史) □ 환(患)

⑧ 시 랑(侍郎) 사(史) 양생(養生)

⑨ 연창(延昌)[12] 27년 정미세(丁未歲) 4월 29일 병부(兵部)에서 상주합니다.

⑩ □군장군(□軍將軍)[13] 고창영윤(高昌令尹) 국(麴) 백아(伯雅)[14]

⑪ □위장군(□衛將軍)[15] 관조낭중(綰曹郎中) 국(麴) 소휘(紹徽)

⑫ □□□□□□도사(□都事)[16] 국(麴) 환(歡)

⑬ 엄(嚴) 불도(佛圖)

⑭ 적(翟) 기내(奇乃)

⑮ 정(鄭) 승도(僧道)

전 36문일 것이다(馬雍, 1972, 46쪽).

8 왜마(騧馬) : 몸 전체의 색이 누렇고, 갈기와 꼬리가 흰 말이다. 공골말이라고도 한다.

9 광안수(匡安受) : 병부에서 말을 관장하는 속리로 추정된다. 학자에 따라서는 '광안이 받았다[受]'로 해석하기도 한다(馬雍, 1972, 46쪽).

10 □□ : 동일 분묘에서 출토된 동년의 다른 매마 상주 문서들을 보면 여기서 훼탈(毁脫)된 두 글자는 "매마(買馬)"로 추정된다. 따라서 '산 말'로 해석할 수 있다.

11 □경(□瓊) : 문하교랑의 성명이나 성(姓)이 훼탈(毁脫)되었다. 관문서에서 성은 문서의 작성자가 일괄하여 쓰지만 명(名)은 관인 본인이 직접 쓴다.

12 연창(延昌) : 「고창(高昌) 연창(延昌) 36년(576) 송씨(宋氏) 아무개의 하전권(夏田券)」의 각주 3)번을 참조 바람.

13 □군장군(□軍將軍) : 동일 분묘에서 출토된 동년의 다른 매마 상주 문서들을 보면 중군장군(中軍將軍)으로 추정된다.

14 고창영윤(高昌令尹) 국백아(麴伯雅) : 고창의 8대 왕 국백아(麴伯雅)는 당시 고창왕 국건고(麴乾固)의 세자였으며 명의상 고창국 행정 최고 장관이다. 관조낭중이 고창국 행정의 실제 책임자이다(孟憲實, 2003, 29쪽).

15 □위장군(□衛將軍) : 동일 분묘에서 출토된 동년의 다른 매마 상주 문서들을 보면 우위장군(右衛將軍)으로 추정된다.

16 □□□□□□도사(□□□□□□都事) : '都事'로 판독한 원문과 달리, 동일 분묘에서 출토된 동년의 다른 매마 상주 문서들을 보면 '평원장군(平遠將軍) 영병부사(領兵部事)'로 추정된다. 즉, 국환이라는 인물이 병부의 장관일 것이다.

참고문헌

馬雍, 「略談有關高昌史的幾件新出土文書」, 『考古』, 1972年 2期.

孟憲實, 「略論高昌上奏文書」, 『西域研究』, 2003年 4期.

吳婭婭, 『吐魯番出土衣物疏輯錄及所記名物詞彙釋』, 西北師範大學 碩士學位論文, 2012.

王素, 「麴氏高昌中央行政體制考論」, 『文物』, 1989年 11期.

趙文潤, 「從吐魯番文書看唐代西州地租的性質及形態」, 『敎煌學輯刊』, 1989年 第1期.

10. 고창(高昌) 연창(延昌) 28년(588) 도인(道人) 아무개가 □백숭(□伯崇)의 대추 과수원을 임대한 계약문서[夏棗樹券]

❙ 자료 사진

『吐魯番出土文書』(北京:文物出版社, 1992)로부터 轉載

자료 기초 정보

국가	중국 ‖ 고창
연대	588년
출토지	투루판 아스타나 364호 묘
자료 출처	『吐魯番出土文書』(全4冊) 1(北京: 文物出版社, 1992년, 386쪽)

자료 해제

중국 신장웨이우얼자치구 투루판시에서 발굴된 아스타나 고분군은 고창(高昌) 고성(古城) 부근에 위치한 고창국(高昌國)과 당나라 때의 무덤 군(群)이다.[1] 연창(延昌, 561~601)은 국씨고창(麴氏高昌)[2]의 7대 왕 국건고(麴乾固) 시대의 연호로서, 아스타나 364호 묘에서 출토된 이 문서는 연창 28년(588)에 작성된 계약문서이다.

이 계약문서는 전지(田地)의 임대와 관련된 문서이다.[3] 대개 전지에서는 밀과 보리 등 곡물을 생산하였으나 과일 역시 생산하였다. 투루판 출토 문서 가운데 포도 재배와 관련된 문서가 빈출하지만, 그 외의 미상(未詳)의 과일 재배를 위해 과수원을 빌린 계약문서(72TAM153:34) 또한 현존한다. 특히 이 문서는 대추가 이미 심어진 과수원이 임대차의 목적물로 보인다.

대추는 유사 이래 중국에서 널리 재배한 과수이며, 남아시아가 원산지로 추정되지만 현재 신장 지역에서도 4,000년의 재배 역사가 있다. 따라서 대추는 고창국 시기에도 현지에서 생산하여 식용·약용으로 사용하였다. 아스타나 153호 묘에서 대추를 약재로 이용하는 의방(醫方, 2TAM153:34)이 출토되어 투루판에서 대추가 약재로도 이용되었음을 알 수 있다.

1 아스타나 고분군에 대해서는 「전량(前涼) 승평(升平) 11년(367) 왕념(王念)이 낙타를 판매한 계약문서[券]」의 자료 해제를 참조 바람.

2 고창 지역 역사 전반에 대해서는 「고창(高昌) 장화(章和) 18년(548) 광비(光妃)의 의물소(隨葬衣物疏)」의 자료 해제를 참조 바람.

3 투루판 출토 문서 중 토지와 관련된 문서에 대해서는 「고창(高昌) 연창(延昌) 36년(576) 송씨(宋氏) 아무개의 하전권(夏田券)」의 자료 해제를 참조 바람.

이 계약문서는 훼손이 심하여 정확한 내용을 알기 어렵다. 남아 있는 문자로 보아 연창 28년 도인(道人) 아무개가 성(姓)은 알 수 없는 백숭(伯崇)에게서 대추 과수원을 1년 혹은 수년간 빌렸고 그에 대한 지조(地租)로 해마다 마른 대추 일정량을 상환하기로 약속하였다. 또한 지조 상환이 불가하거나 상환 기환을 어겼을 경우의 처리 조건이 약정되어 있었을 것이다. 대개 그 방법 중 하나는 현물 지조 가격만큼 임차인의 가산(家産)으로 지불하게 하는 것이었다. 정해진 상환 기한을 어겼을 경우에는 그에 대한 이자로 대추나무 일정량당 은전(銀錢) 2문을 부과하게 하였을 수도 있다. 아울러 대추나무의 망실이나 파손에 대한 벌칙 규정도 있었던 것으로 보이는데, 개별 나무에 대한 세밀한 관리 약정이 흥미롭다. 마지막으로 위약금 관련 규정 또한 설정되었다. 그리고 문서 가장 마지막 부분에는 계약자 쌍방과 보증인 등의 서명이 있었을 것이나 훼손되어서 알 수 없다. 이 문서를 통해 당시 고창국에서 전지 소유나 조전의 방식 외에도 과수(果樹) 농업에 대한 제반 정보 또한 잘 알 수 있다.

판독문

① 延昌廿八年戊

② 　伯崇邊夏

③ 　与干(乾)大棗參

④ 具, 仰道人自高

⑤ 平爲棗直, 樹

⑥ 罰銀錢貳文,

⑦ 完具, 若亡失樹

⑧ 了, 若風破大枯隨

⑨ 返悔, 々者壹

해석 및 역주

① 연창(延昌)[4] 28년 무신세(戊申歲)[5] ……

② □백숭(□伯崇) 측[邊][6]의 …을 빌려[夏][7] ……

③ □ 마른 대추[大棗][8] 3…을 주고[9] ……

④ 구비하고, 도인(道人)이 스스로 담당하고 ……

⑤ 대추의 가격과 균등하게,[10] [대추]나무 ……

⑥ 벌로써 은전(銀錢)[11] 2문(文)을 ……

⑦ 끝내어 구비하고, 만약 나무를 망실하면 ……

⑧ 마치고, 만약 큰 바람이 나무를 파손하여 ……

⑨ 후회[할 수 없으며], 후회하는 사람이 1을 [벌로써] ……

---

4 연창(延昌) : 「고창(高昌) 연창(延昌) 36년(576) 송씨(宋氏) 아무개의 하전권(夏田券)」의 각주 3)번 참조. 연창 28년은 서기 588년이며, 이 해의 세차(歲次)는 무신년(戊申年)이다.

5 무신세(戊申歲) : 투루판에서 출토된 계약문서들은 대개 문서 서두의 연호 바로 뒤에 세차(歲次)를 기록하였다. 그에 따라 원문의 훼탈(毁脫)을 보충하여 해석하였다. 세차 뒤에는 월일(月日)이 기록되었을 것이다.

6 측[邊] : 「고창(高昌) 연창(延昌) 36년(576) 송씨(宋氏) 아무개의 하전권(夏田券)」의 각주 4)번을 참조 바람. 이 문서에서는 임대인 측을 특정하는 것으로 생각된다(趙文潤, 1989, 22~23쪽).

7 빌려[夏] : 「고창(高昌) 연창(延昌) 36년(576) 송씨(宋氏) 아무개의 하전권(夏田券)」의 각주 7)번 참조.

8 대추[大棗] : 대추나무의 열매로 생식하거나 말려서 건과로 먹는다. 한의학에서는 이뇨, 강장, 완화제(緩和劑)로 쓰인다. 뿌리와 씨도 약재로 쓰인다.

9 3…을 주고 : 대추나무를 빌려 재배한 후 생산된 대추를 원 소유주에게 임대료로 주는 계약으로 추정된다. 다른 출토 문서들을 살펴보면 들이 단위인 곡(斛)이나 두(斗)가 훼탈(毁脫)되었을 것이다.

10 가격과 균등하게 : 출토된 계약문서에서는 흔히 "平…爲直"의 구절이 등장한다. 대개 원래 주어야 할 임대료를 주지 못할 경우, 임대료인 물품의 가격과 균등한 값어치만큼 임차인의 집안의 물건으로 상환한다는 뜻이다(張永莉, 2012, 53쪽).

11 은전 : 「고창(高昌) 장화(章和) 18년(548) 광비(光妃)의 의물소(衣物疏)」의 각주 31번을 참조 바람.

참고문헌

尙輝, 「吐魯番租佃契約研究」, 『絲綢之路』, 2009年 12期.
張永莉, 『吐魯番契約文書詞語例釋』, 陝西師範大學 碩士學位論文, 2012.
趙文潤, 「隋唐時期吐魯番地區租佃制發達的原因」, 『陝西師大學報(哲學社會科學版)』, 1987年 1期.
趙文潤, 「從吐魯番文書看唐代西州地租的性質及形態」, 『敎煌學輯刊』, 1989年 第1期.

11. 고창(高昌) 지역 사원[某寺]의 포도원(葡萄園) 임대 계약문서[券]

자료 사진

『吐魯番出土文書』(北京:文物出版社, 1992)로부터 轉載

자료 기초 정보

국가	중국 ‖ 고창
연대	6세기경
출토지	투루판 아스타나 153호 묘
자료 출처	『吐魯番出土文書』(全4冊) 1(北京: 文物出版社, 1992년, 283쪽)

자료 해제

중국 신장웨이우얼자치구 투루판시에서 발굴된 아스타나 고분군은 고창(高昌) 고성(古城) 부근에 위치한 고창국(高昌國)과 당나라 때의 무덤 군(群)이다.[1] 이 문서는 아스타나 153호 묘에서 출토된 성립 시기 미상의 문서이다. 다만 동일 분묘에서 발견된 문서 중 작성 연대가 고창 연창(延昌) 36년(596) 혹은 37년(597)인 문서가 있으므로, 이 문서 역시 고창국 시기[2]인 6세기경에 작성된 문서로 추측할 수 있다.

이 문서는 포도원의 조전(租田) 계약문서이다. 투루판에서는 포도원의 조전 혹은 매매 계약문서가 11건이 출토되었다. 고창국 시기의 것이 8건이고 당 서주(西州) 시기의 것이 3건이다. 조전 계약문서는 8건이고 매매 계약문서 3건이다. 지조(地租) 혹은 매매 대금을 실물로 지불하는 것이 2건, 화폐로 지불하는 것이 7건이고 나머지 2건은 문서가 훼손되어 확인할 수 없다(馬燕雲, 2006).

포도는 동(東)지중해 연안 지역, 소아시아 지역이 원산지로 지금으로부터 약 5,000~7,000년 전부터 재배되었고 점차 동쪽으로 전래되었다. 2,000여 년 전 포도는 신장 지역에도 전래되어 재배되기 시작하였다(張南, 1993). 포도의 어원은 그리스어 Botrus에서 온 것으로 추정된다. 일설에

1 아스타나 고분군에 대해서는 「전량(前涼) 승평(升平) 11년(367) 왕념(王念)이 낙타를 판매한 계약문서[券]」의 자료 해제를 참조 바람.

2 고창 지역 역사 전반에 대해서는 「고창(高昌) 장화(章和) 18년(548) 광비(光妃)의 의물소(衣物疏)」의 자료 해제를 참조 바람.

는 페르시아어 budawa를 어원으로 보기도 하는데 그 뜻은 술이라고 한다(馬燕雲, 2006). 출토 문서에 보이는 포도의 표기는 "浮桃", "蒲桃", "桃" 등 다양하게 나타난다. 중국 측 사료에 의하면 한대(漢代) 대완(大宛)이나 위진남북조 시기 고창에서 포도가 재배되었고, 포도를 이용한 건포도와 같은 가공품이 제조되었음을 알 수 있다. 가공품 중 중국에까지 유명한 제품은 포도주였고 당이 고창을 멸망시킨 후 포도의 재배법과 포도주 제조법을 획득하여 중국 내지에서도 재배와 가공이 한층 더 발전되었다(王艷明, 2000).

이 문서는 포도의 생산 방식과 가공에 대한 정보를 담고 있다. 포도원의 소유자는 사원(寺院)인데, 당시 포도원은 관(官) 혹은 사원이나 민간 개인의 소유였다. 특히 관이나 사원 소유의 포도원은 농민에게 임대되어 경작되었을 것으로 추측되며, 그에 따른 지조를 수수하였다. 포도 조전 계약문서 중 대개는 지조를 은전(銀錢)으로 납부하였으나, 이 문서에서는 특이하게 지조가 실물인 첨장(甛醬) 37곡이었으며 10월까지 납부하도록 하였다. 첨장은 포도를 파쇄하여 만든 포도즙이며 포도주 양조의 원료로 사용되었다, 포도를 재배하여 단순히 포도 그 자체로 납부한 것이 아니라 첨장으로 가공하여 지조로 납부한 점을 보아, 당시에 포도주 양조가 성행하였음을 짐작할 수 있다.

이 문서에는 수로의 파손이나 포도밭에 부과된 세금 문제에 관한 합의가 마련되어 있으며, 뒷부분에는 위약금 관련 규정도 설정되어 있다. 다만 문서 마지막 부분에는 계약자 쌍방과 보증인 등의 서명이 있었을 것이나 훼손되어서 알 수 없다.

판독문

① ▭邊夏樊渠

② □寺浮(葡)桃(萄)壹園, 要逕(經)▭甛醬參拾柒斛, 十月

③ □頭償甛醬使畢. 若▭斗作壹斗沽酒. 若

④ 渠破水讁, 仰治桃(萄)人□; □□□□, 仰桃(萄)主了. 年著索

⑤ □張柱廿. 二主和同□□, □□□□, □□得返悔, 々者

⑥ □罰二入不悔者. 民□□□□□□□□自署名爲

⑦ 信.

❙ 해석 및 역주

① …… 측의 번거(樊渠)

② □사(寺)의 포도[3][浮桃][원] 1원(園)[4]을 빌려 … 동안[要逕(經)][5] 경작한다. □ 첨장(甛醬)[6] 37곡(斛)[7]을 10월

③ □두(頭)[8] 첨장을 상환하는 것을 마친다. 만약 □두(斗), 고주(沽酒)[9] 1두를 만든다.[10] 만약

④ 수로가 파손되어 물이 넘치면 포도밭 경작인이 …… 포도밭 주인이 담당한다.[11] 한 해에 착색(著索)

⑤ □장주(張柱)[12] 20[개]. 쌍방이 합의하여 동의했으니 …… 후회할 수 없다. 후회하는 사람이

⑥ 벌로써 □을 2로 후회하지 않는 사람에게 들인다. 민간에는 …… 스스로 서명하여

⑦ 신표로 삼는다.

---

3 포도[浮桃] : 포도는 동지중해 연안 지역, 소아시아가 원산지이다. 지금으로부터 약 5,000~7,000년 전부터 재배되기 시작하였고, 점차 동쪽으로 전래되어 2,000여 년 전에는 신장 지역에서도 재배되기 시작하였다(張南, 1993, 51쪽). 포도의 어원은 그리스어 Botrus이며, 일설에는 페르시아어 budawa가 어원이면 그 뜻은 술이라고 한다(馬燕雲, 2006, 89쪽). 출토 문서 중에서 원문의 "浮桃"처럼 포도의 표기 방법은 다양하며, 약칭으로 "桃"라고도 한다.

4 포도[浮桃][원] 1원(園) : 출토 문서 중 면적이 기록된 포도밭이 대략 1~2무(畝)인 것들에 근거하여, 이 문서에서의 포도밭 1원(園)은 1~2무로 추측할 수 있다(乜小紅, 2011, 2쪽).

5 … 동안[要逕(經)] : 일반적으로 계약문서에서 "要逕(經)"은 빌려서 경작하는 기간을 가리킨다. 이 문서에서는 정확한 임대 기간을 알 수 없으나 1년으로 복원한 연구가 있다(乜小紅, 2011, 2~3쪽).

6 첨장(甛醬) : 포도주를 만들기 위해 수확한 포도를 파쇄하여 만든 포도즙을 가리키는 것으로 보인다. 다른 출토 문서에서는 '甛漿'이라고도 한다(盧向前, 2002, 115~116쪽).

7 첨장 37곡(斛) : 출토 문서들 간의 비교를 통해 포도밭 1년 임대료로서는 고가라는 지적이 있다(乜小紅, 2011, 3쪽).

8 □두(頭) : 원문의 훼탈(毁脫)로 인해 알 수 없지만, 다른 출토 문서와의 비교를 통해 "조두(曹頭)"로 복원한 연구가 있다. 조두는 "槽頭"로 포도주 생산 과정 중에 사용되는 발효조(醱酵槽)를 가리킨다(盧向前, 2002, 116쪽).

9 고주(沽酒) : 본래 고주는 '고주(苦酒)'를 가리킨다. 즉, 맛이 좋지 못한 열악한 품질의 술을 말한다.(張永莉, 29쪽) 다만 이 문서에서의 고주는 백포도주를 가리킬 가능성도 있다(盧向前, 2002, 116쪽).

10 만약 □두(斗), 고주(沽酒) 1두를 만든다 : 원문의 훼탈(毁脫)로 인해 자세한 내용을 알 수 없으나, 한 연구에서는 만약 상환을 '끝내지 못하면, 첨장 1[不畢, 甛醬壹]'두로 고주 1두를 만든다고 복원하여 해석하였다(乜小紅, 2011, 2쪽).

11 수로가 파손되어 … 담당한다 : 원문의 훼탈(毁脫)로 인해 잘 알 수 없으나, 출토 문서들에서 유사한 구절이 반복되어 그 뜻을 짐작할 수 있게 해준다. 앞 구절은 수로가 파손되었을 때 포도원 경작인이 그에 대한 책임을 지고, 뒷 구절은 국가에서 포도원에 부과하는 조세와 요역['紫(貲)祖(租)百役']은 포도원 주인이 책임을 지는 것으로 해석된다(趙文潤, 1989, 18~19쪽).

12 착색(著索)·장주(張柱) : 덩굴식물인 포도를 붙들어 지지하는 끈과 기둥이라고 볼 수 있다(盧向前, 2002, 111쪽).

참고문헌

盧向前, 「麴氏高昌和唐代西州的葡萄､葡萄酒及葡萄酒稅」, 『中國經濟史研究』, 2002年 第4期.
馬燕雲, 「吐魯番出土租佃與買賣葡萄園券契考析」, 『許昌學院學報』, 2006年 第6期.
乜小紅, 「對古代吐魯番葡萄園租佃契的考察」, 『中國社會經濟史研究』, 2011年 第3期.
王艷明, 「從出土文書看中古時期吐魯番的葡萄種植業」, 『敦煌學輯刊』, 2000年 第1期.
張南, 「古代新疆的葡萄種植與釀造業的發展」, 『新疆大學學報(哲學社會科學版)』, 1993年 第3期.
張永莉, 『吐魯番契約文書詞語例釋』, 陝西師範大學 碩士學位論文, 2012.

12. 의방(醫方)

| 자료 사진

『吐魯番出土文書』(北京:文物出版社, 1992)로부터 轉載

자료 기초 정보

국가	중국 ‖ 고창
연대	6세기경
출토지	투루판 아스타나 153호 묘
자료 출처	『吐魯番出土文書』(全4冊) 2(北京: 文物出版社, 1992년, 286쪽)

자료 해제

중국 신장웨이우얼자치구 투루판시에서 발굴된 아스타나 고분군은 고창(高昌) 고성(古城) 부근에 위치한 고창국(高昌國)과 당나라 때의 무덤 군(群)이다.[1] 이 문서는 아스타나 153호 묘에서 출토된 성립 시기 미상의 문서이다. 다만 동일 분묘에서 발견된 문서 중 작성 연대가 고창 연창(延昌) 36년(596) 혹은 37년(597)인 문서가 있으므로, 이 문서 역시 고창국 시기[2]인 6세기경에 작성된 문서로 추측할 수 있다.

이 문서는 의방(醫方)으로 추정된다. 투루판 지역은 한족 정권이 설립됨과 동시에 중국의 문화 영향을 받아 한의학(漢醫學)에 대한 지식이 풍부하였다. 그러나 그 지리적 위치로 말미암아 중국 내지와는 자연환경에 큰 차이가 있어 약재 등이 한의학과 맞지 않는 점도 있었다. 또한 실크로드의 중간 지점에 위치하였기에 서역 각국의 의학 지식 역시 흡수할 수 있었다(戊己, 2006). 고창을 비롯한 서역의 약재가 중국에 소개되면서 서역의 의학이 한의학에도 영향을 주었다. 예를 들어 659년 당(唐)이 반포한 『신수본초(新修本草)』에는 850종의 약물이 기록되어 있고 그중 새로 첨부된 114종 중 다수가 서역에서 온 약물이었다(王珍仁 · 孫慧珍, 1997 ; 王興伊, 2003).

의방을 포함한 의약 문서는 내용상 크게 의약 전문 문서와 의약 관련 문서 두 가지로 구분할

1 아스타나 고분군에 대해서는 「전량(前涼) 승평(升平) 11년(367) 왕념(王念)이 낙타를 판매한 계약문서[券]」의 자료 해제를 참조 바람.

2 고창 지역 역사 전반에 대해서는 「고창(高昌) 장화(章和) 18년(548) 광비(光妃)의 의물소(衣物疏)」의 자료 해제를 참조 바람.

수 있다. 전자가 의약에 관련된 학술 내용이라면, 후자는 일반 문서 중에 인간의 생로병사에 대한 언급이나 의약과 관련된 일화 혹은 전설 등에 대한 기록을 가리킨다. 투루판 지역에서 출토된 의약 문서는 200여 건으로 기초이론·장부경락(臟腑經絡)·맥학진단(脈學診斷)·방제(方劑)·본초침구(本草鍼灸) 등의 내용을 포함하고 있다(沈澍農, 2018). 신장 지역에서는 한문 자료 이외에도 범어(梵語)·우전어(于闐語)·구자어(龜茲語) 등의 비한문 의약 문서 역시 출토되고 있어, 여기에 대한 석독이 이뤄지며 고대 인도 의학과 중국 의학 간의 비교연구도 진행되었다(于業禮, 2014).

이 문서에 기록된 약의 종류와 명칭은 미상이다. 다만 약의 제조 방법을 보면 탕(湯)이라고 생각할 수 있다. "以水六升" 뒤에 문자가 결락되었지만, 출토된 다른 의방들을 참고해보면 "煮"를 보충할 수 있다. 따라서 약재들을 물에 넣고 끓여서 탕으로 만드는 것으로 보인다.

살구[杏]와 대추[大棗]는 유사 이래 중국에서 널리 재배한 과수이다. 살구는 신장 지역이 원산지로 추정되며 현재 신장 이리(伊犁)에서 야생 군락이 자리하고 있다. 대추는 남아시아가 원산지로 추정되지만 현재 신장 지역에서도 4,000년의 재배 역사가 있다. 투루판 출토 문서 중 과일 재배를 위해 과수원을 빌린 계약문서(72TAM153:34)가 현존하는데, 살구와 대추는 이러한 과수원에서 재배되었을 것이다. 따라서 살구와 대추는 고창국 시기에도 현지에서 생산하여 식용 또는 약용으로 사용했을 가능성이 높다. 반면 백전[백단], 즉 단향은 『본초강목(本草綱目)』에 따르면 중국의 광둥, 윈난 일대와 베트남, 캄보디아, 자바, 타이 등지에서 산출되었다. 따라서 고창국 시기에 단향이 약재로 사용되었다면 이는 중국 혹은 서역으로부터의 수입품이었을 가능성이 높다.

판독문

① ☐ 白栴(梅)皮二兩 ☐

② 杏人(仁)二兩去赤皮 大棗十五枚破之 以水六升

③ 取二升, 絞去滓, 適寒溫, 分爲二服.

해석 및 역주

① …… 백단향[白栴, 白檀香][3]의 껍질 2량(兩) ……

② 행인(杏仁)[4] 2량 붉은 껍질을 제거 대추[大棗][5] 15매(枚) 으깬 것 물 6되[升]로써[6]

③ 2되를 취하여 짜서 찌꺼기를 제거하고 때의 춥고 더움에 맞춰 두 번으로 나누어 복용한다.

---

3 백단향[白栴, 白檀香] : 저본에서는 원문의 "栴"을 "梅"로 읽고 "白梅"로 석독하였다. 백매는 매화나무의 과실인 매실을 소금에 절인 것으로, 기침·설사·갈증을 그치게 하고 복통을 멈추게 하는 효능이 있다고 한다. 다만 백매의 껍질만을 약재로 사용한다는 것은 이해하기 어렵다. 그래서 다른 연구에 따라 본 역주는 "栴"으로 읽고 "백전(白栴)"으로 해석하였다. 전(栴)은 '전단(旃檀)', '단향(檀香)'이라고도 하며 태우면 향내를 내는 향나무의 범칭이다. 단향은 크게 백단·황단·자단의 3종류로 나뉘며, 인도·인도네시아·말레이시아·호주 등지에서 자생하거나 재배한다. 껍데기가 실하고 황색인 것을 황단, 껍데기가 곱고 백색인 것을 백단, 껍데기가 나쁘고 자색인 것을 자단이라 하는데 그 나무가 단단하고 무거우며 맑은 향이 있는 것으로 백단이 우량하다고 여긴다. 나무를 잘라 음지에서 말리면 향기가 나는데 이를 단향이라고도 한다. 잎이나 껍데기에는 향이 거의 없고 중심부에 있는 심부분에서 향이 난다. 풍열(風熱)과 종독(腫毒)을 해소하고 중악(中惡)과 귀기(鬼氣)를 다스릴 수 있으며, 살충 작용의 효능도 있다(陳陗·沈澍農, 2014, 56쪽).

4 행인(杏仁) : 살구나무와 산살구나무의 익은 열매를 따서 살을 벗기고 굳은 껍질을 까 버린 다음 끓는 물에 담가서 씨 껍질을 없애고 그대로 또는 볶어서 쓴다. 맛은 쓰고 달며 성질은 따뜻하며, 기침을 멎게 하고 천식을 진정시키며 대변이 잘 나오게 하고 땀이 나게 하며 해독한다. 약용 외에도 가루를 내어 식용하거나 혹은 기름을 짜서 쓰기도 한다.

5 대추[大棗] : [고창(高昌) 연창(延昌) 28년(588) 도인(道人) 아무개가 □백숭(□伯崇)의 대추 과수원을 임대한 계약 문서 문서[夏棗樹券]]의 각주 8)번을 참조 바람.

6 물 6되[升]로써 : 다른 출토 의방에서 "以水四升煮", "以水九升煮"(戊已, 2006, 56~57쪽)라는 문구가 보이므로 이 의방에서도 '끓이다[煮]'가 결락되었을 가능성이 있다.

참고문헌

戊己,「唐西州的古代藥方研究」,『中國地方志』, 2006年 9期.

王珍仁·孫慧珍,「吐魯番出土文書中所見祖國醫藥方研究」,『北京圖書館館刊』, 1997年 4期.

王興伊,「西域方藥文獻研究述要」,『中醫文獻雜誌』, 2003年 2期.

于業禮,「新疆出土醫藥文獻研究概述」,『中醫文獻雜誌』, 2014年 3期.

陳陗·沈澍農,「中國藏吐魯番中醫藥文書研究」,『西部中醫藥』, 2014年 6期.

13. 고창(高昌) 연화(延和) 3년(604) 피장자 미상 무덤의 의물소(衣物疏)

| 자료 사진

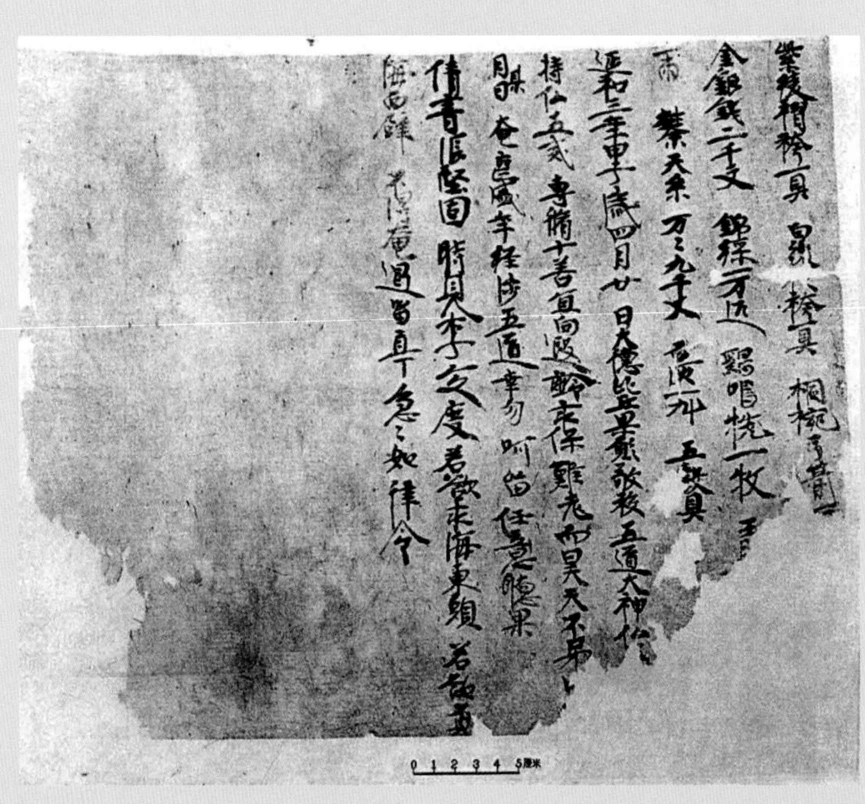

『吐魯番出土文書』(北京:文物出版社, 1992)로부터 轉載

자료 기초 정보

국가	중국 ‖ 고창
연대	604년
출토지	투루판 아스타나 48호 묘
자료 출처	『吐魯番出土文書』(全4冊) 1(北京: 文物出版社, 1992년, 335쪽)

자료 해제

중국 신장웨이우얼자치구 투루판시에서 발굴된 아스타나 고분군은 고창(高昌) 고성(古城) 부근에 위치한 고창국(高昌國)과 당나라 때의 무덤 군(群)이다.[1] 연화(延和, 602~613)는 국씨고창(麴氏高昌)[2]의 8대 왕 국백아(麴伯雅) 시대의 연호로서, 아스타나 48호 묘에서 출토된 이 문서는 연화 3년(604)에 작성된 문서이다.

이 문서는 의물소(衣物疏)로서 분묘에 망자(亡者)와 함께 매장된 부장품의 목록이다.[3] 아스타나 48호 묘의 묘주인 고인은 부장품과 함께 매장되었다. 일부는 상장 의례에 따라 실제 매장되지 않았을 것으로 보이는 물품도 있으나, 생전에 사용하던 의복 등은 실제 부장되었을 것이다. 그중 주목되는 물품은 동완궁전(桐椀弓箭)이다. 서역에서 많이 자라는 호동(胡桐)을 이용하여 제작한 화살통은 당시 고창인이 사용하던 병기에 대한 정보를 제공해준다. 또한 석회(石灰)가 부장된 점을 통해 매장의 방법과 묘의 축조 관념 및 사자에 대해 지닌 경의를 엿볼 수 있다.

아울러 이전 시기와는 달리 의물소 내에서 오도·오계·십선 등 불교 용어가 다량 발견되며, 고인과 의물소 작성자 모두가 불제자인데 이를 통해 고창에서 도교를 대신하여 불교가 유행하였고 인민의 생사관에 깊은 영향을 주었음을 알 수 있다.

1 아스타나 고분군에 대해서는 「전량(前涼) 승평(升平) 11년(367) 왕념(王念)이 낙타를 판매한 계약문서[券]」의 자료 해제를 참조 바람.

2 고창 지역 역사 전반에 대해서는 「고창(高昌) 장화(章和) 18년(548) 광비(光妃)의 의물소(衣物疏)」의 자료 해제를 참조 바람.

3 의물소(衣物疏)에 대한 설명은 「피장자·연대 미상 무덤의 의물소(衣物疏) 2건」의 자료 해제 내용을 참조 바람.

판독문

① 紫綾褶袴一具, 白練衫袴一具, 桐椀弓箭一具□

② 金銀錢二千文, 錦練一萬匹, 鷄鳴枕一枚, 玉肫(豚)□

③ 一兩, 攀天糸万々九千丈, 石灰一⺈(斛), 五穀具

④ 延和三年甲子歲四月廿日, 大德比丘果願敬移五道大神, 佛弟□

⑤ 持佛五戒, 專修十善, 宜向(享)遐齡, 永保難老. 而昊天不弔□□

⑥ 月某日, 奄喪盛年. 經涉五道, 幸勿呵留, 任意聽果(過).

⑦ 倩書張堅固, 時見李定度. 若欲求海東頭, 若欲覓

⑧ 海西辟(壁), 不得奄遏留亭(停), 急々如律令.

해석 및 역주

① 자주색 능(綾)[4]으로 만든 습(褶)[5]과 고(袴)[6] 1구(具), 흰색 연(練)[7]으로 만든 삼(衫)[8]과 고 1구, 동완궁전(桐椀弓箭)[9] 1구……

② 금은전(金銀錢)[10] 2천 문(文), 금(錦)[11]과 연 1만 필(匹), 계명침(鷄鳴枕)[12] 1매(枚), 옥돈(玉

4 능(綾) : 「고창(高昌) 장화(章和) 18년(548) 광비(光妃)의 의물소(衣物疏)」의 각주 6)번을 참조 바람.

5 습(褶) : 「고창(高昌) 장화(章和) 18년(548) 광비(光妃)의 의물소(衣物疏)」의 각주 12)번을 참조 바람.

6 고(袴) : 「피장자·연대 미상 무덤의 의물소(衣物疏) 2건」의 각주 12)번을 참조 바람.

7 연(練) : 「피장자·연대 미상 무덤의 의물소(衣物疏) 2건」의 각주 9)번을 참조 바람.

8 삼(衫) : 「피장자·연대 미상 무덤의 의물소(衣物疏) 2건」의 각주 10)번을 참조 바람.

9 동완궁전(桐椀弓箭) : 동완궁전 중 '桐'은 오동나무를 가리킨다. 날씨가 건조한 서역에서 많이 자란다. 호동(胡桐)에서 채취한 수지(樹脂)는 당시 서역 각국이 중국에 조공한 물품으로 '호동루(胡桐淚)'라고 불리며 약재로 사용되었다. 수지 외에도 뿌리·잎·꽃도 약재로 사용되었고, 건자재(建資材)나 목기(木器)의 재료로도 사용되었다. 또한 '동완'은 '독환(櫝丸)'과 음이 상통하는데 독환은 화살통을 가리킨다. 즉, 동완은 서역의 일반적인 목재인 호동으로 만든 화살통을 가리킨다. 궁전(弓箭)은 활과 화살을 말한다(吳婭婭, 2012, 90~91쪽).

10 금은전(金銀錢) : 금전(金錢)에 대해서는 「고창(高昌) 장화(章和) 18년(548) 광비(光妃)의 의물소(隨葬衣物疏)」의 각주 30)번을, 은전(銀錢)에 대해서는 같은 글의 각주 31)번을 각각 참조 바람. 다만 이 의물소(衣物疏)에 기재된 금은전은 그 수량으로 보아 실제 화폐보다는 종이로 만든 지전일 수 있다(吳婭婭, 2012, 94~95쪽).

11 금(錦) : 「북량(北涼) 승평(承平) 8년(450) 적소원(翟紹遠)이 비를 구매한 계약문서[買婢券]」의 각주 5)번을 참조 바람.

12 계명침(鷄鳴枕) : 「고창(高昌) 장화(章和) 18년(548) 광비(光妃)의 의물소(衣物疏)」의 각주 29)번을 참조 바람.

豚)[13]……

③ 1량(兩), 반천사(攀天糸) 만만구천장(万々九千丈),[14] 석회(石灰)[15] 1곡(斛), 오곡(五穀)[16] 구비.

④ 연화(延和) 3년 갑자세(甲子歲) 4월 20일, 불제자 비구 과원(果願)은 공경히 (문서를) 오도대신(五道大神)[17]에게 보냅니다. 불제자…

⑤ 불교의 오계(五戒)[18]를 지키고, 십선(十善)[19]을 오로지 닦았으니, 마땅히 긴 수명을 누리고 영구히 보존하여 늙지 않아야 합니다. 그러나 호천(昊天)이 불쌍히 여기지 않아……

⑥ 월 모일에 왕성한 나이에 문득 사망하였습니다. 오도(五道)를 지남에 책망하여 붙잡지 않길 바라며, 뜻대로 지나게 하소서.

⑦ 천서(倩書)[20] 장견고(張堅固), 시견(時見)[21] 이정도(李定度). 만약 해동두(海東頭)를 구하거나,

⑧ 해서벽(海西壁)[22]을 찾더라도, 오래 막고 머무르게 하지 마십시오, 율령대로 신속히 시행하십시오[急急如律令].[23]

---

13 옥돈(玉豚) : 「고창(高昌) 장화(章和) 18년(548) 광비(光妃)의 의물소(衣物疏)」의 각주 19)번을 참조 바람.

14 반천사(攀天糸) 만만구천장(万々九千丈) : 「고창(高昌) 장화(章和) 18년(548) 광비(光妃)의 의물소(隨葬衣物疏)」의 각주 35)번을 참조 바람.

15 석회(石灰) : 의물소 가운데 석회는 고대 중국인이 진묘벽사(鎭墓辟邪)의 작용을 기대하여 기록한 것이다. 아울러 석회를 실제로 부장하면 방습이나 방충 작용을 하여 관이나 시체의 부패를 막을 수 있었다. 또한 석회는 사자가 명계에서도 살아있을 때와 마찬가지로 집을 짓고 거주하는 것에 대비한다는 의미도 지니고 있었다(吳婭婭, 2012, 133~134쪽).

16 오곡(五穀) : 오곡은 마(麻)·서(黍)·직(稷)·맥(麥)·두(豆), 혹은 도(稻)·서(黍)·직(稷)·맥(麥)·숙(菽) 등 중국 고서마다 지칭하는 대상이 각각 다르다. 그러나 후대로 가면서 오곡은 특정 곡물보다는 곡물의 통칭으로서 자리 잡았다. 의물소 중의 오곡은 대개 도(稻), 맥(麥) 따위이다. 오곡을 지하에 바치는 뇌물로 보기도 하며 실제 유물로는 한 줌 또는 작은 포대에 담긴 오곡이 출토되었다(吳婭婭, 2012, 79~81쪽).

17 오도대신(五道大神) : 「고창(高昌) 장화(章和) 18년(548) 광비(光妃)의 의물소(衣物疏)」의 각주 36)번을 참조 바람.

18 오계(五戒) : 「고창(高昌) 장화(章和) 18년(548) 광비(光妃)의 의물소(衣物疏)」의 각주 37)번을 참조 바람.

19 십선(十善) : 「고창(高昌) 장화(章和) 18년(548) 광비(光妃)의 의물소(衣物疏)」의 각주 38)번을 참조 바람.

20 천서(倩書) : 「북량(北凉) 승평(承平) 8년(450) 적소원(翟紹遠)이 비를 구매한 계약문서[買婢券]」의 각주 8)번을 참조 바람.

21 시견(時見) : 「서량(西凉) 건초(建初) 14년(418) 한거(韓渠) 처 무덤의 의물소(衣物疏)」의 각주 33번을 참조 바람.

22 해동두(海東頭)·해동벽(海東壁) : 「고창(高昌) 장화(章和) 18년(548) 광비(光妃)의 의물소(衣物疏)」의 각주 40)번을 참조 바람.

23 율령대로 신속히 시행하십시오[急々如律令] : 「서량(西涼) 건초(建初) 14년(418) 한거(韓渠) 처 무덤의 의물소(衣物疏)」의 각주 34)번을 참조 바람.

참고문헌

馬高強·錢光勝,「從吐魯番出土的隨葬衣物疏看高昌民間冥界觀的變化」,『齊齊哈爾師範高等專科學校學報』, 2008年 第1期.

常萍,「再論吐魯番出土隨葬衣物疏中的"蹹麴囊"」,『敦煌學輯刊』, 2013年 第2期.

李祝環,「中國傳統民事契約中的中人現象」,『法學研究』, 1997年 第6期.

李研,「吐魯番出土衣物疏中的"兔豪(毫)""狐毛"性質考釋」,『西域研究』, 2020年 第3期.

吳婭婭,『吐魯番出土衣物疏輯錄及所記名物詞彙釋』, 西北師範大學 碩士學位論文, 2012.

王啓濤,『吐魯番出土文獻詞典』, 成都: 巴蜀書社, 2012.

張永莉,『吐魯番契約文書詞語例釋』, 陝西師範大學 碩士學位論文, 2012.

趙國伶,『甘肅河西地區十六國時期衣物疏整理與研究』, 西北師範大學 碩士學位論文, 2020.

14. 고창(高昌) 중광(重光) 원년(620) 피장자 미상 무덤의 의물소(衣物疏)

자료 사진

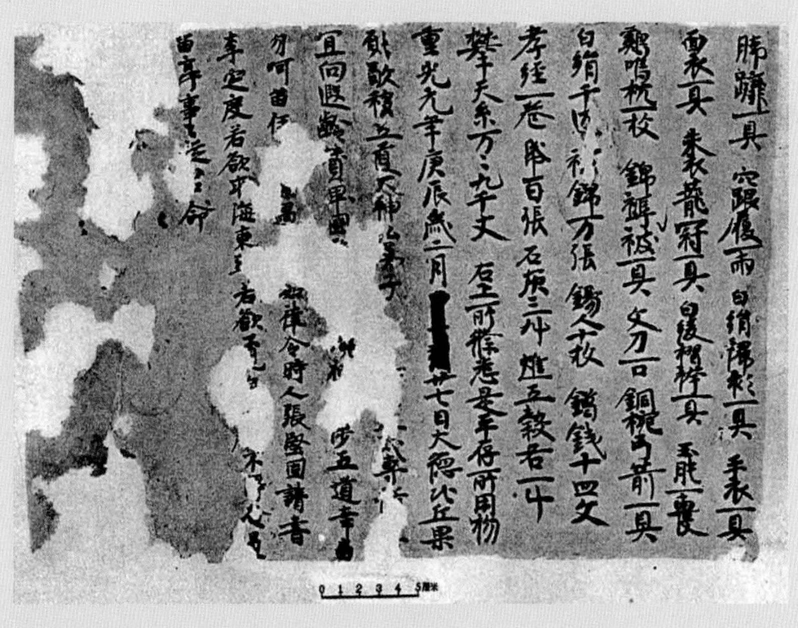

『吐魯番出土文書』(北京:文物出版社, 1992)로부터 轉載

| 자료 기초 정보

국가	중국 ‖ 고창
연대	620년
출토지	투루판 아스타나 205호 묘
자료 출처	『吐魯番出土文書』(全4冊) 1(北京: 文物出版社, 1992년, 360쪽)

| 자료 해제

중국 신장웨이우얼자치구 투루판시에서 발굴된 아스타나 고분군은 고창(高昌) 고성(古城) 부근에 위치한 고창국(高昌國)과 당나라 때의 무덤 군(群)이다.[1] 중광(重光)은 국씨고창(麴氏高昌)[2]의 8대 왕 국백아(麴伯雅) 시대의 연호로서, 아스타나 205호 묘에서 출토된 이 문서는 중광 원년(620)에 작성된 의물소(衣物疏)[3]이다.

아스타나 205호 묘의 묘주인 고인은 다량의 부장품과 함께 매장되었다. 일부는 상장 의례에 따라 실제 매장되지 않았을 것으로 보이는 물품도 있으나, 생전에 사용하던 의복과 생활 용구나 석인(錫人) 등의 상장 물품은 실제 부장되었을 것이다. 그 가운데 주목되는 물품은 주의농관(朱衣籠官)이다. 문도(文刀)·궁전(弓箭)과 함께 부장된 주의와 농관은 고인이 남성이며 무술을 익힌 인물임을 암시하고 있다. 또한 의물소 후반에 등장하는 '국무(國務)'라는 용어와 연결하여 보면 무관직을 지냈던 인물일 가능성도 상정해볼 수 있다.

부장품으로 등장하는 『효경(孝經)』과 종이 또한 주목되는 바이다. 종이는 인류 문화사와 지성사에 매우 중요한 위치를 점하는 물품으로 본래 중국에서 발명되어 아랍-이슬람을 거쳐 유럽으로 전파되었다. 이러한 전파 경로 초입 부분에 있었던 신장 투루판 지역은 중국으로부터 종이 문

1 아스타나 고분군에 대해서는 「전량(前涼) 승평(升平) 11년(367) 왕념(王念)이 낙타를 판매한 계약문서[券]」의 자료 해제를 참조 바람.

2 고창 지역 역사 전반에 대해서는 「고창(高昌) 장화(章和) 18년(548) 광비(光妃)의 의물소(衣物疏)」의 자료 해제를 참조 바람.

3 의물소(衣物疏)에 대한 설명은 「피장자·연대 미상 무덤의 의물소(衣物疏) 2건」의 자료 해제 내용을 참조 바람.

명을 받아들인 최초의 지역 중 하나였을 것이다. 단순한 상품의 교역을 넘어 종이의 전파는 중국과의 문화 교류의 도구로도 작용하였을 것이다. 다만 당시의 종이가 중국 수입품인지 아니면 고창에서 자체 제작한 것인지는 확언할 수 없는데, 중국 학계에서는 5세기 초에 신장에서 종이를 제조하였을 것으로 보고 있다. 또한 『효경』의 부장 역시 흥미로운데, 이 역시 중국으로부터의 문화 수입을 증명하는 물품으로 볼 수 있다. 서적이 수입품인지 아니면 자체 제작인지는 알기 어려우나, 당시 유가 사상이 수입되어 널리 전파되었음을 보여주는 증거이다. 『효경』의 등장은 유가 사상이 고창에서도 국가의 통치·지도 이념으로 기능하였음을 보여준다. 또한 고인이 당시 고창에서 지식인이자 통치계급의 일원이었음을 암시하는 자료일 수 있다.

아울러 이전 시기와는 달리 의물소 내에서 오도·오계·십선 등 불교 용어가 다량 발견되며, 고인과 의물소 작성자 모두가 불제자인데 이를 통해 고창에서 도교를 대신하여 불교가 유행하였고 인민의 생사관에 깊은 영향을 주었음을 알 수 있다.

판독문

① 脚靡一具, 穴(無)跟履一兩, 白絹裙衫一具, 手衣一具,

② 面衣一具, 朱衣籠冠一具, 白綾褶袴一具, 玉肫(豚)一雙,

③ 鷄鳴枕一枚, 錦被褥一具, 文刀一口, 銅椀弓箭一具,

④ 白絹千匹, 被錦萬張, 錫人十枚, 鑴(钃)錢十四文,

⑤ 孝經一卷, 紙百張, 石灰三㪷(斛), 燋五穀各一斗,

⑥ 攀天糸万々九千丈, 右上所條, 悉是平存所用物.

⑦ 重光元年庚辰歲二月甲子朔廿七日, 大德比丘果

⑧ 願敬移五道大神, 佛弟子 □……□ 五戒, 專修□□,

⑨ 宜向(享)遐齡, 贊卑(裨)國務, □……□ 殞□, □涉五道, 幸留

⑩ 勿呵留, 任□聽過, □□如律令. 時人張堅固, 請(倩)書

⑪ 李定度. 若欲求海東頭, 若欲覓海□□, 不得奄遏

⑫ 留亭(停), 事々從君命.

해석 및 역주

① 각미(脚躧)[4] 1구(具), 무근리(無跟履)[5] 1량(兩), 흰색 견(絹)[6]으로 만든 군(裙)[7]과 삼(衫)[8] 1구, 수의(手衣)[9] 1구,

② 면의(面衣)[10] 1구, 주의농관(朱衣籠冠)[11] 1구, 흰색 능(綾)[12]으로 만든 습(褶)[13]과 고(袴)[14] 1구, 옥돈(玉豚)[15] 1쌍(雙),

③ 계명침(鷄鳴枕)[16] 1매(枚), 금(錦)[17]으로 만든 피(被)[18]와 욕(褥)[19] 1구, 문도(文刀)[20] 1구(口), 동완궁전(銅椀弓箭)[21] 1구,

---

4 각미(脚躧) : 각미(脚靡)라고도 한다. 「고창(高昌) 장화(章和) 18년(548) 광비(光妃)의 의물소(衣物疏)」의 각주 4)번을 참조 바람.

5 무근리(無跟履) : 사백(絲帛)으로 만든 뒤축 부분이 없이 발끝만 꿰게 되어 있는 신발이다. 즉, 후대의 슬리퍼와 같다. 해탈리(解脫履)라고도 한다(吳妍姬, 2012, 108쪽).

6 견(絹) : 「서량(西涼) 건초(建初) 14년(418) 한거(韓渠) 처 무덤의 의물소(衣物疏)」의 각주 10)번을 참조 바람.

7 군(裙) : 「피장자·연대 미상 무덤의 의물소(衣物疏) 2건」의 각주 13)번을 참조 바람.

8 삼(衫) : 「피장자·연대 미상 무덤의 의물소(衣物疏) 2건」의 각주 10)번을 참조 바람.

9 수의(手衣) : 방한용구인 장갑이다. 투루판에서는 실물로 단 하나의 장갑이 출토되었는데 통형(筒形)의 포대 모양으로 손가락이 나누어져 있지 않다(吳妍姬, 2012, 146쪽).

10 면의(面衣) : 「고창(高昌) 장화(章和) 18년(548) 광비(光妃)의 의물소(衣物疏)」의 각주 20)번을 참조 바람.

11 주의농관(朱衣籠冠) : 당송(唐宋) 시기 4·5품(品) 관인은 주의(朱衣)를 입었다. 농관(籠冠)은 무장(武將)이 쓰는 관이다. 의물소에서 주의농관은 하나의 성어로서 등장하며, 본래 의위(儀衛)의 복장이었지만 명관(冥官)의 복식으로 기능하였다. 즉, 무관에게만 부장된 물품은 아니고 본래 무술을 익혔던 인물에게도 부장되었다. 또한 주의농관은 칼이나 궁전(弓箭) 등과 함께 의물소에서 등장하여 상무적인 특성을 명확히 보여준다. 주의농관은 모두 11건의 의물소 중에 등장하며 그 가운데 2건은 여성 묘주에게 부장된 것으로 기록되어 있다(吳妍姬, 2012, 82~83쪽).

12 능(綾) : 「고창(高昌) 장화(章和) 18년(548) 광비(光妃)의 의물소(衣物疏)」의 각주 12)번을 참조 바람.

13 습(褶) : 「고창(高昌) 장화(章和) 18년(548) 광비(光妃)의 의물소(衣物疏)」의 각주 18)번을 참조 바람.

14 고(袴) : 「피장자·연대 미상 무덤의 의물소(衣物疏) 2건」의 각주 12)번을 참조 바람.

15 옥돈(玉豚) : 「고창(高昌) 장화(章和) 18년(548) 광비(光妃)의 의물소(衣物疏)」의 각주 19)번을 참조 바람.

16 계명침(鷄鳴枕) : 「고창(高昌) 장화(章和) 18년(548) 광비(光妃)의 의물소(衣物疏)」의 각주 29)번을 참조 바람.

17 금(錦) : 「북량(北涼) 승평(承平) 8년(450) 적소원(翟紹遠)이 비를 구매한 계약문서[買婢券]」의 각주 5)번을 참조 바람.

18 피(被) : 「피장자·연대 미상 무덤의 의물소(衣物疏) 2건」의 각주 21)번을 참조 바람.

19 욕(褥) : 눕거나 앉을 때 까는 물품이다. 대개 침상에 까는 요와 의자나 수레에 까는 자리로 구분할 수 있다(吳妍姬, 2012, 129쪽).

20 문도(文刀) : 문양과 장식이 있는 칼을 말한다. 이때의 칼은 소도(小刀)로 추측된다(吳妍姬, 2012, 167쪽).

21 동완궁전(銅椀弓箭) : 「고창(高昌) 연화(延和) 3년(604) 피장자 미상 무덤의 의물소(衣物疏)」의 각주 9)번을 참조 바람.

④ 흰색 견 천 필(匹), 피금(被錦)[22] 만 장(張), 석인(錫人)[23] 10매, 납전(鑞錢)[24] 14문(文),

⑤『효경(孝經)』[25] 1권(卷), 종이[紙][26] 100장, 석회(石灰)[27] 3곡(斛), 볶은 오곡(五穀)[28] 각 1두(斗),

⑥ 반천사(攀天糸) 만만구천장(丈),[29] 오른쪽에 조목조목 나열한 것은 모두 평시에 사용하던 물품입니다.

⑦ 중광(重光) 원년 경신세(庚辰歲) 2월 갑자삭(甲子朔) 27일, 대덕(大德) 비구 과(果)

⑧ 원(願)은 공경히 (문서를) 오도대신(五道大神)[30]에게 보냅니다. 불제자 …… 오계(五戒),[31] 오로지 닦았으니,

⑨ 마땅히 긴 수명을 누리고 국무(國務)를 도왔습니다. 운명하여, 오도(五道)를 지남에

⑩ 책망하여 붙잡지 않길 바라며, 뜻대로 지나게 하소서. 율령대로 신속히 시행하십시오

---

22 피금(被錦) : 얼굴을 가리는 베일을 만드는 데 전문적으로 사용되는 금을 가리킬 가능성이 있다(吳婭婭, 2012, 96~97쪽).

23 석인(錫人) : 주석으로 만든 용인(俑人)으로 순장(殉葬)을 대신하는 의미로 사용하였다(吳婭婭, 2012, 127쪽).

24 납전(鑞錢) : 납과 주석의 합금을 종이처럼 얇게 늘린 것으로, 즉 석박(錫箔)으로 만든 지전(紙錢)이다. 납전(臘錢)이라고도 하며 상장(喪葬) 중에 사용되었다(吳婭婭, 2012, 123쪽).

25 『효경(孝經)』: 유가 13경 중 하나로 증자(曾子) 혹은 증자의 문인들이 썼을 것으로 추정된다. 부모에 대한 효도를 바탕으로 집안의 질서를 세우는 일이 치국(治國)의 근본이며, 효도야말로 천(天)·지(地)·인(人) 삼재(三才)를 관철하고 모든 신분 계층에 동일하게 적용되는 최고 덕목이자 윤리 규범이라는 것을 강조하고 있다. 이로써 동아시아 봉건사회에서 '효'가 통치 사상과 윤리관의 중심으로 자리 잡게 되는 데 큰 역할을 하였다. 고창의 역대 통치자들도 유가사상을 받아들여 『모시(毛詩)』·『논어(論語)』·『효경』을 수입해서 학교에서 가르쳤고, 충과 효를 나라의 지도 이념으로 삼았다(吳婭婭, 2012, 142~143쪽).

26 종이[紙] : 서사·포장 용구로서 후한(後漢) 시기 환관 채륜(蔡倫)이 발명한 종이이다. 종이는 본래 나무껍질과 삼·넝마·그물 등을 재료로 삼아 만들어졌다(吳婭婭, 2012, 159~160쪽). 6세기에 들어서 원료에 나무 진액을 첨가하면 색이 나타나며 충해(蟲害)를 입지 않는다는 사실을 발견하였다. 색은 나무 진액의 종류에 따라서 달리 나타나므로 이때부터 여러 색종이가 만들어지기 시작하였다. 7세기경에 들어서면서부터 물감을 사용한 본격적인 색종이 생산이 시작되었으며, 금박을 뿌린 것도 나타났다. 751년 탈라스 전투를 기점으로 중국의 제지술이 아랍-이슬람·서양으로 전파되었다. 종이 서전(西傳)의 길목에 있던 지역이 신장 지역이므로, 3세기부터 당대(唐代)에 이르기까지 중원에서 종이가 신장 지역으로 전파되었다. 중국 학계에서는 늦어도 5세기 초까지는 신장 현지에서 종이가 만들어졌다고 추정하였다.

27 석회(石灰) : 「고창(高昌) 연화(延和) 3년(604) 피장자 미상 무덤의 의물소(衣物疏)」의 각주 15)번을 참조 바람.

28 오곡(五穀) : 「고창(高昌) 연화(延和) 3년(604) 피장자 미상 무덤의 의물소(衣物疏)」의 각주 16)번을 참조 바람.

29 반천사(攀天糸) 만만구천장(丈) : 「고창(高昌) 장화(章和) 18년(548) 광비(光妃)의 의물소(衣物疏)」의 각주 35)번을 참조 바람.

30 오도대신(五道大神) : 「고창(高昌) 장화(章和) 18년(548) 광비(光妃)의 의물소(衣物疏)」의 각주 36)번을 참조 바람.

31 오계(五戒) : 「고창(高昌) 장화(章和) 18년(548) 광비(光妃)의 의물소(衣物疏)」의 각주 37)번을 참조 바람.

[□□如律令].[32] 시인(時人)[33] 장견고(張堅固), 천서(倩書)[34]

⑪ 이정도(李定度). 만약 해동두(海東頭)를 구하거나, 해서벽(海西壁)[35]을 찾더라도, 오래 막고

⑫ 머무르게 하지 마십시오. 사안마다 임금의 명에 따르십시오.

---

32 율령대로 신속히 시행하십시오.[□□如律令] : 원문의 "□□如律令"의 앞 두 글자는 "急急"으로 추정할 수 있다. 「서량(西涼) 건초(建初) 14년(418) 한거(韓渠) 처 무덤의 의물소(衣物疏)」의 각주 34)번을 참조 바람.

33 시인(時人) : 「전량(前涼) 승평(升平) 11년(367) 왕념(王念)이 낙타를 판매한 계약문서[券]」의 각주 5)번을 참조 바람.

34 천서 : 「북량(北涼) 승평(承平) 8년(450) 적소원(翟紹遠)이 비를 구매한 계약문서[買婢券]」의 각주 8)번을 참조 바람.

35 해동두(海東頭)·해동벽(海東壁) : 「고창(高昌) 장화(章和) 18년(548) 광비(光妃)의 의물소(衣物疏)」의 각주 40)번을 참조 바람.

참고문헌

馬高強·錢光勝, 「從吐魯番出土的隨葬衣物疏看高昌民間冥界觀的變化」, 『齊齊哈爾師範高等專科學校學報』, 2008年 第1期.

常萍, 「再論吐魯番出土隨葬衣物疏中的"蹹麴囊"」, 『敦煌學輯刊』, 2013年 第2期.

李祝環, 「中國傳統民事契約中的中人現象」, 『法學研究』, 1997年 第6期.

李研, 「吐魯番出土衣物疏中的"兔豪(毫)""狐毛"性質考釋」, 『西域研究』, 2020年 第3期.

吳婭婭, 『吐魯番出土衣物疏輯錄及所記名物詞彙釋』, 西北師範大學 碩士學位論文, 2012.

王啓濤, 『吐魯番出土文獻詞典』, 成都: 巴蜀書社, 2012.

張永莉, 『吐魯番契約文書詞語例釋』, 陝西師範大學 碩士學位論文, 2012.

趙國伶, 『甘肅河西地區十六國時期衣物疏整理與研究』, 西北師範大學 碩士學位論文, 2020.

15. 고창(高昌) 중광(重光) 4년(623) 맹아양(孟阿養)의 채원 임대 계약문서[夏菜園券]

┃자료 사진

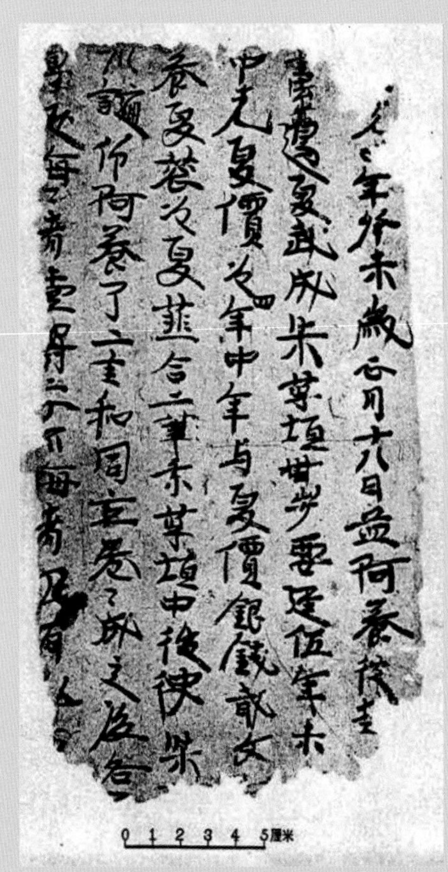

『吐魯番出土文書』(北京:文物出版社, 1992)로부터 轉載

자료 기초 정보

국가	중국 ‖ 고창
연대	623년
출토지	투루판 아스타나 138호 묘
자료 출처	『吐魯番出土文書』(全4冊) 1(北京: 文物出版社, 1992년, 446쪽)

자료 해제

중국 신장웨이우얼자치구 투루판시에서 발굴된 아스타나 고분군은 고창(高昌) 고성(古城) 부근에 위치한 고창국(高昌國)[1]과 당나라 때의 무덤 군(群)이다.[2] 중광(重光, 620~623)은 국씨고창의 8대 왕 국백아(麴伯雅)의 연호로서, 중광 4년(623)에 작성된 이 문서는 아스타나 138호 묘에서 출토된 전지(田地) 임대와 관련된 계약문서[夏田券]이다.[3]

하전권에는 단순히 전지를 빌리는 것 외에도 그 전지에서 재배하는 작물에 대한 정보도 포함하는 경우가 많다. 대개 전지에서는 밀과 보리, 메기장, 조 등 곡물을 생산하였으나[72TAM153:39(a), 40(a)], 과수원을 빌린 경우 포도[72TAM153:36, 37], 대추[67TAM364:11]를 비롯한 과일도 생산하였다. 이 문서에 등장하는 작물은 채소인 파와 부추이다. 파와 부추는 동아시아에서 고대부터 널리 재배하는 식용 채소였고, 원산지는 중국 서부 지역과 동남아시아 지역이다. 파와 부추는 자체로도 영양소가 풍부한 음식물이나, 육류 음식물에 첨가하는 향신료의 역할도 담당하였다. 양의 목축을 통해 육류를 조달하여 섭취하는 투루판 지역의 식문화 특성상 불가결한 채소였을 것으로 추정된다. 또한 파 뿌리와 부추 씨는 약재로도 사용되는 등 그 효용이 다양하여 고창 지역에서도 환영받

1 고창 지역 역사 전반에 대해서는 「고창(高昌) 장화(章和) 18년(548) 광비(光妃)의 의물소(衣物疏)」의 자료 해제를 참조 바람.

2 아스타나 고분군에 대해서는 「전량(前涼) 승평(升平) 11년(367) 왕념(王念)이 낙타를 판매한 계약문서[券]」의 자료 해제를 참조 바람.

3 투루판 출토문서 중 토지와 관련된 문서에 대해서는 「고창(高昌) 연창(延昌) 36년(576) 송씨(宋氏) 아무개의 하전권(夏田券)」의 자료 해제를 참조 바람.

는 작물이었을 것이다.

이 문서는 맹아양(孟阿養)이 조사(趙寺)의 주지 법숭(法嵩)으로부터 관개수로인 무성거(武城渠) 근처의 30보(步) 채원을 빌려 5년간 경작하는 계약을 담고 있다. 특이한 점은 첫해는 지조를 지불하지 않는다는 점이다. 아울러 채원을 빌리는 것 외에 파와 부추의 종자 역시 임대인에게서 빌리고 있다는 점도 주목할 만하다. 지조는 화폐로 지불하며 1년에 은전 2문씩 5년간 총 8문을 지불한다. 빌린 파와 부추의 종자 대금은 특별한 언급이 없는 것으로 보아 이에 포함된 것으로 보인다. 채원의 규모가 비교적 작고 화폐로 지조를 지불하는 것은 보관 등이 어렵고 부식(副食)이어서 가치가 낮은 채소의 특성을 고려하여 결정된 것으로 보인다.

판독문

① 重光四年癸未歲正月十八日, 孟阿養從趙□
② 主法嵩邊夏武成(城)渠菜垣(園)卅步, 要逕(經)伍年. 未□
③ 中无夏價, 次四年中, 年与夏價銀錢貳文. 阿
④ 養夏蔥, 次夏韭, 合二□禾(乘). 菜垣(園)中役使, 渠□
⑤ 水讁, 仰阿養了. 二主和同立卷(券), 々成之後, 各不
⑥ 得返悔, 々者罰二入不悔者. 民有私要, □

해석 및 역주

① 중광(重光) 4년 계미세(癸未歲) 정월 18일, 맹아양(孟阿養)은 조사(趙寺)[4]

4 조사(趙寺) : 동일 분묘에서 출토된 문서[69TAM138:16/2]의 내용을 참고하여 조사로 추정하였다.

② 주지 법숭(法嵩) 측[邊][5]의 무성거(武城渠) 채원(菜園) 30보(步)[6]를 빌려[7] 5년간 경작한다. 계미세(癸未歲)[8]

③ 동안에는 빌린 값이 없고, 그 다음 4년 동안, 해마다 은전(銀錢)[9] 2문(文)의 빌린 값을 준다. [맹]아

④ 양(阿養)[10]은 파[蔥][11]를 빌리고, 그 다음으로 부추[韮][12]를 빌리니 도합 2□승(乘)이다. 채원의 역사(役使) 및 수로가 파손되어

⑤ 물이 넘치는 것[13]은 [맹]아양이 담당한다. 쌍방[二主][14]이 합의하여 동의하고 계약서를 작성하며, 계약서가 성립된 후에는 각각

⑥ 후회할 수 없고, 후회하는 사람이 벌로 1을 2로 후회하지 않는 사람에게 들인다. 민간에는 사적인 계약[私要][15]이 있으니, □

---

5 측[邊] : 「고창(高昌) 연창(延昌) 36년(576) 송씨(宋氏) 아무개의 하전권(夏田券)」의 각주 4)번을 참조 바람.

6 보(步) : 두 걸음이 1보이며, 전지(田地)의 장량(丈量) 단위이다. 주대(周代)에는 1보가 8척(尺)이었고 진대(秦代)에는 6척이었으나 이후 시대마다 그 길이가 달랐다. 당대에 전지 1무(畝)는 너비 1보, 길이 240보였다(王啓濤, 2012, 98쪽).

7 빌려[夏] : 「고창(高昌) 연창(延昌) 36년(576) 송씨(宋氏) 아무개의 하전권(夏田券)」의 각주 7)번을 참조 바람.

8 계미세(癸未歲) : 계약 첫해는 임대료를 내지 않고 다음 4년간 내는 것이 임대차 조건인 점으로 보아 미세(未歲), 즉 계미세로 추정하였다.

9 은전(銀錢) : 「고창(高昌) 장화(章和) 18년(548) 광비(光妃)의 의물소(衣物疏)」의 각주 31)번을 참조 바람.

10 [맹]아양 : 원문은 '□養'이지만 이어지는 내용상 임차인의 성명으로 추정하여 '[맹]아양'으로 번역하였다.

11 파[蔥] : 외떡잎식물 백합목 백합과의 여러해살이풀로서 높이 약 70cm이다. 원산지는 중국 서부로 추정된다. 동양에서는 옛날부터 중요한 채소로 재배하고 있으나 서양에서는 거의 재배하지 않는다. 파 뿌리는 총백(蔥白)이라 하여 약재로도 사용한다.

12 부추[韮] : 외떡잎식물 백합목 백합과의 여러해살이풀이다. 원산지는 동남아시아로 중국 전역에서 광범위하게 재배되고 있다. 부추 씨는 강장 효과를 기대하는 약재로 사용한다.

13 수로가 파손되어 물이 넘치는 것 : 출토된 계약문서들에서 "渠破水讁"이 자주 발견되어 이에 따라 보충하여 해석하였다.

14 쌍방[二主] : 「전량(前涼) 승평(升平) 11년(367) 왕념(王念)이 낙타를 판매한 계약문서[券]」의 각주 3)번을 참조 바람.

15 계약[要] : 「북량(北涼) 승평(承平) 8년(450) 적소원(翟紹遠)이 비를 구매한 계약문서[買婢券]」의 각주 7)번을 참조 바람.

참고문헌

徐秀玲, 「晩唐五代宋初敦煌雇傭契約樣文硏究」, 『中國農史』, 2010年 第4期.
尙輝, 「吐魯番租佃契約硏究」, 『絲綢之路』, 2009年 12期.
吳婭婭, 『吐魯番出土衣物疏輯錄及所記名物詞彙釋』, 西北師範大學 碩士學位論文, 2012.
王啓濤, 『吐魯番出土文獻詞典』, 成都: 巴蜀書社, 2012.
張永莉, 『吐魯番契約文書詞語例釋』, 陝西師範大學 碩士學位論文, 2012.
趙文潤, 「隋唐時期吐魯番地區租佃制發達的原因」, 『陝西師大學報(哲學社會科學版)』, 1987年 1期.
趙文潤, 「從吐魯番文書看唐代西州地租的性質及形態」, 『敎煌學輯刊』, 1989年 第1期.
黑文婷, 「契約文書"二比"類詞語釋義」, 『甘肅高師學報』, 2012年 第6期.

16. 고창(高昌) 연수(延壽) 원년(624) 장사(張寺) 주지 명진(明真)의 양 방목 고용 계약문서[雇人放羊券]

| 자료 사진

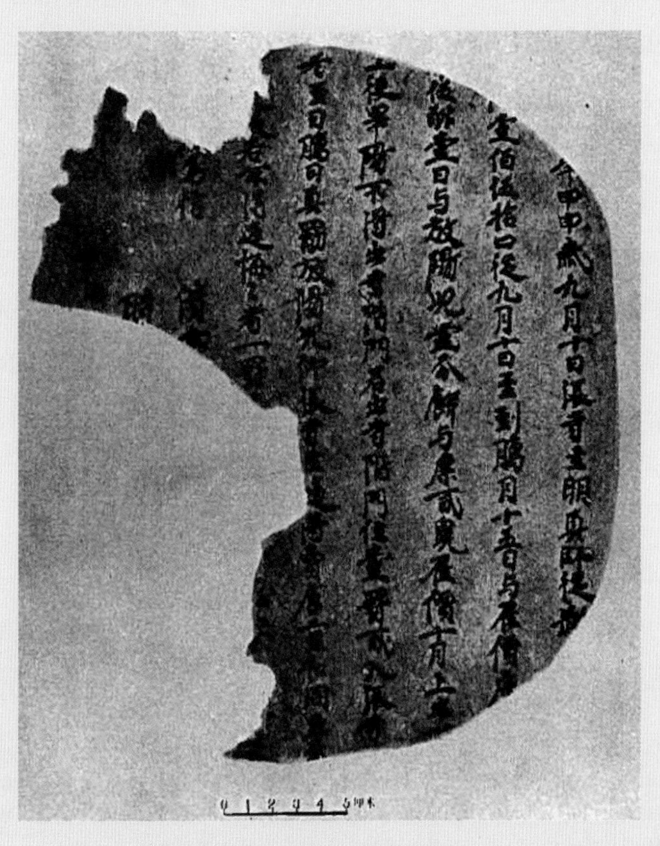

『吐魯番出土文書』(北京:文物出版社, 1992)로부터 轉載

자료 기초 정보

국가	중국 ‖ 고창
연대	624년
출토지	투루판 아스타나 80호 묘
자료 출처	『吐魯番出土文書』(全4冊) 1(北京: 文物出版社, 1992년, 393쪽)

자료 해제

중국 신장웨이우얼자치구 투루판시에서 발굴된 아스타나 고분군은 고창(高昌) 고성(古城) 부근에 위치한 고창국(高昌國)과 당나라 때의 무덤 군(群)이다.[1] 연수(延壽, 624~640)는 국씨고창(麴氏高昌)[2] 제10대 왕 국문태(麴文泰) 시대의 연호로서, 연수 원년(624)에 작성된 이 문서는 아스타나 80호 묘에서 출토된 양 방목[3]과 관련된 고용 계약문서[4]이다.

문서의 내용을 정리해보면 다음과 같다. 고용 기간은 갑신세(甲申歲) 9월 10일부터 12월 15일까지이다. 방목하는 양의 두수는 150구(口)이며, 방목의 고용가로 메기장 몇 곡(斛)을 지급하며 10월 상반기에 지급을 마친다. 또한 고용 기간에 식사로 떡 1분(分)과 죽 2두를 지급한다. 아울러 동지와 납일(臘日)에 술과 음식을 제공하고 휴가를 주었다. 책임 조항으로는 양을 사원 계문(階門) 밖에서 방목할 수 없게 하고 위반하면 양을 치는 방양아(放羊兒)가 배상하게 하였다. 마지막으로 해약의 경우 해약자가 두 배의 배상액을 상대방에게 주도록 하였다. 문서에 등장하는 엄(嚴) 아무개가 직접 양의 방목을 담당한 자인지에 대한 의문이 존재하는데, 동일 분묘에서 출토

---

1 아스타나 고분군에 대해서는 「전량(前涼) 승평(升平) 11년(367) 왕념(王念)이 낙타를 판매한 계약문서[券]」의 자료 해제를 참조 바람.

2 고창 지역 역사 전반에 대해서는 「고창(高昌) 장화(章和) 18년(548) 광비(光妃)의 의물소(衣物疏)」의 자료 해제를 참조 바람.

3 당시 투루판 지역에서 성행한 목축업과 가축 방목 방식, 목인(牧人) 등에 대해서는 「고창(高昌) 오세(午歲) 무성제인(武城諸人)의 조사미(趙沙彌)를 고용하여 양(羊)을 방목하는 계약문서[契]」의 자료 해제를 참조 바람.

4 투루판과 둔황 지역에서 출토된 다양한 고용 관련 계약문서에 대해서는 「고창(高昌) 오세(午歲) 무성제인(武城諸人)의 조사미(趙沙彌)를 고용하여 양(羊)을 방목하는 계약문서[契]」의 자료 해제를 참조 바람.

된 다른 문서[67TAM80:13]를 분석해보면 엄 아무개는 목주(牧主)이며 수하에 여러 방양아를 두고 있는 것으로 추정된다(張弓, 1984 ; 乜小紅, 2003). 이 고용 계약문서의 이해를 통해 당시 투루판 지역에서 주요한 가축이었던 양을 어떠한 방식으로 사육하였는지를 추정할 수 있다.

판독문

① □□□年甲申歲九月十日, 張寺主明真師從嚴□□

② □陽(羊)壹伯伍拾口. 從九月十日至到臘月十五日. 與雇價床□□

③ □伍斫(斛). 壹日與放陽(羊)兒壹分餅与糜貳兜(斗). 雇價十月上半□□

④ 上使畢. 陽(羊)不得出寺階門, 若出寺階門住, 壹罰貳入張寺□.

⑤ 冬至日, 臘日真罷放陽(羊)兒, 仰張寺主邊得賈(價)食. 二主和同立□, □

⑥ □之後, 各不得返悔, 悔者一罰二, □□□□□□私要, □□□□

⑦ □□□名爲信. 倩書□□

⑧ 時□□

해석 및 역주

① 연수(延壽) 원년[5] 갑신세(甲申歲) 9월 10일, 장사(張寺) 주지 명진(明真) 스승이 엄(嚴) [아무개] 측으로부터[6] ……

5 연수(延壽) 원년 : 아스타나 80호 묘에서 함께 출토된 계약문서[67TAM80:13] 중 "申歲閏七月張寺主" 구절로 추측해 보면, 윤7월이 존재하는 갑신세는 바로 연수(延壽) 원년(624)이다(乜小紅, 2003, 24쪽). 연수(624~640)는 국씨고창(麴氏高昌) 제10대 군주 국문태(麴文泰)의 연호이다.

6 엄(嚴) [아무개] 측으로부터 : 이 문서에서 방양아로 고용된 인물은 엄 아무개가 아니다. 엄 아무개 수하 사람(혹은 복수의 사람)이 방양아로 고용된 것이고, 엄 아무개는 그들을 대신하여 계약을 맺은 당사자로 추정된다(乜小紅, 2003, 25쪽 ; 徐秀玲, 2011, 68~69쪽).

② □ 양(羊)[7] 150구(口)를 9월 10일부터 납월(臘月) 15일에 이르기까지 [방목한다.] 고가(雇價)로 메기장[8] □□

③ □ 5곡(斛)을 준다. 하루에 방양아(放羊兒)에게 1분(分) 떡을 주고 죽[糜][9] 2두(斗)를 준다. 고가는 10월 상반(上半)에 …

④ 지급을 마친다. 양은 사원의 계문(階門)[10]을 나갈 수 없다. 만약 사원의 계문 밖으로 내보내 있게 한다면 벌로써 1을 2로 장사 주지[主][11]에 들인다.

⑤ 동지(冬至), 납일(臘日)[12]에 명진은 방양아를 쉬게 하고, 장사의 주지 측이 책임지고 [방양아가] 술[賈][13]과 음식을 얻는다. 쌍방[二主][14]이 합의하여 동의하고 계약서를 작성하며, 계약서가

⑥ 성립된 후에는[15] 각각 후회할 수 없고, 후회하는 사람이 벌로써 1을 2로 후회하지 않는 사람에게 들인다.[16] 민간에는 사사로운 계약[要][17]이 있으니 계약은 쌍방이 이행하고

---

7 양(羊) : 「고창(高昌) 오세(午歲) 무성제인(武城諸人)의 조사미(趙沙彌)를 고용하여 양(羊)을 방목하는 계약문서[契]」의 각주 6)번을 참조 바람.

8 메기장[床] : 「고창(高昌) 연창(延昌) 36년(576) 송씨(宋氏) 아무개의 하전권(夏田券)」의 각주 9)번을 참조 바람.

9 죽[糜] : 원문의 "糜"는 사전적 의미로 음식물인 죽(粥)을 가리킨다(張弓, 1984, 58쪽). 그런데 '糜'가 '床'와 같은 글자로 보아 메기장으로 보는 견해도 있다(乜小紅, 2003, 24쪽). 곡물을 가공하여 바로 먹을 수 있는 음식물에 초점을 맞추어 떡과 죽으로 번역하였다.

10 계문(階門) : 사원의 외장문(外墻門)을 가리킨다(乜小紅, 2003, 24쪽). 사원의 계문 밖으로 양을 내보낼 수 없는 이유에 대해 추운 고창의 겨울 동안 양이 야외에서 생존하기 어렵기 때문으로 추측할 수 있다. 또한 양의 분뇨를 비료로 수거하기 위해 계문 밖에서 방목하지 않는 이유 역시 상정할 수 있다(徐秀玲, 2011, 100~101쪽).

11 주지[主] : 원문에는 한 글자가 결락되어 알 수 없으나 선행 연구를 참조하여 보충하였다(乜小紅, 2003, 24쪽).

12 납일(臘日) : 납월 초파일을 가리키는 것으로 보인다. 석가모니가 불도를 이룬 날인 음력 12월 8일은 당시 중요한 절일이었고 불교 사원에서는 더욱 중요시하여 연등 행사를 거행하기도 하였다. 그렇기에 장사에서는 방양아(放羊兒)에게 휴가를 주고 음식을 제공하였다(乜小紅, 2003, 24쪽).

13 술[賈] : 원문은 "가(賈)"이고 문서의 석독자(釋讀者)는 이를 "價"로 보았다. 그러나 다른 연구를 참조하여 "沽"로 보아 술로 번역하였다(張弓, 1984, 58쪽). 다만 "賞"으로 보아 '供給'이라고 해석하는 견해도 있다(乜小紅, 2003, 24쪽).

14 쌍방[二主] : 「전량(前涼) 승평(升平) 11년(367) 왕념(王念)이 낙타를 판매한 계약문서[券]」의 각주 3)번을 참조 바람.

15 계약서를 작성하고 계약서가 작성된 후에는 : 원문은 "立□, □□之後"이지만, 출토된 계약문서들을 살펴보면 "立券, 券成之後, 各不得返悔" 구절이 관용적으로 빈번하게 등장하므로 이에 따라 번역하였다.

16 후회하는 사람이 … 들인다. : 원문은 "悔者一罰二, □□□□"이지만, 출토된 계약문서들을 살펴보면 '悔者一罰二入不悔者'의 구절이 관용적으로 빈번하게 등장하여서 이에 의거하여 번역하였다.

17 계약[要] : 「북량(北涼) 승평(承平) 8년(450) 적소원(翟紹遠)이 비를 구매한 계약문서[買婢券]」의 각주 7)번을 참조 바람.

⑦ 각각 스스로 서명하여 신표로 삼는다.[18] 천서(倩書)[19] ……

⑧ 시견(時見)[20] ……

18 민간에는 … 신표로 삼는다. : 원문은 "□□私要, □□□□□□□名爲信"이지만, 출토된 계약문서들을 살펴보면 "民有私要, 要行二主, 各自署名爲信" 구절이 관용적으로 빈번하게 등장하므로 이에 따라 번역하였다.

19 천서(倩書) : 「북량(北涼) 승평(承平) 8년(450) 적소원(翟紹遠)이 비를 구매한 계약문서[買婢券]」의 각주 8)번을 참조 바람.

20 시견(時見) : 「전량(前涼) 승평(升平) 11년(367) 왕념(王念)이 낙타를 판매한 계약문서[券]」의 각주 5)번을 참조 바람.

참고문헌

乜小紅, 「從吐魯番敦煌雇人放羊契看中國7—10世紀的雇傭關系」, 『中國社會經濟史研究』, 2003年 第1期.
徐秀玲, 「晩唐五代宋初敦煌雇傭契約樣文研究」, 『中國農史』, 2010年 第4期.
徐秀玲, 『中古時期雇傭契約研究—以敦煌吐魯番出土雇傭文書爲中心』, 南京師範大學 博士學位論文, 2011.
蘇金花, 「試論唐五代敦煌寺院畜牧業的特點」, 『中國經濟史研究』, 2014年 第4期.
李祝環, 「中國傳統民事契約中的中人現象」, 『法學研究』, 1997年 第6期.
吳婭婭, 『吐魯番出土衣物疏輯錄及所記名物詞彙釋』, 西北師範大學 碩士學位論文, 2012.
王蕾, 「唐代吐魯番地區畜牧業發展狀況管窺」, 『安康學院學報』, 2010年 第3期.
張弓, 「唐五代敦煌寺院的牧羊人」, 『蘭州學刊』, 1984年 第2期.
張永莉, 『吐魯番契約文書詞語例釋』, 陝西師範大學 碩士學位論文, 2012.
黑文婷, 「契約文書"二比"類詞語釋義」, 『甘肅高師學報』, 2012年 第6期.

17. 고창(高昌) 연수(延壽) 9년(632) 범아료(范阿僚)의 전을 빌려 첨장을 만드는 계약문서[擧錢作醬券]

자료 사진

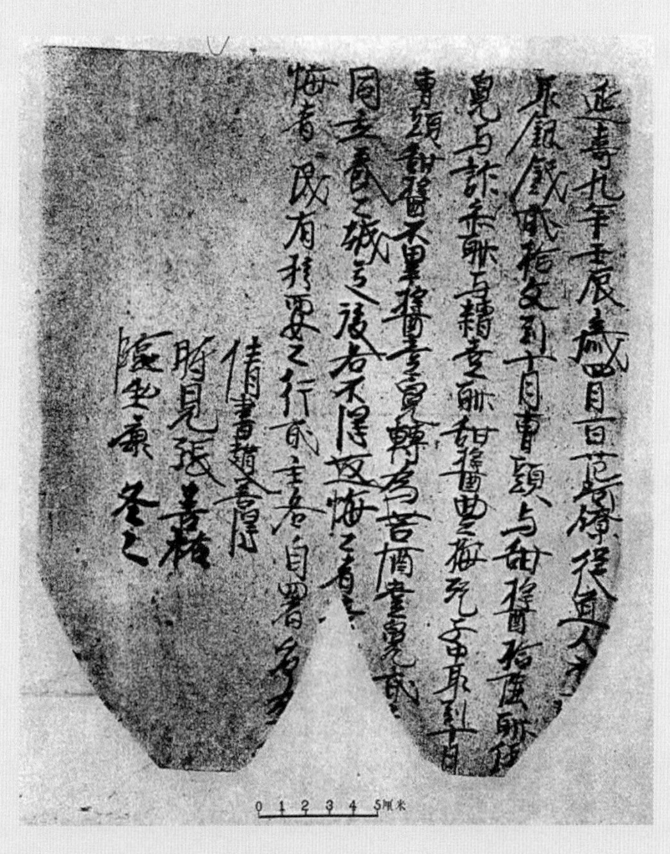

『吐魯番出土文書』(北京:文物出版社, 1992)로부터 轉載

자료 기초 정보

국가	중국 ‖ 고창
연대	632년
출토지	투루판 아스타나 140호 묘
자료 출처	『吐魯番出土文書』(全4冊) 2(北京: 文物出版社, 1994년, 197쪽)

자료 해제

중국 신장웨이우얼자치구 투루판시에서 발굴된 아스타나 고분군은 고창(高昌) 고성(古城) 부근에 위치한 고창국(高昌國)과 당나라 때의 무덤 군(群)이다.[1] 연수(延壽, 624~640)는 국씨고창(麴氏高昌)[2] 제10대 왕 국문태(麴文泰) 시대의 연호로서, 연수 원년(632)에 작성된 이 문서는 아스타나 140호 묘에서 출토된 은전(銀錢) 대차 계약문서이다.

유사한 내용의 다른 계약문서들에서는 은전을 대차하였을 경우 다시 은전 또는 실물로 상환할 것을 규정하고 있으나, 이 문서에서는 실물인 첨장(甛醬)·초(酢)·조(糟)·고주(苦酒)로 상환할 것을 명시하고 있다. 다른 출토 문서와 비교하여 볼 때, 문서에 보이는 이러한 물품들은 포도원(葡萄園) 및 포도주와 밀접한 관련이 있다.[3] 따라서 비록 포도라는 단어가 등장하지 않아도 이 문서의 석독자(釋讀者)는 은전의 대차 목적이 첨장 생산을 위한 자본 확보라고 추정하여 "전을 빌려 첨장을 만드는 계약문서[擧錢作醬券]"라고 문서를 명명하였다. 이후 연구자들 역시 이 문서를 포도주의 생산과 관련된 문서라고 이해하고 있다.

투루판 지역 출토 문서 가운데 포도 재배와 관련된 문서는 70여 건이고, 성격에 따라 포도원의

1 아스타나 고분군에 대해서는 「전량(前涼) 승평(升平) 11년(367) 왕념(王念)이 낙타를 판매한 계약문서[券]」의 자료 해제를 참조 바람.

2 고창 지역 역사 전반에 대해서는 「고창(高昌) 장화(章和) 18년(548) 광비(光妃) 의물소(衣物疏)」의 자료 해제를 참조 바람.

3 고창 지역 포도와 포도주에 대한 자세한 설명은 「고창(高昌) 지역 사원[某寺]의 포도원(葡萄園) 임대 계약문서[券]」의 자료 해제를 참조 바람.

조전(租田), 매매, 적장(籍帳), 전압(佃押) 관련 문서와 기타 문서들로 구분할 수 있다(王艶明, 2000). 이 중 포도원의 조전 및 매매 계약문서는 11건이 출토되었다.[4] 또한 2006년 이후 7건의 포도원 조전 문건이 새롭게 발견되었다고 한다(乜小紅, 2011). 이러한 문서들은 포도원의 소유와 생산 방식과 가공에 대한 정보를 담고 있다. 당시 포도원은 관(官) 혹은 사원(寺院)이나 민간 개인의 소유였다. 특히 관이나 사원 소유의 포도원은 농민에게 임대되어 경작되었을 것으로 추측되며, 그에 따른 지조를 수수하였다. 대개는 지조를 은전으로 납부하나, 실물인 첨장으로 받은 경우도 있다. 이 계약문서의 특이한 점은 은전에 대한 상환으로 포도주와 관련된 물품이 지정되었다는 점이며, 이를 통해 당시 고창 지역에서의 포도주 가치와 포도주 산업의 흥성을 짐작할 수 있다.

한편, 문서에는 4월에 빌린 은전 20문을 첨장 16곡 5두, 초 3곡, 조 1곡으로 10월까지 상환하도록 명시되어 있다. 첨장은 포도를 파쇄하여 만든 포도즙이며 포도주 양조의 원료로 사용되었다. 10월에 상환을 마치지 못하면 첨장 1두를 고주 1두로 전환하여 납부하도록 규정하였다. 주목할 점은 포도주 생산에 관련된 부가물 또한 상환 물품으로 지정되었다는 것이다. 조는 술을 만들고 남은 지게미를 가리키는데, 당시 지게미가 단순한 폐기물이 아니라 상품 가치를 지니고 있었음을 추정해볼 수 있다. 또 초는 첨장을 발효하여 만든 알코올을 이용하여 제조하였을 것이다. 즉 음력 4월에 자본을 빌려 재배하기 시작한 포도를 수확하여 일부는 첨장으로 만들고 일부는 초로 만들어 상환하되, 10월이 넘어가면 첨장은 고주로 만들어 납부하라는 것으로, 이는 포도 재배와 포도주 및 초 생산 전 과정을 다 포괄하는 계약이라고 할 수 있다.

다른 계약문서에는 수로의 파손이나 포도밭에 부과된 세금 문제에 관한 합의도 마련되어 있으나, 이 문서에서는 누락되어 있다. 문서 마지막에는 위약금 관련 규정이 설정되어 있고 보증인 등의 서명 뒤에는 계약자 쌍방의 서명이 있었을 것이나 훼손되어 확인할 수 없다.

판독문

① 延壽九年壬歲四月一日, 范阿僚從道人元□□□

4 자세한 내용은 「고창(高昌) 지역 사원[某寺]의 포도원(葡萄園) 임대 계약문서[券]」의 자료 해제를 참조 바람.

② 取銀錢貳拾文, 到十月曹(槽)頭与甜醬拾陸䂕(斛)伍

③ 㪷(斗), 与詐(酢)三䂕(斛), 与糟壹䂕(斛), 甜醬曲(麴)梅(霉)瓮子中取. 到十月

④ 曹頭甜醬不畢, 醬壹㪷(斗)轉爲苦酒壹㪷(斗). 貳主[ ]

⑤ 同立券, 々成之後, 各不得返悔, 々者壹[ ][ ][ ][ ]

⑥ 悔者. 民有私要, 々行貳主 各自署名爲[ ].

⑦ 倩書 趙善得

⑧ 時見 張善祐

⑨ 臨坐 李冬之

해석 및 역주

① 연수(延壽) 9년 임진세(壬辰歲)[5] 4월 1일, 범아료(范阿僚)는 도인(道人) 원(元)… [측의][6]

② 은전(銀錢)[7] 20문(文)을 빌리고, 10월이 되면 조두(槽頭)[8]에서 첨장(甜醬)[9] 16곡(斛)

③ 5두(斗)를, 초(酢)[10] 3곡을, 조(糟) 1곡을 상환하며, 첨장은 누룩곰팡이 항아리에서 취한다.

---

5 임진세(壬辰歲) : 원문은 "壬歲"이나, 국씨고창 10대 국왕 국문태의 통치 시기인 연수 9년(632)의 세차(歲次)는 임진(壬辰)이어서 "임진세"로 번역하였다.

6 원(元)… [측의] : 임차인 범아료(范阿僚)에게 은전을 빌려준 임대인의 성명은 훼손되어 알 수 없다. 다만 문서의 정리자는 "원(元)" 뒤에 글자 석 자가 훼손된 것으로 추정하였다. 이것이 정확하다면 훼손된 첫 글자는 임대인 성명의 두 번째 글자일 것이다. 또한 출토된 다른 계약문서들을 참고하여 보면, 그 뒤에 올 글자는 '변(邊)'과 '거(擧)' 혹은 '대(貸)'일 것으로 추정된다. '변'은 투루판 출토 문서[高昌延昌二十八年(588)趙顯曹夏田券] 등에서 자주 등장하는데, 문서들의 내용으로 보아 계약자 중 한쪽을 특정할 필요가 있을 때 사용하는 용어로 보인다(趙文潤, 1989, 22~23쪽). '거' 혹은 '대' 역시 출토된 계약문서에서 빈번히 등장하며 이식(利息)이 발생하는 대차(貸借)를 뜻한다. 주로 은전(銀錢)이나 포필(布疋) 같은 재물을 대차하는 경우에 사용되며, 문서의 작성 연대가 비교적 앞선 때에는 '거'가, 후대인 때에는 '대'가 주로 사용된다. 또한 '거취(擧取)', '대취(貸取)' 역시 계약문서에서 빈번히 등장하는데, '취(取)'는 실제 의미를 지니지 않는 일종의 연문(衍文)이다(張永莉, 2012, 39~40쪽).

7 은전(銀錢) : 「고창(高昌) 장화(章和) 18년(548) 광비(光妃)의 의물소(衣物疏)」의 각주 31)번을 참조 바람.

8 조두(槽頭) : 「고창(高昌) 지역 사원[某寺]의 포도원(葡萄園) 임대 계약문서[券]」의 각주 8)번을 참조 바람.

9 첨장(甜醬) : 「고창(高昌) 지역 사원[某寺]의 포도원(葡萄園) 임대 계약문서[券]」의 각주 6)번을 참조 바람.

10 초(酢) : 곡류나 과일류를 주원료로 하여 알코올 발효한 액을 아세트산 발효한 액체이다. 고유한 향과 신맛을 지닌 주요 조미료 중 하나로, 이 문서에서의 초는 포도 식초 혹은 레드 와인 식초였을 것이다. 초의 기원 및 제조법은 주류의 발달과 함께했을 것으로 본다. 그런데 이 문서에서의 초는 조미료를 가리키는 것이 아닌 고주(苦酒)와 대비하여 단맛이 있는 로제 와인을 가리킬 가능성도 있다(盧向前, 2002, 116~117쪽 ; 乜小紅, 2011, 3쪽).

10월이 되어서도,

④ 조두에서 첨장이 [만들어지지] 못했다면, 첨장 1두를 고주(苦酒)[11] 1두로 전환한다. 쌍방[貳主]이[12] [합의하여]

⑤ 동의하고[13] 계약문서를 만들었으니, 계약문서가 성립된 후에 각자 후회할 수 없으며, 후회하는 사람이 [벌로써] 1을 [2로]

⑥ 후회하지 [않는] 사람에게 [들인다.][14] 민간에는 사적인 계약[私要][15]이 있으니, 계약은 쌍방이 이행한다. 각각 스스로 서명하여 [신표로][16] 삼는다.

⑦ 천서(倩書)[17] 조선득(趙善得)

⑧ 시견(時見)[18] 장선우(張善祐)

⑨ 임좌(臨坐) 이동지(李冬之)

---

11 고주 : 다른 출토문서에서는 "고주(沽酒)"라고도 쓴다. 「고창(高昌) 지역 사원[某寺]의 포도원(葡萄園) 임대 계약문서[券]」의 각주 9)번을 참조 바람.

12 쌍방[貳主] : 원문은 "貳主"이나 이를 두 명의 주인으로 해석하기는 어렵다. 이 계약은 대차 계약문서이므로 은전의 주인[錢主]은 한 명뿐이다. 따라서 계약을 하는 쌍방이라고 해석하는 것이 옳다(黑文婷, 2012, 30쪽).

13 쌍방이 (합의하여) 동의하고 : 원문은 "貳主□同"이지만, 출토된 다른 계약문서들을 살펴보면 "二主和同"이 관용적으로 빈번하게 등장하므로 이에 따라 번역하였다.

14 후회하는 사람이 (벌로써) 1을 [2로] 후회하지 [않는] 사람에게 [들인다.] : 원문은 "〻者壹□□□□悔者"이지만, 출토된 다른 계약문서들을 살펴보면 "悔者一罰二入不悔者"가 관용적으로 빈번하게 등장하므로 이에 따라 번역하였다.

15 계약[要] : 「북량(北涼) 승평(承平) 8년(450) 적소원(翟紹遠)이 비를 구매한 계약문서[買婢券]」의 각주 7)번을 참조 바람.

16 각각 스스로 서명하여 [신표로] 삼는다 : 원문은 "各自署名爲□"이지만, 출토된 다른 계약문서들을 살펴보면 "各自署名爲信"이 관용적으로 빈번하게 등장하므로 이에 따라 번역하였다.

17 천서(倩書) : 「북량(北涼) 승평(承平) 8년(450) 적소원(翟紹遠)이 비를 구매한 계약문서[買婢券]」의 각주 8)번을 참조 바람.

18 시견(時見) : 「전량(前涼) 승평(升平) 11년(367) 왕념(王念)이 낙타를 판매한 계약문서[券]」의 각주 5)번을 참조 바람.

참고문헌

盧向前, 「麴氏高昌和唐代西州的葡萄、葡萄酒及葡萄酒稅」, 『中國經濟史研究』, 2002年 第4期.
馬燕雲, 「吐魯番出土租佃與買賣葡萄園券契考析」, 『許昌學院學報』, 2006年 第6期.
乜小紅, 「對古代吐魯番葡萄園租佃契的考察」, 『中國社會經濟史研究』, 2011年 第3期.
徐秀玲, 「晚唐五代宋初敦煌雇傭契約樣文研究」, 『中國農史』, 2010年 第4期.
李祝環, 「中國傳統民事契約中的中人現象」, 『法學研究』, 1997年 第6期.
吳婭婭, 『吐魯番出土衣物疏輯錄及所記名物詞彙釋』, 西北師範大學 碩士學位論文, 2012.
王艷明, 「從出土文書看中古時期吐魯番的葡萄種植業」, 『敦煌學輯刊』, 2000年 第1期.
張南, 「古代新疆的葡萄種植與釀造業的發展」, 『新疆大學學報(哲學社會科學版)』, 1993年 第3期.
張永莉, 『吐魯番契約文書詞語例釋』, 陝西師範大學 碩士學位論文, 2012.
趙文潤, 「從吐魯番文書看唐代西州地租的性質及形態」, 『敎煌學輯刊』, 1989年 第1期.
黑文婷, 「契約文書"二比"類詞語釋義」, 『甘肅高師學報』, 2012年 第6期.

18. 고창(高昌) 성명 미상 여인[女] 무덤의 의물소(衣物疏)

자료 사진

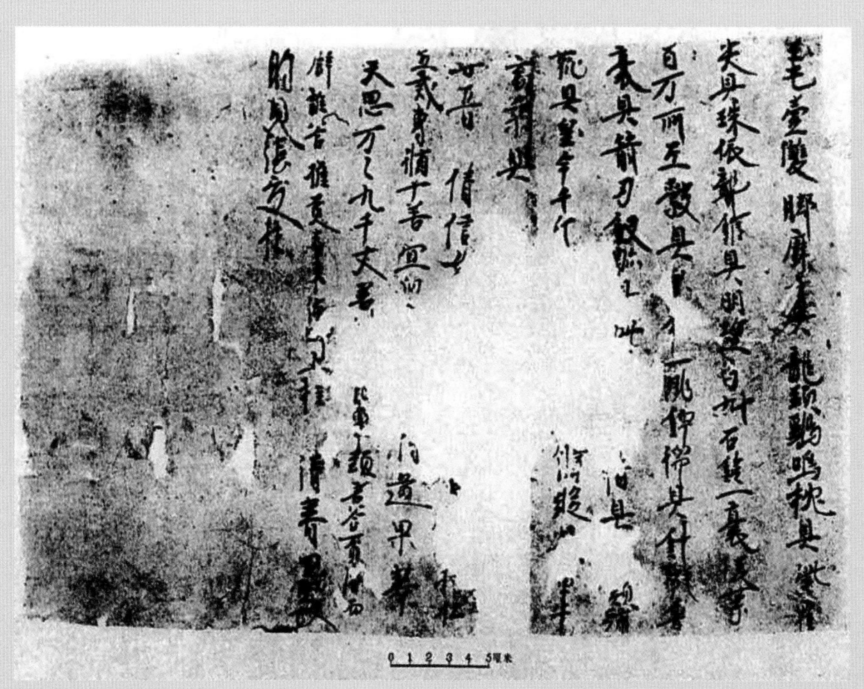

『吐魯番出土文書』(北京:文物出版社, 1992)로부터 轉載

자료 기초 정보

국가	중국 ‖ 고창
연대	7세기경
출토지	투루판 아스타나 302호 묘
자료 출처	『吐魯番出土文書』(全4冊) 2(北京: 文物出版社, 1994년, 179쪽)

자료 해제

중국 신장웨이우얼자치구 투루판시에서 발굴된 아스타나 고분군은 고창(高昌) 고성(古城) 부근에 위치한 고창국(高昌國)[1]과 당나라 때의 무덤 군(群)이다.[2] 이 문서는 아스타나 302호 묘에서 출토된 의물소[3]이다. 여성으로 보이는 묘주(墓主)는 다량의 부장품과 함께 매장되었다. 일부는 상장 의례에 따라 실제 부장되지 않았을 것으로 보이는 물품도 있으나, 대개는 생전에 사용하던 의복과 생활 도구 등은 실제 부장되었을 것이다. 부장품 중 특히 주목되는 바는 명염(明鹽)이다. 명염은 고창의 염호(鹽湖)에서 생산된 백염(白鹽)을 가리킨다. 혹은 깊숙한 내지에서 생산되는 소금이므로 암염(巖鹽)이었을 가능성도 있다. 소금 없이는 생존이 불가능하기 때문에 인류는 소금 생산이나 구매에 심혈을 기울였다. 사서에서는 고창에서 생산되는 소금 품질이 좋아서 중국에 조공품으로 보냈다고 기록되어 있는데, 이로 보아 고창 지역은 소금을 수입하기보다는 생산하여 수출하는 쪽이었을 것으로 추정된다. 또 중국 문헌 중에는 '광명염(光明鹽)'이 등장하는데 이는 네이멍구·간쑤·칭하이·신장 등 지역에서 생산되는 무색 투명하고 정순한 소금을 가리킨다. 이 소금은 암염이며 아마도 명염은 이 광명염의 간칭일 가능성도 있다(吳婭婭, 2012).

의물소에 등장하는 석개(石鎧) 1낭(囊)은 그 정체를 파악하기 어렵다. 석개의 사전적 의미는

1 고창 지역 역사 전반에 대해서는 「고창(高昌) 장화(章和) 18년(548) 광비(光妃)의 의물소(衣物疏)」의 자료 해제를 참조 바람.

2 아스타나 고분군에 대해서는 「전량(前凉) 승평(升平) 11년(367) 왕념(王念)이 낙타를 판매한 계약문서[券]」의 자료 해제를 참조 바람.

3 의물소(衣物疏)에 대한 설명은 「피장자·연대 미상 무덤의 의물소(衣物疏) 2건」의 자료 해제 내용을 참조 바람.

‘견고한 갑옷’인데, 실제로 갑옷이 부장된 것인지는 알 수 없다. 비록 국씨고창(麴氏高昌)이 아닌 당(唐)의 경우이기는 하지만 민간에서 전쟁을 위한 병장기나 갑옷을 소유하는 것을 금지하고 처벌하는 규정이 율(律)에 구비되어 있었다는 점(『唐律疏議』 제234조, 擅興律 20조)에서 갑옷이 실제 부장되었을지 회의적이다. 다만 진시황릉 부근에서 명기(明器)로 추정되는 동사(銅絲)와 석편(石片)으로 만들어진 갑옷과 투구가 발굴된 사례가 있어서(秦仙梅, 2002), 이 의물소의 석개 역시 명기로서 실제 부장되었을 가능성도 있다.

판독문

① 玉屯(豚)壹雙, 脚靡壹具, 龍頭鷄鳴枕具, 紫羅

② 尖具, 珠(朱)依(衣)聾(籠)館(冠)具 , 明鹽百九(斛), 石鎧一囊, 綾菜(綵)

③ 百萬段, 五穀具, 皇(黃)□一姚(腰), 錦儒(襦)具, 針氈, 魯

④ 囊具. 箭(剪)刃(刀), 釵疏(梳)具, □具, □□繡

⑤ 靴具, 皇(黃)今(金)千斤, 縱□具, 車牛

⑥ 畜乘具, □

⑦ 廿五日, 倩信女□持佛

⑧ 五戒, 專修十善, 宜向(享)□得道果. 攀

⑨ 天思(絲)万々九千丈. 若□□海東頭, 若谷(欲)覓海西

⑩ 辟(壁), 誰谷(欲)推覓者, 東海畔上柱(住). 倩書里堅故

⑪ 時見張定杜

| 해석 및 역주

① 옥돈(玉豚)[4] 1쌍(雙), 각미(脚靡)[5] 1구(具), 용두계명침(龍頭鷄鳴枕) 구비,[6] 자색 나(羅)[7]로

② 만든 첨(尖)[8] 구비, 주의농관(朱衣籠冠)[9] 구비, 명염(明鹽)[10] 100곡(斛), 석개(石鎧) 1낭(囊), 능(綾)[11]과 채(綵)[12]

③ 백만 단(段), 오곡(五穀)[13] 구비, 황□(黃□) 1요(腰), 금(錦)[14]으로 만든 유(襦)[15] 구비, 침전(針氈)[16]·노낭(魯

④ 囊) 구비. 가위·채(釵)[17]와 빗 구비, …… 구비, □□ 수놓은

---

4 옥돈(玉豚) : 「고창(高昌) 장화(章和) 18년(548) 광비(光妃)의 의물소(衣物疏)」의 각주 19)번을 참조 바람.

5 각미(脚靡) : 「고창(高昌) 장화(章和) 18년(548) 광비(光妃)의 의물소(衣物疏)」의 각주 4)번을 참조 바람.

6 계명침(鷄鳴枕) : 「고창(高昌) 장화(章和) 18년(548) 광비(光妃)의 의물소(衣物疏)」의 각주 29)번을 참조 바람. 용두계명침(龍頭鷄鳴枕)은 이 계명침에 용머리 장식을 더한 것으로 추정할 수 있다.

7 나(羅) : 본래 나는 새를 잡는 그물, 즉 조망(鳥網)을 뜻했다. 의물소에서의 나는 마치 그물처럼 성기고 가볍고 부드러운 얇은 비단 제품을 가리킨다(吳婭婭, 2012, 105쪽).

8 첨(尖) : 「피장자·연대 미상 무덤의 의물소(衣物疏) 2건」의 각주 8)번을 참조 바람.

9 주의농관(朱衣籠冠) : 「고창(高昌) 중광(重光) 원년(620) 피장자 미상 무덤의 의물소(衣物疏)」의 각주 11)번을 참조 바람.

10 명염(明鹽) : 명염은 백염(白鹽)을 가리킨다. 사료에서는 고창(高昌)에 염호(鹽湖)가 있으며 적염(赤鹽)과 백염이 생산된다고 하였다. 적염은 그 맛이 좋으며 백염은 그 형태가 옥과 같아 고창 사람들이 베개로 사용하고 아울러 중국에 조공한다고 하였다(吳婭婭, 2012, 145쪽). 현대 조사에 의하면 신장 지역의 염호에는 식염(食鹽)과 석고(石膏), 염기성 물질이 풍부하며, 고비 사막을 굴착하면 풍부한 소금과 석고를 얻을 수 있다고 한다. 고창 역시 고비 사막의 일부분으로 이러한 소금과 석고가 풍부하며, 베개 모양의 소금은 일찍이 고고학자들이 직접 목도한 바 있다(王啓濤, 2012, 716쪽).

11 능(綾) : 「고창(高昌) 장화(章和) 18년(548) 광비(光妃)의 의물소(衣物疏)」의 각주 12)번을 참조 바람.

12 채(綵) : 채색된 견직물을 가리킨다. 주로 '잡채(雜綵)', 즉 잡색(雜色)의 견직물이라는 단어로 문헌에 자주 등장한다. 의물소에 등장한 '능과 채'는 두 종류의 견직물이 아닌 '綾綵', 즉 능과 채를 합해서 직성(織成)한 견직물을 가리킬 수도 있다(吳婭婭, 2012, 59~60쪽).

13 오곡(五穀) : 「고창(高昌) 연화(延和) 3년(604) 피장자 미상 무덤의 의물소(衣物疏)」의 각주 16)번을 참조 바람.

14 금(錦) : 「북량(北涼) 승평(承平) 8년(450) 적소원(翟紹遠)이 비를 구매한 계약문서[買婢券]」의 각주 5)번을 참조 바람.

15 유(襦) : 「서량(西涼) 건초(建初) 14년(418) 한거(韓渠) 처 무덤의 의물소(衣物疏)」의 각주 12)번을 참조 바람.

16 침전(針氈) : 못쓰게 된 전(氈)을 이용하여 만든 바늘꽂이이다. 여성 묘주의 의물소에 주로 등장하며 실이나 가위, 자 등의 재봉 용품과 함께 등장하는 경우가 많다(吳婭婭, 2012, 156쪽).

17 채(釵) : 「피장자·연대 미상 무덤의 의물소(衣物疏) 2건」의 각주 3)번을 참조 바람.

⑤ 화(靴)[18] 구비, 황금[19] 천 근(斤,) 종(縱) …… 구비, 소 수레

⑥ 축승(畜乘)[20] 구비, ……

⑦ 25일, 천신녀(倩信女) …… 는 불교의 오계(五戒)[21]를

⑧ 지키고, 십선(十善)[22]을 오로지 닦았으니, 마땅히 …… 누리고 도과(道果)를 얻어야 합니다. 반

⑨ 천사(攀天思) 만만구천장(万々九千丈).[23] 만약 해동두(海東頭)를 [구하거나], 해서벽(海西壁)[24]을 찾는데

⑩ 누구라도 [그를] 찾는 자가 있다면 동해 바닷가에 머무르게 하십시오. 천서(倩書)[25] 이견고(里堅故)

⑪ 시견(時見)[26] 장정두(張定杜)

18 화(靴) : 가죽신을 가리킨다. 본래 중국에서는 화를 호(胡)의 신발이라고 여겼으며 당대(唐代)까지는 융복(戎服)과 함께 신는 길고 짧은 가죽신을 가리켰다. 원(元) 이후 화는 가죽만이 아닌 전(氈)이나 포백(布帛)으로도 제작되었다(吳娅娅, 2012, 144~145쪽).

19 황금 : 귀금속인 황금을 가리키지만, 의물소 중의 황금은 그 수량으로 보아 실제 황금을 부장한 것이 아니라 명폐(冥幣)일 것이다(吳娅娅, 2012, 93~94쪽).

20 축승(畜乘) : 말, 나귀, 낙타, 노새 등 가축이 끄는 수레를 가리킨다(吳娅娅, 2012, 63쪽). 이 의물소에서는 '소 수레[車牛]'는 다른 가축이 끄는 수레와 별도로 분리하여 기록하였다. 모두 고창 지역에서 중요한 교통과 운송의 도구이다.

21 오계(五戒) : 「고창(高昌) 장화(章和) 18년(548) 광비(光妃)의 의물소(衣物疏)」의 각주 37)번을 참조 바람.

22 십선(十善) : 「고창(高昌) 장화(章和) 18년(548) 광비(光妃)의 의물소(衣物疏)」의 각주 38)번을 참조 바람.

23 반천사(攀天思) 만만구천장(丈) : 보통 "반천사(攀天糸) 만만구천장(丈)"라고 쓴다. 「고창(高昌) 장화(章和) 18년(548) 광비(光妃)의 의물소(衣物疏)」의 각주 35)번을 참조 바람.

24 해동두(海東頭)·해동벽(海東壁) : 「고창(高昌) 장화(章和) 18년(548) 광비(光妃)의 의물소(衣物疏)」의 각주 40)번을 참조 바람.

25 천서(倩書) : 「북량(北涼) 승평(承平) 8년(450) 적소원(翟紹遠)이 비를 구매한 계약문서[買婢券]」의 각주 8)번을 참조 바람.

26 시견(時見) : 「전량(前涼) 승평(升平) 11년(367) 왕념(王念)이 낙타를 판매한 계약문서[券]」의 각주 5)번을 참조 바람.

참고문헌

馬高強·錢光勝,「從吐魯番出土的隨葬衣物疏看高昌民間冥界觀的變化」,『齊齊哈爾師範高等專科學校學報』, 2008年 第1期.

李祝環,「中國傳統民事契約中的中人現象」,『法學硏究』, 1997年 第6期.

吳婭婭,『吐魯番出土衣物疏輯錄及所記名物詞彙釋』, 西北師範大學 碩士學位論文, 2012.

王啓濤,『吐魯番出土文獻詞典』, 成都: 巴蜀書社, 2012.

趙國伶,『甘肅河西地區十六國時期衣物疏整理與硏究』, 西北師範大學 碩士學位論文, 2020.

張永莉,『吐魯番契約文書詞語例釋』, 陝西師範大學 碩士學位論文, 2012.

秦仙梅,「罕世發現—秦陵石甲胄」,『東南文化』, 2002年 2期.

19. 당인(唐人)의 해수(咳嗽) 등 질병 치료법을 적어 놓은 약방(藥方)

| 자료 사진

『吐魯番出土文書』(北京:文物出版社, 1992)로부터 轉載

자료 기초 정보

국가	중국 ‖ 고창/당
연대	7세기경
출토지	투루판 아스타나 338호 묘
자료 출처	『吐魯番出土文書』(全4冊) 2(北京: 文物出版社, 1992년, 247쪽)

자료 해제

중국 신장웨이우얼자치구 투루판시에서 발굴된 아스타나 고분군은 고창(高昌) 고성(古城) 부근에 위치한 고창국(高昌國)과 당나라 때의 무덤 군(群)이다.[1] 이 문서는 아스타나 338호 묘에서 출토된 성립 시기 미상의 문서이다. 다만 동일 분묘에서 함께 발견된 문서 가운데 작성 연대가 가장 이른 것은 고창 연수(延壽) 2년(625)이고 가장 늦은 것은 당 용삭(龍朔) 4년(664)이므로, 이 문서 역시 7세기경에 작성된 문서로 추측할 수 있다. 연수(624~640)는 국씨고창(麴氏高昌)[2]의 10대 왕 국문태(麴文泰)의 연호이고, 용삭(661~663)은 당의 3대 황제 고종(高宗)의 연호이다. 사서의 기록에 의하면, 용삭 3년 12월에 그 다음해를 인덕(麟德) 원년으로 개원하겠다는 조칙이 반포되었다. 그런데 투루판 출토 문헌 중에는 용삭 4년 6월에 개원하였다는 기록이 있어 기존 사서와 차이를 보인다.

이 문서는 의방(醫方)[3]으로 추정된다. 문서에 기록된 약의 명칭은 미상이다. 다만 약의 제조 방법을 보면 약재를 물에 넣고 끓여 만드는 탕(湯)으로써 해수(咳嗽)와 기(氣)와 관련된 문제 및 가슴 속의 열(熱)을 다스리는 치료법으로 보인다. 약방에 등장하는 약재는 오미자·감초·마황·건강으로 모두 신장 투루판과 인접한 지역들이 주요 산지이다. 따라서 투루판 지역에서도 이

1 아스타나 고분군에 대해서는 「전량(前涼) 승평(升平) 11년(367) 왕념(王念)이 낙타를 판매한 계약문서[券]」의 자료 해제를 참조 바람.

2 고창 지역 역사 전반에 대해서는 「고창(高昌) 장화(章和) 18년(548) 광비(光妃)의 의물소(衣物疏)」의 자료 해제를 참조 바람.

3 투루판 지역의 한의학 관련 의약 문서에 대한 상세한 설명은 「의방(醫方)」의 자료 해제를 참조 바람.

들 약재가 생산되었을 가능성이 크며, 재배가 되지 않았더라도 주변에서 용이하게 수입할 수 있었을 것이다. 한약재는 보통 대부분 건조시켜 사용하므로, 운송과 유통에도 큰 어려움은 없었을 것이다.

판독문

① □□湯: 療咳嗽短乏, 不得氣 □

② 熱胷(胸)中廻滿方

③ 五味子二兩 甘草二兩 □

④ 麻黄二兩去節 干薑(薑)三兩 □

⑤ 以水九升煮, 取三升, 分四服.

해석 및 역주

① □□탕(湯)[4]: 해수(咳嗽)[5]와 단핍(短乏)을 치료하고, 기(氣)를 … 할 수 없다…

② 열(熱)이 가슴 속에 휘돌아 가득하다[廻滿].[6]

---

4 □□탕(湯) : 치료 증상과 약재로 미루어 소청룡탕(小青龍湯)으로 추측하기도 한다(陳陗·沈澍農, 2014, 55쪽). 후한(後漢) 『상한론(傷寒論)』에 수록된 처방으로 『동의보감』에도 수록되어 응용되고 있다. 마황(麻黄)·백작약(白芍藥)·오미자(五味子)·반하(半夏) 각 5.62g, 세신(細辛)·건강(乾薑)·계지(桂枝)·감초(甘草) 각 3.75g으로 이루어져 물에 달여 복용한다. 상한표증(傷寒表證) 때 속에 수음(水飮)이 정체되어 오싹오싹 춥고 열이 나며 기침을 하고 숨이 차며 거품이 섞인 가래가 나오고 구역질이 나며 윗배가 그득한 데 쓴다. 감기·기관지염·알러지성 비염·늑막염·신염 초기 등을 앓을 때 쓸 수 있다.

5 해수(咳嗽) : 가래는 나오지 않고 기침 소리만 나는 것을 해(咳), 기침 소리는 나지 않으면서 가래만 나오는 것을 수(嗽), 기침 소리와 가래가 다 있는 것을 해수(咳嗽)라고 하였다. 그러나 지금은 해와 수를 구별하지 않고 해수로 쓴다. 주로 외사(外邪)가 폐에 침범하거나 내상(內傷)으로 다른 장부의 병변이 폐에 영향을 주어 생긴다.

6 휘돌아 가득하다[廻滿] : 원문은 "廻滿"이다. 중국 고대 의서(醫書)를 참조하여 "迫滿"으로 석독(釋讀)하기도 한다(陳陗·沈澍農, 2014, 55쪽). 이 경우 열이 가슴 속에 밀려들 듯이 가득하다는 의미로 해석할 수 있을 것이다.

③ 오미자(五味子)[7] 2량(兩) 감초(甘草)[8] 2량 ……

④ 마황(麻黃)[9] 2량 마디를 제거함 건강(乾薑)[10] 3량 ……

⑤ 물 9되[升]로써 끓여 3되를 취해 네 번으로 나누어 복용한다.

7 오미자(五味子) : 한의학에서 오미자는 오미자나무의 열매를 말린 것을 가리킨다. 오미자는 해수·천식에 유효하며 땀을 거두며 진액을 생성시켜 소갈증에 유효하다. 유정(遺精)·유뇨(遺尿)·소변 자주 보는 증상·오래된 이질·설사·가슴이 뛰고 잠을 이루지 못하면서 꿈이 많은 증상에 쓰인다. 중국에서는 간쑤성과 닝샤 후이족 자치구가 주요한 오미자 산지 중 하나이다.

8 감초(甘草) : 한약재로서 감초는 뿌리와 줄기 일부를 껍질이 붙은 채로 또는 껍질을 벗겨서 사용한다. 약리 작용은 해독작용·간염·두드러기·피부염·습진 등에 효과가 있다. 진해·거담, 근육이완, 이뇨작용, 항염작용이 있으며 소화성 궤양을 억제한다. 중국에서는 간쑤성과 칭하이성, 신장웨이우얼자치구가 주요한 감초 산지 중 하나이다.

9 마황(麻黃) : 마황과의 초마황(草麻黃) 또는 동속식물의 부드러운 줄기를 사용해 만든 약재이다. 효능은 풍한(風寒)을 소산시키고, 발한해표, 오한발열, 두통, 천식, 해수, 수종, 신체 상부 마비, 피부 마비, 충혈, 어혈에 쓰인다. 중국에서는 간쑤성, 신장웨이우얼자치구가 주요한 마황 산지 중 하나이다.

10 건강(乾薑) : 생강의 말린 뿌리줄기이다. 동인도의 힌두스탄 지역이 원산지로 추정되며 중국에서는 2,500여 년 전에 재배되었다는 기록이 있다. 지금의 쓰촨성이 생강의 원산지로 알려져 있다. 생강은 2,000년 전 중국 의서에도 기술되어 있으며 모든 한방 처방의 전반에서 약재로 쓰이고 있다. 약리 효과는 위액 분비 촉진, 장관 연동작용 활성화, 소화 촉진, 구토를 가라앉히며 심장을 흥분시켜 혈압을 상승하게 하고 혈액순환을 촉진한다. 항염, 진통, 억균 작용이 있다.

참고문헌

戊己, 「唐西州的古代藥方研究」, 『中國地方志』, 2006年 9期.
王珍仁 · 孫慧珍, 「吐魯番出土文書中所見祖國醫藥方研究」, 『北京圖書館館刊』, 1997年 4期.
王興伊, 「西域方藥文獻研究述要」, 『中醫文獻雜誌』, 2003年 2期.
于業禮, 「新疆出土醫藥文獻研究概述」, 『中醫文獻雜誌』, 2014年 3期.
陳陗 · 沈澍農, 「中國藏吐魯番中醫藥文書研究」, 『西部中醫藥』, 2014年 6期.

20. 잔고의방(殘古醫方)

| 자료 사진

『吐魯番出土文書』(北京:文物出版社, 1992)로부터 轉載

자료 기초 정보

국가	중국 ‖ 고창/당
연대	7세기경
출토지	투루판 아스타나 117호 묘
자료 출처	『吐魯番出土文書』(全4冊) 2(北京: 文物出版社, 1994년, 297쪽)

자료 해제

중국 신장웨이우얼자치구 투루판시에서 발굴된 아스타나 고분군은 고창(高昌) 고성(古城) 부근에 위치한 고창국(高昌國)과 당나라 때의 무덤 군(群)이다.[1] 이 문서는 아스타나 117호 묘에서 출토된 성립 시기 미상의 문서이다. 다만 동일 분묘에서 함께 발견된 문서 중 작성 연대가 가장 이른 것은 고창 연수(延壽) 4년(627)이고 가장 늦은 것은 당 고종(高宗) 재위 시기(649~683)이므로, 이 문서 역시 7세기경에 작성된 문서로 추측할 수 있다. 연수(624~640)는 국씨고창(麴氏高昌)[2]의 10대 왕 국문태(麴文泰)의 연호이다.

이 문서는 의방(醫方)[3]으로 추정된다. 문서에 기록된 약의 종류와 명칭은 미상이다. 다만 약재의 효능으로 보아 수종(水腫)의 팽만이나 가래 및 호흡 곤란을 치료하고, 장(腸)의 수기(水氣)를 치료하거나, 폐 기능의 이상을 치료하는 효과를 기대할 수 있다(陳陗·沈澍農, 2014, 56쪽). 약방에 등장하는 약재 중에서 생강[薑]과 초목(椒目)은 신장 투루판 지역에서도 재배되는 식물로, 이를 약재로 취득하는 것은 그리 어렵지 않았을 것이다. 그러나 길경(桔梗)은 고창 지역에서 생산되지 않는 약재여서 건조된 상태로 외부로부터 수입하였을 것으로 추정된다. 다만 길경은 인근 지역인 산시, 쓰촨 지역에서도 생산되므로 입수 난이도는 높지 않았을 것이다. 가장 취득이 어려운 약

1 아스타나 고분군에 대해서는 「전량(前涼) 승평(升平) 11년(367) 왕념(王念)이 낙타를 판매한 계약문서[券]」의 자료 해제를 참조 바람.

2 고창 지역 역사 전반에 대해서는 「고창(高昌) 장화(章和) 18년(548) 광비(光妃)의 의물소(衣物疏)」의 자료 해제를 참조 바람.

3 투루판 지역의 한의학 관련 의약 문서에 대한 상세한 설명은 「의방(醫方)」의 자료 해제를 참조 바람.

재는 별갑(鱉甲)과 방기(防己)이다. 이들은 고창 지역과는 생태환경이 확연히 다른 온난하고 습윤한 기후에서 생산되는 약재이다. 방기의 경우는 중국 남부 연해 지역에서 생산되며, 자라는 건조한 사막기후에 습지가 없는 투루판 지역에서는 서식하지 않는다. 따라서 고창에서는 이를 원거리 무역을 통해 수입하여 약재로 사용하였을 가능성이 크다.

판독문

① □ 二兩 鱉甲二兩 □ 二兩 防己二兩 □

② □ 薑一兩半 □ 沙四兩 才二 □

③ □ 更二兩 集目二兩 □

해석 및 역주

① …… 2량(兩) 별갑(鱉甲)[4] 2량 …… □2량 방기(防己)[5] 2량 ……

② …… 강(薑)[6] 1량 반 …… 사(沙) 4량 재(才)[7] 2 ……

---

4 별갑(鱉甲) : 자라과 동물인 자라의 등딱지를 말린 것이다. 강이나 늪·못에서 서식하는 자라를 잡아서 등딱지를 햇볕에 말려 약재로 사용한다. 별갑의 약리 효능은 다음과 같다. 음정(陰精)을 자양하며 열을 내리고 어혈을 없앤다. 또 간양(肝陽)을 내리고 굳은 것을 유연하게 하며 엉기어 있는 것을 흩어지게 한다. 소아 경간(驚癎), 무월경, 징가(癥瘕), 현벽(懸癖), 몸이 여위는 증상 등에 쓴다. 간경화, 비장종대(脾臟腫大)에도 쓴다. 중국에서 닝샤·신장·칭하이·시짱 지역들을 제외한 전역에서 두루 생산되지만, 주요 생산지는 후베이·안후이·장쑤·저장·장시성 등이다.

5 방기(防己) : 쌍떡잎식물 미나리아재비목 방기과의 낙엽 덩굴식물이며, 청등(青藤)이라고도 한다. 덩굴성줄기 및 뿌리줄기를 약재로 사용한다. 중국에서는 광둥성·후난성·광시자치구 등의 지역이 주요한 산지이다. 효능은 풍습성 사지관절 동통과 수족경련, 중풍, 구안와사, 부종, 각기병, 복수가 찰 때 사용한다. 또한 진통 작용, 소염 작용, 해열 작용, 횡문근 이완 작용, 기관지 평활근 이완 작용, 항균, 항종양 작용 등의 약리 작용을 한다.

6 강(薑) : 「당인(唐人)의 해수(咳嗽) 등 질병 치료법을 적어 놓은 약방(藥方)」의 각주 10)번을 참조 바람.

7 재(才) : 원문과 달리 다른 연구에서는 "才"는 오독이며 실제로는 "术"로 석독하여야 한다고 주장하였다(陳陗·沈澍農, 2014, 56쪽). 만약 "术"이라면 국화과 식물 삽주의 뿌리인 출, 즉 한약재 백출(白术)을 기록한 것으로 볼 수 있다.

③ …… 길경(桔梗)[8] 2량 초목(椒目)[集目][9] 2량 ……

8 길경(桔梗) : 원문의 "吏"을 연구 논문을 참고하여 "梗"으로 수정하고 이를 길경(桔梗)으로 석독(釋讀)하였다(陳誚·沈澍農, 2014, 56쪽). 초롱꽃과의 도라지의 뿌리 또는 주피를 제거하여 만든 약재이다. 다른 이름은 방도(房圖)·백약(白藥)·경초(梗草)·이여(利如)이다. 약리 실험에서 진정 작용·진통 작용·해열 작용·혈압 강하 작용·소염 작용·위액 분비 억제 작용·항궤양 작용·항아나필락시스 작용 등이 밝혀졌다. 해수가 있으며 숨이 찬 증상, 가슴이 그득하고 아픈 증상, 목이 쉰 증상, 목이 아픈 증상, 옹종(癰腫) 등에 쓴다. 기관지염, 기관지 확장증, 인후두염 등에도 쓸 수 있다. 닝샤·신장·칭하이·시짱 지역을 제외한 중국 전역에서 두루 생산된다.

9 초목(椒目)[集目] : 원문의 "集目"을 연구 논문을 참고하여 "椒目"으로 수정하였다. 초목은 산초나무의 씨앗으로 약재로 사용된다(陳誚·沈澍農, 2014, 56쪽). 초목은 소변이 잘 나오게 하고 부기를 가라앉힌다. 또한 기를 내리고 숨이 찬 증상을 없앤다. 부종·복수·담음(痰飮)으로 숨이 찬 증상 등에 쓴다. 산초나무는 히말라야산맥 지역이 원산지로 추정되며, 오래전에 중국으로 전파되어 칭하이성부터 저장성 연해 지역까지 널리 재배된다.

참고문헌

戊己, 「唐西州的古代藥方研究」, 『中國地方志』, 2006年 9期.
王珍仁 · 孫慧珍, 「吐魯番出土文書中所見祖國醫藥方研究」, 『北京圖書館館刊』, 1997年 4期.
王興伊, 「西域方藥文獻研究述要」, 『中醫文獻雜誌』, 2003年 2期.
于業禮, 「新疆出土醫藥文獻研究概述」, 『中醫文獻雜誌, 2014年 3期.
陳陗 · 沈澍農, 「中國藏吐魯番中醫藥文書研究」, 『西部中醫藥』, 2014年 6期.

21. 고사본의방(古寫本醫方) 1(一)

자료 사진

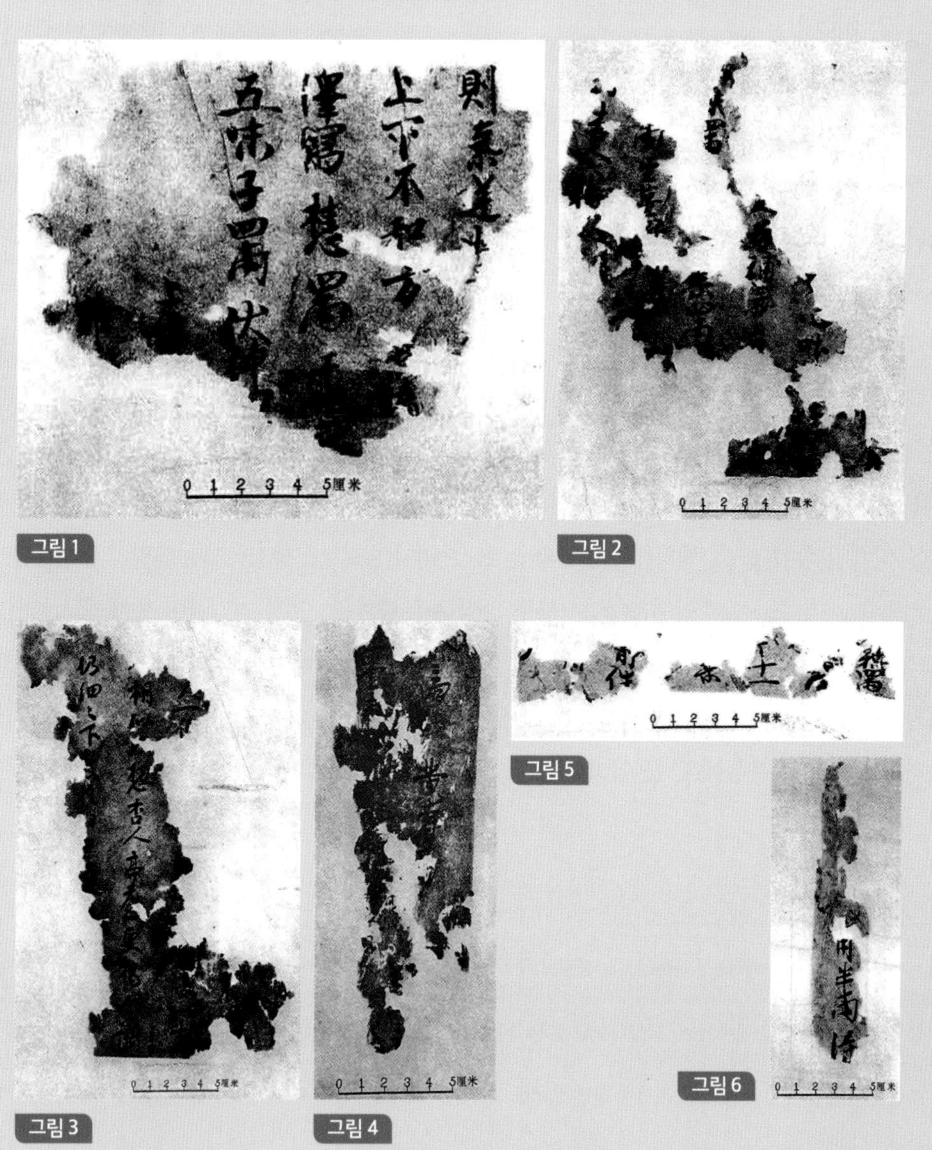

『吐魯番出土文書』(北京:文物出版社, 1992)로부터 轉載

자료 기초 정보

국가	중국 ‖ 고창/당
연대	7세기경
출토지	투루판 아스타나 204호 묘
자료 출처	『吐魯番出土文書』(全4冊) 2(北京: 文物出版社, 1994년, 155~157쪽)

자료 해제

중국 신장웨이우얼자치구 투루판시에서 발굴된 아스타나 고분군은 고창(高昌) 고성(古城) 부근에 위치한 고창국(高昌國)과 당나라 때의 무덤 군(群)이다.[1] 이 문서는 아스타나 204호 묘에서 출토된 성립 시기 미상의 문서이다. 다만 동일 분묘에서 함께 발견된 문서 중 작성 연대가 가장 이른 것은 고창 연수(延壽) 9년(633)이고 가장 늦은 것은 당 정관(貞觀) 22년(648)이므로, 이 문서 역시 7세기경에 작성된 문서로 추측할 수 있다. 연수(624~640)는 국씨고창(麴氏高昌)[2]의 10대 왕 국문태(麴文泰)의 연호이고, 정관(627~649)은 당의 2대 황제 태종(太宗)의 연호이다.

이 문서는 의방(醫方)[3]으로 추정된다. 문서에 기록된 약의 종류와 명칭은 미상이다. 다만 기(氣)와 관련된 문제 및 심장 문제 그리고 토혈(吐血)에 관련된 치료법으로 보인다. 이 의방에 등장하는 약재인 황기(黃耆), 택사(澤瀉), 지황(地黃), 오미자(五味子), 복신(茯神), 생강(生薑), 행인(杏仁), 정력(葶藶), 감초(甘草), 당귀(當歸)는 모두 신장 투루판과 그 인접 지역들이 현재 중국에서의 주요 산지로 알려져 있다. 따라서 옛 투루판 지역에서도 이들 약재가 생산되었을 가능성이 크며, 재배가 되지 않았더라도 주변에서 용이하게 입수할 수 있었을 것이다. 약재는 대부분 건조시켜 사용하므로 운송과 유통에도 큰 어려움은 없었을 것이다. 반면, 계심(桂心)과 인삼(人蔘)은 투루

1 아스타나 고분군에 대해서는 「전량(前涼) 승평(升平) 11년(367) 왕념(王念)이 낙타를 판매한 계약문서[券]」의 자료 해제를 참조 바람.

2 고창 지역 역사 전반에 대해서는 「고창(高昌) 장화(章和) 18년(548) 광비(光妃)의 의물소(衣物疏)」의 자료 해제를 참조 바람.

3 투루판 지역의 한의학 관련 의약 문서에 대한 상세한 설명은 「의방(醫方)」의 자료 해제를 참조 바람.

판 및 그 인근 지역에서 생산되지 않는 약재이다. 계심은 인도를 비롯한 동남아 열대·아열대 지역에서 생산되고, 인삼은 중국의 동북(東北) 지역이나 한반도에서 생산된다. 따라서 고창에서 이들 약재가 사용되었다면, 중국 내지 혹은 서역 및 한반도로부터 수입되었을 가능성이 크다.

판독문

(一)

① 則氣逆□

② 上下不和方 黄者□

③ 澤寫 桂心四兩 干地黄□

④ 五味子四兩 伏神四□

⑤ 上件□

⑥ 難□

(二)

① □不

② □心吐□吐血者

③ □方補氣治□力

④ □四兩 □椒四兩□

⑤ □兩 生薑四□者 □子 人參□

⑥ □杏人六十枚去皮 □

(三)

① □著次□

② □人一□歷復如杏

③ □相似□總杏人, 亭歷更搗, 令調,

④ 仍細々下散於臼中, 併□

(四)

① □ 參二兩 黃耆□□ □□二兩

② □ 草二兩 當歸 兩 □

(五)

① □ 蘊四兩

② □

③ □ 十一

④ □ 前件 □

(六)

① 用半兩得 □

해석 및 역주

(1)

① 즉 기(氣)가 치밀어 오르며[4] ……

② 상하(上下)가 불화(不和)할 때의 [의]방은 황기(黃耆)[5] ……

4 기(氣)가 치밀어 오르며 : 폐·위·간 등이 외사·식체(食滯)·화열(火熱)·담탁(痰濁)·정신적인 억울 상태 등에 영향을 받아 기가 역상(逆上)하여 불순(不順)해지는 병리를 가리킨다.

5 황기(黃耆) : 황기(黃芪)라고도 쓰며 대심(戴椹)·대삼(戴糝)·독심(獨椹)·촉지(蜀脂)·백본(百本)으로도 불린다. 콩과 식물인 단너삼의 뿌리를 말린 것이다. 중국에서도 널리 재배되며 간쑤성·쓰촨성 등 서북(西北) 지역에서도 생산된다. 일반적으로 약초로서 재배하며, 강장·지한(止汗)·이뇨(利尿)·소종(消腫) 등의 효능이 있어 신체 허약·피로권태·기혈허탈(氣血虛脫)·탈항(脫肛)·자궁탈·내장하수·식은땀·말초신경 장애 등에 처방한다.

③ 택사(澤瀉)[澤寫][6] 계심(桂心)[7] 4냥(兩) 건지황(乾地黃)[8] ……

④ 오미자(五味子)[9] 4량 복신(茯神)[伏神][10] 4량(?) ……

⑤ 상건(上件) ……

⑥ 난(難). ……

(2)

① …… 불(不)

② …… 심토(心吐) 피를 토하는 경우

③ …… [의]방으로 기를 보(補)하고 다스리는 …… 역(力)

④ …… 4량 초(椒)[11] 4량 ……

---

6 택사(澤瀉)[澤寫] : 원문의 "澤寫"를 "澤瀉"로 수정하여 풀이하였다(陳陗·沈澍農, 2014, 56쪽). 외떡잎식물 소생식물목 택사과의 질경이택사의 덩이줄기를 채취하여 잔뿌리와 껍질을 제거하고 말린 약재이다. 중국에서도 널리 재배되며 쓰촨성·신장 등 서북(西北) 지역에서도 생산된다. 이수(利水)·지사(止瀉)·지갈(止渴)의 효능이 있다. 소변불리(小便不利)·수종창만(水腫脹滿)·신장염·방광염·요도염·임신부종·각기·설사·번갈(煩渴)·당뇨·고혈압·지방간 등의 증상에 사용한다.

7 계심(桂心) : 녹나무과의 육계(肉桂) 또는 기타 동속 근연식물의 간피(幹皮)에서 주피와 내피의 얇은 층을 벗겨낸 것을 말한다. 향신료 및 약재로 이용된다. 효능은 소화장애·복통 설사·구토·풍습성(風濕性)으로 인한 사지마비와 동통·허리나 무릎의 신경통과 관절 질환에 사용한다. 또한 산후 출혈·이질·대변시 출혈·콩팥 기능 감퇴·방광염에도 활용된다. 온난 습윤한 열대·아열대기후 지역에서 자라며, 인도·라오스·베트남·인도네시아 등지가 주 생산지이다. 중국에서는 윈난·광둥·광시 등지에서 재배한다.

8 지황(地黃) : 현삼과에 속하는 여러해살이 초본식물이다. 그 뿌리의 생것을 생지황, 건조시킨 것을 건지황, 술을 넣고 쪄서 말린 것을 숙지황이라고 한다. 숙지황은 보혈제로 쓰이고 생리불순·허약 체질·어린이의 발육 부진·치매·조루증·발기부전에 사용하며, 생지황은 허약 체질·토혈·코피·자궁 출혈·생리불순·변비에 사용하고, 건지황은 열병 후에 생기는 갈증과 장기 내부의 열로 인한 소갈증에 효과가 있으며 토혈과 코피를 그치게 한다. 중국이 원산지이며 후베이·저장·광시 및 쓰촨 등 지역이 주요한 산지이다.

9 오미자(五味子) : 「당인(唐人)의 해수(咳嗽) 등 질병 치료법을 적어 놓은 약방(藥方)」의 각주 7)번을 참조 바람.

10 복신(茯神)[伏神] : 원문의 "伏神"을 "茯神"으로 수정하여 풀이하였다(陳陗·沈澍農, 2014, 56쪽). 복령(茯苓), 복토(茯菟)라고도 한다. 구멍버섯과 식물로 소나무 뿌리에 기생하는 복령균의 균핵을 캐내어 겉껍질을 버리고 말린 것이다. 복령 가운데에서 빛이 흰 것을 백복령(白茯苓), 빛이 붉은 것을 적복령(赤茯苓)이라고 하며 솔뿌리를 둘러싼 것을 복신(茯神)이라고 한다. 약리 작용으로는 이뇨·억균 작용·장관이완 작용·궤양 예방 효과·혈당 강하 작용·심장 수축력 증가·면역 증강 작용·항종양 작용 등이 보고되었다. 중국에서는 주로 안후이·윈난·후베이성에서 생산된다. 복령은 소나무와 밀접한 관련이 있는데, 신장 지역 역시 오침송(五針松)의 원산지로 유명하다.

11 초(椒) : 원문으로는 판독할 수 없으나 연구 논문을 참고하여 "椒"로 복원하였다. 「잔고의방(殘古醫方)」의 각주 9)번을 참조 바람.

⑤ …… 량 생강(生薑)[12] 4량(?) □자(者)□자(子) 인삼(人蔘)[13] ……

⑥ …… 행인(杏仁)[杏人][14] 60매 껍질을 제거 ……

(3)

① …… 저차(著次)□

② □인(人) 1 …… 역부여행(歷復如杏)

③ □상사(相似)□행인, 정력(葶藶)[亭歷][15]을 함께 다시 찧어서 섞고

④ 그대로 세세하게 절구 속에 흩어 넣어 함께 ……

(4)

① …… 인삼[參] 2량 황기 □□ □□ 2량

② …… 감초[草][16] 2량 당귀(當歸)[17]□량 ……

(5)

① …… 소(蘇) 4량

---

12 생강(生薑) :「당인(唐人)의 해수(咳嗽) 등 질병 치료법을 적어 놓은 약방(藥方)」의 각주 10)번을 참조 바람.

13 인삼(人蔘)[人參] : 두릅나무과의 인삼의 뿌리로서 가는 뿌리와 코르크층을 제거한 것을 말한다. 약리 작용은 대뇌 피질 흥분과 억제 평형 · 항피로 · 항노화 · 면역 증강 · 심장 수축 · 성선 촉진 · 고혈당 억제 · 단백질 합성 촉진 · 항상성 유지 · 항암 · 해독 작용 등이 보고되었다. 잎을 인삼엽(人蔘葉), 노두(蘆頭)를 인삼로(人蔘蘆), 종자를 인삼자(人蔘子)라고 하여 약으로 쓰기도 한다. 중국에서는 랴오닝 · 지린 · 헤이룽장성의 해발 수백 미터 지대에 위치한 침엽수림에서 생산된다.

14 행인(杏仁)[杏人] : 원문의 "杏人"을 "杏仁"으로 수정하였다(陳陗 · 沈澍農, 2014, 56쪽).「의방(醫方)」의 각주 4)번을 참조 바람.

15 정력(葶藶)[亭歷] : 원문의 "亭歷"을 "葶藶"으로 수정하였다(陳陗 · 沈澍農, 2014, 56쪽). 쌍떡잎식물 통화식물목 꿀풀과의 여러해살이풀인 두루미냉이를 가리킨다. 뿌리줄기는 작은 감자 모양의 흰 덩이줄기인데 봄에서 가을에 걸쳐 생기며 식용한다. 씨는 약재로 사용하며 정력자(葶藶子)라고도 한다. 이뇨(利尿) · 통경(通經) · 거담(祛痰)의 약재로서 부종(浮腫) · 해수(咳嗽) · 천촉(喘促) · 적취(積聚) 등에 사용한다. 중국에서는 저장 · 장쑤성에서부터 시짱자치구에 이르기까지 널리 재배된다.

16 감초[草] : 원문은 "草"이나 연구 논문을 참고하여 "甘草"로 복원하였다(陳陗 · 沈澍農, 2014, 56쪽).「당인(唐人)의 해수(咳嗽) 등 질병 치료법을 적어 놓은 약방(藥方)」의 각주 8)번을 참조 바람.

17 당귀(當歸) : 약재로서는 미나리과에 속하는 다년생 방향성 초본인 당귀의 뿌리를 건조시킨 것을 말한다. 효능으로는 피를 원활히 순환하게 해주는 활혈작용(活血作用)이 뛰어나며, 항암 효과 및 혈압 강하 작용이 강하다. 원산지는 서아시아 지역이며 중국에서는 간쑤성 동남부가 주산지이다.

② ……

③ …… 십일(十一)

④ …… 전건(前件) ……

(6)

① 반량을 사용하여 얻는다. ……

참고문헌

陳陗·沈澍農,「中國藏吐魯番中醫藥文書研究」,『西部中醫藥』, 2014年 6期.

22. 당(唐) 개원(開元) 21년(733) 석염전(石染典)의 노새 계약문서[買騾契]

자료 사진

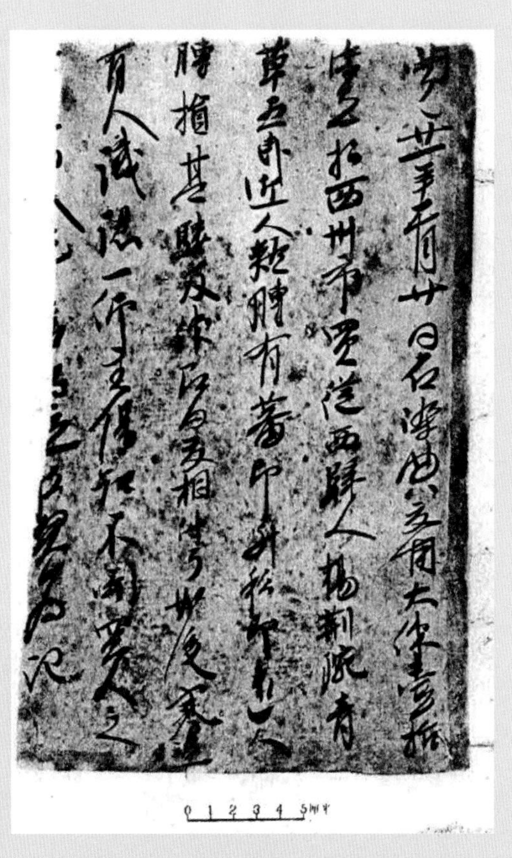

『吐魯番出土文書』(北京:文物出版社, 1992)로부터 轉載

자료 기초 정보

국가	중국 ‖ 당
연대	733년
출토지	투루판 아스타나 509호 묘
자료 출처	『吐魯番出土文書』(全4冊) 4(北京: 文物出版社, 1996년, 280쪽)

자료 해제

중국 신장웨이우얼자치구 투루판시에서 발굴된 아스타나 고분군은 고창(高昌) 고성(古城) 부근에 위치한 고창국(高昌國)과 당나라 때의 무덤 군(群)이다.[1] 문서에 보이는 개원(開元, 713~741)은 당 현종(玄宗) 시기의 연호이다.[2] 이 문서는 아스타나 509호 묘에서 출토된 노새[騾] 매매 계약문서이다.[3] 당대(唐代)에는 노비나 가축을 매매할 때 반드시 관사(官司)에서 발급하는 계약문서를 작성하였는데, 이를 시권(市券)이라 한다. 다만, 이 문서는 관사에서 발급한 시권이 아닌 개인 간의 사계(私契)이다. 투루판과 둔황에서 출토된 마(馬)·우(牛)·타(駝)·여(驢) 매매 계약문서는 대략 4~10세기경에 작성된 것으로 현재 중국에서 가장 오래된 마·우·타·여 매매 계약문서이다. 그중 투루판에서 10건의 문서가 출토되었고 둔황에서는 5건이 출토되었다. 이러한 매매 계약문서는 그 기본 형식이 대개 비슷하다.[4]

이 계약문서에는 석염전(石染典)이 양형완(楊荊琬)에게 노새를 구매한 사실이 기록되어 있다. 투루판 지역의 자연환경과 거주민들의 특성으로 보아 당시 이 고창 지역에서도 노새의 사

1 아스타나 고분군에 대해서는 「전량(前涼) 승평(升平) 11년(367) 왕념(王念)이 낙타를 판매한 계약문서[券]」의 자료 해제를 참조 바람.

2 고창 지역 역사 전반에 대해서는 「고창(高昌) 장화(章和) 18년(548) 광비(光妃)의 의물소(衣物疏)」의 자료 해제를 참조 바람.

3 당대(唐代) 노비 및 가축 매매 문서에 대해서는 「북량(北涼) 승평(承平) 8년(450) 적소원(翟紹遠)이 비를 구매한 계약문서[買婢券]」의 자료 해제를 참조 바람.

4 이와 같은 매매 계약문서의 구체적인 형식에 대해서는 「북량(北涼) 승평(承平) 8년(450) 적소원(翟紹遠)이 비를 구매한 계약문서[買婢券]」의 자료 해제를 참조 바람.

육과 매매가 활발히 이뤄졌을 가능성이 크다. 또 매매가 서주(西州)의 시(市)에서 이루어졌다는 점으로 보아 관(官)이 관리하는 상업 중심 교역지가 당시에 충실히 작동하고 있었음을 확인할 수 있다.

석염전이 구입한 노새의 가격은 대련(大練) 17필이다. 이것이 어느 정도의 가치를 지녔는지를 현재로서는 파악하기 어렵다. 다만, 같은 아스타나 509호 묘에서 출토된 매매 계약문서들을 살펴보면 대략의 가치를 파악할 수 있다. 우선 개원 21년 정월 서주의 시(市)에서 석염전은 강사례(康思禮)로부터 노새와 유사한 부류의 가축인 6세 말을 대련 18필에 구입하고 매매 계약문서[73TAM509:8/10]를 작성하였다. 말과 노새 사이에 그렇게 큰 가격 차이가 존재하지 않았다고 추측할 수 있다.

또한 개원 19년(731) 2월 경조부(京兆府) 금성현(金城縣)의 당영(唐榮)은 서주의 시에서 흥호(興胡) 미록산(米祿山)으로부터 12세의 비(婢) 실만아(失滿兒)를 연(練) 40필에 구매하고 시권[73TAM509:812-1(a)/12-2(a)]을 작성하였다. 개원 20년(732) 8월 설십오랑(薛十五娘)은 서주의 시에서 전원유(田元瑜)로부터 13세의 호비(胡婢) 녹주(綠珠)를 연 40필에 구매하고 시권[73TAM509:8/4-3(a)]을 작성하였다. 이를 보면 말 또는 노새의 가격이 비의 가격에 절반 정도 됨을 알 수 있다.

상기한 세 문서에는 모두 연의 주인, 가축 혹은 비의 주인, 3명 내지는 5명의 보인(保人)의 성명과 연령 등이 기재되어있는 점으로 보아, 이 매매 계약문서에서는 이러한 부분이 훼손되어 결락된 것으로 추정된다.

판독문

① 開元卄一年二月卄日, 石染典交用大練壹拾

② 柒疋, 於西州市, 買從西歸人楊荊琬青

③ 草五歲, 近人頬膊有蕃印幷私印, 遠人

④ 膊損. 其驃及練, 卽日交相付了. 如後寒盜

⑤ 有人識認, 一仰主, 保知, 不關買人之

⑥ □□□□□故立私契爲記.

해석 및 역주

① 개원(開元)[5] 21년 2월 20일, 석염전(石染典)은 대련(大練) 17

② 필(疋)을 사용하여, 서주(西州)[6] 시(市)[7]에서 서쪽으로 돌아가는 사람인 양형완(楊荊琬)으로부터 푸른색

③ 암컷 5세 [노새를] 구매한다. 좌측면[近人][8] 빰과 다리 윗부분에 토번(吐蕃)의 낙인[蕃印][9]과 개인의 낙인이 있고, 우측면

④ 다리 윗부분에는 [낙인이] 손상되어있다. 노새[10] 및 연[11]은 그날에 지급을 마친다. 만약 이후에 도난당한 것임을 알아보는 자가 있다면, 모두 [원] 주인과 보인(保人)에게 책임이 있고 구매자는 관여하지 않는 [일이다].[12]

⑤ [사람이 신의 없을까 걱정하여][13] 그런 까닭에 사사로운 계약문서를 만들어 증빙으로 삼는다.

---

5 개원(開元) : 당 현종(玄宗)의 연호이다. 개원(開元) 21년은 서기 733년이다.

6 서주(西州) : 640년에 당(唐)은 국씨고창(麴氏高昌)을 멸망시킨 뒤 서주(西州)를 설치하고 안서도호부(安西都護府)를 교하(交河)에 설치하여 고창·유중(柳中)·교하·포창(蒲昌)·천산(天山)의 5현(縣)을 관장하였다. 주의 치소(治所)인 서주성(西州城)은 고창을 가리키며 현재는 고창고성(高昌古城)으로 유적만이 남아 있다.

7 시(市) : 도시에서 상업공간으로 지정된 구역이다. 당은 경성에 동·서·남 3시(市)를 두었다가 이후 남시는 폐지하였다. 시에는 시령(市令)과 시승(市丞)을 두어 교역에 관련된 모든 일을 관장하게 하였다. 주현(州縣)에도 시가 설치되고 시령 등이 교역과 관련된 업무를 경성의 시에 준하여 처리하였을 것이다.

8 좌측면[近人] : 원문은 "近人"이다. 그 의미는 사람이 말에 가까이 붙어 올라타는 쪽을 가리키는 것으로, 즉 말의 좌측면을 뜻한다(王蕾, 2010, 73쪽). 한편, "遠人"은 말의 우측면을 뜻한다.

9 토번(吐蕃)의 낙인[蕃印] : 가축의 소유권을 표시하기 위해 윗다리 부분에 찍은 낙인이 토번의 것임을 말한다. 즉 이 노새는 본래 토번에서 사육한 가축으로 추정할 수 있다(王蕾, 2010, 73쪽).

10 노새[騾] : 나(驘)라고도 하며 암말과 수탕나귀 사이에서 태어난 중간잡종이다. 소아시아 지역이 발상지로 추정되며 체질은 강건하고 거친 먹이에 잘 견디며 체격에 비해 부담력이 크고 지구력도 강하다. 수컷은 번식력이 없는데 암컷은 드물게 수태하여 새끼를 낳아 기를 때도 있다. 중국에서는 기원전 2400~2500년 전인 춘추전국시대부터 사육하였으나 당시에는 진귀한 애완동물로 취급받았고, 명대(明代) 이후에 대량으로 사육하여 역축(役畜)으로 사용하였다. 현재 중국 칭짱 고원과 신장 지역에 야생 당나귀가 서식하고 있는데 목축에 익숙한 고창 지역에서는 이를 가축화하고 말과 교배를 통해 노새를 번식시켜 이용했을 것이다.

11 연(練) : 「피장자·연대 미상 무덤의 의물소(衣物疏) 2건」의 각주 9)번을 참조 바람.

12 구매자는 관여하지 않는 [일이다] : 동일한 분묘에서 함께 출토된 같은 해 말의 매매 계약문서[74TAM509:8/10]를 참고하여 원문의 "不關買人之"의 뒤에 "事"를 추가하여 해석하였다.

13 [사람이 신의 없을까 걱정하여] : 동일한 분묘에서 함께 출토된 같은 해 말의 매매 계약문서[74TAM509:8/10]를 참고하여 원문의 결락에 "恐人無信"을 추가하여 해석하였다.

참고문헌

吳婭婭,『吐魯番出土衣物疏輯錄及所記名物詞彙釋』, 西北師範大學 碩士學位論文, 2012.
楊際平,「4-13世紀漢文, 吐蕃文, 西夏文買賣, 博換牛馬駝驢契比較研究」,『敦煌學輯刊』, 2019年 第1期.
王蕾,「唐代吐魯番地區畜牧業發展狀況管窺」,『安康學院學報』, 2010年 第3期.
凍國棟,「唐代的"市券"與"私契"-敦煌, 吐魯番文書劄記之一」,『喀什師範學院學報』, 1988年 第4期.

23. 급황(急黃)을 다스리는 의방(醫方)

자료 사진

『吐魯番出土文書』(北京:文物出版社, 1992)로부터 轉載

자료 기초 정보

국가	중국 ‖ 당
연대	618~907년
출토지	투루판 아스타나 73호 묘
자료 출처	『吐魯番出土文書』(全4冊) 4(北京: 文物出版社, 1996년, 358쪽)

자료 해제

중국 신장웨이우얼자치구 투루판시에서 발굴된 아스타나 고분군은 고창(高昌) 고성(古城) 부근에 위치한 고창국(高昌國)과 당나라 때의 무덤 군(群)이다.[1] 이 문서는 아스타나 73호 묘에서 출토된 성립 시기 미상의 문서이다. 다만 묘장(墓葬)의 형제(形制)나 함께 출토된 유물 및 문서 내용으로 보아 당대(唐代)의 문서로 추정된다. 고창 지역은 640년 당(唐)에 의해 정복되어 고창현(高昌縣)이 설치되었다.[2]

이 문서는 의방(醫方)[3]으로 추정된다. 문서에 기록된 약의 종류와 명칭은 미상이다. 다만 등장하는 약재의 효능으로 보아 인진호(茵蔯蒿)를 끓여서 만드는 탕일 가능성이 있다. 『상한론(傷寒論)』에 기록된 인진호탕(茵陳蒿湯)은 인진호 외에 치자(梔子)·대황(大黃)이 들어가는데, 이는 모두 청열(淸熱)·이습(利濕)·퇴황(退黃)의 효능이 있다. 여기에 망초(芒硝)를 추가하면 고한(苦寒)하여 사하(瀉下)하는 힘이 더욱 강해지는데, 너무 과도할 것을 우려하여 환약의 형식으로 복용한 것으로 보인다(陳陗·沈澍農, 2014, 56쪽). 의방에 등장하는 약재들은 모두 고창 지역에서 직접 생산하거나 혹은 근접 지역에서 입수하기 용이한 재료였다고 생각된다.

1 아스타나 고분군에 대해서는 「전량(前涼) 승평(升平) 11년(367) 왕념(王念)이 낙타를 판매한 계약문서[券]」의 자료 해제를 참조 바람.

2 고창 지역 역사 전반에 대해서는 「고창(高昌) 장화(章和) 18년(548) 광비(光妃)의 의물소(衣物疏)」의 자료 해제를 참조 바람.

3 투루판 지역의 한의학 관련 의약 문서에 대한 상세한 설명은 「의방(醫方)」의 자료 해제를 참조 바람.

판독문

① ☐ 黄方用 茵蔯蒿 ☐

② ☐ 三分, 枝子三分, 大黄 ☐

③ ☐ 芒消 ☐ 分, 巴 ☐

④ ☐ 丸, 々如 ☐

해석 및 역주

① …… 황방용(黄方用)[4] 인진호(茵蔯蒿)[5] ……

② …… 3분(分), 치자(梔子)[枝][6] 3분, 대황(大黄)[7] ……

③ …… 망초(芒硝)[消][8] ☐ 분, 파(巴) ……

④ …… 환(丸), 환은 …… 와 같다.

---

4 황방용(黃方用) : 문서의 결락으로 인해 정확한 뜻을 알 수 없다. 다만 이 문서의 석독자(釋讀者)가 문서의 제목을 "치급황방(治急黃方)"이라고 달아놓은 것에서 유추하자면, "급황(急黃)을 다스리는 의방"에 근거하여 '급성 황달을 다스리는 의방은 인진호 등등을 사용한다'라고 의미를 추정해볼 수 있다.

5 인진호(茵蔯蒿) : 국화과의 사철쑥을 말린 약재를 말하며, 중국은 사철쑥과 빈호(濱蒿)의 지상부를 사용하고 있다. 다른 이름으로 인진(茵陳), 금인진(錦茵陳), 석인진(石茵蔯), 인진(因塵), 인진호(因陳蒿), 마선(馬先), 면인진(綿茵陳) 등이 있다. 주로 해변의 건조한 모래 위에서 생장한다.

6 치자(梔子)[枝] : 원문의 "枝"를 연구 논문을 참고하여 "梔"로 수정하였다(陳陗·沈澍農, 2014, 56쪽). 치자나무의 열매인 치자는 목단(木丹)·월도(越桃)라고도 하며, 가을에 익은 열매를 말려서 약재로 사용한다. 치자는 열을 내리고 가슴이 답답한 것을 낫게 하며 습열사(濕熱邪)를 없애고 소변이 잘 나오게 한다. 또한 출혈을 멈추게 하고 부기를 가라앉히며 해독한다. 치자는 인도 이동(以東)의 아시아 전역에서 재배되며, 중국에서도 간쑤와 쓰촨성 등 전역에서 고루 재배된다. 아울러 치자는 고대 중국에서 주요한 황색 염료이기도 하였다.

7 대황(大黃) : 마디풀과의 여러해살이풀로 6~7년이 경과한 뿌리에서 껍질과 잔뿌리를 제거한 후 썰어 말린 것을 약재로 사용한다. 소량을 섭취하면 건위작용(健胃作用)을 나타내고, 다량의 경우는 완하제(緩下劑)로 상습 변비나 소화불량에 좋으며, 민간약으로는 화상에 쓰기도 한다. 중국에서는 칭하이성·시짱을 비롯한 각지에서 재배되고 있다.

8 망초(芒硝)[消] : 원문의 "消"를 연구 논문을 참고하여 "硝"로 수정하였다(陳陗·沈澍農, 2014, 56쪽). 황산염 광물 망초를 정제한 것으로 주로 황산나트륨(무수물)을 함유한다. 천연산 망초[土硝]에 열수를 가하여 용해 여과한 여액(濾液)을 냉각할 때 처음으로 석출된 결정을 박초(朴硝)라 하고, 이를 반복 재결정하여 얻은 결정을 망초라 하며, 망초를 풍화 건조시켜 얻은 것을 현명분(玄明粉)이라 한다. 무색 투명한 주상 결정 또는 백색의 결정성 가루이며 물에 녹고 에탄올에 녹지 않는다. 오장(五臟)의 적취(積聚)와 징가(癥瘕)를 풀며 오림(五淋)을 낫게 하고 대소변을 잘 나가게 하며 뱃속에 담이 찬 증상이나 상한에서 속에 열이 있는 증상, 위가 막힌 증상과 황달을 낫게 한다. 또한 나력(瘰癧), 옻이 오른 것을 낫게 하고 어혈을 헤치며 유산시키고 월경이 중단된 것을 낫게 한다. 중국 대부분 지역에 고루 분포하며 시기를 가리지 않고 채집하여 가공한다.

참고문헌

戊己,「唐西州的古代藥方研究」,『中國地方志』, 2006年 9期.

王珍仁·孫慧珍,「吐魯番出土文書中所見祖國醫藥方研究」,『北京圖書館館刊』, 1997年 4期.

王興伊,「西域方藥文獻研究述要」,『中醫文獻雜誌』, 2003年 2期.

于業禮,「新疆出土醫藥文獻研究概述」,『中醫文獻雜誌』, 2014年 3期.

陳陗·沈澍農,「中國藏吐魯番中醫藥文書研究」,『西部中醫藥』, 2014年 6期.

3부

일본

1. 아스카이케[飛鳥池] 유적 출토 목간에 보이는 물품

자료 사진

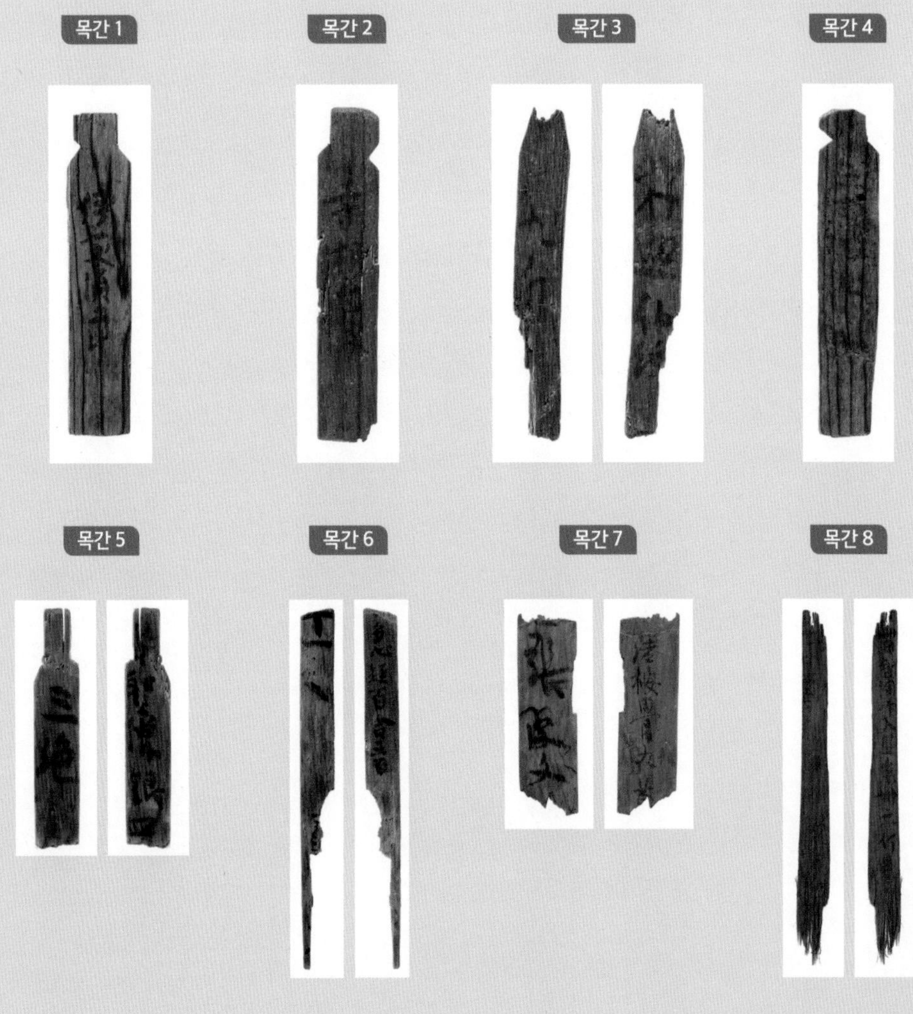

나라문화재연구소 제공

자료 기초 정보

국가	일본 || 大和國
연대	7세기 후반~7세기 말
출토지	아스카이케[飛鳥池] 유적
소장처	나라문화재연구소

자료 해제

아스카이케[飛鳥池] 유적은 나라현[奈良縣] 아스카무라[明日香村]에 있는 고대의 공방 유적이다. 아스카이케 공방 유적이라고도 부른다. 아스카데라[飛鳥寺] 동남쪽 골짜기에 위치해 있으며, 근처에 있는 에도 시대에 만들어진 저수지 "아스카이케[飛鳥池]"에서 이름을 따와 아스카이케[飛鳥池] 유적이라고 불리게 되었다.

아스카이케 유적은 크게 남지구와 북지구로 나뉘는데 남지구는 금·은·동·철 등 금속제품과 유리제품 등을 가공한 공방 유적이며, 북지구는 아스카데라 사찰과 관련된 시설로 추정되고 있다. 일본 최고(最古)의 동전인 후혼센[富本錢]이 출토된 유적으로 유명하다. 또한 8,000여 점에 달하는 대량의 목간이 출토되었는데, 이는 7세기 목간을 위주로 하는 일본 최고(最古) 목간군 중 하나로서 중요시되고 있다.

문헌 자료를 보면 아스카데라 사찰 건립에 관련하여 백제로부터 기술자가 파견되었고(『日本書記』 崇峻天皇 元年(588) 是歲 條), 역본(曆本)과 천문·지리서(天文·地理書) 등 선진 지식이 일본에 전해졌다는 기록이 보이는데(『日本書紀』 推古天皇 10年(602) 10月 條), 아스카이케 유적 발굴 조사 결과를 통해 이러한 기록을 신뢰할 수 있게 되었다. 예를 들어 이곳에서는 백제계 공예품이 출토되었을 뿐만 아니라 역본과 천문·지리서 등을 일본에 전파한 것으로 유명한 고승(高僧) "관륵(觀勒)"의 이름이 적힌 목간(飛鳥藤原京1-955)도 출토되었다. 이와 같이 여기서 출토한 목간군은 7세기 후반 백제와 일본의 교류 관계를 엿볼 수 있다는 점에서도 아주 중요한 사료라고 할 수 있다.

목간 〈1〉 판독문

출전 飛鳥藤原京1-27(木研21-27頁-(54)·飛14-13下(74))[1]

크기 길이 120mm, 너비 25mm, 두께 5mm

伊支須二斗

목간 〈1〉 해석 및 역주

해석

이기스[伊支須][2] 2두

역주

이 목간은 이기스[伊支須] 2두에 대한 내용이 적힌 부찰 목간이다.

목간 〈2〉 판독문

출전 飛鳥藤原京1-222(木研21-22頁-(34)·飛13-17上(84))

크기 길이 129mm, 너비 24mm, 두께 3mm

桑根白皮

1 본서의 일본 목간 출전 표기는 모두 나라문화재연구소 木簡庫(http://mokkanko.nabunken.go.jp/ja/)에 의함.

2 이기스[伊支須] : 해조류에 속하는 비단풀을 일본어로 "이기스(いぎす)"라고 하는데, "伊支須"는 그 차음 표기이다. 비단풀은 한천 재료로 쓰이며 식용 외에 접착제로도 사용되었다(奈良文化財研究所, 2007, 27호 목간 해설문). 헤이조궁[平城宮]·헤이조경[平城京] 목간에는 "小凝", 쇼소인 문서에는 "小凝菜"라고 표기되어 있다.

목간 〈2〉 해석 및 역주

해석

상근 백피(桑根白皮)[3]

역주

이 목간은 "상근 백피(桑根白皮)"가 적힌 부찰목간이다. 상근 백피는 『연희식(延喜式)』 전약료(典薬寮)에 따르면 연료잡약(年料雜薬)으로서 야마토[大和]·셋츠[摂津]·호키[伯耆]·하리마[播磨]국에서 공진되었다고 한다.

목간 〈3〉 판독문

출전 飛鳥藤原京1-218(飛13-17上(83))

크기 길이 (96)[4] mm, 너비 15mm, 두께 5mm

– 앞면

釈迦伯綿

– 뒷면

□九斤

※ □ 표시는 판독 불가 글자

3 상근 백피(桑根白皮) : "桑根白皮"는 상백피(桑白皮)라고도 하며 뽕나무 뿌리의 코르크층을 제거한 속껍질을 이르는 말이다. 혈압 강하, 이뇨, 혈당치 강하 등의 효능이 있다(奈良文化財研究所, 2007, 122호 목간 해설문).

4 木簡庫의 표기 방식에 따라 결손 또는 이차적인 사용으로 인하여 원형을 유지하지 않을 경우 ( )를 추가하였음.

목간 〈3〉 해석 및 역주

해석

– 앞면

석가(釈迦) 백면(伯綿)[5]

– 뒷면

□9근

역주

이 목간은 석가여래상(釈迦如来像)에게 바치는 백면(伯綿)에 대한 부찰 목간이다.

목간 〈4〉 판독문

출전 飛鳥藤原京1-152(飛11-14上(37)·木研14-30頁-(14))

크기 길이 104mm, 너비 20mm, 두께 4mm

三尋布十

5 백면(伯綿) : "伯綿"은 백면(白綿)으로 추정된다(奈良文化財研究所, 2007, 218호 목간 해설문). 고대의 면(綿)은 현대인이 자주 사용하는 솜이 아니라 누에의 고치로 만든 명주솜을 가리킨다(奈良文化財研究所, 2014, 30호 전시목간의 해설 자료).

목간 <4> 해석 및 역주

해석

삼심포(三尋布)[6] 10[매]

역주

이 목간은 삼심포(三尋布) 10매를 끈 등으로 묶은 것에 매단 부찰 목간이다.

목간 <5> 판독문

출전 飛鳥藤原京1-728(飛13-13上(40))

크기 길이 (57)mm, 너비 (11)mm, 두께 2mm

- 앞면

□[賢?]聖僧銀皿

- 뒷면

三絶鎮

※ □ 표시는 판독 불가 글자

6 삼심포(三尋布) : "尋"은 두 팔을 잔뜩 폈을 때의 한쪽 손가락 끝에서 반대편 손가락 끝까지의 길이를 말한다(1尋은 약 1.8m). 따라서 "三尋布"는 三尋 규격의 천이라는 뜻이다(奈良文化財研究所, 2007, 152호 목간 해설문).

목간 〈5〉 해석 및 역주

해석

– 앞면

□ 성승(聖僧) 은접시[銀皿]

– 뒷면

삼절진(三絶鎮)

역주

이 목간은 사찰의 자재 관리와 관련된 부찰 목간이다. 성승(聖僧)은 실제로 존재하지 않는 가공의 성스러운 승려라는 뜻으로 부처와 동등하게 취급되며 재회(齋會) 시에는 성승상(聖僧像)에 식사가 제공되었다. 은접시[銀皿]는 이때 사용된 식기로 추정된다. 삼절진(三絶鎮)에 대해서는 그 자세한 의미를 알 수 없다.

목간 〈6〉 판독문

출전 飛鳥藤原京1-717(木研21-19頁-(11)·飛13-13上(37))

크기 길이 (162)mm, 너비 15mm, 두께 3mm

– 앞면

□多心経百合三百「□□」

– 뒷면

『十一口』『□□』

※ □ 표시는 판독 불가 글자

목간 〈6〉 해석 및 역주

해석

– 앞면

…□다심경(多心経) 백[권], 합(合) 삼백[권] …

– 뒷면

…11구(口) …

역주

이 목간은 "…□다심경(多心経)" 등 경서 300권을 기록한 목간이다. "…□다심경"은 『반야바라밀다심경(般若波羅密多心經)』일 것으로 추정되고 있다. 『반야바라밀다심경』은 당나라의 고승 현장(玄奘, 602~664)이 정관(貞觀) 23년(649)에 번역한 것으로 한 권으로 되어 있다. 이 목간의 출토를 통해 현장(玄奘) 문하에서 공부한 도소(道昭)[7]에 의해 이러한 경전이 일본에 전해졌을 것으로 추정할 수 있게 되었다. 목간의 내용은 "…□다심경" 백[권] 외에 여러 종류의 경권 합계가 삼백[권]이라는 뜻으로 풀이된다. 목간 앞면과 뒷면 아랫부분에는 덜 깎은 묵흔이 남아 있다.

목간 〈7〉 판독문

출전 飛鳥藤原京1-720(飛13-14上(49))

크기 길이 (90)mm, 너비 28mm, 두께 4mm

7 도소(道昭) : 아스카 시대 법상종(法相宗)의 승려. 河内國(현재의 오사카) 사람이며 653년에 당(唐)에 가서 현장(玄奘) 아래서 법상유식(法相唯識)을 배우고 혜만(慧滿)으로부터 선(禪)을 전수받아 661년에 일본에 귀국했다. 처음으로 법상종을 일본에 널리 알렸다(『日本国語大辞典』).

– 앞면

「九」

□結鞍骨九首

「骨」

– 뒷면

『□張皮久』[8]

※ □ 표시는 판독 불가 글자

목간 〈7〉 해석 및 역주

해석

– 앞면

…□결 안골(鞍骨) 9수(首)…

– 뒷면

…□장피(張皮) 구(久)…

역주

이 목간은 말안장의 뼈대를 기록한 목간이다. "안(鞍)"의 글자 형태는 "桉"으로 되어 있다.[9] "안골(鞍骨)"은 말안장의 뼈대를 말하고 "수(首)"는 이를 세는 단위이다. "장피(張皮)"는 皮와 革이 모두 가죽의 뜻으로 사용되기에, "장혁(張革)" 즉 말안장의 뼈대 위에 놓는 가죽으로 해석되고 있다. 목간 표면을 깎은 후에 글씨가 다른 필체로 쓰여 있어 이 부분은 습서(習書)를 한 것으로 파악된다.

8 "久"는 "文"일 가능성도 있다.

9 물품의 재료에 따라 한자 부수를 바꾸는 사례가 많은데, 이 "桉"도 글자 형태로부터 목자재로 만들어진 것임을 추정할 수 있다.

목간 〈8〉 판독문

출전 飛鳥藤原京1-941(木研21-18頁-(3)·飛13-9下(6))

크기 길이 (286)mm, 너비 (28)mm, 두께 3mm

- 앞면

□月卅日智調師入坐糸卅六斤半

- 뒷면

受申□[和?]□」

「又十一月廿三日糸十斤出

※ □ 표시는 판독 불가 글자

목간 〈8〉 해석 및 역주

해석

- 앞면

…□월 30일 지조사(智調師) 입좌(入坐) 실(糸) 36근 반.

- 뒷면

또 11월 23일 실(糸) 10근 출(出). 수신(受申) 화□(和□).

역주

이 목간은 아스카데라 사찰에서 스님이 사용한 실의 출납을 기록한 목간이다. "지조(智調)"는 도소(道昭)가 선원(禪院)에서 돌아갈 때에 같이 있던 제자 "지조(知調)"일 것으로 추정된다(『日本靈異記』 상권 22). "입좌(入坐)"의 "좌(坐)"는 반입의 뜻을 나타내는 "입(入)"의 존댓말로서 지조(智調)에 대한 경의를 표하기 위한 표기이다. 뒷면의 "출(出)"은 지출을 뜻한다. 앞면과 뒷면의 필체가 다르므로 날짜별로 다른 사람에 의해 기록되었음을 알 수 있다. "화□(和□)"는 수령자의 이름 또는 "화상(和上)"일 가능성이 있다. 앞면의 마지막 글자 "반(半)"에는 동그라미를 쳤는데, 이는 삭제를 뜻하므로 앞면의 실 무게는 36근 반이 아닌 36근으로 봐야 한다.

참고문헌

奈良文化財研究所,『評制下荷札木簡集成』(奈良文化財研究所史料 76), 2006.
奈良文化財研究所,『飛鳥藤原京木簡一―飛鳥池·山田寺木簡』(奈良文化財研究所史料 79), 2007.
木簡學會編,『日本古代木簡選』, 岩波書店, 1990.
日本大辞典刊行会,『日本国語大辞典』[縮刷版], 小学館, 1979~1981.

平城宮跡資料館 秋期特別展 地下の正倉院展 자료

奈良文化財研究所,『2014 平城宮跡資料館 秋期特別展 地下の正倉院展−天平びとの声をきく−第Ⅲ期展示木簡』, 2014(http://hdl.handle.net/11177/2434).

木簡庫

1. https://mokkanko.nabunken.go.jp/ja/5AKAHQ29000027
2. https://mokkanko.nabunken.go.jp/ja/5BASNJ36000117
3. https://mokkanko.nabunken.go.jp/ja/5BASNL35001152
4. https://mokkanko.nabunken.go.jp/ja/5AKAWN27000152
5. https://mokkanko.nabunken.go.jp/ja/5BASNJ33000149
6. https://mokkanko.nabunken.go.jp/ja/5BASNJ33000117
7. https://mokkanko.nabunken.go.jp/ja/5BASNJ33000169
8. https://mokkanko.nabunken.go.jp/ja/5BASNJ30000104

2. 후지와라궁[藤原宮] 목간에 보이는 고대 물품

자료 사진

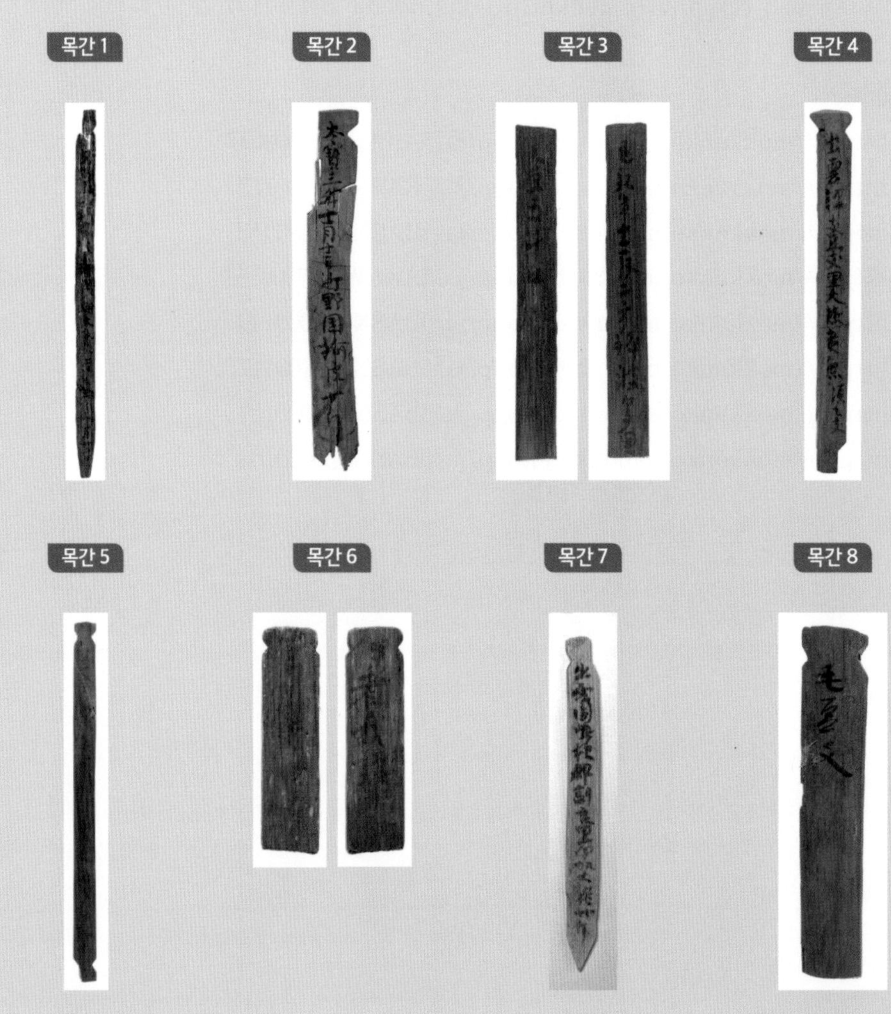

나라문화재연구소 제공

목간 9

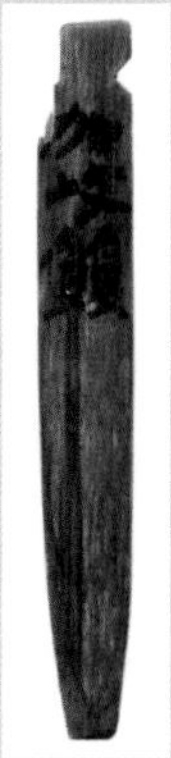

목간 10

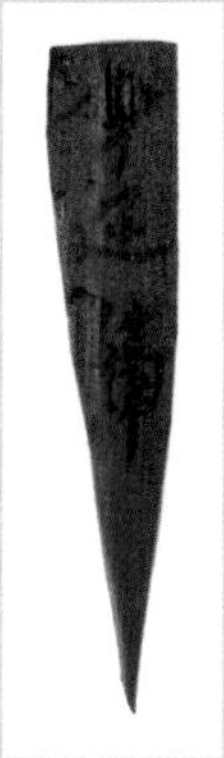

목간 11

목간 12

목간 13

목간 14

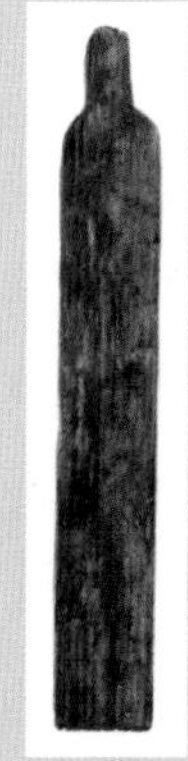

자료 기초 정보

국가	일본 ‖ 大和國
연대	7세기 후반~8세기 초
출토지	후지와라궁(藤原宮)
소장처	나라문화재연구소

자료 해제

후지와라궁[藤原宮]은 지토천황[持統天皇] 8년(694)부터 화동(和銅) 3년(710)까지 운영된 궁으로 나라[奈良] 분지 남단부의 카시하라시[橿原市] 다카도노쵸[高殿町]·다이고쵸[醍醐町]·나와테초[縄手町] 등에 걸쳐 소재하고 있다.

유적에 대한 발굴 조사는 1934년부터 이루어졌으며, 현재까지 총 16,000여 점의 목간이 출토되었다. 출토 목간의 성립 연대는 후지와라궁 시기(694~710)를 중심으로 하지만, 다른 시기 목간도 소량 포함되어 있다. 북변지구(北邊地區)에서는 신유년(辛酉年, 661) 3월 기년(紀年) 목간이 출토되었고(木研5-81頁-(3)), 북면(北面) 중문지구(中門地區)에서는 신묘년(辛卯年, 691) 기년 목간이 출토되었다(藤原宮1-166). 이러한 목간은 아스카시대[飛鳥時代, 593~694]의 것이 후지와라궁에서 사용된 후 폐기된 것으로 추측된다. 그리고 외호(外濠) 등 대부분 도랑은 후지와라궁이 폐지되면서 함께 매립되었는데, 서쪽의 외호만은 이후로도 수로로 11세기경까지 사용되었다. 이곳에서는 나라[奈良]·헤이안[平安] 시대 목간도 출토되었다. 궁 서쪽 북부의 우물(헤이안 시대 초기)에서는 홍인(弘仁) 원년(元年, 810)의 연대가 기재된 길이 98.2cm의 커다란 목간이 출토되기도 하였다(藤原宮4-1806).

후지와라궁 터에서 출토된 목간은 대부분 7세기 말에서 8세기 초, 즉 정어원령(淨御原令)에서 대보령(大寶令)으로 바뀌는 시기, 『일본서기(日本書紀)』에서 『속일본기(續日本記)』로 넘어가는 시기에 작성된 것이다. 정어원령은 그 구체적인 내용이 불분명하고 『일본서기』에 전하는 정보도 신뢰하기 어려운 문제가 있어 기존의 역사 자료를 통해서는 해명할 방도가 없었는데, 후지와라궁 목간의 발견으로 인해 이 시기의 사회·제도에 대해 접근할 수 있게 되었다. 후지와라궁 목간이 주목되는 것은 바로 이러한 이유 때문이다.

특히 후지와라궁 목간의 중대한 의의 중 하나는 이 목간 자료에 의해 『일본서기』에서 전하는 불분명한 역사상을 수정할 수 있었다는 점이다. 즉, 일본 학계에서 오랫동안 논쟁해 왔던 '군평(郡評) 논쟁'이 후지와라궁 목간의 발견을 통해 종지부를 찍게 되었다. 『일본서기』 대화(大化) 2년(646) 정월(正月) "개신지조(改新之詔)"에서는 "군제(郡制)"가 시행되었다고 전하는데, 일본 학계에서는 이 "군제"가 정어원령부터 시작된 것인지, 아니면 대보령부터 시작된 것인지를 놓고 견해가 나뉘어 있었다. 이를 '군평(郡評) 논쟁'이라고 하는데, 후지와라궁 목간을 보면 대보령이 실시된 701년 이후에는 "군(郡)"이 적혀 있고 700년 이전에는 모두 "평(評)"이 사용되어 군제는 대보령을 기점으로 실시된 것으로 판명되었다. 그리고 이를 통해 『일본서기』 기술은 편찬 시 본래의 역사상과는 다르게 수정된 부분도 있음을 알게 되었다.

목간 〈1〉 판독문

출전 藤原宮1-3(飛2-13下(129)·日本古代木簡選)

크기 길이 410mm, 너비 25mm, 두께 5mm

下毛野國足利郡波自可里鮎大贄一古参年十月廿二日

목간 〈1〉 해석 및 역주

해석

시모츠케국[下毛野國][1] 아시카가군[足利郡] 하지카리[波自可里] 은어[鮎] 오니에[大贄][2] 한 바구

---

1 시모츠케국[下毛野國] : 현재의 도치기현[栃木縣]에 해당한다. "下毛野國"은 "下野國"의 옛 표기로 주로 후지와라궁·경 등 7세기에서 8세기 초기의 목간에 사용되었으며 헤이조 목간에는 "下野" 표기가 사용되었다.

2 오니에[大贄] : "贄"는 천황에게 헌상하는 식자재를 말한다(『日本國語大辭典』 小學館). 후지와라궁 목간에는 "大贄" 또는 "贄"라는 표현이 사용되었으나, 헤이죠[平城] 목간에서는 "御贄"로 바뀌어 사용되고 있다(『日本古代木簡選』).

니[古].[3] 3년 10월 22일.

역주

이 목간은 시모츠케국[下毛野國]으로부터 오니에[大贄]로 진상된 은어[鮎] 한 바구니[古]에 대한 꼬리표 목간이다. 목간은 후지와라궁[藤原宮] 북면 중문 부근의 토갱(土坑)에서 출토되었다. 일본의 고대 지명에 대해 상세한 기록을 남기고 있는 헤이안 시대에 편찬된 사전『화명류취초(和名類聚抄)』를 보면, 목간에 보이는 하지카리[波自可里]는 "下野國 足利郡 土師鄉"에 해당된다. 이 목간의 연대에 관해서는 "参年"이라고만 적혀 있지만 "郡"표기가 보이기에 대보령(大寶令) 시행 이후의 목간이라는 것을 알 수 있고, 연호 없이 "参年"만으로도 통하는 표기였음을 고려할 때, 이는 최초의 연호가 되는 대보(大寶) 삼년(参年)을 말하는 것일 가능성이 크다. 따라서 이 목간은 대보 3년(703)에 작성된 것으로 볼 수 있다(『藤原宮木簡一』).

목간 〈2〉 판독문

출전 藤原宮 1-161(飛2-10下(79)· 日本古代木簡選)

크기 길이 201mm, 너비 26mm, 두께 6mm

大寶三年十一月十二日御野國榆皮十斤

3 바구니[古] : "古"는 "籠"과 같은 뜻이다(『日本古代木簡選』). 여기서는 한 바구니, 두 바구니 하는 식의 수량사로 사용되었다.

목간 〈2〉 해석 및 역주

해석

대보(大寶) 3년 11월 12일 미노국[御野國, 美濃國][4] 유피(楡皮)[5] 10근(斤)

역주

이 목간은 미노국[御野國, 美濃國]으로부터 공납품으로 진상된 유피(楡皮) 10근에 대한 꼬리표 목간이다. 목간은 후지와라궁[藤原宮] 유적 북면 외호(外濠)에서 출토되었다. 대보(大寶) 3년은 703년이다.

목간 〈3〉 판독문

출전 藤原宮3-1173(荷札集成-161 · 日本古代木簡選 · 木研3-18頁-(20) · 飛6-13下(132))

크기 길이 160mm, 너비 20mm, 두께 30mm

- 앞면

己亥年十二月二方評波多里

- 뒷면

大豆五斗中

4 미노국[御野國, 美濃國] : 현재의 기후현[岐阜縣] 남부에 해당한다. 미노국의 '미노'는 7세기에는 "三野"로 표시하다가 701년에는 "御野"로 표시하였고, 다시 708년 전후에 "美濃"로 표기가 바뀐 뒤 이 표기법이 정착되었다(『国史大辞典』). 해당 목간의 "御野國" 표기는 목간 연대와도 맞다.

5 유피(楡皮) : 『연희식(延喜式)』 전약료(典藥寮)에 의하면 유피(楡皮)는 미노국[美濃國]에서 '연료잡약(年料雜藥)'의 하나로 공진한다고 기재되어 있다. 유피는 음식의 조미료나 약재로 사용되었다(滝川政次郎, 1963).

목간 〈3〉 해석 및 역주

해석

– 앞면

기해년(己亥年) 12월 후다가다평[二方評] 하타리[波多里]

– 뒷면

대두(大豆) 5두(斗) 중(中)

역주

이 목간은 다지마국[但馬國][6]으로부터 공납품으로서 진상된 콩[大豆] 5두(斗)에 대한 꼬리표 목간이다. 목간은 후지와라궁[藤原宮] 유적 북면 외호에서 출토되었다. 목간의 "기해년(己亥年)"은 699년이다. "후다가다평[二方評] 하타리[波多里]"는 『화명류취초(和名類聚抄)』 기록에 보이는 다지마국[但馬國] 후다가다군[二方郡] 하타향[八太鄕]에 해당한다. 따라서 국명이 적혀져 있지 않지만 목간에 보이는 콩 5두는 다지마국에서 진상한 공납품이라는 것을 알 수 있다. 『연희식(延喜式)』 민부식(民部式)에 의하면 다지마국 교역잡물(交易雜物)에 "장대두(醬大豆)"가 보여 해당 목간의 기재 내용과 부합한다. 또한 이 목간으로부터 699년, 즉 대보령(大寶令)이 시행되기 전에는 "평(評)"이 사용되었다는 것이 확인된다.[6]

목간 〈4〉 판독문

출전 荷札集成-166(藤原宮1-157 · 飛2-11上(93) · 日本古代木簡選)

크기 길이 175mm, 너비 19mm, 두께 4mm

6 다지마국[但馬國] : 현재의 효고현[兵庫縣] 북부에 해당한다.

出雲評支豆支里大贄煮魚須々支

목간 〈4〉 해석 및 역주

해석

이즈모평[出雲評] 키즈키리[支豆支里] 오니에[大贄] 삶은 물고기 농어[須々支][7]

역주

이 목간은 이즈모국[出雲國][8]으로부터 오니에[大贄]로 진상된 삶은 농어[須々支]에 대한 꼬리표 목간이다. 목간은 후지와라궁[藤原宮] 유적 북면 중문지구에서 출토되었다. "이즈모평[出雲評] 키즈키리[支豆支里]"는 『화명류취초(和名類聚抄)』 기록에 보이는 이즈모국 이즈모군[出雲郡] 키즈키향[杵筑郷]에 해당한다. 따라서 여기에 보이는 삶은 농어는 이즈모국으로부터 진상된 공납품이라는 것을 알 수 있다.

목간 〈5〉 판독문

출전 荷札集成-156(藤原宮2-546 · 日本古代木簡選 · 飛4-4下(8))

크기 길이 191mm, 너비 13mm, 두께 2mm

旦波國竹野評鳥取里大贄布奈

7 농어[須々支] : 농어를 일본어로 스즈키(すずき)라고 하는데 "須々支"는 한자의 음을 빌려 스즈키를 표기하는 차음(借音) 표기에 해당한다. 후지와라궁·경 목간이나 아스카 목간 등 7세기부터 8세기 초까지 작성된 목간에는 이러한 차음 표기가 많이 사용된다(小谷博泰, 1986). 아래에 5~10번 목간은 모두 이와 같은 차음 표기가 확인되고 있다. 이후 헤이조[平城] 목간부터는 차음 표기가 줄어들고 차훈 표기가 많이 사용되게 된다.

8 이즈모국[出雲國] : 현재의 시마네현[島根縣] 동부에 해당한다.

목간 〈5〉 해석 및 역주

해석

단바국[旦波國] 다케노평[竹野評] 돗토리리[鳥取里] 오니에[大贄] 붕어[布奈][9]

역주

이 목간은 단바국[旦波國][10]으로부터 오니에[大贄]로 진상된 붕어[布奈]에 대한 꼬리표 목간이다. 목간은 후지와라궁[藤原宮] 유적 대극전원(大極殿院) 북면에서 출토되었다. "단바국[旦波國] 다케노평[竹野評] 돗토리리[鳥取里]"는 『화명류취초(和名類聚抄)』 기록에 보이는 단고국[丹後國] 다케노군[竹野郡] 돗토리향[鳥取鄕]에 해당된다. 화동(和銅) 6년(713)에 단바국으로부터 단고국이 분리되면서 해당 지역은 단고국 소속이 되었다. 『연희식(延喜式)』에 기록된 단고국의 공진물에는 붕어[布奈]가 보이지 않는다. 하지만 이 목간으로부터 실제로 붕어가 진상되었음이 확인된다.

목간 〈6〉 판독문

출전 藤原宮4-1727(荷札集成-148 · 木研11-33頁-2(5) · 飛9-9下(34))

크기 길이 90mm, 너비 24mm, 두께 4mm

- 앞면

伊看我評

- 뒷면

芎窮八斤

9 붕어[布奈] : 붕어는 일본어로 "후나(ふな)"라고 하는데 "布奈"는 붕어의 일본어 발음을 한자 음을 빌려 차음 표기한 것이다.

10 단바국[旦波國] : 현재의 교토부[京都府] 북부에 해당한다.

목간 〈6〉 해석 및 역주

해석

이카루가평[伊看我評] 천궁이[芎窮][11] 8근(斤)

역주

이 목간은 단바국[丹波國] 이카루가평[伊看我評]으로부터 진상된 천궁이[芎窮]의 꼬리표 목간이다. 목간은 후지와라궁[藤原宮] 유적 서면 남문(南門)지구에서 출토되었다. 『화명류취초(和名類聚抄)』를 보면 이카루가평[伊看我評]은 단바국 이카루가군[何鹿郡]에 해당된다. 천궁이[芎窮]는 『연희식(延喜式)』 전약료(典薬寮)에 단바국 등 12개국의 연료잡약(年料雑薬)으로 기재되어 있다.

목간 〈7〉 판독문

출전 藤原宮1-156(飛2-11上(92)·日本古代木簡選)

크기 길이 186mm, 너비 18mm, 두께 4mm

出雲國嶋根郡副良里伊加大贄廿斤

목간 〈7〉 해석 및 역주

해석

이즈모국[出雲國] 시마네군[嶋根郡] 후쿠라리[副良里] 오징어[伊加][12] 오니에[大贄] 20근(斤).

11 천궁이[芎窮] : 궁궁(芎窮)은 천궁(川芎)이라고도 하며 미나리과에 속하는 여러해살이풀 천궁이의 뿌리를 말한다.

12 오징어를 일본어로 이카(いか)라고 하는데 伊加는 차음(借音)표기이다. 헤이조[平城] 목간에는 "烏賊"라는 표기가 주로 사용된다.

역주

이 목간은 이즈모국[出雲國]으로부터 오니에[大贄]로 진상된 오징어[伊加]에 대한 꼬리표 목간이다. 목간은 후지와라궁[藤原宮] 유적 북면 중문지구에서 출토되었다. 시마네군[嶋根郡] 후쿠라리[副良里]는 『화명류취초(和名類聚抄)』에 대응하는 향명(鄕名)이 보이지 않지만, 시마네군 내에는 현재 후쿠우라[福浦]라는 지명이 남아 있다. 『연희식(延喜式)』에 의하면 이즈모국의 조(調) 품목에 오징어[烏賊] 20근이 보인다. 하지만 『양로령(養老令)』 부역(賦役) 조견시(調絹絁) 조에는 오징어 30근을 정정(正丁) 한 사람이 공납하는 것으로 기록되어 있다.

목간 〈8〉 판독문

출전 藤原宮3-1261(飛6-18上(199)· 日本古代木簡選)

크기 길이 127mm, 너비 22mm, 두께 9mm

毛豆久

목간 〈8〉 해석 및 역주

해석

큰실말[毛豆久][13]

역주

이 목간은 해조류의 일종인 큰실말[毛豆久]에 대한 부찰 목간이다. 목간은 후지와라궁[藤原宮] 유적 동면 관아 북쪽 지구에서 출토되었다.

13 큰실말[毛豆久] : 큰실말을 일본어로 "모즈쿠(もずく)"라고 하는데 "毛豆久"는 이것에 대한 차음(借音) 표기이다.

목간 〈9〉 판독문

출전 藤原宮3-1249(飛5-12上(91)·日本古代木簡選)

크기 길이 124mm, 너비 17mm, 두께 3mm

加岐鰒

목간 〈9〉 해석 및 역주

해석

굴[加岐] 전복[鰒]

역주

가키[加岐=牡蠣]는 굴을 뜻하고, 복(鰒)은 전복을 말한다. 이 목간은 이 두 조개류 식재료를 보관하였던 용기의 꼬리표 목간이었거나, 혹은 이를 가공한 식품에 대한 꼬리표 목간일 것이다. 목간은 후지와라궁[藤原宮] 유적 동면 외호에서 출토되었다.

목간 〈10〉 판독문

출전 藤原宮3-1254(飛6-18上(196))

크기 길이 91mm, 너비 18mm, 두께 4mm

宇迩堝

목간 〈10〉 해석 및 역주

해석

성게[宇迩][14] 항아리[堝][15]

역주

이 목간은 성게[宇迩]를 보관하였던 항아리[堝]의 부찰 목간이었을 것으로 추정된다. 목간은 후지와라궁[藤原宮] 유적 동면 관아 북쪽 지구에서 출토되었다.

목간 〈11〉 판독문

출전 藤原宮3-1243(飛6-17下(192)· 日本古代木簡選)

크기 길이 117mm, 너비 15mm, 두께 2mm

夏鮑

목간 〈11〉 해석 및 역주

해석

여름[夏] 전복[鮑]

14 성게[宇迩] : 성게를 일본어로 "우니(うに)"라고 하는데 "宇迩"는 이 발음을 한자로 차음(借音) 표기한 것이다. 헤이조[平城] 목간에는 "棘甲蠃"라는 표기가 주로 사용된다.

15 항아리[堝] : "堝"은 토기 명칭인데, 때에 따라 해당 토기를 단위로 하는 수량사로도 사용되었다.

역주

이 목간은 여름[夏] 전복[鮑]에 대한 부찰 목간이다. 목간은 후지와라궁[藤原宮] 유적 동면 관아 북쪽 지구에서 출토되었다.

목간 〈12〉 판독문

출전 藤原宮4-1740(木研11-34頁-2(13)·飛9-10上(46)·日本古代木簡選)

크기 길이 117mm, 너비 22mm, 두께 4mm

當歸十斤

목간 〈12〉 해석 및 역주

해석

당귀(當歸) 10근(斤)

역주

이 목간은 당귀(當歸)가 적힌 부찰 목간이다. 당귀는 진통·진정·보혈 등의 약효가 있다. 목간은 후지와라궁[藤原宮] 유적 서면 남문 지구에서 출토되었다.

목간 〈13〉 판독문

출전 藤原宮4-1725(荷札集成-73·木研11-34頁-2(8)·飛9-9下(37)·日本古代木簡選)

크기 길이 191mm, 너비 18mm, 두께 3mm

无耶志國薬桔梗卅斤

목간 〈13〉 해석 및 역주

해석

무사시국[无耶志國, 武藏國][16] 약(薬) 도라지[桔梗] 30근(斤)

역주

이 목간은 무사시국[武藏國]으로부터 진상된 약재(薬) 도라지[桔梗] 30근에 대한 꼬리표 목간이다. 도라지[桔梗]는 거담·항궤양·진해·해열·진통 등에 약효가 있다(『日本古代木簡選』). 『연희식(延喜式)』 전약료(典薬寮)에는 무사시[武蔵] 등 24개국이 연료잡약(年料雑薬)으로 도라지를 납부해야 한다는 기록이 남아 있다. 국명 아래에 "약(薬)"이 보이는데 이를 통해 이미 7세기라는 이른 시기에 "국약(國薬)"으로서 국가를 단위로 약재를 공납한 모습을 엿볼 수 있다(丸山裕美子, 2009).

목간 〈14〉 판독문

출전 藤原宮4-1733(木研11-34頁-2(9)·飛9-9下(39)·日本古代木簡選)

크기 길이 129mm, 너비 20mm, 두께 3mm

人参十斤

16 무사시국[无耶志國, 武藏國] : "无耶志國"은 『고사기(古事記)』에 "無耶志"로 기재되어 있는데, 이는 무사시국[武藏國]의 옛 표기이다. 무사시국은 현재 섬을 제외한 도쿄도[東京都] 지역과 가나가와현[神奈川縣] 가와사키시[川崎市]·요코하마시[横浜市] 일부, 그리고 사이타마현[埼玉縣] 대부분 지역에 해당한다.

목간 〈14〉 해석 및 역주

해석

인삼(人蔘) 10근(斤)

역주

이 목간은 인삼(人参) 10근에 대한 부찰 목간이다. 목간은 후지와라궁[藤原宮] 유적 서면 남문 지구에서 출토되었다.

참고문헌

国史大辞典編集委員会編,『国史大辞典』, 吉川弘文館, 1979~1996.
奈良文化財研究所,『藤原宮木簡一』(奈良國立文化財研究所史料 12), 1978.
奈良文化財研究所,『藤原宮木簡二』(奈良國立文化財研究所史料 18), 1981.
奈良文化財研究所,『藤原宮木簡三』(奈良文化財研究所史料 88), 2012.
奈良文化財研究所,『藤原宮木簡四』(奈良文化財研究所史料 91), 2019.
奈良文化財研究所,『評制下荷札木簡集成』(奈良文化財研究所史料 76), 2006.
滝川政次郎,「楡樹楡皮考」,『日本上古史研究』 7(3), 1963.
木簡學會編,『日本古代木簡選』, 岩波書店, 1990.
小谷博泰,『木簡と宣命の國語学的研究』, 和泉書院, 1986.
丸山裕美子,「延喜典薬式「諸國年料雑薬制」の成立と『出雲國風土記』」,『延喜式研究』 25, 2009.

木簡庫

1. https://mokkanko.nabunken.go.jp/ja/6AJEKL29000106
2. https://mokkanko.nabunken.go.jp/ja/6AJEKN35000114
3. https://mokkanko.nabunken.go.jp/ja/6AJBQH29000280
4. https://mokkanko.nabunken.go.jp/ja/6AJEKM32000110
5. https://mokkanko.nabunken.go.jp/ja/6AJFKJ32000100
6. https://mokkanko.nabunken.go.jp/ja/6AJLDB64000103
7. https://mokkanko.nabunken.go.jp/ja/6AJEKM33000108
8. https://mokkanko.nabunken.go.jp/ja/6AJBQJ29000183
9. https://mokkanko.nabunken.go.jp/ja/6AJAUB30000120
10. https://mokkanko.nabunken.go.jp/ja/6AJBQM29000105
11. https://mokkanko.nabunken.go.jp/ja/6AJBQT29000188
12. https://mokkanko.nabunken.go.jp/ja/6AJLDC64000101
13. https://mokkanko.nabunken.go.jp/ja/6AJLDC64000131
14. https://mokkanko.nabunken.go.jp/ja/6AJLDB64000102

3. 후지와라경[藤原京] 목간에 보이는 고대 물품

| 자료 사진

나라문화재연구소 제공

자료 기초 정보

국가	일본 ‖ 大和國
연대	7세기 후반~8세기 초
출토지	후지와라경[藤原京]
소장처	나라문화재연구소

자료 해제

후지와라경[藤原京]은 일본에서 처음 계획도시로 만들어진 수도이다. 『일본서기(日本書紀)』에서는 신익도(新益都)라는 표현으로 등장한다. 수도가 후지와라경으로 옮겨진 것은 지토천황[持統天皇] 8년(694)이지만, 이 수도를 계획한 것은 덴무천황[天武天皇]이었다. 그 말년에는 도로 만들기 등 실제 수도 조영 공사가 시작되었다는 것이 발굴 조사를 통해 밝혀졌다. 쿄[京] 내에는 중앙에 궁을 두고 중국의 도성을 본받아 종횡으로 달리는 조방 도로를 통해 구획을 정연하게 나누었다. 이렇게 구성된 구획 대부분은 귀족과 관리들의 택지로 분배되어 신분에 맞는 크기로 지급되었다. 또 후지와라경 내에는 많은 사찰이 만들어졌는데, 그중에서도 관립 대사원인 대관대사(大官大寺)와 약사사(藥師寺)가 동서로 배치되어 장엄함을 겨루고 있었다. 당시 후지와라경의 거주 인구는 2만~3만 명으로 추정된다.

후지와라경이 도성으로 사용된 기간은 694년부터 710년까지의 짧은 기간이었지만, 이 시기는 일본이 율령국가의 면모를 갖추어 가는 매우 중요한 시대에 해당한다. 대보(大寶) 원년(701)에는 대보 율령이 완성되어 정치 시스템이 정비됨과 동시에 후혼센[富本錢]에 이어 와도카이친[和同開珎]이 발행되면서 경제 구조도 변화하게 되었다.

후지와라경의 크기는 지금까지 고대의 간선도로인 나카츠도[中ツ道], 시모츠도[下ツ道], 요코오지[橫大路], 야마다도[山田道]를 경의 가장자리 길로 하여 동서 2.1km, 남북 3.2km로 추정해 왔다. 그러나 최근 발굴 조사를 통해 이 범위를 넘어 외부에도 도로와 택지가 펼쳐진다는 사실이 밝혀지면서, 헤이죠쿄[平城京]를 능가하는 광대한 도시의 모습이 드러나고 있다.

해당 유적에서는 39차례의 발굴 조사를 걸쳐 약 14,000점의 목간이 출토되었는데 좌경(左京) 칠조(七條) 일방(一坊) 서남평(西南坪)에서 제일 많이 출토되었다. 이 유구에서는 총 12,852점에 달하는 목간이 출토되었다.

목간 〈1〉 판독문

출전 飛鳥藤原京2-3607(日本古代木簡選 · 木研10-19頁-(1) · 飛8-12上(18))
크기 길이 172mm, 너비 20mm, 두께 5mm

尾張国海部郡魚鮨三斗六升

목간 〈1〉 해석 및 역주

해석

오와리국[尾張國][1] 아마군[海部郡] 생선 스시[魚鮨] 3두(斗) 6승(升)

역주

이 목간은 오와리국[尾張國] 아마군[海部郡]으로부터 진상한 생선 초밥 3두 6승의 공납품 꼬리표 목간이다. 어지(魚鮨)는 생선의 초밥을 가리킨다.[2] 연대는 적혀 있지 않으나 지명 행정단위 "군(郡)"이 사용된 것으로 보아 8세기 초의 목간으로 판단된다.[3] 후지와라경[藤原京] 좌경(左京) 육조(六條) 삼방(三坊) 서북평(西北坪)에서 출토되었다.

---

1 오와리국[尾張國] : 현재의 아이치현 나고야시 서부에 해당한다.
2 고대의 초밥은 현재 일본에서 먹는 초밥과 달리 '나레스시'라고 하는 생선을 소금과 밥으로 발효시킨 음식을 말한다.
3 701년 대보령(大寶令) 실시 전에는 "評"이 사용되었다. 따라서 후지와라[藤原] 목간 중 "郡" 표기로 되어 있는 것은 8세기 초의 목간으로 볼 수 있다.

목간 〈2〉 판독문

출전 飛鳥藤原京2-3599(木研9-24頁-(2)·飛8-11上(6)·日本古代木簡選)

크기 길이 118mm, 너비 20mm, 두께 4mm

收霊亀三年稲 養…

목간 〈2〉 해석 및 역주

해석

영구(靈龜) 3년에 거둔 벼[稲]. 양(養)…

역주

영구(靈龜) 3년은 717년이고 "도(稲)"는 벼이다. "양(養)" 아래 부분의 문자가 파손되어 있으나 연호(年號)인 양로(養老, 717~724)로 이어지는 것으로 생각되며 여러 해에 걸친 벼의 수납 상황을 기록한 문서 목간으로 파악된다. 이 목간이 출토된 도랑에서는 "향산(香山)"이 쓰인 묵서토기(墨書土器)가 여러 점 출토되었는데 천평(天平) 2년(730) 대왜국정세장(大倭國正税帳)에 기록된 양로 4년(720)·양로 7년(723)의 "향산정창(香山正倉)"과 관련이 있을 것이다(『大日本古文書』 1권, 396쪽). 후지와라경[藤原京] 좌경(左京) 육조(六條) 삼방(三坊) 동북평(東北坪)에서 출토되었다.

목간 〈3〉 판독문

출전 飛鳥藤原京2-1480(木研25-24頁-(15)·飛16-9上(14))

크기 길이 (155+102)mm, 너비 21mm, 두께 5mm

– 앞면

内蔵寮解	門傍	紵二□	…	銀五両二文布三尋分 布十一端 ◇

– 뒷면

羅二匹直	銀十一両分糸廿二□ 「中務省□」	…蔵忌寸相茂	◇	佐伯門

※ □ 표시는 판독 불가 글자

※ ◇ 표시는 인위적으로 뚫은 구멍

목간 〈3〉 해석 및 역주

해석

– 앞면

쿠라료[内蔵寮][4]에서 보낸 상신 문서. 문 통행증. 모시[紵] 2바구니 □… 값은 은 5냥 2문 및 베[布] 3심(尋).[5] 또는 베 11단(端).[6]

– 뒷면

성긴 견직물[羅] 2필의 값. 은 11냥. 또는 실 22근. 나카츠카사쇼[中務省] □… …쿠라노이미키아이시게[蔵忌寸相茂]. 사에키문[佐伯門].

---

4 쿠라료[内蔵寮] : 중무성(中務省)에 속하는 관서이다. 금은 등 귀중품과 천황·황후의 의복을 관리하였다. 관서명 앞부분에 "内"자가 있으나 이 글자는 읽지 않는 것이 관례로 다만 쿠라료로 읽는다(『国史大辞典』).

5 심(尋) : 광(廣)과 같은 뜻으로 두 팔을 펼쳤을 때의 길이를 나타내는 단위이다. 따라서 길이가 일정하지 않지만 대체로 1.3m, 또는 1.8m가량 된다(『日本国語大辞典』).

6 단(端) : 천을 재는 단위로 길이 4丈 2尺, 폭 2尺 4寸이다(三保忠夫, 2004, 424쪽).

역주

이 목간은 쿠라료[内蔵寮]가 모시[紵] 및 라(羅, 성긴 견직물의 일종)를 구입하기 위한 실과 천을 궁 밖으로 반출했을 때 작성된 목간이다. 모시와 라는 고급 섬유 제품인데 이것을 구매하려고 시장으로 향한 것으로 추정되고 있다.[7] 라의 값은 "라(羅) 2필(匹) = 은(銀) 11냥(両) = 사(糸) 20근(斤)"이고 모시의 값은 "모시[紵] 2[籠 ?] = 은 5냥 2문 + 베[布] 3심(尋) = 베 11단(端)"이다. 쿠라노이미키아이시게[蔵忌寸相茂]는 모시와 라를 구입하기 위해 실과 천을 가지고 사에키문[佐伯門]으로부터 후지와라궁[藤原宮] 밖으로 나간 사람의 이름이다. 후지와라경[藤原京] 좌경(左京) 칠조(七條) 일방(一坊) 서남평(西南坪)에서 출토된 목간이다. 상단과 하단만 남아 있고 중간 부분이 결실되어 있으나 의미가 통하는 것으로 봐서 결실 부분이 길지 않을 것으로 예상된다.

목간 〈4〉 판독문

출전 飛鳥藤原京2-1562(木研25-26頁-(45)·飛16-14上(65))

크기 길이 (159)mm, 너비 (29)mm, 두께 2mm

□槽一具甲□[牀?]二具斧一具柳

※ □ 표시는 판독 불가 글자

목간 〈4〉 해석 및 역주

해석

…구유[槽] 1구, 병사용 침대[甲牀] 2구, 도끼[斧] 1구 류(柳)…

7 『연희식(延喜式)』 동서시식(東西市式) 14동전(東廛)·15서전(西廛) 조(條)에 따르면 동·서 시장[東西市]에는 저(紵)·라(羅)를 파는 가게가 있었다.

역주

이 목간은 무기의 이름과 수량을 적은 목간이다. "조(槽)"는 구유, 즉 여물통이다. 갑상(甲牀)은 병사용 침대일 것으로 추측되고 있다. "부(斧)"는 도끼이다. "류(柳)"는 뒷면에 글자가 이어지는 것으로 추측되고 있다. 목간은 후지와라경[藤原京] 좌경(左京) 칠조(七條) 일방(一坊) 서남평(西南坪)에서 출토되었다. 상단이 부러져 있고 좌변은 갈라져 있어 파손이 심한 목간이다.

목간 〈5〉 판독문

출전 飛鳥藤原京2-1468(木研25-23頁-(3)·飛16-8上(3))

크기 길이 (230)mm, 너비 34mm, 두께 3mm

– 앞면

◇ 石川宮出橡一石 糸一斤 / 布一常

– 뒷면

◇ 大寶二年八月十三日 書吏進大初位下 □

※ □ 표시는 판독 불가 글자

※ ◇ 표시는 인위적으로 뚫은 구멍

목간 〈5〉 해석 및 역주

해석

– 앞면

이시카와궁[石川宮]으로 반출하는 도토리[橡] 1석(石), 실 1근, 천 1상.

– 뒷면

대보(大寶) 2년 8월 13일. 서리(書吏) 진대초위하(進大初位下) …

역주

이 목간은 이시카와궁[石川宮]이 후지와라경[藤原宮] 내에서 하사받은 물품인 도토리[橡], 실[糸], 천[布]을 궁 밖의 저택으로 반출할 때에 사용된 송장(送狀) 목간이다. 서리(書吏)의 서명이 보여 이시카와궁의 가정기관에서 발급한 문서일 것으로 판단된다. 이시카와궁 친왕(親王), 내친왕(內親王) 혹은 왕과 관련되었다고 상정할 수 있으나 특정되지는 않는다. 진대초위하(進大初位下)는 덴무천황[天武天皇] 14년(685)의 관위제(官位制)에서 대보령(大寶令) 관위제로 바뀔 때, 신구(新舊)의 대응관계를 나타내기 위한 위계(位階) 표기로 대보(大寶) 원년인 701년 또는 702년에 사용된 것이다. 목간은 후지와라경[藤原京] 좌경(左京) 칠조(七條) 일방(一坊) 서남평(西南坪)에서 출토되었다.

목간 〈6〉 판독문

출전 飛鳥藤原京2-3472(木研29-35頁-(6)·飛21-26中(340))

크기 목간 부스러기[삭설][8]

□地損破板屋一間

※ □ 표시는 판독 불가 글자

8 삭설은 일반적으로 크기가 기재되어 있지 않음.

목간 〈6〉 해석 및 역주

해석

…□ 지(地) 파손된 판잣집[板屋] 1칸

역주

이 목간은 파손된 판잣집[板屋] 가옥의 상황을 기록한 목간이다. 『속일본기(續日本紀)』 경운(慶雲) 2년(705) 7월 병오(丙午) 조에 보이는 야마토국[大倭國]에서 발생한 태풍으로 인해 집이 파손된 기록과 관련성이 있다고 추측된다. 판옥(板屋)은 지붕을 판자로 인 집, 즉 판잣집이다. 목간은 후지와라경[藤原京] 우경(右京) 칠조(七條) 일방(一坊) 서북평(西北坪)에서 출토되었다. 이것은 목간 부스러기, 즉 삭설 목간이어서 남은 글자가 많지 않지만, 문헌 기록과도 대조되는 사실이 적혀 있어 중요한 사료이다.

참고문헌

国史大辞典編集委員会編,『国史大辞典』, 吉川弘文館, 1979~1996.
奈良文化財研究所,『飛鳥藤原京木簡二 -藤原京木簡-』, 2009.
奈良文化財研究所,『評制下荷札木簡集成』(奈良文化財研究所史料 76), 2006.
木簡學會編,『日本古代木簡選』, 岩波書店, 1990.
三保忠夫,『木簡と正倉院文書における助数詞の研究』, 風間書房, 2004.
日本大辞典刊行会,『日本国語大辞典』[縮刷版], 小学館, 1979~1981.

木簡庫

1. https://mokkanko.nabunken.go.jp/ja/6AJCLJ47000101
2. https://mokkanko.nabunken.go.jp/ja/6AJCNI33000101
3. https://mokkanko.nabunken.go.jp/ja/5AWHHJ16000104
4. https://mokkanko.nabunken.go.jp/ja/5AWHHI16000105
5. https://mokkanko.nabunken.go.jp/ja/5AWHHJ15000101
6. https://mokkanko.nabunken.go.jp/ja/6AJHSI34000201

木簡人名 데이터베이스

蔵忌寸相茂; https://www.i-repository.net/il/meta_pub/detail

4. 헤이조궁[平城宮] 터 목간에 보이는 물품

자료 사진

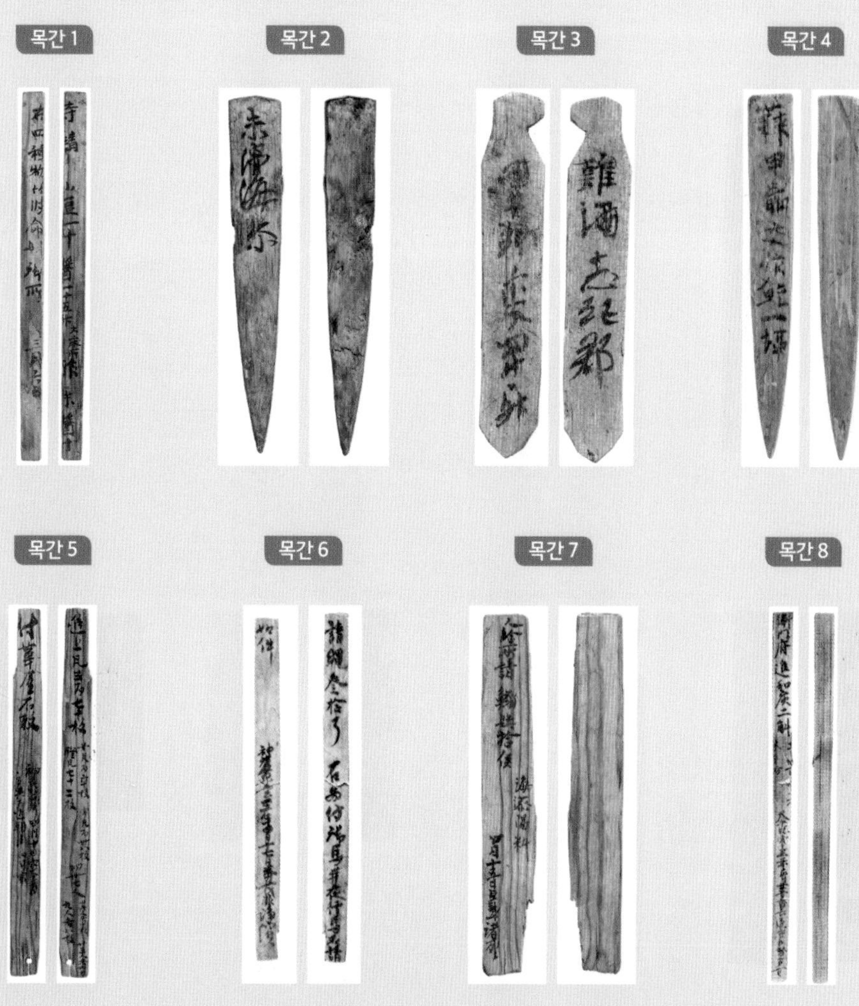

나라문화재연구소 제공

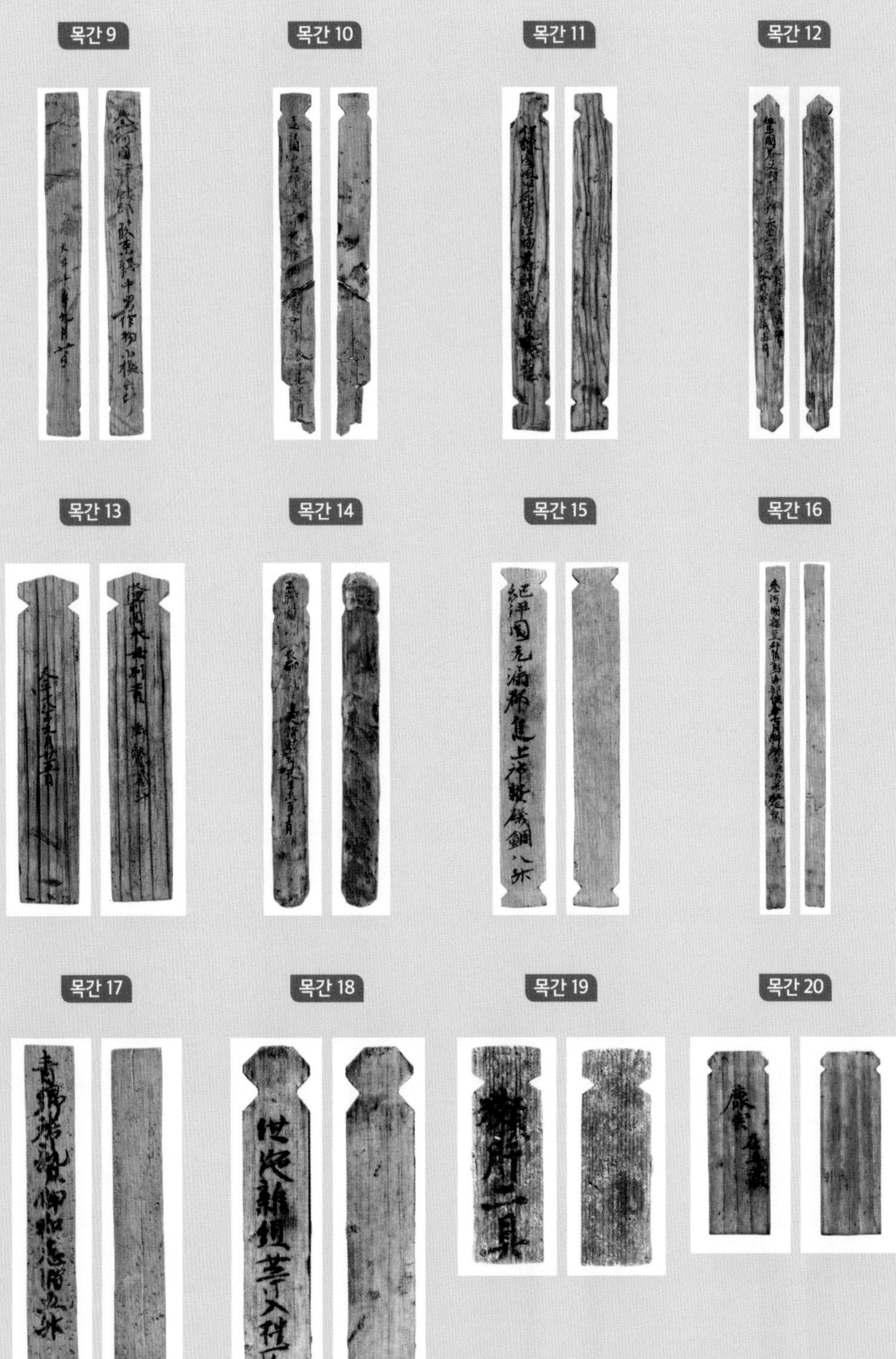

나라문화재연구소 제공

자료 기초 정보

국가	일본 ‖ 大和國
연대	8세기
출토지	헤이조궁[平城宮] 터
소장처	나라문화재연구소

자료 해제

헤이조궁[平城宮] 터는 나라시[奈良市] 사키초[佐紀町]와 니조초[二條町], 홋케지초[法華寺町]에 걸쳐 펼쳐진 궁터로 710년부터 784년까지 운영되었다. 헤이조궁은 동서 1.3km, 남북 1km, 면적 120ha의 면적을 갖추고 있다. 주위는 토담으로 둘러싸여 있으며 내부에는 국가의 정치나 의식을 거행하는 태극전(大極殿), 조당원(朝堂院), 천황의 거처인 내리(內裏), 행정기관인 다양한 관공서, 연회를 베푸는 정원 등의 시설이 있었다.

모두 목조건물이었기 때문에 당시의 지상 구조물은 현재 남아 있지 않으나 지하 유구는 양호한 상태로 보존되어 있다. 발굴 조사는 1955년부터 시작되었고 그 성과를 바탕으로 1998년에 주작문(朱雀門)과 동원정원(東院庭園), 2010년에 제1차 대극전(大極殿)이 복원되는 등 유적 박물관으로 정비되고 있다.

목간은 1961년에 40점이 발견된 이후로 지금까지 76,000여 점이 출토되었는데, 헤이조궁 거의 전역에 걸쳐 출토되었다. 헤이조궁 유적에서 출토된 목간 가운데 현재 3,000여 점이 국보로 지정되어 있다. 발견된 목간을 크게 분류하면 문서와 부찰, 습서와 낙서로 나뉜다. 문서는 헤이조궁 내의 관청·관인 사이의 사무 연락, 관청 내의 장부 기록 등에 사용되었다. 부찰 목간의 경우 지방에서 보내온 공납품에 부착된 하찰 목간(공납품 꼬리표 목간)과 헤이조궁 내에서 물품 정리용으로 사용된 부찰 목간(물품 꼬리표 목간)으로 나뉜다. 습서 목간에는 『천자문(千字文)』, 『문선(文選)』 등의 서책 구절이 보여 당시 중국 문물 수용의 일단을 알 수 있다. 목간을 통해 함께 출토된 유물의 연대를 판단할 수 있으며 유구의 성격도 파악할 수 있다. 또한 각 지역의 특산물과 다양한 가공제품을 살펴볼 수 있다.

목간 〈1〉 판독문

출전 城35-14上(木研1-55頁-(1)·平城宮1-1·日本古代木簡選)

크기 길이 259mm, 너비 (19)mm, 두께 4mm

- 앞면

寺請 小豆一斗 醤一□[斗?]五升 大床所 酢 末醤等

- 뒷면

右四種物竹波命婦御所 三月六日

※ □ 표시는 판독 불가 글자

목간 〈1〉 해석 및 역주

해석

- 앞면

절[寺][1]에서 청구한다. 팥[小豆] 1두, 대상소(大床所)[2]의 장(醤)[3] 1[두(斗)] 5승(升), 식초[酢], 말장(末醤)[4] 등.

1 절[寺] : 이 사찰은 홋케지[法華寺]로 추정되고 있다. 목간이 출토된 유구 SK219는 쓰레기 투기 구덩이인데, 이 구덩이에는 쓰레기가 일괄적으로 투기되었다. 같은 유구에서는 762년의 연대가 기재된 목간이 출토되어 해당 목간도 동시기의 것으로 추측되고 있다. 이 시기 코켄[孝謙] 태상천황(太上天皇)이 홋케지에 있었고, 그 측근인 츠쿠바노묘부[竹波命婦]가 본 사찰에서 식량을 청구하고 있는 기재 내용으로 미루어 볼 때, 이 절은 홋케지로 봐도 문제가 없을 것이다.

2 대상소(大床所) : 천황의 식사를 준비하는 장소로 해석되고 있다(『日本古代木簡選』).

3 장(醤) : 지금의 간장의 원형으로 추정되고 있다(奈良文化財研究所, 2017).

4 말장(末醤) : 지금의 된장의 원형으로 추정되고 있다(奈良文化財研究所, 2017).

– 뒷면

위의 4종의 물품을 츠쿠바노묘부[竹波命婦][5]가 고쇼[御所][6]에서 3월 6일에 [청구함].[7]

역주

이 목간은 모년(某年)[8] 3월 6일에 홋케지[法華寺]로 추정되는 사찰에서 츠쿠바노묘부[竹波命婦]가 고쇼[御所]에서 사용할 팥[小豆], 대상소(大床所)의 장(醤), 식초[酢], 말장(末醤) 등 네 종류의 식자재 및 조미료를 대선직(大膳職)[9]으로 추정되는 관서에 청구한 목간이다.

목간 〈2〉 판독문

출전 平城宮1-23(日本古代木簡選)

크기 길이 111mm, 너비 17mm, 두께 3mm

未滑海藻

5 츠쿠바노묘부[竹波命婦] : 히타치국[常陸国, 현재의 이바라키현] 츠쿠바군[筑波郡] 출신의 우네메[采女]로 코켄천황[孝謙天皇]의 측근 궁녀이다. 우네메는 주로 천황의 식사를 시중든 하급 궁녀인데 지방 호족이 자신의 자매 또는 딸을 우네메로 공진하였다(『国史大辞典』).

6 고쇼[御所] : 천황의 거처를 뜻한다.

7 해당 목간의 해설은 참고문헌에 제시한 전시 자료(奈良文化財研究所, 2017)에 의함.

8 모년(某年) : 목간이 출토한 유구 SK219는 쓰레기가 일괄적으로 투기된 유구인데, 762년의 연대가 기재된 목간이 함께 출토되어 이 목간도 같은 시기의 것으로 추측되고 있다.

9 대선직(大膳職) : 향선(饗膳)의 식사를 제공 및 관리하는 기관이다. 목간이 출토한 유구를 발굴 조사한 결과 건물 유구 배치 등을 통해 목간 출토 지점 근처에 대선직(大膳職)이 있었을 것으로 추정된다(『日本古代木簡選』).

목간 〈2〉 해석 및 역주

해석

감태[未滑海藻]

역주

이 목간은 감태[未滑海藻]가 적힌 부찰 목간이다. 상기 1번 목간과 같은 헤이조궁[平城宮] 대선직(大膳職) 지구에서 출토되었다. 감태는 당시 부역령(賦役令)에 규정된 물품의 하나이며, 쇼소인[正倉院] 문서 중에도 산견되고 사경생(寫經生)에게 널리 지급되었다.

목간 〈3〉 판독문

출전 平城宮2-2277(日本古代木簡選 · 城3-6下(78))

크기 길이 133mm, 너비 24mm, 두께 4mm

- 앞면

難酒志紀郡

- 뒷면

□□[田井?]郷缶入四斗々升

※ □ 표시는 판독 불가 글자

목간 〈3〉 해석 및 역주

해석

- 앞면

난주(難酒) 시키군[志紀郡]

– 뒷면

□□[타이(田井)]향(鄕) 장군[缶]에 넣음. 4두(斗) 4승(升).

역주

이 목간은 가와치국[河內國][10] 시키군[志紀郡]으로부터 진상된 술 공납품 꼬리표 목간이다. 난주(難酒)는 알콜 도수가 높은 술이다. 당시 기내(畿內) 제국(諸國)은 신사(神事)에 사용되는 현양주(縣釀酒)를 공진하도록 정해져 있었다. 해당 목간은 헤이조궁[平城宮] 조주사(造酒司) 지구에서 출토되었다.

목간 〈4〉 판독문

출전 平城宮7-11977(木研8-112頁-(34)·城5-11上(128)·日本古代木簡選)

크기 길이 124mm, 너비 17mm, 두께 4mm

蕀甲羸交作鮑一塥

목간 〈4〉 해석 및 역주

해석

성게[蕀甲羸] 전복[鮑] 무침 1항아리[塥]

역주

이 목간은 성게와 전복을 버무린 것을 담은 항아리에 부착되어 있던 부찰 목간이다. "극갑리

10 가와치국[河內國] : 현재의 오사카부 동부에 해당한다.

(蕀甲蠃)"는 성게를 뜻하고 "포(鮑)"는 전복이다. "혁(堝)"은 토기의 단위이다.[11] 목간은 헤이조궁[平城宮] 제1차 대극전원(大極殿院) 토담 회랑 동남 귀퉁이에서 출토되었다.

목간 〈5〉 판독문

출전 平城宮7-11873(木研30-192頁-(1)·城11-5上(1)·日本古代木簡選)

크기 길이 266mm, 너비 23mm, 두께 2mm

– 앞면

進上瓦三百七十枚	女瓦百六十枚　宇瓦百卌八枚 鐙瓦七十二枚	功卌七人	十六人各十枚　廿三人各六枚 九人各八枚　◇

– 뒷면

付葦屋石敷	神亀六年四月十日穴太□[老?]　◇ 主典下道朝臣　向司家

※ □ 표시는 판독 불가 글자

※ ◇ 표시는 인위적으로 뚫은 구멍

목간 〈5〉 해석 및 역주

해석

– 앞면

진상 기와 370장, 평기와[女瓦] 160장, 암막새[宇瓦] 138장, 수막새[鐙瓦] 72장, 공인 47명, 16명 각 10장, 23명 각 6장, 9명 각 8장.

11 "堝"은 토기 명칭으로 사용되는 경우도 있다.

– 뒷면

아시야노이와시키[葺屋石敷]에게 보냄. 신구(神龜) 6년 4월 10일 아나호노오유[穴太老]. 사칸[主典][12] 시모츠미치노아손[下道朝臣], 사가(司家)로 향함.

역주

이 목간은 기와 370장의 진상 내역을 적은 문서 목간이다. 기와를 보낸다는 송장(送狀)의 역할을 하는 동시에 헤이조궁[平城宮]의 여러 문을 지나 궁중의 조영 현장으로 가기까지의 통행을 보증하는 기능도 하였다. "여와(女瓦)"는 평기와, "우와(宇瓦)"는 암막새, "등와(鐙瓦)"는 수막새를 가리킨다. 아시야노이와시키[葺屋石敷]·아나호노오유[穴太老]·시모츠미치노아손[下道朝臣]은 기와 진상에 관여한 사람의 이름이다. 그중 시모츠미치노아손은 최조사(催造司)의 사칸[主典]이었으며, 자신의 관서인 "사가(司家)"로 향한 것으로 보인다. 『연희식(延喜式)』 목공료식(木工寮式)에 기재된 1인당 메는 기와의 양은 평기와 12장, 암막새 7장, 수막새 9장인데 목간에 보이는 수치도 이와 비슷하다. 신구(神龜) 6년은 729년이다. 목간은 헤이조궁 중앙구 조당원(朝堂院) 동북쪽 구석에서 출토되었다(横田拓実, 1978; 今泉隆雄, 1983; 寺崎保広, 1985).

목간 <6> 판독문

출전 平城宮7-11861(木研8-110頁-(8)·城5-9上(103)·日本古代木簡選)

크기 길이 326mm, 너비 24mm, 두께 4mm

– 앞면

請縄参拾了　右為付御馬并夜行馬所請

12 사칸[主典] : 율령제의 4등관 중 제일 하위 관직(『国史大辞典』).

– 뒷면

如件　神護景雲三年四月十七日番長非浄濱

목간 〈6〉 해석 및 역주

해석

– 앞면

청구한다. 밧줄 30줄[了].[13] 오른쪽은 어마(御馬) 및 야행마(夜行馬)에 사용할 것이다. 신청하는 바는

– 뒷면

이와 같다. 신호경운(神護景雲) 3년 4월 17일 번장(番長) 비정빈(非浄濱)

역주

이 목간은 천황이 타는 어마(御馬)와 야행마(夜行馬)에 사용할 밧줄을 청구한 문서 목간이다. 『연희식(延喜式)』 좌마료식(左馬寮式)에 따르면 어마는 매년 제국(諸國)의 목장에서 공진하기로 되어있는데, 절회(節會)나 행차 등에 사용된다. 야행마는 밤 순행에 사용된 말이다. 비정빈(非浄濱)은 중위부(中衛府) 또는 근위부(近衛府)의 번장(番長)[14]일 가능성이 크다. 신호경운(神護景雲) 3년은 769년이다. 목간은 헤이조궁[平城宮] 제1차 대극전원(大極殿院) 건축지 토담 회랑 동남 귀퉁이에서 출토되었다.

13 줄[了] : "了"는 了의 글자 형태와 비슷한 물품을 헤아리는 단위명사이다. 밧줄 또는 삭병(索餠)이라고 하는 오늘날 꽈배기와 유사한 당대(唐代) 음식을 헤아리는 데에도 사용되었다(三保忠夫, 2004, 761쪽).

14 번장(番長) : 교체하면서 관사(官司)에 근무하는 사람들의 통괄을 책임진 자를 말한다(『国史大辞典』).

목간 〈7〉 판독문

출전 平城宮3-3535(日本古代木簡選 · 城4-6上(41))

크기 길이 225mm, 너비 36mm, 두께 3mm

人給所請　鰯肆拾隻　海藻湯料
四月十五日巨勢部諸成

목간 〈7〉 해석 및 역주

해석

인급소(人給所)[15]에서 청구한다. 정어리[鰯][16] 40마리 미역국[海藻湯][17] 재료. 4월 15일 코세베노모로나리[巨勢部諸成]

역주

이 목간은 인급소(人給所)에서 미역국[海藻湯]에 넣을 재료인 정어리[鰯] 40마리를 청구한 문서 목간이다. "약(鰯)"은 정어리이다. 코세베노모로나리[巨勢部諸成]는 정어리 40마리를 청구한 사람 이름이다. 목간은 헤이조궁[平城宮] 동남 귀퉁이에서 출토되었다.

15 인급소(人給所) : 행사 등을 진행할 때 사람들에게 식량을 지급하는 곳을 말한다(『日本古代木簡選』).

16 정어리[鰯] : 鰯은 일본에서 작성한 일본제 한자이다.

17 미역국[海藻湯] : "해조(海藻)"는 미역을 뜻하며 "탕(湯)"은 국을 말하므로, "해조탕(海藻湯)"은 오늘날의 미역국과 같은 음식이었을 것으로 이해된다.

목간 〈8〉 판독문

출전 木研4-14頁-3(1)(城15-15上(72)·日本古代木簡選)

크기 길이 327mm, 너비 17mm, 두께 8mm

衛門府進和炭二斛 □□ □

木屋坊 天平勝寶三年正月廿五日番長道守臣努多万呂

※ □ 표시는 판독 불가 글자

목간 〈8〉 해석 및 역주

해석

위문부(衛門府)에서 진상한 니코즈미[和炭, 숯],[18] 2곡(斛). □…, 목옥방(木屋坊). 천평승보[天平勝寶] 3년 정월 25일 번장(番長) 미치모리노오미누타마로[道守臣努多万呂].

역주

이 목간은 위문부(衛門府)에서 니코즈미[和炭, 숯]를 진상한 문서 목간이다. 목옥방(木屋坊)은 헤이조경[平城京] 내에 있었던 것으로 추정되며, 번장(番長)은 궁중 경비를 담당한 부서의 하급 관리다. 미치모리노오미누타마로[道守臣努多万呂]는 숯을 보낸 사람의 이름이다. 목간은 헤이조궁 남면 서문 지구에서 출토되었다.

18 니코즈미[和炭, 숯] : 솔나무나 밤나무 등을 이용하여 만든 부드러운 숯이다. 대장간에서 제철 작업에 사용했다.

목간 〈9〉 판독문

출전 平城宮1-356(日本古代木簡選 · 城1-9下(131))

크기 길이 298mm, 너비 35mm, 두께 6mm

– 앞면

参河国寶飫郡篠束郷中男作物小擬六斤

– 뒷면

天平十八年九月廿日

목간 〈9〉 해석 및 역주

해석

– 앞면

미카와국[参河國][19] 호오군[寶飫郡] 시노즈카향[篠束鄕] 중남작물(中男作物)[20] 비단풀[小擬] 6근(斤).

– 뒷면

천평(天平) 18년 9월 20일.

역주

이 목간은 미카와국[参河國] 호오군[寶飫郡] 시노즈카향[篠束鄕]으로부터 중남작물(中男作物)

19 미카와국[参河國] : 현재의 아이치현 동부 지역에 해당한다.

20 중남작물(中男作物) : 717년에 정정(正丁)의 조부물(調副物, 조 외에 正丁에게만 부과된 세목)을 폐지하고 이를 대신하여 설정된 것으로 17세에서 20세의 남자가 납부해야 했다(『日本古代木簡選』).

로 진상한 비단풀[小擬] 6근의 공납품 꼬리표 목간이다. "소의(小擬)"는 비단풀과의 홍조식물, 즉 비단풀을 말하는데 해초를 삶아서 굳힌 것을 뜻한다. 천평(天平) 18년은 746년이다. 목간은 헤이조궁[平城宮] 내리(内裏) 북면 지구에서 출토되었다.

목간 〈10〉 판독문

출전 平城宮1-358(日本古代木簡選 · 城1-9下(133))

크기 길이 (265)mm, 너비 27mm, 두께 3mm

遠江国山名郡進上中男作物堅魚十斤 天平十七年□[十?]月

※ □ 표시는 판독 불가 글자

목간 〈10〉 해석 및 역주

해석

토오토미국[遠江國][21] 야마나군[山名郡]에서 진상한 중남작물(中男作物) 가다랑어 10근[堅魚]. 천평(天平) 17년 [10]월.

역주

이 목간은 토오토미국[遠江國] 야마나군[山名郡]으로부터 중남작물로 진상한 가다랑어[堅魚] 10근에 대한 공납품 꼬리표 목간이다. "견어(堅魚)"는 가다랑어이며 옛 토오토미국의 지역이 되는 시즈오카현은 지금도 가다랑어 어획량이 많은 곳이다. 천평(天平) 17년은 745년이다. 목간은 헤이조궁[平城宮] 내리(内裏) 북면 지구에서 출토되었다.

---

21 토오토미국[遠江國] : 현재의 시즈오카현 서부에 해당한다.

목간 〈11〉 판독문

출전 平城宮1-361(日本古代木簡選 · 城1-10上(136))

크기 길이 161mm, 너비 20mm, 두께 4mm

伊予国風早郡中男作物舊鯖貳伯隻載籠

목간 〈11〉 해석 및 역주

해석

이요국[伊予國][22] 카자하야군[風早郡] [에서] 중남작물(中男作物) 자반고등어[舊鯖][23] 200마리를 바구니[籠]에 넣음.

역주

이 목간은 이요국[伊予國] 카자하야군[風早郡]에서 중남작물로 진상한 자반고등어[舊鯖] 200마리에 대한 공납품 꼬리표 목간이다. 옛 이요국 지역인 현재의 에히메현은 지금도 고등어가 유명하다. 교통이 발달하지 못한 점을 고려해 자반고등어를 진상한 것으로 추측된다. “재롱(載籠)”이란 표현으로부터 바구니[籠]에 넣어 납부한 것임을 추측할 수 있다. 목간은 헤이조궁[平城宮] 내리(內裏) 북면 지구에서 출토되었다.

22 이요국[伊予國] : 현재의 에히메현에 해당한다.

23 자반고등어[舊鯖] : “鯖”은 고등어이고 “舊鯖”은 숙성시킨 고등어라는 뜻으로 자반고등어를 가리킨다고 생각된다.

목간 〈12〉 판독문

출전 木研4-92頁-13(1)(平城宮2-2715· 日本古代木簡選 · 城3-11下(198))

크기 길이 277mm, 너비 26mm, 두께 6mm

但馬国養父郡老左郷赤米五斗 村長語部廣麻呂
天平勝寶七歳五月

목간 〈12〉 해석 및 역주

해석

타지마국[但馬國][24] 야부군[養父郡] 오사향[老左鄕] [에서 진상한] 적미(赤米)[25] 5두. 촌장(村長) 카타리베노히로마로[語部廣麻呂]. 천평승보(天平勝寶) 7세(歲) 5월.

역주

이 목간은 타지마국[但馬國] 야부군[養父郡] 오사향[老左鄕]에서 진상한 적미(赤米) 5두에 대한 공납품 꼬리표 목간이다. 쌀을 공납품으로 진상한 꼬리표 목간의 기재 양식에는 "모향모인모미(某鄕某人某米)"와 같이 공진한 자를 기재하는 경우도 있으나 "모향모미(某鄕某米)"의 예가 많다. 이 목간의 기재 양식은 후자에 속한다. 촌장(村長) 카타리베노히로마로[語部廣麻呂]는 수납 책임자로서 기재된 것이다. 천평승보(天平勝寶) 7세(歲)는 755년이다. 목간은 헤이조궁[平城宮] 동원(東院) 지구 서쪽에서 출토되었다.

---

24 타지마국[但馬國] : 현재의 효고현 북부에 해당한다.

25 적미(赤米) : 색이 붉은 쌀이며 주로 술 양조용으로 사용되었다.

목간 〈13〉 판독문

출전 平城宮1-398(日本古代木簡選 · 城1-6下(69))

크기 길이 144mm, 너비 28mm, 두께 6mm

– 앞면

備前国水母別貢　御贄貳斗

– 뒷면

天平十八年九月廿五日

목간 〈13〉 해석 및 역주

해석

– 앞면

비젠국[備前國][26] 해파리[水母]를 별도로 공진함[別貢]. 미니에[御贄][27] 2두.

– 뒷면

천평(天平) 18년 9월 25일.

역주

이 목간은 비젠국[備前國]으로부터 해파리[水母]를 미니에[御贄]로 진상한 공납품 꼬리표 목간

26 비젠국[備前國] : 현재의 오카야마현 동남부에 해당한다.

27 미니에[御贄] : 니에[贄]는 천황에게 헌상하는 식자재(『日本國語大辭典』 小學館)를 뜻한다. 7세기에서 8세기 초의 후지와라궁[藤原宮] 목간에는 오니에[大贄] 또는 니에[贄]라는 표현이 사용되었으나 헤이죠궁[平城宮] 목간에는 주로 미니에[御贄]가 사용된다(『日本古代木簡選』). 이 목간을 포함하여 아래의 〈15〉, 〈16〉, 〈17〉번 목간에서도 미니에[御贄]가 사용되었다.

이다. 별공(別貢)은 규정된 사항 이외의 별도로 공진되었음을 의미하는 것으로 해석된다(奈良文化財研究所, 2007). 천평(天平) 18년은 746년이다. 목간은 헤이조궁[平城宮] 내리(內裏) 북면 관아 지구에서 출토되었다.

목간 〈14〉 판독문

출전 平城宮1-404(日本古代木簡選 · 城1-6下(65))

크기 길이 180mm, 너비 24mm, 두께 6mm

武蔵国男衾郡余戸里大贄豉一斗天平十八年十一月

목간 〈14〉 해석 및 역주

해석

무사시국[武蔵國][28] 오부스마군[男衾郡] 아마루베리[余戸里] [에서] 오니에[大贄] [로 진상한] 쿠키[豉][29] 1두. 천평(天平) 18년 11월.

역주

무사시국[武蔵國] 오부스마군[男衾郡] 아마루베리[余戸里]로부터 오니에[大贄]로 진상한 쿠키[豉] 1두의 공납품 꼬리표 목간. 천평(天平) 18년은 746년이다. 목간은 헤이조궁[平城宮] 내리(內裏) 북면 관아 지구에서 출토되었다.

---

28 무사시국[武蔵國] : 현재의 섬을 제외한 도쿄도[東京都] 지역, 가나가와현[神奈川縣] 가와사키시[川崎市] · 요코하마시[横浜市] 일부 지역 및 사이타마현[埼玉縣] 대부분 지역에 해당한다.

29 쿠키[豉] : 쿠키[豉]는 낫토와 비슷한 콩을 발효시킨 식품이다.

목간 〈15〉 판독문

출전 木研3-65頁-(21)(平城宮2-2285· 日本古代木簡選 · 城3-5下(62))

크기 길이 188mm, 너비 27mm, 두께 4mm

紀伊国无漏郡進上御贄礒鯛八升

목간 〈15〉 해석 및 역주

해석

기이국[紀伊國][30] 무로군[无漏郡]에서 진상한 미니에[御贄] 돌돔[礒鯛][31] 8승

역주

이 목간은 기이국[紀伊國] 무로군[无漏郡]으로부터 미니에[御贄]로 진상한 돌돔[礒鯛]의 공납품 꼬리표 목간이다. 『연희식(延喜式)』 내선식(内膳式)에 따르면 기이국은 제철 잡어를 니에[贄]로 공진해야 하는 것으로 기재되어 있다. 목간은 헤이조궁[平城宮] 조주사(造酒司) 지구에서 출토되었다.

목간 〈16〉 판독문

출전 平城宮1-370(日本古代木簡選 · 城1-6上(56))

크기 길이 284mm, 너비 17mm, 두께 2mm

---

30 기이국[紀伊國] : 현재의 와카야마현과 미에현 남부에 해당한다.
31 돌돔[礒鯛] : 일반적으로 "石鯛"로 표기하나 "礒鯛"도 같은 것으로 생각된다.

参河国播豆郡篠嶋海部供奉七月料御贄佐米楚割六斤

목간 〈16〉 해석 및 역주

해석

미카와국[参河國] 하즈군[播豆郡] 시노지마[篠嶋][32] 아마베[海部]에서 진상한 7월료(料) 미니에[御贄] 상어[佐米][33] 말린 것[楚割] 6근.

역주

이 목간은 미카와국[参河國] 하즈군[播豆郡] 시노지마[篠嶋]의 아마베[海部]로부터 미니에[御贄]로 진상된 상어 말린 것 6근에 대한 공납품 꼬리표 목간이다. "좌미(佐米)"는 상어의 음차 표기이다. 스와야리[楚割]는 도미·연어 등의 어육을 길게 찢어 말린 보존 식품이다. 목간은 헤이조궁[平城宮] 내리(內裏) 북면 관아 지구에서 출토되었다.

목간 〈17〉 판독문

출전 木研3-65頁-(20)(平城宮2-2283·城3-5下(60))

크기 길이 78mm, 너비 14mm, 두께 3mm

青郷御贄伊和志腊五升

32 시노지마[篠嶋] : 현재의 아이치현 지타반도[知多半島]에 있는 한 섬이다.

33 상어[佐米] : 상어는 기본적으로 차음 표기 "佐米"로 기재되는 경우가 많다. 헤이조경[平城京] 목간에는 "鮫 佐米"와 같이 상어의 차훈 표기와 차음 표기가 병기된 사례도 있다(城30-9下(127)).

목간 〈17〉 해석 및 역주

해석

아오향[青郷] [으로부터] 미니에[御贄] [로 진상된] 정어리[伊和志] 말린 것[腊] 5승.

역주

이 목간은 와카사국[若狭國][34]으로부터 미니에[御贄]로 진상된 정어리 말린 것 5승에 대한 공납품 꼬리표 목간이다. 아오향[青郷]은 고대의 지명을 포괄적으로 기재한 『화명류취초(和名類聚抄)』에 기재된 와카사국 오이군[大飯郡] 아오향[阿遠郷]에 해당한다. 이와시[伊和志]는 정어리[鰯]의 차음 표기이며 "약(鰯)"은 일본에서 작성된 한자이다.[35] 키다이[腊]는 생선·고기 등을 말린 것을 뜻한다. 현재 중국 쓰촨성[四川省]에서는 석육(腊肉, 돼지고기를 소금 쳐서 오랜 시간 말린 것)이라는 전통음식이 존재한다. 목간은 헤이조궁[平城宮] 조주사(造酒司) 지구에서 출토되었다.

목간 〈18〉 판독문

출전 平城宮1-482(日本古代木簡選 · 城1-12上(205))

크기 길이 123mm, 너비 26mm, 두께 4mm

紺絁雜組等入櫃一合

34 와카사국[若狭國] : 현재의 후쿠이현 남부에 해당한다.

35 차음 표기는 아스카, 후지와라 등 7세기 목간과 8세기 니에[贄] 목간에서 많이 사용된다(馬場基, 2019).

목간 〈18〉 해석 및 역주

해석

감색[紺]으로 물들인 거친 비단[絁]과 여러 가지 색실로 짠 띠[雜組] 등을 넣은 궤(櫃) 하나.

역주

이 목간은 감색[紺]으로 물들인 거친 비단[絁]과 여러 가지 색실로 짠 띠[雜組] 등을 담은 궤(櫃)에 달았던 부찰 목간이다. 목간은 헤이조궁[平城宮] 내리(內裏) 북면 관아 지구에서 출토되었다.

목간 〈19〉 판독문

출전 木研5-12頁-1(34)(城16-9上(58)·日本古代木簡選)
크기 길이 65mm, 너비 21mm, 두께 5mm

獺肝二具

목간 〈19〉 해석 및 역주

해석

수달 간[獺肝] 2구(具)

역주

이 목간은 수달 간[獺肝]에 대한 부찰 목간이다. 목간은 헤이조궁[平城宮] 기간 배수로 중 하나인 내리(內裏) 동쪽 도랑에서 출토하였는데, "전약료(典藥寮)", "현삼(玄蔘)", "독활(獨活)" 등 관서명이나 약명을 기록한 목간도 함께 출토되어 주변에 전약료(典藥寮)가 있었던 것으로 추측된다.

목간 <20> 판독문

출전 木研6-106頁-(21)(平城宮3-3565·日本古代木簡選·城4-6下(47))

크기 길이 51mm, 너비 18mm, 두께 5mm

鹿宍 在五藏

목간 <20> 해석 및 역주

해석

사슴 고기[鹿宍]. 오장(五藏)이 있다.

역주

이 목간은 내장이 부착된 사슴 고기에 대한 부찰 목간이다. "녹(鹿)"은 사슴이고 "육(宍)"은 고기이다. "재오장(在五藏)"은 오장, 즉 내장이 있다는 뜻으로 내장이 딸린 사슴 고기를 가리킨다. 『연희식(延喜式)』 대학료(大学寮)·대선상(大膳上)에 따르면 석전제(釈奠祭)에 육위부(六衛府)가 삼생(三牲)의 하나로 오장이 부착된 큰 사슴·작은 사슴을 진상하도록 되어 있다. 이 목간은 특별히 세심하게 잘 가공되어 있고 단정한 글씨로 쓰여 있어, 석전제에 사용된 사슴 고기에 대한 부찰 목간이라고 추측된다. 목간은 헤이조궁[平城宮] 동남 귀퉁이에서 출토되었다.

참고문헌

今泉隆雄,「8世紀造宮官司考」,『文化財論叢』, 同朋舎, 1983.

国史大辞典編集委員会編,『国史大辞典』, 吉川弘文館, 1979~1996.

奈良文化財研究所,『平城宮木簡一—平城宮發掘調査報告Ⅴ』(奈良國立文化財研究所史料 5), 1966.

奈良文化財研究所,『平城宮木簡二』(奈良國立文化財研究所史料 8), 1975.

奈良文化財研究所,『平城宮木簡三』(奈良國立文化財研究所史料 17), 1981.

奈良文化財研究所,『平城宮木簡四』(奈良國立文化財研究所史料 28), 1986.

奈良文化財研究所,『平城宮木簡五』(奈良國立文化財研究所史料 42), 1996.

奈良文化財研究所,『平城宮木簡六』(奈良文化財研究所史料 63), 2004.

奈良文化財研究所,『平城宮木簡七』(奈良文化財研究所史料 85), 2010.

馬場基,「木簡学から見た日本語：文字について」,『日本語学』38(11), 2019.

木簡學會編,『日本古代木簡選』, 岩波書店, 1990.

寺崎保広,「瓦進上木簡小考」,『奈良古代史論集』1, 1985.

横田拓実,「文書様木簡の諸問題」,『研究論集』Ⅳ, 1978.

「平城宮跡」, 나라시 홈페이지(https://www.city.nara.lg.jp/site/world-heritage/88528.html)

奈良文化財研究所,『2007 平城宮跡資料館 秋期特別展 平城宮木簡の世界Ⅰ 天皇の食膳』, 2007(http://hdl.handle.net/11177/1726)

奈良文化財研究所,『2017 平城宮跡資料館 秋期特別展 地下の正倉院展 国宝 平城宮跡出土木簡 第Ⅰ期展示木簡』, 2017(https://sitereports.nabunken.go.jp/21355)

木簡庫

1. https://mokkankonabunkengojp/ja/6ABOBH80000008
2. https://mokkankonabunkengojp/ja/6ABOBI80000022
3. https://mokkankonabunkengojp/ja/6AACVS15000161
4. https://mokkankonabunkengojp/ja/6ABEMI09000086
5. https://mokkankonabunkengojp/ja/6ABFBG47000217
6. https://mokkankonabunkengojp/ja/6ABEMI09000097

7. https://mokkankonabunkengojp/ja/6AAIND49000005
8. https://mokkankonabunkengojp/ja/6ACUES49000002
9. https://mokkankonabunkengojp/ja/6AABUS48001055
10. https://mokkankonabunkengojp/ja/6AABUS48001292
11. https://mokkankonabunkengojp/ja/6AABUS48000414
12. https://mokkankonabunkengojp/ja/6AAFOD39000003
13. https://mokkankonabunkengojp/ja/6AABUS48001339
14. https://mokkankonabunkengojp/ja/6AABUS48000705
15. https://mokkankonabunkengojp/ja/6AACVS14000079
16. https://mokkankonabunkengojp/ja/6AABUS48001404
17. https://mokkankonabunkengojp/ja/6AACVS14000080
18. https://mokkankonabunkengojp/ja/6AABUS48001537
19. https://mokkankonabunkengojp/ja/6AAAFQ32000101
20. https://mokkankonabunkengojp/ja/6AAINC51000037

5. 나가야오케[長屋王家] 목간에 보이는 물품

| 자료 사진

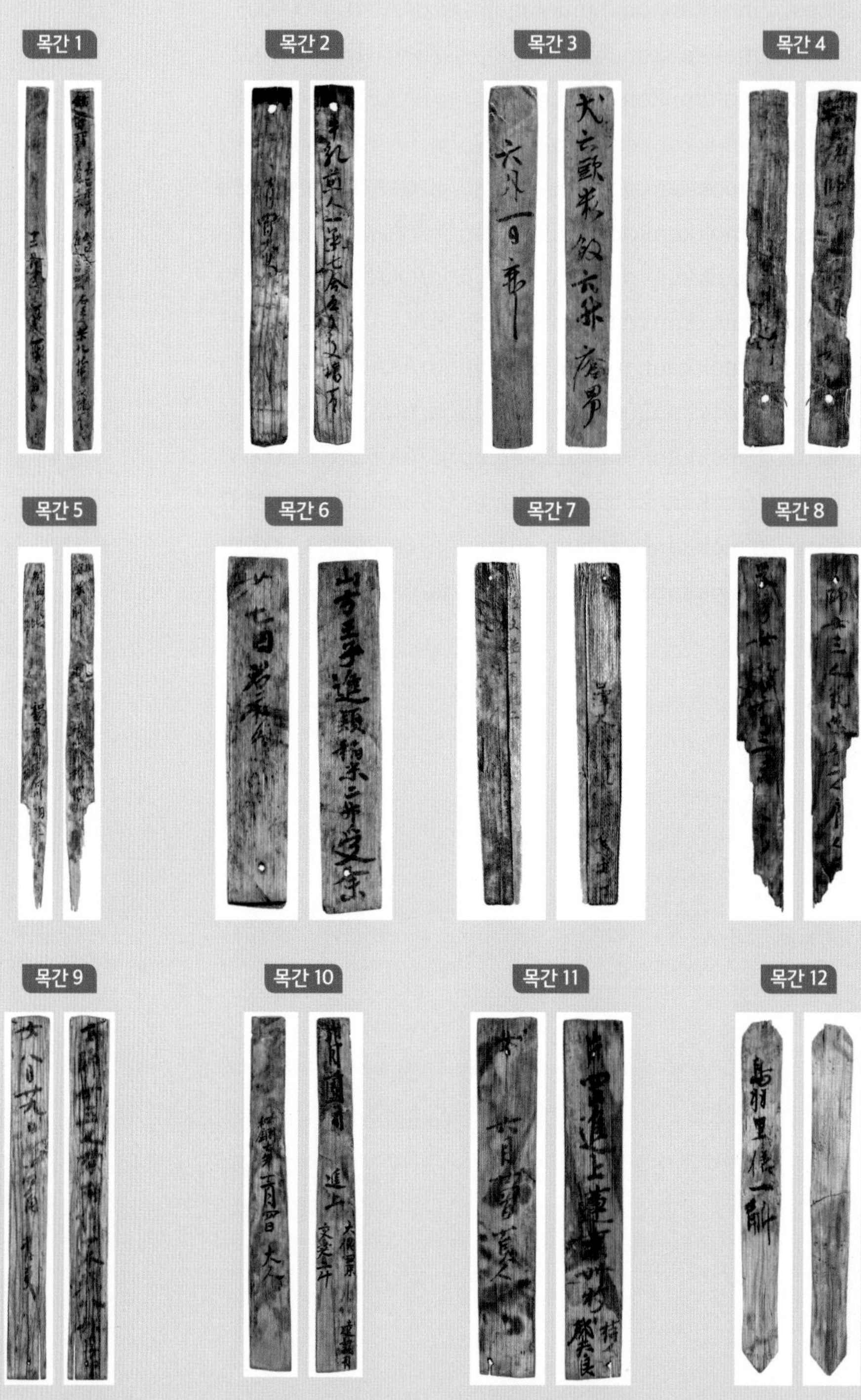

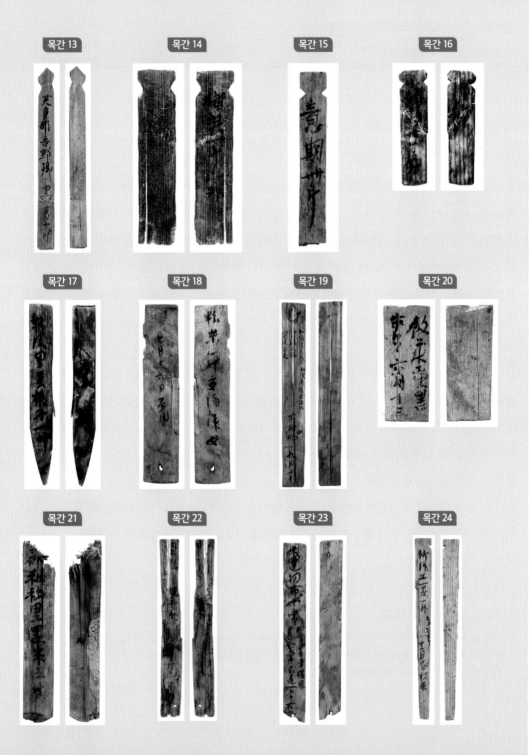

나라문화재연구소 제공

목간 13

목간 14

목간 15

목간 16

목간 17

목간 18

목간 19

목간 20

목간 21

목간 22

목간 23

목간 24

| 자료 기초 정보

국가	일본 ‖ 大和國
연대	710~717년
출토지	나가야오[長屋王] 저택지
소장처	나라문화재연구소

| 자료 해제

'나가야오케[長屋王家] 목간'은 일본 나라시[奈良市] 중심 지역에 위치한 헤이조경[平城京] 터 바로 앞[左京三條二坊一·二·七·八坪]에 자리 잡고 있었던 나가야오[長屋王] 저택지에서 대량으로 발견된 목간 군(群)을 말한다. 1986년부터 1989년에 걸쳐 백화점 건설 용지에서 발굴 조사가 실시되었는데, 여기서 35,000여 점의 목간[1]이 발견되었다. 출토된 목간 중에 "나가야친왕궁[長屋親王宮]"이라고 적혀 있는 경우가 많이 발견되고, 아악료(雅楽寮)라고 하는 궁중 음악을 담당하는 관서에서 나가야오케로 발신한 목간이 발견되어 이곳이 나가야오의 저택이었음을 알 수 있게 되었다.

나가야오는 나라[奈良] 시대 쇼무천황[聖武天皇]의 치세에 좌대신(左大臣)으로서 권세를 자랑하다 후지와라(藤原) 씨의 음모에 의해 자살한 인물로 알려져 있다. 나가야오 저택지에서 출토된 이른바 나가야오케 목간에 의해 당시 나가야 왕가를 비롯한 일본 최고위 지배층의 생활상을 자세히 파악할 수 있게 되었다. 예를 들어 목간에 기록된 내용을 통해 당시 나가야 왕가가 얼음을 보관하는 빙실(氷室)을 보유하고 있었고, 개를 길렀으며 유제품을 먹었음을 알 수 있다. 이처럼 목간을 통해 왕가에서 사용한 다양한 물품을 살펴볼 수 있다는 점에서 나가야오케 목간은 당시 일본 최고위 귀족 가문의 생활상을 보여주는 매우 흥미로운 자료군이라고 할 수 있다.

1 해당 목간의 판독문은 아래와 같다. "雅楽寮移長屋王家令所 / 平群朝臣廣足 / 右人請因倭舞 ‖ 故移 十二月廿四日 少属白鳥史豊麻呂 / 少允船連豊"(平城京1-156, 판독문은 나라문화재연구소에서 공개하고 있는 목간 데이터베이스 木簡庫 http://mokkanko.nabunken.go.jp/ja/에 의함).

나가야오케 목간은 크게 쌀[米]의 청구·지급과 관련된 이른바 전표(傳票) 목간과 식량을 비롯한 물품 수납에 관련된 꼬리표 목간 및 물품 진상 목간, 기타 일상의 가문 운영과 관련한 문서 목간 등으로 나누어진다. 여기서는 이러한 목간에 보이는 물품들을 위주로 되도록 다양한 자료를 소개하도록 한다.

목간 〈1〉 판독문

출전 平城京2-1951(城21-25上(242)·木研11-13頁-(50))

크기 길이 415mm, 너비 26mm, 두께 8mm

- 앞면

鏤盤所	長一口米二升 帳内□[一]口一升	銅造一口二升半 雇人二口四升	右五人米九升半 受龍万呂

- 뒷면

十二月廿六日 阿加流 稲虫

「稲栗」

※ □ 표시는 판독 불가 글자

목간 〈1〉 해석 및 역주

해석

- 앞면

노반소(鏤盤所)의 책임자[長] 1인에게 쌀 2승(升),[2] 구리를 주조[鑄造]하는 자 1인에게 2승 반,

2 승(升) : 지금의 약 9홉(合), 1.62 l 정도 되는 분량이다.

잡역 담당자[帳內] 1인에게 1승, 임시 고용인[雇人] 2인에게 4승. 오른쪽에 기재한 5인의 쌀 도합 9승 반[을 지급함]. [쌀을]받은 자는 타츠마로[龍万呂].

– 뒷면

12월 26일. [책임자] 아카루[阿加流], 이나무시[稻虫], 이나구리[稻栗].

역주

이 목간은 노반(鏤盤) 제작 담당자 5인에게 쌀을 지급한 전표 목간이다. 노반은 탑의 상륜부에 사용되는 네모난 장식을 말한다. 나가야오케[長屋王家]에서 사찰 탑에 사용되는 부품을 제작하였음을 알 수 있다. 이때 제작된 노반은 나가야오[長屋王] 개인과 밀접한 관련이 있는 사찰에 사용되었을 것으로 보이며, 나가야오의 불교 활동 일단을 보여준다. 한편, 목간에 표기된 쌀을 지급한 양을 보면 역할에 따라 다르다. 책임자[長]에게 지급된 쌀은 2승, 즉 지금의 약 1.35kg에 해당하지만, 주조를 담당한 공인인 "동조(銅造)"에게는 이보다 많은 약 1.7kg의 쌀이 지급되었고, 잡일을 담당한 공인 "장내(帳內)"에게는 약 675g, 작업을 보조한 임시 고용된 공인 "고인(雇人)"에게는 1인당 쌀 1.35kg 정도가 지급되었다. 임시 고용된 공인에게 지불된 양이 책임자와 같다는 점에서 쌀 지급양이 신분의 고하가 기준이 되었던 것은 아니며 오히려 노동 내용의 경중에 따라 지급되었다는 것을 알 수 있다. 이상 5인에게 지급된 쌀을 받은 자는 타츠마로[龍万呂]이며 아카루[阿加流], 이나무시[稻虫], 이나구리[稻栗]는 쌀을 지급한 책임자이다.

목간 〈2〉 판독문

출전 木研12-22頁-3(3)(城23-11上(82))

크기 길이 157mm, 너비 18mm, 두께 2mm

– 앞면

◇ 牛乳煎人一口米七合五勺受稻万呂

- 뒷면

◇ 十月四日大嶋

※ ◇ 표시는 인위적으로 뚫은 구멍

목간 〈2〉 해석 및 역주

해석

- 앞면

우유를 달이는 사람[牛乳煎人] 1인에게 쌀 7홉(合) 5작(勺)[을 지급함]. [쌀을] 받은 자는 이나마로[稲万呂].

- 뒷면

10월 4일. 책임자는 오오시마[大嶋].

역주

이 목간은 우유(牛乳)를 달이는 사람[牛乳煎人]에게 쌀을 지급한 전표 목간이다. 우유를 오랜 시간 달이면 오늘날 버터와 비슷한 소(蘇)라고 불리는 음식이 된다. 당시에는 우유도 귀했지만 소는 더욱 귀해 식품보다 약품에 가까운 취급을 받았다. 이 목간은 소의 제조와 관련된 목간으로 보이며 나가야오케[長屋王家]에서 소를 제조하였음을 알려준다. 이나마로[稲万呂]는 쌀을 받은 자이고 오오시마[大嶋]는 쌀 지급의 책임자이다.

목간 〈3〉 판독문

출전 平城京1-65(木研10-12頁-2(8)·城20-10下(38))

크기 길이 165mm, 너비 23mm, 두께 5mm

– 앞면

犬六頭料飯六升 瘡男

– 뒷면

六月一日麻呂

목간 〈3〉 해석 및 역주

해석

– 앞면

개 여섯 마리 식료[로 쓸] 밥[飯] 6승. 카사오[瘡男].

– 뒷면

6월 1일. 마로[麻呂].

역주

이 목간은 개 여섯 마리의 식료로 쓸 밥[飯] 6승을 카사오[瘡男]라는 인물에게 지급했음을 기록한 전표 목간이다. 개는 나가야오[長屋王]의 자녀가 애완용으로 기른 것으로 보인다. 한편 쌀을 지급하고 있는 점에 주목하여 개에게 실제로 쌀을 먹였다는 견해도 있다. 쌀을 먹이는 것은 고기의 맛을 알지 못하게 하려는 목적이라고 하는데, 이런 점으로부터 개가 사냥용으로 사육되었다고 보는 견해도 있다. 또한 고대 이누카이[犬養] 씨족이 군사 씨족이라는 점을 감안할 때, 개의 군사적 측면도 상정되어 저택 내의 경비용으로 사육되었을 가능성도 예측된다.

목간 〈4〉 판독문

출전 平城京1-316(城21-24上(231)·木研11-13頁-(48))

크기 길이 179mm, 너비 22mm, 높이 3mm

– 앞면

轆露師一口米二升 受龍万呂◇

– 뒷면

□月廿三日　君万呂 家令 ◇

※ □ 표시는 판독 불가 글자

※ ◇ 표시는 인위적으로 뚫은 구멍

목간 〈4〉 해석 및 역주

해석

– 앞면

녹로사(轆露師) 1인에게 쌀 2승. [쌀을] 받은 자는 타츠마로[龍万呂].

– 뒷면

□월 23일. 키미마로[君万呂]. 가정기관 책임자[家令].[3]

역주

이 목간은 녹로 담당자[轆露師] 한 사람에게 쌀 2승을 지급했음을 기록한 전표 목간이다. 녹로(轆露) 사용은 금속기·목기·토기 제작과 관련된다. 나가야오케[長屋王家] 목간에는 연질 토기, 즉 하지키[土師器] 생산과 관련된 목간은 존재하지만 견질 토기, 즉 스에키[須恵器] 생산과 관련된 목간은 보이지 않는다. 따라서 여기서의 녹로는 금속기 혹은 목제품 제작과 관련된 것으로 추측되고 있다. 쌀을 받은 자는 타츠마로[龍万呂]이다. 키미마로[君万呂]는 나가야오케의 가정기관 책임자[家令]이다. 여기서는 쌀 지급의 책임자로서 기재되어 있다.

3 가정기관 책임자[家令] : "家令"은 친왕이나 내친왕 등 귀족의 가무(家務)를 총괄하는 관리였다(『國史大辭典』).

목간 〈5〉 판독문

출전 平城京1-185(城21-10上(54)·木研11-10頁-(18))

크기 길이 (348)mm, 너비 (28)mm, 두께 3mm

– 앞면

佐保解 進生薑弐拾根□

– 뒷면

額田児君 和銅八年八月十一日付川瀬造麻呂

※ □ 표시는 판독 불가 글자

목간 〈5〉 해석 및 역주

해석

– 앞면

사호[佐保][4] 해(解).[5] 생강[薑] 20뿌리를 진상.

– 뒷면

누카타베노고키미[額田児君]. 화동(和銅) 8년(715)[6] 8월 11일에 카와세노미야츠코마로[川瀬造麻呂]에게 부쳤다.

4 사호[佐保] ; 사호[佐保]는 헤이조경[平城京] 북교(北郊)에 위치하고 있다. 사호는 해외 사절이나 일본 국내의 지식층을 초대하여 연회를 베풀었던 장소로 유명하다. 거기서 읊은 한시(漢詩)가 『회풍조(懷風藻)』에 수록되어 있다.

5 해(解): 문서 양식의 하나. 공식령(公式令)에 따르면 解는 직접적인 지배관계가 있는 관서 간에서 하급관서에서 상급관서로 보내는 상신 문서의 양식으로 규정되어 있으나 목간 또는 쇼소인 문서를 보면 개인의 상신 문서로서도 解가 사용된 사례가 많아 일반적인 상신 문서 양식으로 사용되었다는 것을 알 수 있다(木簡学会, 2003, 56~59쪽).

6 화동(和銅) 8년 : 화동(和銅) 8년은 715년이다. 같은 해 9월 2일에 연호가 영구(靈龜)로 바뀐다.

역주

이 목간은 나가야오[長屋王]가 소유하고 있던 사호[佐保]에서 나가야오케[長屋王家]로 생강(生薑) 20뿌리를 진상하였음을 기록한 목간이다. 누카타베노고키미[額田児君]는 생강을 진상한 사람이다. 카와세노미야츠코마로[川瀨造麻呂]는 생강을 운반한 사람이다. 화동(和銅) 8년은 715년이다.

목간 〈6〉 판독문

출전 城25-27上(城21-15上(112)·木研11-12頁-(34))

크기 길이 118mm, 너비 22mm, 두께 3mm

– 앞면

山方王子進穎稲米二升受余 ◇

– 뒷면

女 七日若麻呂 ◇

※ ◇ 표시는 인위적으로 뚫은 구멍

목간 〈6〉 해석 및 역주

해석

– 앞면

야마가타노키미[山方王子][7]에게 진상한 벼 2승. 받은 자는 아마루[余][8]

7 야마가타노키미[山方王子] : "山方王子"는 "山方王"(平城京2-1834), "山形王子"(平城京1-244), "山形皇子"(城21-15

– 뒷면

메[女]. 7일. [책임자는] 와카마로[若麻呂].

역주

이 목간은 야마가타노키미[山方王子]에게 벼를 진상했음을 기록한 목간이다. 영도(穎稲)는 벼이삭이 붙은 벼를 말한다. 보통 다발·뭉치를 뜻하는 단위명사 속(束) 또는 파(把)로 세지만, 나가야오케[長屋王家] 전표 목간에서 보이는 영미(穎米)는 모두 승(升)을 단위로 한다. 수취인명, 즉 벼를 받은 자 아마루메[余女]는 목간의 앞면과 뒷면에 갈라져서 적혀 있다. 와카마로[若麻呂]는 지급 책임자이며, 목간에 날짜만 보이고 달이 기록되지 않았다는 것은 이러한 전표 목간이 월 단위로 집계되었음을 시사한다.

목간 〈7〉 판독문

출전 平城京2-1720(城23-6上(11))

크기 길이 240mm, 너비 32mm, 두께 3mm

– 앞면

◇　　　□日滓大御滓一乳戸進出

– 뒷면

◇進塩殿鎰一蔵鎰二

七月十五日

上(111) 등 다양한 표기 방식이 보이는데, 모두 나가야오[長屋王]의 여동생인 "山形女王"을 가리킨다. 목간에는 이와 같이 남녀를 불문하고 여자에게도 "왕자(王子)" 또는 "황자(皇子)"를 사용하는 경우가 있는데, 이는 성별을 가리지 않는 일본어 미코[御子]를 한자로 표기한 것이라고 한다(東野治之, 1996).

8 아마루메[余女] : 여성의 인명이다. 고대 일본의 인명 중에 여성은 "某女"와 같이 뒷부분에 "女"를 다는 경우가 많다. 즉, 이는 여성 이름의 접미사와 같은 역할을 한다.

扶

※ ◇ 표시는 인위적으로 뚫은 구멍

목간 〈7〉 해석 및 역주

해석

– 앞면

…일 재(滓). 대어재(大御滓)[9] 하나를 유호(乳戸)[10]로 하여금 진상하게 하라.

– 뒷면

염전(塩殿)의 열쇠[鎰][11] 하나와 창고[蔵]의 열쇠 두 개를 7월 15일에 가부(家扶)[12]로 하여금 진상하게 하라.

역주

이 목간은 나가야오가 먹을 우유 찌꺼기[大御滓]를 유호(乳戸)로부터 바치도록 하고, 또 염전(塩殿)과 창고[蔵]의 열쇠[鎰]를 가부(家扶)가 바치도록 명령한 문서 목간이다. 특히 당시 나가야오 가문의 사람들이 유제품인 '소(蘇)'를 즐겨먹었음을 보여준다.

---

9 대어재(大御滓) : "대어(大御)"는 존경의 뜻을 나타내는 접두사로서 신불(神佛)과 천황(天皇) 및 귀족 등에게 사용되는 용어이다. 이 목간은 나가야오의 가정기관에서 사용된 문서 목간이므로 여기서의 "대어(大御)"는 나가야오를 가리키는 것으로 추정된다. "재(滓)"는 우유 찌꺼기, 즉 소(蘇)를 말하며, 따라서 "대어재(大御滓)"는 "나가야오께서 드실 소"라는 뜻이 된다.

10 유호(乳戸) : 현재의 낙농가(酪農家)에 해당한다. 따라서 "재(滓)"는 유제품, 즉 소(蘇)를 제조하는 과정에서 생긴 찌꺼기로 풀이된다.

11 열쇠[鎰] : 보통 중국에서는 "鎰"을 금속의 중량 단위를 나타내는 뜻으로 사용하였으나, 신라와 일본에서는 모두 열쇠나 자물쇠를 뜻하는 "鑰"의 속자(俗字)로 사용되었다(李成市, 1997; 犬飼隆, 2011, 26쪽, 59~62쪽; 方國花, 2012).

12 가부(家扶) : 해당 목간에는 "扶"자만 적혀 있으나 이는 "家扶"를 가리킨다. "家扶"는 "가정기관 책임자[家令]" 아래에서 보조 역할을 한 관인을 말한다(『國史大辭典』).

목간 〈8〉 판독문

출전 平城京1-333(城21-27上(272)·木研11-14頁-(59))

크기 길이 (161)mm, 너비 24mm, 두께 2mm

– 앞면

◇土師女三人瓮造女二人雇人二□

– 뒷면

◇受曽女 九月六日三事□□[大嶋?]

※ □ 표시는 판독 불가 글자

※ ◇ 표시는 인위적으로 뚫은 구멍

목간 〈8〉 해석 및 역주

해석

– 앞면

하지메[土師女] 3인, 옹(瓮)을 만드는 여인[瓮造女] 2인, 고용인[雇人] 2[인] □….

– 뒷면

수취자는 소메[曽女]. 9월 6일 삼사(三事) □□(오오시마[大嶋])

역주

이 목간은 토기 제작에 종사한 여성에게 쌀을 지급함을 기록한 전표 목간이다. 하지메[土師女]는 하지키[土師器][13]라고 하는 연질 토기를 제작하는 여성이다. 옹(瓮)은 구형(球形)에 가까운 몸

13 하지키[土師器] : 가마를 사용하지 않고 저온으로 구워진 연질 토기로서 취사용으로 사용되는 경우가 많다. 나가야오 저택지에서 출토된 하지키 중에는 형태나 기법이 특이한, 즉 특정 집단에 의해 제작된 것으로 추정되는 토기가

체와 크게 밖으로 휘어진 구연부로 이루어진 취사도구이다. 고인(雇人)은 고용인을 말한다.

목간 〈9〉 판독문

출전 平城京1-334(城21-27上(273))

크기 길이 242mm, 너비 28mm, 두께 2mm

– 앞면

土師女三人奈閉作一人米八升受曽 ◇

– 뒷면

女 八月廿九日 石角 書吏 ◇

※ ◇ 표시는 인위적으로 뚫은 구멍

목간 〈9〉 해석 및 역주

해석

하지메[土師女] 3인과 냄비[奈閉] 제작자 1인에게 쌀 8승[을 지급함]. 수취자는 소메[曽女]. 8월 29일. 이와스미[石角] 서리(書吏).[14]

역주

이 목간은 토기 제작에 종사한 여성에게 쌀을 지급함을 기록한 전표 목간이다. 하지메[土師女]

보이는데, 이는 바로 이 목간에 보이는 土師女에 의해 제작되었을 가능성이 있다(奈良文化財研究所, 2020).

14 서리(書吏) : 당시 "書吏"는 가정 기관의 제4등관이었다.

는 하지키[土師器]라는 연질 토기를 제작하는 여성을 말한다. 나베[奈閉]는 일본어로 "나베(なべ)"로 읽으며 냄비를 가리킨다. 목간의 앞뒷면에 걸쳐서 쌀을 건내 받은 자, 즉 수취인의 이름 소메[曽女]가 쓰여 있다. 소메는 하지메 중의 한 사람일 가능성도 있다. 이와스미[石角]는 쌀 지급 책임자의 이름인데 관직은 서리(書吏)이다.

| 목간 〈10〉 판독문

출전 平城京2-1754(城21-10上(59)·木研11-10頁-(20))

크기 길이 242mm, 너비 28mm, 두께 2mm

- 앞면

山背薗司　進上　大根四束 交菜二斗　遣諸月

- 뒷면

和銅七年十二月四日　大人

| 목간 〈10〉 해석 및 역주

해석

야마시로원[山背薗]의 츠카사[司][15]가 진상함. 무[大根] 4다발과 여러 야채[交菜] 2두. 여러 달 보내옴. 화동(和銅) 7년(714) 12월 4일. 우시[大人].

15 츠카사[司] : 나가야오케 목간에는 "山背薗司" 외에 "片岡司", "木上司", "矢口司" 등이 보이는데 이는 모두 나가야오의 영유지이며 츠카사[司]는 이러한 영유지를 관리하는 기관이다. 나가야오의 이러한 영유지는 모두 나라 근처에 분포되어 있어 신선한 야채 등을 나가야오 저택으로 공급하였다.

역주

이 목간은 야마시로[山背][16] 채원(菜園)의 관리[司]로부터 무와 여러 야채가 진상되었을 때 기록된 목간이다. 여기서 대근(大根)[17]은 무를 가리키며, 교채(交菜)는 여러 야채를 섞은 것을 말한다. 우시[大人]는 이러한 야채 진상을 주관한 책임자의 이름이다. 화동(和銅) 7년은 714년으로 이 해 음력 12월의 추운 날씨에 무를 공진(貢進)하였다는 기록을 통해 계절감을 느낄 수 있다.

목간 〈11〉 판독문

출전 平城京1-176(城21-9上(46)·木研11-10頁-(14))

크기 길이 179mm, 너비 31mm, 두께 4mm

– 앞면

◇片岡進上蓮葉卌枚 持人
都夫良 ◇

– 뒷면

◇女　六月廿四日　真人　◇

※ ◇ 표시는 인위적으로 뚫은 구멍

16 야마시로[山背] : 河内國 石川郡 山代郷(지금의 大阪府 南河内郡 河南町) 부근으로 비정되고 있다(舘野和己, 1992).

17 대근(大根) : 무를 가리킨다. "根"자는 "木"변이 아닌 "亻"변으로 쓰여 있다.

목간 〈11〉 해석 및 역주

해석

카타오카[片岡][18]에서 연잎 40매 진상함. [이것을] 가져가는 사람[持人]은 츠부라메[都夫良女]임. 6월 24일. [책임자는] 마사토[真人].

역주

이 목간은 카타오카[片岡]로부터 연잎이 진상되었음을 기록한 목간이다. 츠부라메[都夫良女]라는 여성이 연잎을 가져 왔으며, 마사토[真人]는 나가야오[長屋王]의 영유지였던 카타오카 일대를 관리하는 담당자였다.

목간 〈12〉 판독문

출전 平城京1-429(城21-29下(307)·木研11-14頁-(72))

크기 길이 (158)mm, 너비 19mm, 두께 1mm

鳥羽里俵一斛

18 카타오카[片岡] : 片岡는 현재의 나라현[奈良縣] 기타카쓰라기군[北葛城郡] 오지쵸[王寺町]로부터 가시바시[香芝市]에 걸친 지역을 가리킨다. 이 주변에는 쇼토쿠[聖德] 태자에 의해 건립된 것으로 알려진 한야사[般若寺(片岡尼寺)], 카타오카 왕사[片岡王寺] 등의 사찰이 위치하는데, 한야사 경내에서는 나가야오 저택지에서 출토된 것과 같은 형식의 수막새가 출토된 바 있어 해당 목간의 내용을 이해하는 데에 하나의 단서가 되고 있다(奈良國立文化財研究所, 1995).

목간 〈12〉 해석 및 역주

해석

토바리[鳥羽里][19]에서 쌀가마니[俵][20] 1곡(斛)[을 진상함].

역주

이 목간은 토바리[鳥羽里]로부터 진상된 쌀가마니[俵] 공납품에 대한 꼬리표 목간이다. 1곡(斛)은 지금의 약 4두 5승, 즉 67.5kg에 해당한다. 꼬리표 목간으로서는 기재 내용이 간소한 편이다.[20]

목간 〈13〉 판독문

출전 平城京1-125(木研12-23頁-5(3)·城22-7下(9))

크기 길이 222mm, 너비 20mm, 두께 2mm

英多郡吉野郷黒葛十斤

---

19 토바리[鳥羽里] : 일본의 고대 지명을 대량으로 수록한 헤이안 시대의 고사전『화명류취초(和名類聚抄)』에 기록된 야마시로국[山背國] 기이군[紀伊郡] 도바향[鳥羽郷]에 해당된다. 현재의 교토시 남구와 후시미구 양구의 경계선 부근이다.

20 쌀가마니[俵] : "俵"는 중국에서는 '나누어 주다'라는 뜻으로 사용되었으나 일본에서는 쌀가마니를 나타내는 일본어 다와라(たわら)를 표기하는 글자로 사용되었다.

목간 〈13〉 해석 및 역주

해석

아이다군[英多郡] 요시노향[吉野鄕]에서 댕댕이덩굴[黑葛][21] 10근[을 진상함].

역주

이 목간은 미마사카국[美作國] 아이다군[英多郡] 요시노향[吉野鄕][22]에서 진상한 댕댕이덩굴[黑葛]의 공납품 꼬리표 목간이다.

목간 〈14〉 판독문

출전 城27-22下(341)

크기 길이 111mm, 너비 24mm, 두께 3mm

猪宍一斗二升

목간 〈14〉 해석 및 역주

해석

멧돼지고기[猪宍] 1두 2승.

21 댕댕이덩굴[黑葛] : "黑葛"은 댕댕이덩굴 등 단단한 덩굴성 식물의 총칭이다. 바구니 등을 만드는 데 재료로 쓰거나 새끼[結索]를 만드는 데 이용하기도 했다. 『연희식(延喜式)』에는 미마사카국[美作國]이 공진해야 할 중남작물(中男作物) 품목에 黑葛이 기재되어 있다. 중남작물은 717년 正丁의 조부물(調副物)[調 외에 正丁에게만 부과된 세목]을 폐지하고 이를 대신하여 설정된 것으로 17세에서 20세의 남자가 납부하는 것으로 되어 있다(『日本古代木簡選』).

22 미마사카국[美作國] 아이다군[英多郡] 요시노향[吉野鄕] : 지금의 오카야마현 미마사카시[美作市] 동부에 위치한다.

역주

이 목간에는 멧돼지고기[猪宍]가 쓰여 있다. 이것만 보아 어떤 고기인지 단정할 수 없으나 『일본서기(日本書紀)』나 『일본영이기(日本霊異記)』 등의 설화에는 멧돼지나 사슴 고기를 소금에 절인 기록이 남아 있다. 냉장 시설이 없었던 고대에는 고기를 소금에 절여 말리는 등의 가공법을 통해 육류의 보존을 꾀하였다.

목간 〈15〉 판독문

출전 平城京2-2210(城21-35下(405))

크기 길이 119mm, 너비 20mm, 두께 4mm

意期卌斤

목간 〈15〉 해석 및 역주

해석

강리[意期] 40근

역주

이 목간은 해초 중에 하나인 강리가 적혀 있는 꼬리표 목간이다. "억기(意期)"는 강리를 뜻하는 일본어 오고(オゴ)의 차음(借音) 표기이다. 이밖에도 나가야오케 목간에는 여러 가지 해초가 확인되어, 당시 나가야오 가문의 풍족한 식생활을 엿볼 수 있다.

목간 〈16〉 판독문

출전 平城京2-2205(城25-23上(288))

크기 길이 97mm, 너비 24mm, 두께 5mm

鮨鰒四斗五升

목간 〈16〉 해석 및 역주

해석

전복 스시[鮨鰒][23] 4두 5승.

역주

이 목간은 전복 스시[鮨鰒]가 기록된 꼬리표 목간이다.

목간 〈17〉 판독문

출전 平城京2-2180(城25-21上(250))

크기 길이 123mm, 너비 16mm, 두께 4mm

朝津里呉桃子一斗

23 전복 스시[鮨鰒] : 전복은 "鰒" 외에 "鮑", "蝮"자로도 표기된다. 또한 초밥을 나타내는 스시는 "鮨" 외에 "鮓"로도 표기된다.

목간 〈17〉 해석 및 역주

해석

아소우즈리[朝津里][24] 호두[呉桃子][25] 1두.

역주

에치젠국[越前國] 니와군[丹羽郡] 아소우즈리[朝津里]에서 호두[呉桃子] 1두를 진상하였음을 기록한 공납품 꼬리표 목간이다. 호두는 『연희식(延喜式)』의 에치젠[越前]·가가[加賀] 양국의 중남작물(中男作物) 품목에 보인다.

목간 〈18〉 판독문

출전 平城京2-1992(城21-28上(283))

크기 길이 183mm, 너비 37mm, 두께 3mm

– 앞면

粉米一升受酒津女 ◇

– 뒷면

七月十六日石角 ◇

※ ◇ 표시는 인위적으로 뚫은 구멍

24 아소우즈리[朝津里] : 현재의 후쿠이현 후쿠이시 아소우즈쵸[淺水町] 부근에 해당(『古代地名大辞典』).

25 호두[呉桃子] : 호두는 목간의 표기를 보면 呉桃子 외에 胡桃子(平城宮1-19)도 있다.

목간 〈18〉 해석 및 역주

해석

쌀가루[粉米] 1승[을 지급함]. 받은 자는 사카츠메[酒津女]. 7월16일. 이와스미[石角].[26]

역주

이 목간은 쌀가루 지급을 기록한 전표 목간이다. "분미(粉米)"는 쌀가루를 말하며, "어복분미(御服粉米)"(城21-15下(119))라고 적혀 있는 목간도 있다. 이 쌀가루의 용도는 식용이 아닐 것이라고 추정되고 있다. 사카츠메[酒津女]는 쌀가루를 받은 자인데, 쌀가루 수취인은 압도적으로 여성이 많다. 이와스미[石角]는 쌀가루 지급의 책임자이다.

목간 〈19〉 판독문

출전 平城京1-205(城21-11下(74)·木研11-11頁-(24))

크기 길이 253mm, 너비 33mm, 두께 4mm

	加須津毛瓜	加須津韓奈須比	四	
進物	醤津毛瓜		右種物	九月十九日
	醤津名我			

26 이와스미[石角] : 목간 〈9〉에도 등장하는 인물이다.

목간 〈19〉 해석 및 역주

해석

진상물. 술지게미[加須] 동아[東苽]·장지(醬漬) 동아·장지 명아(名我)·술지게미 가지[奈須比]. 위의 4종 물품[을 진상함]. [진상 날짜는] 9월 19일.

역주

이 목간은 여러 야채 절임이 진상되었음을 기록한 목간이다. "카스"라고 읽는 "加須"는 술지게미[糟漬]를 나타내는 일본어의 차음표기이고 "모과(毛瓜)"는 동아[東苽]를 말한다. "津"은 "츠"라고 발음되며 문장의 조사 "의"와 같은 역할을 한다. "장(醬)"은 된장이고 "명아(名我)"는 "명하(茗荷)"라고도 쓰는데, 양하(蘘荷)를 말한다. 칸나스비[韓奈須比]는 확실히 알기는 어려우나 나스비[奈須比]가 가지를 나타내는 일본어의 차음 표기이므로 가지의 여러 품종 중 하나였을 것으로 추측되고 있다. 지금도 일본에서는 지방에 따라 술지게미 절임이나 된장 절임과 같은 다양한 절임 요리가 전하고 있다(犬飼隆, 2011).

목간 〈20〉 판독문

출전 平城京1-64(城20-10上(33))

크기 길이 114mm, 너비 48mm, 두께 5mm

飯二升受黒

末呂六月十二□[日?]

※ □ 표시는 판독 불가 글자

목간 〈20〉 해석 및 역주

해석

밥[飯] 2승. 받은 자는 쿠로마로[黒末呂].[27] 6월 12일.

역주

이 목간은 쿠로마로[黒末呂]라는 인물이 밥 2승을 수령했음을 기록한 문서 목간이다. 이 목간에는 작은 구멍이 4개 있어 조립식 나무상자의 부재를 목간으로 재사용한 것으로 추측된다.

목간 〈21〉 판독문

출전 平城京1-446(城23-14上(132))

크기 길이 (111)mm, 너비 21mm, 두께 3mm

□郡和社里黒米□[五?]斗

※ □ 표시는 판독 불가 글자

목간 〈21〉 해석 및 역주

해석

□군(郡) 와사리[和社里][28]에서 흑미(黒米) 5두[를 진상함].

27 쿠로마로[黒末呂] : 마로(まろ)는 남자 이름에 사용되는 접미사와 같은 것이다. 末呂 외에 麻呂, 万呂, 万侶 등 다양한 표기가 사용되었다.

28 와사리[和社里] : 현재의 도쿠시마현 카이후군 근처에 해당.

역주

아와국[阿波國] 나가군[那賀郡] 와사리[和社里=和射郷]로부터 흑미 5두가 진상되었음을 기록한 공납품 꼬리표 목간이다. 와사리에 대해서는 같은 유적에서 출토된 목간에 보이는 "長郡和社里"(城27-21上(302))와 동일한 지명일 가능성이 크다. 따라서 이는 『화명류취초(和名類聚抄)』에 기재된 阿波國 那賀郡 和射郷에 해당된다고 볼 수 있다.

목간 〈22〉 판독문

출전 平城京1-188(城25-6下(34))

크기 길이 310mm, 너비 39mm, 두께 2mm

木上 進　焼米二瓮　阿支比 棗　右三種　稲末呂　八月八日忍海安万呂◇

※ ◇ 표시는 인위적으로 뚫은 구멍

목간 〈22〉 해석 및 역주

해석

키노에[木上][29]로부터 볶은 쌀[30]과 으름덩굴,[31] 대추(棗) 등을 진상했음을 기록한 목간이다. 이나마로[稲末呂]는 물품 운반자이며, 오시누미노야스마로[忍海安万呂]는 나가야오의 소령(所領)인 키노에[木上]의 책임자이다.

29 키노에[木上] : 나가야오의 아버지인 다케치노미코[高市皇子]가 소유했던 영지이며, 나가야오 저택으로 쌀이나 야채, 열매 등을 진상한 목간 기록이 많이 남아 있다. 현재의 나라현 가시하라시[橿原市] 주변에 해당된다(奈良文化財研究所, 2010).

30 볶은 쌀[焼米] : 햅쌀을 볶은 후 찧어서 껍질을 제거한 것이다.

31 으름덩굴[阿支比] : 으름덩굴의 열매를 일본어로 아케비라고 하는데 "阿支比"는 차음표기로 된다.

역주

키노에[木上]로부터 볶은 쌀과 으름덩굴, 대추(棗) 등을 진상했음을 기록한 목간이다. 이나마로[稲末呂]는 물품 운반자이며, 오시누미노야스마로[忍海安万呂]는 나가야오의 소령(所領)인 키노에[木上]의 책임자이다.

목간 〈23〉 판독문

출전 平城京2-1786(城21-11下(73))

크기 길이 (181)mm, 너비 24mm, 두께 5mm

◇米運功布十常 四常者車借用 / 遺六常前遺一常右七 ◇

※ ◇ 표시는 인위적으로 뚫은 구멍

목간 〈23〉 해석 및 역주

해석

쌀 운반자[에게 지급되는 비용] 베[布] 10상(常).[32] 4상은 수레[車]를 차용[한 비용], 6상이 남음. 이전에 1상이 남아 있었음. 위에 7….

32 상(常) : 베[布] 1 상은 길이 1장 3척(약 3.8m)이며 폭은 2척 4촌(약 71cm)이다. 상포(常布)는 조용수납액(調庸輸納額), 물품 가치, 노동량을 표시하는 기준이었다(奈良文化財研究所, 2010).

역주

이 목간은 쌀의 운반 비용과 그 내역을 적은 목간이다. 운공(運功)은 운반자를 말하며, 상(常)은 베[布]의 길이를 재는 단위이다. 베 10상 중 4상은 수레를 빌리기 위한 비용으로 쓰였고, 나머지 6상과 그 전에 남은 1상을 합한 7상은 수레를 운반했던 인부의 인건비로 추정된다.

목간 〈24〉 판독문

출전 平城京2-1945(城21-24上(234))

크기 길이 305mm, 너비 28mm, 두께 3mm

椅作工一口米一升 受古万呂 十一月九日稲虫

목간 〈24〉 해석 및 역주

해석

의자 제작공[椅作工] 1인에게 쌀 1승[을 지급함]. 받은 자는 코마로[古万呂]. 11월 9일. [책임자는] 이나무시[稲虫].

역주

의자[椅]를 제작하는 공인에게 쌀을 지급했음을 기록한 전표 목간. 받은 자는 코마로[古万呂]이며, 이나무시[稲虫]는 쌀 지급의 책임자이다.

참고문헌

角川文化振興財団,『古代地名大辞典』, 角川書店, 1999.

国史大辞典編集委員会編,『国史大辞典』, 吉川弘文館, 1979~1996.

犬飼隆,『木簡による日本語書記史』[2011増訂版], 笠間書院, 2011.

館野和己,「長屋王家木簡の舞台」, 宮川秀一 編『日本史における国家と社会』, 思文閣, 1992.

奈良文化財研究所,『平城京木簡 1 −長屋王家木簡−』[奈良國立文化財研究所史料 41], 奈良國立文化財研究所, 1995.

奈良国立文化財研究所,『奈良国立文化財研究所学報 54 : 平城京左京二条二坊·三条二坊発掘調査報告』, 奈良国立文化財研究所, 1995.

東野治之,「長屋王家木簡からみた古代皇族の称号」,『長屋王家木簡の研究』, 塙書房, 1996.

方國花,「古代東アジア各国における「カギ」の漢字表記(上)−「鑰」·「鎰」−」,『愛知県立大学大学院国際文化研究科論集』13(日本文化専攻編 3), 2012.

木簡学会,『日本古代木簡集成』, 東京大学出版会, 2003.

李成市,「韓国出土の木簡について」,『木簡研究』19, 1997.

日本大辞典刊行会,『日本国語大辞典』[縮刷版], 小学館, 1979~1981.

櫛木謙周,「長屋王家の消費と流通経済 −労働力編成と貨幣·物価を中心に−」(古代·中世の都市をめぐる流通と消費),『国立歴史民俗博物館研究報告』92, 2002.

平城宮跡資料館 秋期特別展 "地下の正倉院展" 자료

22 : 奈良文化財研究所,『2010 平城宮跡資料館 秋期特別展 地下の正倉院展 天平人の声を掘る 第Ⅱ期展示木簡』, 2010(http://hdl.handle.net/11177/1709).

23 : 奈良文化財研究所,『2010 平城宮跡資料館 秋期特別展 地下の正倉院展 天平人の声を掘る 第Ⅲ期展示木簡』, 2010(http://hdl.handle.net/11177/1716).

6·8·10 : 奈良文化財研究所,『2020 平城宮跡資料館 秋期特別展 地下の正倉院展 重要文化財 長屋王家木簡 第Ⅰ期展示木簡』, 2020(http://hdl.handle.net/11177/8084).

1~5 : 奈良文化財研究所,『2020 平城宮跡資料館 秋期特別展 地下の正倉院展 重要文化財 長屋王家木簡 第Ⅱ期展示木簡』, 2020(http://hdl.handle.net/11177/8085).

9·11~13 : 奈良文化財研究所,『2020 平城宮跡資料館 秋期特別展 地下の正倉院展 重要文化財 長屋王家木簡 第Ⅲ期展示木簡』, 2020(http://hdl.handle.net/11177/8086).

木簡庫

1. https://mokkanko.nabunken.go.jp/ja/6AFITC11000256
2. https://mokkanko.nabunken.go.jp/ja/6AFITI11000122
3. https://mokkanko.nabunken.go.jp/ja/6AFITG26000151
4. https://mokkanko.nabunken.go.jp/ja/6AFITB11000168
5. https://mokkanko.nabunken.go.jp/ja/6AFITB11000393
6. https://mokkanko.nabunken.go.jp/ja/6AFITE11000108
7. https://mokkanko.nabunken.go.jp/ja/6AFITC11000209
8. https://mokkanko.nabunken.go.jp/ja/6AFITB11000147
9. https://mokkanko.nabunken.go.jp/ja/6AFITB11000124
10. https://mokkanko.nabunken.go.jp/ja/6AFITC11000110
11. https://mokkanko.nabunken.go.jp/ja/6AFITB11000369
12. https://mokkanko.nabunken.go.jp/ja/6AFITB11000126
13. https://mokkanko.nabunken.go.jp/ja/6AFITK65000101
14. https://mokkanko.nabunken.go.jp/ja/6AFITI11000310
15. https://mokkanko.nabunken.go.jp/ja/6AFITC11000120
16. https://mokkanko.nabunken.go.jp/ja/6AFITC11000933
17. https://mokkanko.nabunken.go.jp/ja/6AFITC11000405
18. https://mokkanko.nabunken.go.jp/ja/6AFITC11000130
19. https://mokkanko.nabunken.go.jp/ja/6AFITB11000362
20. https://mokkanko.nabunken.go.jp/ja/6AFITG26000278
21. https://mokkanko.nabunken.go.jp/ja/6AFITB11000140
22. https://mokkanko.nabunken.go.jp/ja/6AFITB11000678
23. https://mokkanko.nabunken.go.jp/ja/6AFITC11000127
24. https://mokkanko.nabunken.go.jp/ja/6AFITC11000150

6. 니조오지[二條大路] 목간에 보이는 물품

| 자료 사진

나라문화재연구소 제공

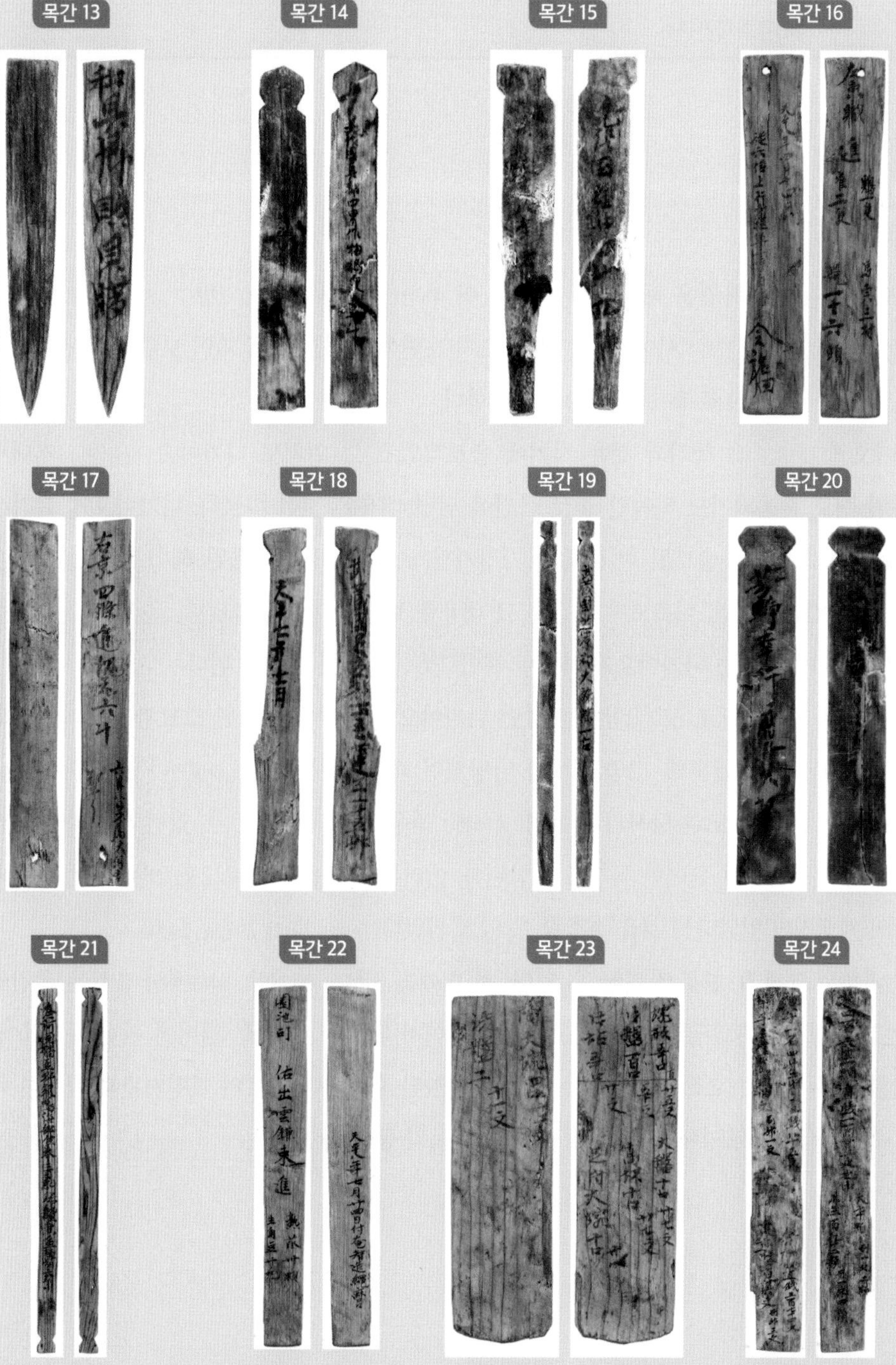

자료 기초 정보

국가	일본 ‖ 大和國
연대	735·736년 전후
출토지	헤이조경[平城京] 터 니조오지[二條大路] 호상유구(濠状遺構)
소장처	나라문화재연구소

자료 해제

니조오지[二條大路] 목간은 헤이조경[平城京] 터 좌경(左京) 3조(三條) 2방(二坊) 8평(八坪)과 2조(二條) 2방(二坊) 5평(五坪) 사이에 있는 니조오지 노면에 동서로 길게 파인 도랑형 유구[濠状遺構]에서 출토된 목간군으로 총 7만 4,000점에 달한다.

나가야오케[長屋王家] 목간과 같은 시기에 출토되었고 그 위치도 나가야오[長屋王] 저택지와 가까워 서로 혼동되기도 하지만 출토 목간에 담긴 내용은 전혀 다르다. 나가야오케 목간은 나가야오의 저택지에서 출토된 한 귀족의 가정기관(家政機關)에서 사용된 헤이조경 천도 직후(710~717)의 목간군이지만, 니조오지 목간은 그 내용을 보면 헤이조궁[平城宮] 목간과 비슷한 공적인 것이 많으며, 시기는 나가야오가 사망한 후인 736년 전후가 중심이 된다.

출토 유물은 기본적으로 3조 2방에 있었던 나가야오 저택지에 설치된 코묘황후[光明皇后]의 황후궁과 관련된 것이 많은데, 그중 경비를 담당했던 좌우병위부(左右兵衛府)나 중위부(中衛府)의 목간이 대부분이다. 또한 당시의 병부경(兵部卿) 좌우경대부(左右京大夫)였던 후지와라 마로[藤原麻呂]의 가정기관과 관련한 목간도 포함된다. 이러한 목간을 근거로 2조 2방 5평에 후지와라 마로의 저택지가 있었다는 것을 추정할 수 있게 되었다(奈良文化財研究所, 2009).

목간 내용은 크게 두 종류로 나눌 수 있다. 첫 번째는 3조(三條) 2방(二坊)에서 출토된 목간인데, 이는 코묘황후의 황후궁직(皇后宮職)에 관한 것이며 위부(衛府)나 문 경비에 관한 목간을 중심으로 한다. 두 번째는 2조(二條) 2방(二坊)에서 출토된 후지와라 마로의 가정기관과 관련한 목간인데 숙직, 쌀 지급, 조영에 관한 진상(進上) 관련 목간 등이 확인된다.

목간 〈1〉 판독문

출전 城24-6下(20)

크기 길이 176mm, 너비 16mm, 두께 7mm

– 앞면

鮭肆枚　脯壱籠　腊壱筥　右参種

– 뒷면

所給正六位上行家令勲十二等椋橋部造｢伊芸美｣

목간 〈1〉 해석 및 역주

해석

– 앞면

연어[鮭][1] 4매, 말린 고기[脯] 한 바구니[籠], 건어물[腊] 한 상자[筥]. 우(右) 삼종,

– 뒷면

지급 [대상이 되는] 자는 정6위상(正六位上) 행(行)[2] 가정기관 책임자[家令][3] 훈(勲) 12등 쿠라하시베노미야츠코이키미[椋橋部造伊芸美]이다.

---

1 연어[鮭] : 연어의 산지는 단정할 수 없으나 일본에서는 예부터 동북 및 동해 측 일대에서 연어가 채취되었다. 생연어는 와카사국[후쿠이현 남부], 단고국[교토부 북부], 다지마국[효고현 북부], 이나바국[돗토리현 동부]에서 진상되어 천황의 밥상에 올랐다. 신선한 연어라고 적혀 있지 않고 "연어[鮭] 4매"라고만 적혀있으나, 말린 고기나 건어물과 같이 진상되었다는 것으로부터 미루어보았을 때 가공한 연어일 가능성이 크다.

2 행(行) : 율령제에서 관위를 표시할 때에 사용되는 것인데, 관직과 위계가 맞지 않고 위계가 관직보다 높을 경우 위계와 관직명 사이에 표기한다(『日本国語大辞典』).

3 가정기관 책임자[家令] : 가정기관 책임자[家令]에 관해서는 「나가야오케[長屋王家] 목간에 보이는 물품」의 각주 3) 참조 바람.

역주

이 목간은 연어[鮭], 말린 고기[脯], 건어물[腊]을 지급한 문서 목간이다. 물품을 지급받은 자는 정6위상 행(行) 가령(家令) 훈(勲)12등의 쿠라하시베노미야츠코이키미[椋橋部造伊芸美]이다. "伊芸美"는 윗부분과 필체가 달라 본인의 자서(自署)임을 알 수 있다.

목간 〈2〉 판독문

출전 城29-14上(74)

크기 길이 93mm, 너비 18mm, 두께 3mm

– 앞면

進納銭一貫

– 뒷면

八年八月一日少直

목간 〈2〉 해석 및 역주

해석

– 앞면

진납전(進納銭) 1관.

– 뒷면

8년 8월 1일, 소직(少直).[4]

4 소직(少直) : "소직(少直)"은 대보령(大寶令) 제도에서 병위부(兵衛府)의 판관(判官), 즉 제3등관에 해당한다. 병위부

역주

이 목간은 돈 1관(一貫)을 진납한 문서 목간이다. 1관은 화폐 단위이며 1,000문(文)에 해당한다.

목간 <3> 판독문

출전 城24-8上(36)

크기 길이 205mm, 너비 31mm, 두께 2mm

– 앞면

左京職進鼠卄一隻

– 뒷면

天平八年九月十八日従七位下行大属勲十二等膳造「石別」

목간 <3> 해석 및 역주

해석

– 앞면

좌경직(左京職)[5] 진상[進] 쥐[鼠][6] 21마리.

의 판관(判官)은 대직(大直)과 소직(少直)으로 나누어진다(滝川政次郎, 1988, pp.443~447).

5 좌경직(左京職) : 관청명의 하나로 좌경(左京) 내의 사법, 행정, 경찰을 담당하였다(『日本国語大辞典』).

6 진상[進] 쥐[鼠] : 쥐[鼠]를 진상한 것은 왕족이 사냥할 때 사용하는 매의 먹이로 사용하기 위해서다. 왕족이 사냥을 나갈 때 사냥개나 매를 사용하는데, 개의 음식이나 생쥐를 진상하는 내용을 적은 목간이 다수 확인되고 있다(奈良文化財研究所, 2010第Ⅲ期展示木簡4室 해설 자료).

- 뒷면

천평(天平) 8년 9월 18일, 종7위하 행(行) 대속(大属)[7] 훈12등 카시와데노미야츠고이와와케[膳造石別].

역주

좌경직(左京職)으로부터 쥐(鼠) 21마리를 진상했을 때의 목간. 천평(天平) 8년은 736년이다. 진상 책임자는 종7위하 행(行) 대속(大属) 훈12등의 카시와데노미야츠고이와와케[膳造石別]이다. "石別" 두 글자는 본인의 서명이다.

목간 〈4〉 판독문

출전 平城京3-4529(城24-8下(42)·木研12-15頁-1(54))

크기 길이 286mm, 너비 33mm, 두께 5mm

- 앞면

西市進上　真木灰壱斛

- 뒷면

請先進上真木灰　　天平八年七月廿九日大原廣津
六斗直申送

7 대속(大属) : 관청 직(職)·방(坊)·료(寮)의 제4등관이 되는 사칸[主典]이 여럿 있을 경우 직위가 높은 자의 관명을 뜻한다(『日本国語大辞典』). 해당 목간의 경우 "좌경직(左京職)"의 제4등관이 된다.

목간 〈4〉 해석 및 역주

해석

– 앞면

서시장[西市][8] 진상 마키[真木][9] 재(灰)[10] 1곡.

– 뒷면

지난번에 진상한 마키 재 6두의 값[直]도 보내주기를 원한다[請]. 천평(天平) 8년 7월 29일. 오오하라노히로츠[大原廣津].

역주

이 목간은 서시장[西市]으로부터 마키[真木] 재(灰)가 진상되었을 때 작성된 문서 목간이다. 동시에 지난번에 진상한 마키 재 6두의 값도 청구하고 있다. 천평(天平) 8년은 736년이다. 오오하라노히로츠[大原廣津]는 서시장의 관인(官人)이다.

목간 〈5〉 판독문

출전 城22-10下(44)

크기 길이 210mm, 너비 32mm, 두께 2mm

---

8 서시장[西市] : 헤이조경[平城京]의 서시장[西市]은 우경(右京) 8조 2방 5·6·11·12평에 걸쳐 있었으며 현재 나라현 야마토코오리야마시 구조쵸 부근에 해당한다.

9 마키[真木] : 좋은 나무라는 뜻으로 삼나무나 노송나무 등 목재를 일컫는다(『日本国語大辞典』).

10 마키[真木] 재(灰) : 삼나무나 노송나무를 태워서 만든 재이다. 『고사기(古事記)』나 『연희식(延喜式)』 내장료(內藏寮)에는 염료로 기재되어 있다.

– 앞면

西市 進上 細螺三升直十八文 升別六文

– 뒷면

天平八年十一月七日大原□□[廣津]

※ □ 표시는 판독 불가 글자

목간 〈5〉 해석 및 역주

해석

– 앞면

서시장[西市]에서 진상(進上)한 비단고둥[細螺] 3승의 값[直] 18문, 승(升) 별 6문.

– 뒷면

천평(天平) 8년 11월 7일. 오오하라노[히로츠](大原[廣津]).

역주

이 목간은 서시장[西市]으로부터 비단고둥[細螺] 3승이 진상되었을 때 작성된 문서 목간이다. 비단고둥 3승의 값은 18문이고, 이에 더해 "1승의 값은 6문이다"와 같이 비단고둥의 값에 대해 상세히 기록하고 있다. 그 값을 정확히 받아내기 위해서일 것이다. 천평(天平) 8년은 736년이다. 오오하라노[히로츠](大原[廣津])는 서시장의 관인(官人)이다.

목간 〈6〉 판독문

출전 城22-12上(65)

크기 길이 373mm, 너비 34mm, 두께 6mm

– 앞면

進上年魚五十隻 □□

– 뒷면

天平九年五月十八日祁由利足床

목간 〈6〉 해석 및 역주

해석

– 앞면

진상(進上), 은어[年魚][11] 50마리…

– 뒷면

천평(天平) 9년 5월 18일. 케유리노타루토코[祁由利足床].

역주

이 목간은 은어[年魚] 50마리를 진상했을 때 작성된 문서 목간이다. 천평(天平) 9년은 737년이다. 케유리노타루토코[祁由利足床]는 진상(進上)의 책임자로 보인다.

11 은어[年魚] : 일본에서 은어가 가장 맛있는 시기는 양력 6월부터 8월까지며 음력 5월 18일이면 양력 7월에 해당하기에 은어 철에 맞춰 진상했다는 것을 알 수 있다.

목간 〈7〉 판독문

출전 木研12-10頁-1(6)(城22-10下(43))

크기 길이 360mm, 너비 48mm, 두께 4mm

- 앞면

右京三條進礫六斛　乘車弐両　一礼比古□□
物部連加保□

※ □ 표시는 판독 불가 글자

- 뒷면

天平八年十月廿三日坊令文伊美吉牟良自

목간 〈7〉 해석 및 역주

해석

- 앞면

우경(右京) 3조(三條) 진상[進] 자갈[礫][12] 6곡(斛). 차(車) 2량(両)[13]에 실었다. [운반자는] 이치레이노히코…[一礼比古…], 모노노베노무라지카호□[物部連加保□].

- 뒷면

천평(天平) 8년 10월 23일. 보레이[坊令][14] 후미노이미키무라지[文伊美吉牟良自].

---

12 자갈[礫] : 정원이나 마당에 까는 데에 사용되는 경우가 많다.

13 량(両) : 수레를 세는 단위 "량(輛)"의 약자일 것으로 추정된다.

14 보레이[坊令] : 헤이조경의 사방(四坊)마다 설치된 책임자를 말한다. 주민의 유력자가 충당되어 치안 유지, 납세 등 책임을 맡았다(『日本国語大辞典』).

역주

이 목간은 헤이조경[平城京]의 우경(右京) 3조(三條)로부터 자갈[礫]을 수레에 실어서 운반했을 때 작성된 문서 목간이다. 운반자는 이치레이노히코…[一礼比古…]와 모노노베노무라지카호□[物部連加保□] 두 사람이다. 후미노이미키무라지[文伊美吉牟良自]는 책임자이다. 천평(天平) 8년은 736년이다.

목간 〈8〉 판독문

출전 城24-31下(335)

크기 길이 93mm, 너비 17mm, 두께 2mm

煮堅魚一連五節

목간 〈8〉 해석 및 역주

해석

삶은 가다랑어[煮堅魚] 1줄[連][15] 5마디[節][16]

역주

이 목간은 삶은 가다랑어[堅魚] 1줄[連] 5마디[節]라는 정보가 적힌 꼬리표 목간이다. "자견어(煮堅魚)"는 가다랑어를 삶아 말린 것이며 현재의 가츠오부시의 원형으로 추정된다(関根真隆, 1969).

15 줄[連] : 목간의 사례로 보았을 때 10절(節), 즉 10마리 이상이 되는 용례가 없으므로 10마리를 1"連"으로 센 것으로 추정한다(三舟隆之·中村絢子, 2019).

16 마디[節] : "節"은 마디, 여기서는 가다랑어를 세는 단위명사 마리 수를 나타낸다.

목간 〈9〉 판독문

출전 城24-31下(340)

크기 길이 73mm, 너비 16mm, 두께 2mm

氷頭一斗

목간 〈9〉 해석 및 역주

해석

히즈[氷頭][17] 1두

역주

이 목간은 히즈[氷頭] 1두가 적힌 꼬리표 목간이다.

목간 〈10〉 판독문

출전 城24-32上(347)

크기 길이 121mm, 너비 22mm, 두께 4mm

鮒鮓

17 히즈[氷頭] : 연어 등의 머리 연골을 가리킨다. 얼음처럼 투명한 데서 이러한 이름이 붙었다(『日本国語大辞典』). 현재 일본에서는 얇게 썰어서 초에 절이거나 가공하여 식용하고 있다.

목간 〈10〉 해석 및 역주

해석

붕어 스시[鮒鮓][18]

역주

이 목간은 붕어 스시[鮒鮓]가 적힌 꼬리표 목간이다.

목간 〈11〉 판독문

출전 城22-41上(471)

크기 길이 174mm, 너비 (22)mm, 두께 3mm

郁子四百廿顆　上

목간 〈11〉 해석 및 역주

해석

멀꿀[郁子][19] 420알[顆][20] 상(上)

18 붕어 스시[鮒鮓] : "붕어 스시[鮒鮓, 후나즈시]"는 배를 갈라서 내장을 꺼낸 붕어에 소금을 쳐서 발효시킨 나레즈시(생선을 소금과 쌀밥으로 발효시킨 식품)(『日本国語大辞典』)를 뜻한다. 고대로부터 일본에서는 비와호수에서 잡은 붕어로 만든 후나즈시가 유명하며 현재의 시가현(옛 오미국)의 향토 요리로 잘 알려져 있다.

19 멀꿀[郁子] : 으름덩굴과의 상록 덩굴식물로 한국의 멀꿀에 해당한다. 열매는 보라색으로 익어 맛이 달며 생으로 먹는다. 덩굴·뿌리는 약으로 사용된다(『日本国語大辞典』). 해당 목간의 경우 "알[顆]"이라는 단위명사가 사용되었기에 열매를 뜻한다는 것을 알 수 있다.

20 알[顆] : 소금, 오이, 멀꿀, 감, 숫돌 등 물품에 사용되는 단위명사이다(三保忠夫, 2004, 322~327쪽).

역주

이 목간은 멀꿀[郁子] 420알[顆]이 적힌 꼬리표 목간이다. "상(上)"은 물품의 품질을 가리킬 가능성이 크다.

목간 〈12〉 판독문

출전 城24-32下(359)

크기 길이 149mm, 너비 23mm, 두께 5mm

丹後国塗漆櫃

목간 〈12〉 해석 및 역주

해석

단고국[丹後國][21] 옻칠한[塗漆][22] 궤(櫃)[23]

역주

이 목간은 단고국[丹後國]으로부터 옻칠한[塗漆] 궤(櫃)를 진상한 내용을 기록한 공납품 꼬리표 목간이다.

---

21 단고국[丹後國] : 현재의 교토부[京都府] 북부에 해당한다.

22 옻칠한[塗漆] : 일본 고대에서의 칠(漆)은 아주 귀한 재료였다. 니조오지[二條大路] 목간에는 이 목간 외에 미마사카국[美作國]으로부터 진상된 옻칠을 한 궤(櫃)도 확인된다(城24-32下(360). 『연희식(延喜式)』 주계료(主計寮)를 보면 단고국과 미마사카국은 칠궤(漆櫃)를 진상하는 나라로 지정되어 있지 않다. 그러나 이러한 목간을 통해 실제로 단고국과 미마사카국에서도 옻칠을 한 궤를 도성으로 진상했다는 사실을 알 수 있다.

23 궤(櫃) : 목간의 "櫃"의 용례를 보면 모두 우부방의 "匚" 부분이 생략된 "樻" 글자체로 쓰여 있다.

목간 〈13〉 판독문

출전 城31-23下(301)

크기 길이 115mm, 너비 17mm, 두께 2mm

和具郷胎貝腊

목간 〈13〉 해석 및 역주

해석

와구향[和具郷][24] 홍합[胎貝][25] 말린 것[腊]

역주

이 목간은 시마국[志摩國] 토시군[答志郡] 와구향[和具郷]으로부터 진상된 홍합[胎貝] 말린 것[腊]이 기록된 공납품 꼬리표 목간이다.

목간 〈14〉 판독문

출전 城22-37下(394)

크기 길이 172mm, 너비 27mm, 두께 5mm

---

24 와구향[和具郷] : 해당 목간에는 "와구향[和具郷]"으로만 기재되어 있으나 고대 지명을 상세하게 기록한 고사전『화명류취초(和名類聚抄)』를 참고로 하면 시마국[志摩國] 토시군[答志郡]의 와구향에 해당된다는 것을 알 수 있다. 하지만 헤이조궁[平城宮] 목간에는 "志摩国志摩郡和具郷"라고 적혀 있는 목간도 있다(平城宮3-2893). 나라 시대 초기에는 "志摩郡"으로 표기되었다가 그 후에 "答志郡"으로 변경되었다. 현재의 미에현 시마시 근처에 해당한다.

25 홍합[胎貝] : 이 목간 외에 니조오지 목간 중에는 시마국 토시군 토시향[答志郷]에서 진상된 홍합 초밥이 기록된 목간(城31-23上(298))도 확인할 수 있다. 홍합의 다양한 요리법을 알 수 있다.

– 앞면

美作国真郡中男作物搗栗壱斗

– 뒷면

□□天平十年

※ □ 표시는 판독 불가 글자

목간 〈14〉 해석 및 역주

해석

– 앞면

미마사카국[美作國] 마군[真郡][26] 중남작물(中男作物) 황밤[搗栗][27] 1두.

– 뒷면

천평(天平) 8년 10월.

역주

이 목간은 미마사카국[美作國] 마군[真郡]으로부터 진상된 황밤[搗栗]이 기록된 공납품 꼬리표 목간이다. 천평(天平) 10년은 738년이다.

26 마군[真郡] : 『화명류취초(和名類聚抄)』에 기재된 "마시마군[真嶋郡]"에 해당하며 현재의 오카야마현 북부에 해당된다.

27 황밤[搗栗] : 밤을 말린 후 절구에 찧어서 껍질과 속껍질을 제거한 것이다(『日本国語大辞典』).

목간 〈15〉 판독문

출전 城31-24上(315)

크기 길이 153mm, 너비 (26)mm, 두께 6mm

- 앞면

尾張国荏油四斗四升

- 뒷면

天平八年十月

목간 〈15〉 해석 및 역주

해석

- 앞면

오와리국[尾張國][28] 들깨기름[荏油][29] 4두 4승.

- 뒷면

천평(天平) 8년 10월.

역주

이 목간은 오와리국[尾張國]으로부터 진상된 들깨기름[荏油] 4두 4승이 기록된 공납품 꼬리표 목간이다. 천평(天平) 8년은 736년이다.

28 오와리국[尾張國] : 「후지와라쿄[藤原京] 목간에 보이는 고대 물품」의 각주 1)번을 참조 바람.

29 들깨기름[荏油] : 당시 "들깨기름[荏油]"은 칠기 제작 또는 염색에 사용되었다고 한다(深澤芳樹, 2013).

목간 <16> 판독문

출전 城24-8上(34)(木研12-15頁-1(52))

크기 길이 199mm, 너비 35mm, 두께 4mm

– 앞면

◇左京職　進　鶏一隻　馬宍三村
　　　　　　雀二隻　鼠一十六頭

– 뒷면

◇　天平八年四月十四日
　　　従六位上行少進勲十二等百済王全福

※ ◇ 표시는 인위적으로 뚫은 구멍

목간 <16> 해석 및 역주

해석

– 앞면

좌경직(左京職) 진상 닭[鶏] 1마리, 참새[雀] 2마리, 말고기[馬宍] 3덩어리[村],[30] 쥐[鼠][31] 16마리.

– 뒷면

천평(天平) 8년 4월 14일. 종 6위상 행(行) 소진(少進)[32] 훈12등 쿠다라노코니시끼 젠푸쿠[百

30 덩어리[村] : 고깃덩어리 외에 바닷말의 한가지인 대황, 상아, 먹, 숫돌 등 덩어리 형태의 물품을 헤아리는 단위명사이다.

31 닭[鶏]…쥐[鼠] : 해당 목간의 쥐를 비롯한 참새, 닭고기, 말고기 등도 사냥매의 먹이로 공진되었다(奈良文化財研究所, 2014).

32 소진(少進) : 좌경직(左京職)의 제3등관에 해당한다.

濟王全福].

역주

이 목간은 좌경직(左京職)에서 닭[鷄] 1마리, 참새[雀] 2마리, 말고기[馬宍] 3덩어리[村], 쥐[鼠] 16마리를 진상했을 때 작성된 문서 목간이다. 관위·관직이 종6위상 행(行) 소진(少進) 훈12등인 쿠다라노코니시끼 젠푸쿠[百濟王全福]는 진상의 책임자이다. 천평(天平) 8년은 736년이다.

목간 〈17〉 판독문

출전 木研12-10頁-1(5)(城22-10上(39))

크기 길이 264mm, 너비 37mm, 두께 3mm

右京四条進槐花六斗	六月八日少属大網君 智万呂	◇

※ ◇ 표시는 인위적으로 뚫은 구멍

목간 〈17〉 해석 및 역주

해석

우경(右京) 4조(四條) 진상, 괴화(槐花)[33] 6두. 6월 8일. 소속(少属)[34] 오오아미노키미토모마로[大網君智万呂].

---

33 괴화(槐花) : 콩과에 속하는 낙엽수로 개화 시기는 양력 7월경이다. 헤이조쿄[平城京]의 가로수로 심었고, 여기서 떨어진 꽃은 주워서 공진했다고 한다. 괴화는 지혈 작용이 있어 약재로 사용되었다. 또 염색용으로도 사용되었다고 한다. 괴화는 조(條)를 단위로 공진되었다(奈良文化財研究所, 2009, 第Ⅲ期 해설 자료).

34 소속(少属) : 우경직(右京職)의 제4등관에 해당한다.

역주

이 목간은 우경(右京) 4조(四條)로부터 괴화(槐花) 6두가 진상되었을 때 작성된 문서 목간이다. 관직명이 소속(少属)인 오오아미노키미토모마로[大網君智万呂]는 진상의 책임자이다.

목간 〈18〉 판독문

출전 城22-30上(297)(木研11-19頁-(14))

크기 길이 156mm, 너비 22mm, 두께 5mm

– 앞면

武蔵国足立郡土毛蓮子一斗五升

– 뒷면

天平七年十一月

목간 〈18〉 해석 및 역주

해석

– 앞면

무사시국[武蔵國] 아다치군[足立郡][35] 특산물[土毛][36] 연자(蓮子)[37] 1두 5승.

35 아다치군[足立郡] : 현재의 사이타마현 동부에 해당된다.

36 특산물[土毛] : "土毛"는 특산물이라는 뜻이다(奈良文化財研究所, 2010, 第 I 期展示木簡3室 해설 자료).

37 연자(蓮子) : 연자는 구 도네가와[利根川] 수계와 구 아라카와[荒川] 수계라고 하는 2개의 대규모 하천이 닿는 장소에 위치한 무사시국 아다치군의 특산물로서 중앙에 공진되었다(宮代町立図書館/宮代町デジタル郷土資料).

– 뒷면

천평(天平) 7년 11월

역주

이 목간은 무사시국[武蔵國] 아다치군[足立郡]에서 특산물[土毛] 연자(蓮子)를 진상했음을 기록한 공납품 꼬리표 목간이다. 천평(天平) 7년은 735년이다.

목간 〈19〉 판독문

출전 城29-32下(368)

크기 길이 254mm, 너비 12mm, 두께 5mm

武蔵国荏原郡大贄蒜一古

목간 〈19〉 해석 및 역주

해석

무사시국[武蔵國] 에바라군[荏原郡][38] 오니에[大贄][39] 마늘 한 바구니[古].[40]

역주

이 목간은 무사시국[武蔵國] 에바라군[荏原郡]으로부터 오니에[大贄]로 진상된 마늘 한 바구니[古]에 대한 공납품 꼬리표 목간이다.

38 에바라군[荏原郡] : 현재의 도쿄도 남부에 해당된다.

39 오니에[大贄] : 자세한 설명은 「후지와라궁[藤原宮] 목간에 보이는 고대 물품」의 각주 2)번을 참조 바람.

40 바구니[古] : "古"는 "籠"과 같은 뜻이다(『日本古代木簡選』). 곧 바구니에 담긴 물품을 세는 단위이다.

목간 〈20〉 판독문

출전 木研12-10頁-1(13)(城22-13下(84))

크기 길이 141mm, 너비 23mm, 두께 3mm

– 앞면

芳野幸行用貫簀

– 뒷면

天平八年七月十五日

목간 〈20〉 해석 및 역주

해석

– 앞면

요시노[芳野] [이궁(離宮)][41] 행차[幸行][42] 용 대나무 발[貫簀].[43]

– 뒷면

천평(天平) 8년 7월 15일.

역주

이 목간은 천평(天平) 8년(736) 6월 27일부터 7월 13일 사이에 걸쳐 쇼무천황[聖武天皇]이 요시

41 요시노[芳野] [이궁(離宮)] : 지금의 나라현 요시노쵸 미야타키[宮滝]에 해당된다.

42 행차[幸行] : 행차를 뜻하는 어휘가 "行幸"이 아닌 "幸行"으로 쓰인 것은 "미유"라는 일본어 훈독을 의식했기 때문일 것으로 추정되고 있다(奈良文化財研究所, 2009, 第 I 期 해설 자료).

43 대나무 발[貫簀] : "貫簀"은 대나무를 발처럼 엮어 만든 것인데 손을 씻을 때에 물이 튀는 것을 막기 위하여 대야 등에 얹어 사용한다(奈良文化財研究所, 2009, 第 I 期 해설 자료).

노[芳野] 이궁(離宮)으로 행차[幸行]했을 때에 사용되었던 대나무 발[貫簀]에 첨부한 꼬리표 목간이다. 서사된 날짜인 천평(天平) 8년 7월 15일은 마침 행차가 끝난 직후에 해당한다.

목간 〈21〉 판독문

출전 城22-20下(177)

크기 길이 272mm, 너비 15mm, 두께 8mm

参河国播豆郡篠嶋海部供奉三月料御贄赤魚楚割六斤

목간 〈21〉 해석 및 역주

해석

미카와국[参河國] 하즈군[播豆郡] 시노지마[篠嶋][44] 아마베[海部] 공봉(供奉) 3월료 미니에[御贄][45] 적어(赤魚)[46] 스와야리[楚割][47] 6근.

역주

이 목간은 미카와국[参河國] 하즈군[播豆郡] 시노지마[篠嶋]로부터 3월에 미니에[篠嶋]로 공납된 적어(赤魚) 스와야리[楚割]에 대한 공납품 꼬리표 목간이다. 아마베[海部]는 해민 집단으로서

---

44 시노지마[篠嶋] : 「헤이조궁[平城宮] 터 목간에 보이는 물품」의 각주 32)번을 참조 바람.

45 미니에[御贄] : "贄" 관련 꼬리표 목간은 헤이조궁[平城宮] 내에서도 천황·황후 급의 인물과 관계되는 장소에서만 출토된다. 궁(宮) 외의 니조오지[二條大路]에서 贄 꼬리표 목간이 출토되었다는 것은 이곳에 황후궁이 있었다고 추정을 할 수 있는 중요한 단서가 되고 있다(奈良文化財研究所, 2009, 第Ⅰ期 해설자료).

46 적어(赤魚) : 『화명류취초(和名類聚抄)』에 의하면 송어이다.

47 스와야리[楚割] : 생선살을 가늘게 찢어서 말린 것이다.

월 단위로 해산물을 공진하였다.[48]

목간 〈22〉 판독문

출전 平城京3-4526(城24-7下(30)·木研12-15頁-1(55))

크기 길이 330mm, 너비 46mm, 두께 4mm

– 앞면

園池司 佑出雲鎌束進 熟瓜卅顆
生角豆廿把

– 뒷면

天平八年七月廿四日付奄智造縄麻呂

목간 〈22〉 해석 및 역주

해석

– 앞면

원지사(園池司)[49] 우(佑)[50] 이즈모노카마즈카[出雲鎌束] 진상, 숙과(熟瓜)[51] 30개[顆], 생(生) 단콩[角豆] 20뭉치[把].

48 근처에 사쿠시마[析嶋]라고 하는 섬이 있는데 기본적으로 시노지마[篠嶋]가 홀수 달 공진을, 사쿠시마가 짝수 달 공진을 담당하였다. 또한 히마카시마[日間賀(比莫)嶋]가 담당하는 달도 있었다(奈良文化財硏究所, 2009, 第Ⅰ期 해설 자료).

49 원지사(園池司) : 채원이나 연못을 관리하는 관인(官人)이다.

50 우(佑) : 제3등관인데 사(司)에는 제2등관이 설치되지 않았다.

51 숙과(熟瓜) : 잘 익은 참외를 말한다.

– 뒷면

천평(天平) 8년 7월 24일. 아무치노미야츠고타다마로[奄智造縄麻呂].

역주

이 목간은 원지사(園池司)의 우(佑) 이즈모노카마즈카[出雲鎌束]가 숙과(熟瓜)와 생(生) 단콩[角豆]을 후지와라 마로[藤原 麻呂]의 저택에 진상한 목간이다. 천평(天平) 8년은 736년이다. 아무치노미야츠고타다마로[奄智造縄麻呂]는 목간을 쓴 자의 이름이다.

목간 〈23〉 판독문

출전 城22-16上(112)(木研11-18頁-(7))

크기 길이 139mm, 너비 42mm, 두께 4mm

– 앞면

椀形五十口 直廿五文　　大盤十口 廿七文

片盤百口 五十文　　高坏十口 廿七文

片店五十口 廿文　　足附大椀十口 廿八

– 뒷면

陶大椀四口 十二文

洗盤二 十一文

목간 〈23〉 해석 및 역주

해석

– 앞면

완형(椀形)[52] 50구(口) 25문(文), 대반(大盤)[53] 10구 27문, 편반(片盤)[54] 100구 50문, 고배(高坏)[55] 10구 27문, 편점(片店)[56] 50구 20문, 족부대완(足附大椀)[57] 10구 28,

– 뒷면

도대완(陶大椀)[58] 4구 12문, 세반(洗盤)[59] 2[구] 11문.

역주

이 목간은 토기를 매입할 때의 견적 혹은 지불 기록을 적은 목간이다. "구(口)"는 토기를 세는 단위이며 "직(直)"은 가격이라는 뜻이다. 니조오지[二條大路] 목간이 사용된 시기, 즉 736년 전후의 토기 가격을 알 수 있는 귀중한 자료이다.

목간 〈24〉 판독문

출전 木研12-11頁-1(14)(城22-15上(97)·木研22-291頁)

크기 길이 323mm, 너비 47mm, 두께 4mm

---

52 완형(椀形) : "椀"은 공기(空器) 그릇이다. 하지만 글자체는 木변이 아닌 土변이다.
53 대반(大盤) : 큰 접시를 말한다.
54 편반(片盤) : 작은 접시를 말한다.
55 고배(高坏) : 굽 높은 그릇을 말한다.
56 편점(片店) : 접시 받침대를 일컫는다. 그런데 "店"자는 土변이 붙는 "坫" 형태로 쓰여 있다.
57 족부대완(足附大椀) : 굽이 달린 큰 공기를 말한다. 역시 "椀"의 글자체는 木변이 아닌 土변이다.
58 도대완(陶大椀) : 견질의 큰 공기를 말한다. 역시 "椀"의 글자체는 木변이 아닌 土변이다.
59 세반(洗盤) : 손을 씻을 때 사용하는 용기이다.

– 앞면

瓜四百六十二顆直銭一百卅三文之中 大七十顆 別一文二顆 / 小三百九十二顆 別一文四顆

– 뒷면

柿子一石四斗二升直銭八十五文 別斗六文　　合四種物直銭三百七十四文

梨子三斗直銭卅文 別升一文　　茄子四斗二升直銭一百廿六文 別升三文

목간 〈24〉 해석 및 역주

해석

– 앞면

오이[瓜][60] 462과(顆), 값[直] 133문 중에서 대(大) 70과, 별(別) 1문 2과, 소(小) 392과, 별 1문 4과.

– 뒷면

감[柿子] 1석 4두 2승, 값 전(銭) 85문, 별 두(斗) 6문. 배[梨子] 3두, 값 전 30문, 별 승(升) 1문. 가지[茄子] 4두2승 값 전 126문, 별 승 3문. 합(合) 4종물(四種物) 값 전 374문.

60 오이[瓜] : "瓜"는 오이라고 풀이하였지만 오이과에 속하는 야채 혹은 과일을 통틀어 일컫는 것이기에 참외와 같은 과일일 가능성도 있다.

역주

이 목간은 오이[瓜], 감[柿子], 배[梨子], 가지[茄子]의 구입 비용을 기입한 장부형 목간이다. 각 품목에 관하여 총 수량과 가격을 적은 후 내역을 상세하게 적고 있다. 오이의 경우 큰 것과 작은 것으로 나눠서 기재하였다. 당시의 야채 가격을 알 수 있는 귀중한 자료이다. 다만 진상 야채나 과일일 경우 품질이 특히 좋은 것으로 예상되어 일반 민중이 구매하는 가격과는 차이가 있다고 봐야 할 것이다.

참고문헌

国史大辞典編集委員会編, 『国史大辞典』, 吉川弘文館, 1979~1996.

関根真隆, 『奈良朝食生活の研究』, 吉川弘文館, 1969.

奈良文化財研究所, 『平城京木簡三―二條大路木簡一』(奈良文化財研究所史料 75), 2006.

滝川政次郎, 『律令の研究』, 名著普及会, 1988.

木簡學會編, 『日本古代木簡選』, 岩波書店, 1990.

三保忠夫, 『木簡と正倉院文書における助数詞の研究』, 風間書房, 2004.

三舟隆之 · 中村絢子, 「古代の堅魚製品の復元ー堅魚煎汁を中心としてー」, 『国立歴史民俗博物館研究報告』 218, 2019.

深澤芳樹 외 5인, 「7, 8世紀の灯明油に関する覚え書き」, 『奈文研紀要』, 2013.

日本大辞典刊行会, 『日本国語大辞典』[縮刷版], 小学館, 1979~1981.

平城宮跡資料館 秋期特別展 地下の正倉院展

4,17 奈良文化財研究所, 『2009 平城宮跡資料館 秋期特別展 地下の正倉院展－二條大路木簡の世界－第Ⅲ期展示木簡』, 2009(http://hdl.handle.net/11177/1721).

20-23 奈良文化財研究所, 『2009 平城宮跡資料館 秋期特別展 地下の正倉院展－二條大路木簡の世界－第Ⅰ期展示木簡』, 2009(http://hdl.handle.net/11177/1719).

24 奈良文化財研究所, 『2009 平城宮跡資料館 秋期特別展 地下の正倉院展－二條大路木簡の世界－第Ⅱ期展示木簡』, 2009(http://hdl.handle.net/11177/1720).

7 奈良文化財研究所, 『2010 平城宮跡資料館 秋期特別展 地下の正倉院展－天平びとの声をきく－第Ⅰ期展示木簡4室』, 2010(http://hdl.handle.net/11177/1706).

18 奈良文化財研究所, 『2010 平城宮跡資料館 秋期特別展 地下の正倉院展－天平びとの声をきく－第Ⅰ期展示木簡3室』, 2010(http://hdl.handle.net/11177/1705).

6 奈良文化財研究所, 『2010 平城宮跡資料館 秋期特別展 地下の正倉院展－天平びとの声をきく－第Ⅲ期展示木簡4室』, 2010(http://hdl.handle.net/11177/1716).

16 奈良文化財研究所, 『2014 平城宮跡資料館 秋期特別展 地下の正倉院展－天平びとの声をきく－第Ⅲ期展示木簡』, 2014(http://hdl.handle.net/11177/2434).

宮代町立図書館/宮代町デジタル郷土資料(https://trc-adeac.trc.co.jp/WJ11E0/WJJS06U/1144205100/1144205100100010/ht100570)

木簡庫

1. https://mokkanko.nabunken.go.jp/ja/6AFFJF12000105
2. https://mokkanko.nabunken.go.jp/ja/6AFFJF12000414
3. https://mokkanko.nabunken.go.jp/ja/6AFFJF11000121
4. https://mokkanko.nabunken.go.jp/ja/6AFFJD29000183
5. https://mokkanko.nabunken.go.jp/ja/6AFIUO11000114
6. https://mokkanko.nabunken.go.jp/ja/6AFIUO14000110
7. https://mokkanko.nabunken.go.jp/ja/6AFIUO15000117
8. https://mokkanko.nabunken.go.jp/ja/6AFFJF10000176
9. https://mokkanko.nabunken.go.jp/ja/6AFFJD17000114
10. https://mokkanko.nabunken.go.jp/ja/6AFFJD17000122
11. https://mokkanko.nabunken.go.jp/ja/6AFIUO36000108
12. https://mokkanko.nabunken.go.jp/ja/6AFFJFZZ000101
13. https://mokkanko.nabunken.go.jp/ja/6AFIUO41000529
14. https://mokkanko.nabunken.go.jp/ja/6AFIUO37000101
15. https://mokkanko.nabunken.go.jp/ja/6AFIUO41000164
16. https://mokkanko.nabunken.go.jp/ja/6AFFJF10000152
17. https://mokkanko.nabunken.go.jp/ja/6AFIUO30000101
18. https://mokkanko.nabunken.go.jp/ja/6AFIUO47000196
19. https://mokkanko.nabunken.go.jp/ja/6AFFJF12000181
20. https://mokkanko.nabunken.go.jp/ja/6AFIUO27002107
21. https://mokkanko.nabunken.go.jp/ja/6AFIUO42000172
22. https://mokkanko.nabunken.go.jp/ja/6AFFJD29000187
23. https://mokkanko.nabunken.go.jp/ja/6AFIUO48000146
24. https://mokkanko.nabunken.go.jp/ja/6AFIUO44000107

7. 쇼소인[正倉院] 소장 안료(顔料) 청구서

❙ 자료 사진

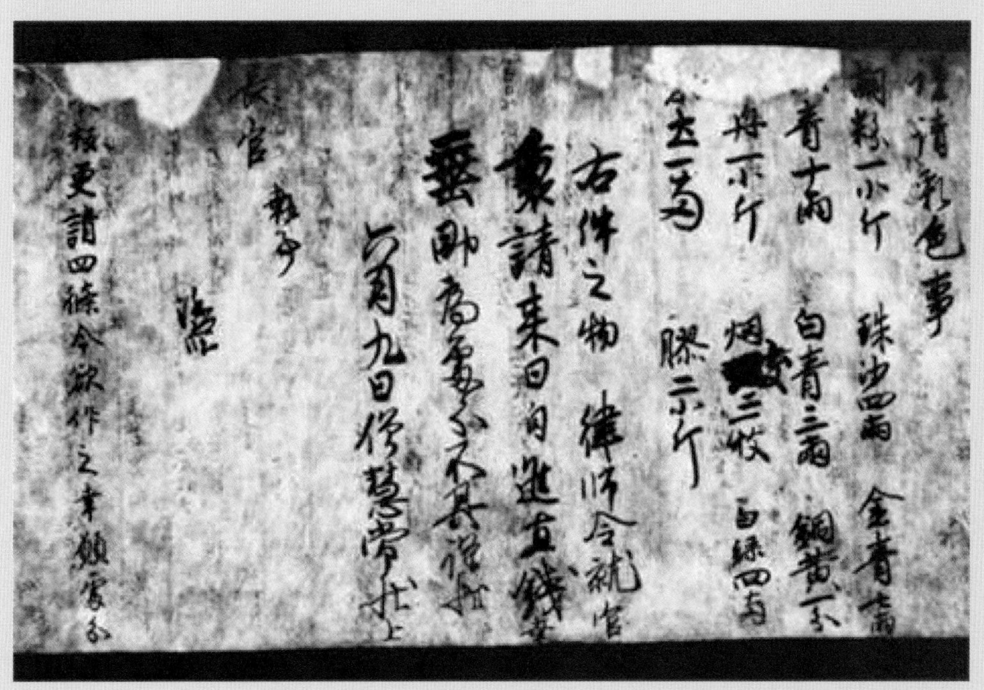

出典 : 正倉院正倉(https://shosoin.kunaicho.go.jp/)

자료 기초 정보

국가	일본 ‖ 大和國
연대	756년
출전	続々修38ノ8裏6(『大日本古文書』 25권, 198쪽)
소장처	일본 쇼소인[正倉院]

자료 해제

이 문서는 일본 쇼소인[正倉院]에 전해지는 여러 안료(顔料)를 청구한 문서이다. 문서에는 월일만 적혀 있고 연도에 대한 기재는 없으나, 『대일본고문서(大日本古文書)』(25권, 198쪽)에서는 문서에 등장하는 "율사(律師)"를 당나라로부터 일본에 건너간 승려 법진(法進)으로 추정하고 있다. 그리고 『속일본기(續日本記)』에 전하는 천평승보(天平勝寶) 8년(756) 5월에 법진이 율사로 임명되는 기사와 관련이 있는 것으로 본다. 또 본 문서의 뒷면은 천평보자(天平寶字) 6년(762)에 이시야마데라[石山寺] 사경소(寫經所) 음식 하사 내역을 기록한 장부인데, 이 장부는 천평승보 8년(756)과 9년(757)에 걸쳐 안료와 관련한 내용을 기록한 기존 문서의 뒷면을 재활용한 것이다(黒田洋子, 2009). 따라서 본 문서도 그 시기의 것임은 틀림없으며 『대일본고문서』에 제시된 견해는 대체로 타당하다고 생각된다. 즉, 문서의 작성 연대는 756년으로 볼 수 있다.

본 문서는 당나라로부터 도일(渡日)한 승려 법진의 율사 임명식과 관련된 것으로, 중국 출신 승려가 일본에 가서 어느 정도의 대우를 받고 어떠한 역할을 했는지 보여주는 중요한 자료가 된다. 문서에 기재된 물품명 위에는 확인했다는 표시로 점이 찍혀 있어 문서의 흐름에 대해 단서를 제공해준다. 또 서신 용어가 많이 확인되는 문서로 고대 서신의 격식 등을 연구함에 있어서도 귀중한 자료가 된다.

판독문

謹請彩色事

°胡粉一小斤　　珠沙四兩　　金青七兩

緑青十兩　　°白青三兩　　°銅黃一分

支

□丹一小斤　　烟■[1]三枚　　°白緑四兩

紫土一兩　　°膠二小斤

右件之物, 律師令就官[2]

裏請來日, 自進直錢. 幸

垂助爲處分, 不具謹状,

六月九日僧慧常状上

執事

長官

謹空

長板更請四條, 今欲作之, 幸願處分.

※ □ 표시는 판독 불가 글자

※ ■ 표시는 먹을 칠해 지운 글자

※ ° 표시는 문서에 찍혀 있는 점

---

1 이 부분은 먼저 쓴 글자를 먹으로 지우고 "支"를 새로 쓴 것이다.

2 『大日本古文書』에서는 "官" 뒤에 쉼표를 두고 있지만, 黒田洋子의 견해에 따라 쉼표를 두지 않고 뒷부분과 이어 해석하였다.

해석 및 역주

채색(彩色) 삼가 청하는[謹請][3] 일.

호분(胡粉)[4] 1소근(小斤)[5]　주사(珠沙)[6] 4냥　금청(金青)[7] 7냥
[녹]청([緑]青)[8] 10냥　백청(白青) 3냥　동황(銅黄)[9] 1분
□단(□丹) 1소근　연지(烟支)[10] 3매　백록(白緑) 4냥
자토(紫土) 1냥　아교(膠) 2소근

상기 물품은 율사(律師)[11]가 관리(官裏)에 취임되어 오시는 날, 값을 치르겠습니다. 도움을 주

---

3 삼가 청하는[謹請] : 서신의 앞머리에 흔히 쓰는 말이다.

4 호분(胡粉) : 흰색 안료이다. 나라[奈良] 시대(710~794)에는 연백(鉛白) 또는 백토(白土)를 가리키는 경우가 많은데, 이 경우는 고분벽화나 사찰의 유물로부터 확인되는 흰색 안료이다. 반면 고문서에 기록된 "호분(胡粉)"은 연백 및 분석(粉錫)을 가리킨다고 한다(『日本國語大辞典』).

5 소근(小斤) : 율령제가 시행되던 당시의 무게 단위이다. 16냥을 1소근(小斤)으로 하고 1소근은 1대근(大斤)의 3분의 1에 해당한다. 대근은 동(銅)·은(銀)·곡(穀) 등의 무게를 재는 단위로, 다른 물품에 관해서는 소근을 사용해야 한다고 정해져 있지만 『연희식(延喜式)』을 보면 약재에만 소근을 사용하고 다른 물품은 대근을 사용하고 있다(『日本國語大辞典』).

6 주사(珠沙) : 일반적으로 "朱砂"로 쓰이나 본 문서의 "朱"에는 구슬옥 변이 추가된 "珠"로 쓰여 있다. 일종의 오용(誤用)으로 볼 수 있으나 하급관리에 의해 작성된 문서나 목간 등에는 이와 같이 변방이 추가되는 사례가 있는 한편, 변방이 삭제되는 사례도 많다.

7 금청(金青) : 「쇼소인[正倉院] 소장 금청(金青) 청구 문서」의 각주 2)번을 참조 바람.

8 [녹]청([緑]青) : 구리 표면에 생기는 푸른빛의 녹을 말한다. 당시에는 이것을 녹색 안료로 사용했다. 독성이 강하다고 인식되고 있지만 실제로는 독성이 별로 없다고 한다(『日本國語大辞典』).

9 동황(銅黄) : 노란색 안료이다. 쇼소인[正倉院] 문서 중에는 "同黄"이 많이 등장하는데(『大日本古文書』 3, 573~574쪽 (『正倉院文書』 続修 29 등), 이 동황(同黄)과 같은 것으로 생각된다. 매신라물해(買新羅物解)로 불리는 쇼소인 소장 문서 (『大日本古文書』 25, 48~50쪽)에도 기재되어 있는 물품으로 신라로부터 구매해서 사용했음을 알 수 있다.

10 연지(烟支) : "烟" 아래 먼저 쓴 글자는 먹으로 칠해 지워져 있고 지워진 글자 오른쪽에 "支"자가 쓰여 있다. "支"자도 다른 글자 위에 쓰여 있어 몇 번이나 수정한 흔적이 남아 있다. 연지(臙脂)의 이표기이다. "연지(烟支)"라는 표기는 헤이안[平安] 시대에 미나모토 시타고[源順]에 의해 편찬된 고사전 『화명류취초(和名類聚抄)』에도 보인다. 쇼소인 문서에는 많은 경우 "烟子", "烟紫" 등으로 표기되어 있다.

11 율사(律師) : 『속일본기(續日本記)』 천평승보(天平勝寶) 8세(歳) 5월 24일(丁丑) 조에는 쇼무천황[聖武天皇]을 간병한 공으로 당(唐)의 승려 법진(法進)이 "율사(律師)"에 임명된 기사가 기록되어 있다(『續日本記』 3권, 163~165쪽). "律師令就官…"은 자료 해제에서 서술한 바와 같이 이 취임 임명식과 관련 있는 것으로 볼 수 있다. 법진은 당의 고승 감진(鑑眞)의 제자이며 감진을 따라 754년에 일본에 건너간 인물이다. 감진 일행이 천신만고 끝에 일본에 도착하게 되었다는 사실은 아주 유명한데, 그 준비 과정에 있어서 법진도 큰 역할을 했다는 기록이 『당대화상동정전(唐大和上東征傳)』에 남아 있다. 일본에 가서는 율사, 소승도(少僧都), 대승도(大僧都) 역임 후 70세에 입멸했다(『日本古代人名辞典』).

셨으면 고맙겠습니다. 불구(不具)[12] 근상(謹状).[13]

6월 9일 승(僧) 혜상(慧常)[14] 서장[狀]을 올립니다.

장관(長官) 집사(執事)[15]

근공(謹空)[16]

긴 판자[長板] 4조(條)[17]를 추가 청구합니다. 지금 이것을 만들어 주시기 바랍니다. 잘 부탁드리겠습니다.

12 불구(不具) : 서신 말미 부분에 자주 쓰이는 서신 용어의 하나이다. 내용이나 서식을 갖추지 못했다는 뜻이다.

13 근상(謹状) : 서신 말미 부분에 자주 쓰이는 서신 용어의 하나이다. 삼가 아뢴다는 뜻이다.

14 혜상(慧常) : 본 문서에만 등장하는 인물로서 자세한 활동 내용을 알 수 없다.

15 집사(執事) : 서신에서 상대방 이름 아래에 적어 경의를 표하는 용어의 하나이다. 신분이 높은 사람에게 보내는 서신에 사용된다(『日本國語大辭典』).

16 근공(謹空) : 서신 말미 부분에 쓰이는 경의를 표하는 용어이다. 삼가 공백을 남긴다는 뜻이다.

17 조(條) : 가늘고 긴 형태의 것을 세는 단위이다.

참고문헌

東京大学史料編纂所,『大日本古文書』(編年文書), 東京大学出版, 1998.
日本大辞典刊行会,『日本國語大辞典』[縮刷版], 小学館, 1979~1981.
竹内理三·山田英雄·平野邦雄編,『日本古代人名辞典』, 吉川弘文館, 1958~1977.
青木和夫 외 3인,『續日本記』, 岩波書店, 1992.
黒田洋子,『正倉院文書の訓読と注釈一啓·書状一』(正倉院文書訓読による古代言語生活の解明, 研究成果報告書 Ⅱ), 2010.

正倉院文書マルチ支援データベース(https://wwwap.hi.u-tokyo.ac.jp/ships/shipscontroller).
正倉院(https://shosoin.kunaicho.go.jp/documents?id=0000011652&index=360)
奈良時代古文書フルテキストデータベース(https://wwwap.hi.u-tokyo.ac.jp/ships/shipscontroller).

8. 쇼소인[正倉院] 소장 정의(浄衣) 및 붓[筆] 청구 문서

자료 사진

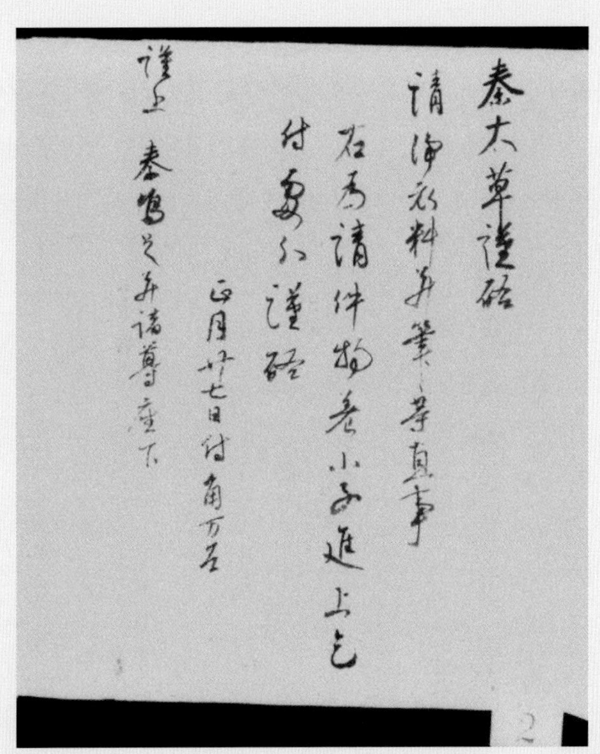

秦太草謹啓
請浄衣料并筆等直事
右爲請件物者小子進上已
付急々謹啓
正月廿七日付甫万呂
謹上 秦鳴足并諸尊座下

出典 : 正倉院正倉(https://shosoin.kunaicho.go.jp/)

자료 기초 정보

국가	일본 ‖ 大和國
연대	760년
출전	続修48断簡2(『大日本古文書』 25권, 262쪽)
소장처	일본 쇼소인[正倉院]

자료 해제

본 문서는 사경 때에 입는 정의(浄衣)의 재료와 사경에 쓰는 붓을 구매할 돈을 청구한 서신 형태의 문서이다. 이러한 서신은 일반적으로 새로운 종이를 사용하는데, 본 문서는 앞면에 글자가 쓰인 장부를 재활용한 것이다. 구로다 요코[黒田洋子]는 본 문서를 초안이 아닌 정식 문서로 보고 있다(黒田洋子, 2010, 200~201쪽). 이에 관해 자료 사진에는 잘 보이지 않으나 서신을 보내려고 접은 흔적도 남아 있다.[1] 따라서 본 문서는 먼저 용도가 다한 종잇조각을 재사용하여 그 뒷면에 필요한 내용을 적고 실제로 상대방에게 보낸, 즉 기존 문서를 재활용하여 정식 문서로 사용한 희귀한 사례라고 할 수 있다. 종이가 귀중한 나라[奈良] 시대에 종이를 어떻게 사용했는지를 보여주는 중요한 자료이다.

판독문

秦太草謹啓
　請浄衣料并筆等直事

1 『정창원고문서영인집성(正倉院古文書影印集成)』에 의하면 종이를 접은 흔적이 2.8cm 간격으로 9줄 있다고 한다(宮内庁正倉院事務所, 1993, 75쪽).

右, 為請件物, 差小子進上, 乞
付處分. 謹啓.

正月廿七日付角万呂

謹上　秦嶋足并諸尊座下

해석 및 역주

하타노오쿠사[秦太草][2] 근계(謹啓)[3]

정의(浄衣)[4] [재]료 및 붓 등의 값을 청구하는 일.

이상[右]의 물품을 청구하기 위해 소자(小子)[5]를 파견하여 보내드립니다. 처분(處分)[6]해 주시기 바랍니다. 근계(謹啓).

정월(正月) 27일[7] 츠노마로[角万呂][8]에게 부침.

---

2 하타노오쿠사[秦太草] : 경문을 옮겨 적는 사람이다. 쇼소인[正倉院] 문서 중에는 하타노오쿠사[秦太草]의 758년부터 760년 사이 사경 및 사경에 관한 물품 청구·지급 기록이 전해진다(『日本古代人名辞典』).

3 근계(謹啓) : 율령에 의하면 "啓"는 토구보[春宮坊]가 황태자, 츄구시키[中宮職]가 태황태후·황태후·태후에게 상신하는 문서 양식으로 규정되어 있지만, 실제로 목간이나 쇼소인 문서 용례를 보면 개인 또는 관리가 보내는 상신 문서 및 서장(書狀)에 사용되었다. 이는 당나라 제도의 영향을 받은 것이라고 한다(早川庄八, 1985).

4 정의(浄衣) : 깨끗한 옷을 가리킨다. 신사(神事)나 법회 참가자, 또는 이에 관한 기물 제작자가 입는 옷을 정의(浄衣)라고 한다(『日本國語大辞典』). 사경도 불교의 공덕을 쌓는 일이기에 사경생은 깨끗한 옷, 즉 정의를 입어야 했다. 쇼소인 문서에는 정의가 더러워져서 그것을 씻기 위해 휴가를 낸 문서도 남아 있다(丸山裕美子, 2010, 201~205쪽).

5 소자(小子) : 일본 고대 율령제 체제 하에서 소자(小子)는 4세 이상 16세 이하의 남아를 가리키지만, 여기서는 단지 심부름을 하는 어린이를 뜻하는 것으로 보인다. 소자에게 심부름을 시킨 사례는 「쇼소인 소장 금청(金青) 청구 문서」에서도 보인다.

6 처분(處分) : 율령 용어의 하나로 공문서 등에 자주 사용된다. "판단하다", "명하다", "처리하다" 등의 뜻을 나타낸다(黒田洋子, 2010, 200~201쪽).

7 정월 27일 : 문서에는 작성 연도에 대한 정보가 없는데, 『대일본고문서(大日本古文書)』에서는 "천평보자(天平寶字) 4년" 즉 760년으로 보고 있다.

8 츠노마로[角万呂] : "츠노마로"는 "스미마로"로 읽을 가능성도 있다. 쇼소인 문서 중 본 문서에만 보이는 인명이다. 하타노오쿠사[秦太草] 아래에서 심부름을 한 사람으로 추정되고 있다(黒田洋子, 2010, 200~201쪽).

근상(謹上) 하타노시마타리[秦嶋足][9] 및 제존(諸尊)[10] 좌하(座下)[11]

9 하타노시마타리[秦嶋足] : 쇼소인[正倉院] 문서 중 본 문서에만 보이는 인명이다. 기록된 날짜로 미루어 보아 법화사(法華寺) 금당 조영 과정에서 사경소의 사람들이 모두 가버리는 바람에 비어 있는 사경소를 지키게 된 관리로 추정되고 있다(黒田洋子, 2010, 200~201쪽).

10 제존(諸尊) : 불교에서 부처·보살 등을 통틀어서 나타내는 말이다(『日本國語大辭典』). 하지만 여기서는 글자 그대로 "존경하는 여러분"의 뜻으로 사용된 것으로 생각된다.

11 좌하(座下) : 서신에서 상대방 이름 아래에 적어 경의를 표하는 용어의 하나이다(『日本國語大辭典』).

참고문헌

宮内庁正倉院事務所, 『正倉院古文書影印集成』 6, 八木書店, 1993.

東京大学史料編纂所, 『大日本古文書』(編年文書), 東京大学出版, 1998.

日本大辞典刊行会, 『日本國語大辞典』[縮刷版], 小学館, 1979~1981.

早川庄八, 「公式様文書と文書木簡」, 『木簡研究』 7, 1985.

竹内理三 · 山田英雄 · 平野邦雄編, 『日本古代人名辞典』, 吉川弘文館, 1958~1977.

黒田洋子, 『正倉院文書の訓読と注釈一啓 · 書状一』(正倉院文書訓読による古代言語生活の解明, 研究成果報告書 Ⅱ), 2010.

丸山裕美子, 『正倉院文書の世界』, 中公新書, 2010.

正倉院文書マルチ支援データベース(https://wwwap.hi.u-tokyo.ac.jp/ships/shipscontroller).

正倉院(https://shosoin.kunaicho.go.jp/documents?id=0000011153&index=47).

奈良時代古文書フルテキストデータベース(https://wwwap.hi.u-tokyo.ac.jp/ships/shipscontroller).

9. 쇼소인[正倉院] 소장 쌀 등 진상장

| 자료 사진

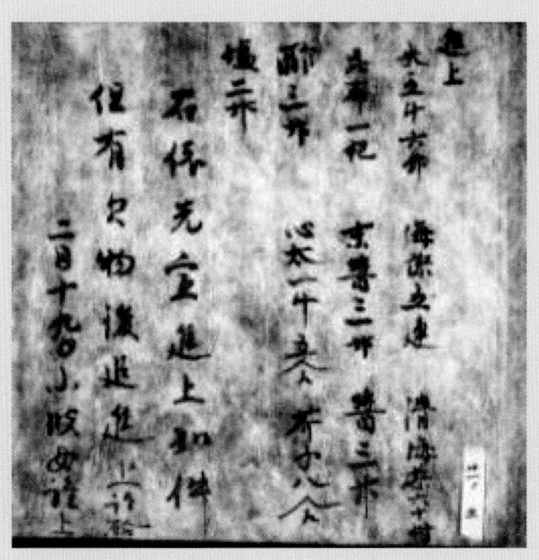

出典 : 正倉院正倉(https://shosoin.kunaicho.go.jp/)

자료 기초 정보

국가	일본 ‖ 大和國
연대	760년(?)
출전	続々修43ノ22断簡15(『大日本古文書』 25권, 264쪽)
소장처	일본 쇼소인[正倉院]

자료 해제

본 문서는 물품을 진상할 때 작성된 송장(送狀)으로 이해된다(黒田洋子, 2010). 문서가 "진상(進上)"으로 시작되고 뒷부분에 물품이 이어지는 서식으로 쓰여 있는데, 이는 목간 진상장(=송장)과도 유사한 부분이 있어 비교해볼 만하다. 이를 통해 당시의 서사 매체로서 종이와 목간의 역할을 이해하는 데 도움이 될 수 있다. 말미에는 "근계(謹啓)", 날짜 아래에는 "근상(謹上)"과 같이 서신에 자주 사용되는 상대방을 존경하는 용어가 보인다.

해당 문서 뒷면에는 아무것도 쓰여 있지 않는다. 좌우에도 이어지는 문서가 없어 연대를 추측하기 어렵다. 다만 이와 내용과 형식이 유사한 「공양분료잡물진상문(供養分料雑物進上文)」[1](『大日本古文書』(編年文書) 14-326)이라는 문서를 통해 본 문서의 작성 연대도 천평보자(天平寶字) 4년(760)으로 추정한다.

---

1 続々修43ノ22断簡14
供養分料　合米五斗八升
塩一坏　末藻四連　荒藻四十寸(村)　醤三升
酢三升　　末醤三升　　己々大(太?)二斤
右件物, 付〈益田〉乙万呂進上,
四年三月九日
「中庭」

판독문

進上

米五斗六升　海藻五連　滑海藻六十村

昆布一把　末醤三升　醤三升

酢三升　心太一斗五合　芥子八合

塩二升

右, 依先宣, 進上如件

但有欠物, 後追進上, 謹啓.

二月十九日小波女謹上

해석 및 역주

진상(進上)

쌀[米] 5두 6승, 미역[海藻] 5줄[連],[2] 대황[滑海藻] 60덩어리[村],[3]

다시마[昆布] 1묶음, 말장(末醤)[4] 3승, 장(醤)[5] 3승,

초(酢) 3승, 우무[心太][6] 1두5홉, 겨자[芥子] 8홉,

소금[塩] 2승

오른쪽에 기재한 물품[右]은 지난번의 말씀[宣]에 의하여 이와 같이 진상합니다. 다만 모자라

2 5줄[連] : 나라 시대의 미역[海藻]의 계량 단위로는 근(斤), 량(両), 련(連), 파(把), 편(編), 롱(籠), 곡(斛), 두(斗), 승(升), 합(合) 등이 사용되었다. 이와 관련하여서는 「니조오지[二條大路] 목간에 보이는 물품」의 각주 15)번을 함께 참조 바람.

3 덩어리[村] : "村"은 대황[滑海藻], 고깃덩어리, 상아, 먹, 숫돌 등 덩어리 형태의 물품을 헤아리는 단위명사이다(三保忠夫, 2004).

4 말장(末醤) : 「헤이조궁[平城宮] 터 목간에 보이는 물품」의 4)번을 참조 바람.

5 장(醤) : 「헤이조궁[平城宮] 터 목간에 보이는 물품」의 각주 3)번을 참조 바람.

6 우무[心太] : 홍조류의 해조 우뭇가사리를 말하며, 그밖에 우뭇가사리를 끓여서 만든 '우무'를 가리키기도 한다. 본 문서에서는 조미료와 함께 기재되어 있고 단위명사 "一斗五合"이 사용된 것으로 보아 우무일 가능성이 크다고 생각된다.

는 물품이 있으면 후에 추가로 진상하겠습니다. 삼가 아룁니다[謹啓].

2월 19일 코하메[小波女][7] 삼가 올립니다[謹上][8]

7 코하메[小波女] : "小波女"는 마지막 글자가 "女"로 되어 있는 것으로부터 여성 인명임을 알 수 있다. 일본 고대 여성의 이름은 마지막에 "메"음이 붙는 경우가 많다. 이 "메"는 "賣" 또는 "女"로 표기되는데 목간이나 종이 문서에서도 비공식적인 것에는 "女"가 많이 사용되었다. 이 문서는 글씨가 정연하게 비교적 잘 쓰인 것으로 보이는데, "코하메[小波女]"가 직접 썼다기보다는 코하메가 갖춰 놓은 물건을 다른 사람이 대필한 것일 가능성이 크다고 본다.

8 삼가 올립니다[謹上] : 서신의 말미 부분에 쓰이는 용어이다.

참고문헌

關根真隆,『奈良朝食生活の研究』, 吉川弘文館, 1969.

東京大学史料編纂所,『大日本古文書』(編年文書), 東京大学出版, 1998.

三保忠夫,『木簡と正倉院文書における助数詞の研究』, 風間書房, 2004.

日本大辞典刊行会,『日本國語大辞典』[縮刷版], 小学館, 1979~1981.

黒田洋子,『正倉院文書の訓読と注釈一啓·書状一』(正倉院文書訓読による古代言語生活の解明, 研究成果報告書 Ⅱ), 2010.

奈良文化財研究所,『2017 平城宮跡資料館 秋期特別展 地下の正倉院展 国宝 平城宮跡出土木簡 第Ⅰ期展示木簡』, 2017(https://sitereports.nabunken.go.jp/21355)).

正倉院文書マルチ支援データベース(https://wwwap.hi.u-tokyo.ac.jp/ships/shipscontroller).

正倉院(https://shosoin.kunaicho.go.jp/documents?id=0000011696&index=404).

10. 쇼소인[正倉院] 소장 금속재료 서신 왕래 문서

┃자료 사진

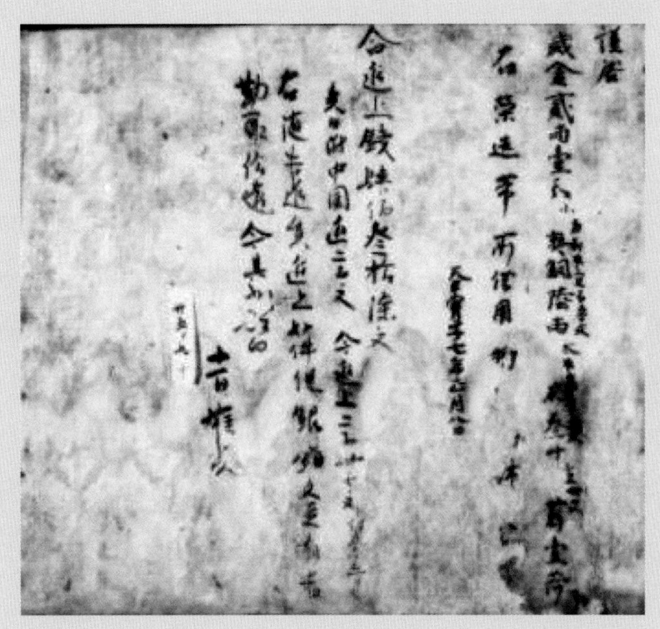

出典：正倉院正倉(https://shosoin.kunaicho.go.jp/)

자료 기초 정보

국가	일본 ‖ 大和國
연대	762년
출전	続々修43ノ22断簡10(『大日本古文書』 16권, 317쪽)
소장처	일본 쇼소인[正倉院]

자료 해제

본 문서는 앞부분과 뒷부분의 내용이 다르다. 앞부분은 띠를 만드는 데 필요한 금속재료, 땔감을 청구한 것이다. 뒷부분은 앞부분에 기재된 물품을 받은 후 그 대금을 보내는 데 첨부한 송장(送狀)이다. 해당 문서의 발신자는 조도다이지사[造東大寺司] 사경소에 있었던 아토노오타리[安都雄足]이고(雄足의 이름이 날짜 아래에 적혀 있음.) 수신자는 주공(鑄工) 하타노나카구니[秦中国]와 하타노오토마로[秦乙万呂]가 문서 중에 보여 조도다이지사의 조물소(造物所)로 추정되고 있다. 앞부분에 기록된 요청에 따라 주공(鑄工) 하타노나카구니와 하타노오토마로가 조도다이지사[造東大寺司] 사경소에 가서 오타리[雄足]에게 물품을 전하고 그 대금과 함께 해당 문서의(뒷부분) 정문(正文)을 가지고 간 것으로 보인다(黒田洋子, 2010). 따라서 앞뒷부분이 합쳐 하나로 된 본 문서는 정문의 사본으로 볼 수 있다. 정문이라면 오타리의 자서(自署)가 보여 본문과 다른 필체여야 하지만 본 문서는 전부가 같은 필체로 쓰여 있어 사본이라는 설을 뒷받침해준다.

본 문서는 관서 간의 물품 유통뿐만 아니라 행정 문서의 흐름, 당시의 도량형, 금속 가치 등을 말해주는 중요한 자료이다.

판독문

謹啓

滅金貳両壹分 小 両別准直百五十文 熟銅陸両 太 准直五十六文 炭参斗 直卅文 薪壹荷 直十 □

右, 榮造帯所借用物□□[等如?]件, □[謹?]啓.

天平寶字七年正月八日□

合進上銭肆伯参拾漆文

先日, 附中国進二百文 今進上二百卅七文 付秦乙万呂

右, 随告遣員進上如件, 但銀錯久豆有者,

勘取給遣, 今具状, 謹白.

十一日雄足

※ □ 표시는 판독 불가 글자

해석 및 역주

삼가 아룁니다[謹啓].

도금[滅金][1] 2냥 1분〈소(小)[2]〉〈양별 값 150문 상당[准]〉, 숙동(熟銅)[3] 6냥〈태(太)[4]〉〈값 56문 상당〉, 숯[炭] 3두〈값 30문〉, 장작[薪] 1짐〈값 십□□〉

오른쪽에 적은 물품[右]은 띠[帯]를 만들 것이니 이와 같이 차용(借用)하고자 합니다. 삼가 아룁니다[謹啓].

천평보자(天平寶字) 7년[5] 정월 8일□□

합쳐서 진상 전(銭) 437문.

선일(先日), 하타노나카구니[[秦]中國][6]에게 200문을 부쳐 진상했습니다. 지금 237문을 하타노

---

1 도금[滅金] : 금을 갈아서 가루로 만든 것으로 도금의 재료로 사용된다(黒田洋子, 2010).

2 소(小) : 율령제에 규정된 무게 단위 소근(小斤)을 가리킨다. 16냥을 소근이라 하며 대근(大斤)의 3분의 1에 해당한다. 〈 〉는 할서로 작게 쓴 글씨를 나타낸다(이하 같음).

3 숙동(熟銅) : 정련된 양질의 구리를 말한다(『日本國語大辭典』).

4 태(太) : 여기서 "태(太)"는 "大"를 잘 못 쓴 글자로 보인다. 대근(大斤)을 뜻하는 것으로 추정된다.

5 천평보자(天平寶字) 7년 : 서력 763년에 해당한다.

6 하타노나카구니[秦]中國] : 주조공[鑄工]의 이름이다. 천평보자(天平寶字) 6년(762) 3월에 태상천황(太上天皇)의 명으로 이시야마데라[石山寺]에서 일척경(一尺鏡) 4면을 주조하기 위하여 도다이지[東大寺]로부터 불려 온 사람이다.

오토마로[秦乙万呂][7]에게 부쳐서 진상합니다.

오른쪽에 적은 사항[右]은 고견원(告遣員)[8]을 통해 이와 같이 진상합니다. 하지만 은 부스러기[銀錯久豆][9]가 있을 경우, 헤아려서 보내주시기 바랍니다. 지금 구체적인 상황을 삼가 아룁니다[謹白].

11일 오타리[雄足][10]

이때 하타노오토마로[秦乙万呂]를 포함한 5명이 불려왔다. 본 문서에는 "中國"으로만 적혀 있으나 활동 내용으로부터 "秦"씨임을 알 수 있으며 『대일본고문서(大日本古文書)』 판독문에는 "秦"자가 추기(追記)되어 있다.

7 하타노오토마로[秦乙万呂] : 주조공[鑄工]의 이름이다. 천평보자(天平寶字) 6년(762) 3월에 이시야마데라[石山寺]의 일척경(一尺鏡) 4면을 주조하기 위하여 도다이지[東大寺]로부터 불려 온 사람이다(『日本古代人名辭典』).

8 고견원(告遣員) : 파견되어 보고를 하는 사람을 말한다.

9 은 부스러기[銀錯久豆] : 은을 갈아서 가루로 만든 것으로 은도금의 재료로 사용된다(黒田洋子, 2010).

10 오타리[雄足] : 아토노오타리[安都雄足]를 가리킨다. 오타리[雄足]는 조도다이지사[造東大寺司]의 主典(제4등관)이며 사경소의 별당(別當, 장관)이었다.

참고문헌

東京大学史料編纂所,『大日本古文書』(編年文書), 東京大学出版, 1998.
日本大辞典刊行会,『日本國語大辞典』[縮刷版], 小学館, 1979~1981.
竹内理三·山田英雄·平野邦雄編,『日本古代人 名辞典』, 吉川弘文館, 1958~1977.
黒田洋子,『正倉院文書の訓読と注釈一啓·書状一』(正倉院文書訓読による古代言語生活の解明, 研究成果報告書 Ⅱ), 2010.

正倉院文書マルチ支援データベース(https://wwwap.hi.u-tokyo.ac.jp/ships/shipscontroller).
正倉院(https://shosoin.kunaicho.go.jp/documents?id=0000011696&index=404)

11. 쇼소인[正倉院] 소장 옷 구매용 돈 청구서

자료 사진

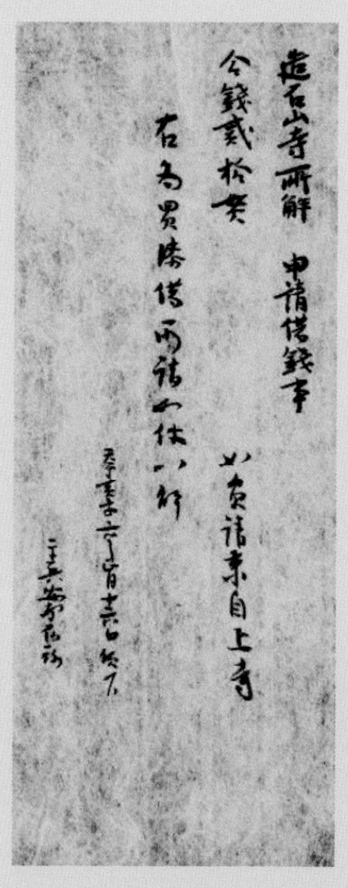

出典：正倉院正倉(https://shosoin.kunaicho.go.jp/)

자료 기초 정보

국가	일본 ‖ 大和國
연대	762년
출전	続々修18ノ3断簡1(1)(『大日本古文書』 15권, 138쪽)
소장처	일본 쇼소인[正倉院]

자료 해제

이 문서는 조이시야마데라소[造石山寺所]가 상급 기관인 조도다이지사[造東大寺司]에 옻을 구매할 돈을 청구한 상신 문서의 부본이다. 부본이긴 하나 청구한 내용물, 즉 돈이 도착한 후에 청구한 양이 모두 도착했는지를 추가로 적은 부분이 확인된다. 따라서 부본의 작성은 단순히 예비 문서 작성이 아닌, 물품의 수납 상황을 적는 장부의 역할을 하였다고 이해된다(桑原裕子, 2010, 8~9쪽). 본 문서는 당시 행정 시스템의 일단을 보여주는 중요한 자료라고 할 수 있다.

판독문

造石山寺所解　申請借銭事

合銭貳拾貫　　　　　　　「如員請来自上寺」

　右, 為買漆, 借所請如件. 以解.

　　　　　　　　　　天平寳字六年正月十六日領下

　　　　　　　　　　　　　　　　　主典安都宿祢

※「 」은 필체가 다름을 표기한 것

해석 및 역주

조이시야마데라소[造石山寺所] 해(解).[1] 차전(借錢)[2]을 신청하는 일.

합계(合) 전(錢) 20관. 수량대로 청구한 [돈이] 가미데라[上寺][3]로부터 왔습니다.[4]

우(右), 옻을 사기 위하여 [꾸는 것을] 이와 같이 청구합니다. 따라서 [이상과 같이] 해(解)[를 보내드립니다].

천평보자(天平寶字) 6년 정월 16일 우나가시[領][5] 시모[下][6]

사칸[主典] 아토노스쿠네[安都宿祢][7]

---

1 해(解) : 「나가야오케[長屋王家] 목간에 보이는 물품」 각주 5)번을 참조 바람.

2 차전(借錢) : 돈을 꾼다는 뜻의 "차전(借錢)"이 쓰여 있지만 여기서의 "借"자는 잘못 기입된 것으로 볼 수 있다. 본 문서와 유사한 내용이 적힌 '돈 10관을 청구하는 문서'(『大日本古文書』 15권, 139쪽)에는 "申請錢事", "為買漆, 所請如件"과 같이 "借"자가 사용되지 않았다. 문맥으로 보아도 단지 옻을 살 돈을 청구하는 내용이므로 여기에 "借"자는 불필요한 것으로 생각된다. 桑原裕子도 이와 같은 견해를 제시하고 있다(桑原裕子, 2010, 8~9쪽).

3 가미데라[上寺] : "上寺"는 "上院"이라고도 하는데 이는 이시야마데라[石山寺] 창건과 도다이지[東大寺] 창건에 크게 공헌한 로벤[良辨]의 거처를 가리킨다. 로벤은 이시야마데라와 도다이지에 모두 거처가 있었는데, 로벤이 당시 거주하고 있는 곳을 "上寺" 또는 "上院"이라고 하였다(鷺森浩幸, 1988). 본 문서의 "가미데라[上寺]"는 도다이지를 가리킨다(桑原裕子, 2010, 8~9쪽). 로벤에 대한 상세한 설명은 「쇼소인[正倉院] 소장 가마 등 잡물 청구서 각주 12)번을 참조 바람.

4 수량대로 청구한 [돈이] 가미데라[上寺]로부터 왔습니다[如員請来自上寺] : 이 문장은 본문과 다른 필체로 쓰여 있다. 실제로 "가미데라"로부터 돈이 도착한 시점, 또는 그 후에 추가로 적은 내용으로 추정되고 있다(桑原裕子, 2010, 8~9쪽).

5 우나가시[領] : 조이시야마데라소[造石山寺所] 등 "소(所)"로 불리는 관서 운영을 담당하는 실무 책임자를 말한다. 우나가시[領]는 '소'와 외부 기관을 왕복하는 사자(使者) 역할도 하였다(中川ゆかり, 2010, 5쪽).

6 시모[下] : 시모노미치누시[下道主]를 가리킨다. 시모노미치누시에 대한 상세한 설명은 「쇼소인 소장 조미료 등 청구서 및 이에 대한 답장」의 각주 5)번을 참조 바람.

7 아토노스쿠네[安都宿祢] : 아토노스쿠네오타리[安都宿祢雄足]를 가리킨다. 아토노스쿠네오타리에 대한 상세한 설명은 「쇼소인 소장 조미료 등 청구서 및 이에 대한 답장」의 각주 14)번을 참고 바람.

참고문헌

国史大辞典編集委員会編, 『国史大辞典』, 吉川弘文館, 1979~1996.
鷺森浩幸, 「奈良時代における寺院造営と僧ー東大寺·石山造営を中心にー」, 『ヒストリア』 121, 1988.
東京大学史料編纂所, 『大日本古文書』(編年文書), 東京大学出版, 1998.
桑原裕子, 『正倉院文書の訓読と注釈ー造石山寺所解移牒符案(一)ー』(正倉院文書訓読による古代言語生活の解明, 研究成果報告書 Ⅰ), 2010.
日本大辞典刊行会, 『日本國語大辞典』[縮刷版], 小学館, 1979~1981.
竹内理三·山田英雄·平野邦雄編, 『日本古代人名辞典』, 吉川弘文館, 1958~1977.
中川ゆかり, 『正倉院文書からたどる言葉の世界(一)』(正倉院文書訓読による古代言語生活の解明, 研究成果報告書 Ⅲ), 2010.

正倉院文書マルチ支援データベース(https://wwwap.hi.u-tokyo.ac.jp/ships/shipscontroller).
正倉院(https://shosoin.kunaicho.go.jp/documents?id=0000011500&index=208)
奈良時代古文書フルテキストデータベース(https://wwwap.hi.u-tokyo.ac.jp/ships/shipscontroller).

12. 쇼소인[正倉院] 소장 가마 등 잡물 청구서

❙ 자료 사진

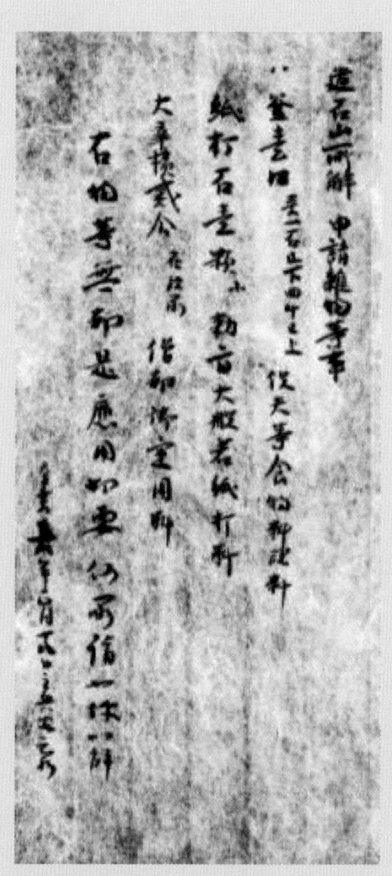

出典 : 正倉院正倉(https://shosoin.kunaicho.go.jp/)

자료 기초 정보

국가	일본 ‖ 大和國
연대	762년
출전	続々修18ノ3断簡1(『大日本古文書』 15권, 138~139쪽)
소장처	일본 쇼소인[正倉院]

자료 해제

본 문서는 조이시야마데라소[造石山寺所]가 상급 기관인 조도다이지사[造東大寺司]에 가마 및 종이를 두드리는 돌, 궤 등 잡물을 청구한 문서의 부본이다. 실제로 상대방에게 보낸 문서, 즉 정본을 베껴 예비로 남긴 것이다. 비록 부본이지만 문서 제목보다 문서 본문을 한 칸 내려서 쓰는 서식 규정을 지키려 한 흔적이 남아 있다. 2행 앞부분을 자세히 보면, 행의 첫 글자 "부(釜)"를 처음에는 문서 제목인 1행의 첫 글자 바로 옆에 쓰려고 하였다가 이내 잘못되었음을 깨달았는지 "釜"의 두 번째 획까지만 쓰고 그만둔 흔적이 확인된다. 이러한 사례로부터 부본 작성 시에도 정본과 같은 격식을 갖춰야 했음을 알 수 있다. 하지만 부본이었기 때문인지 글자를 빠뜨린 곳이 두 곳이나 확인된다. 또 본 문서에는 지타석(紙打石)이 기재되어 있는데, 이는 장황(裝潢)이 종이 두드리는 작업을 할 때 어떤 도구를 사용했는지를 알려주는 귀한 자료이다.

판독문

造石山所解　申請雜物等事

釜壱口受一石已下四斗已上　　役夫等食物料理料

紙打石壱顆小　　勅旨大般若紙打料

大辛櫃貳合在経所　　僧都御室用料

右物等無,[1] 都是應用切要, 仍所請如件, 以解.

天平寶字六年正月十八日主典安宿祢

해석 및 역주

조이시야마소[造石山所][2] 해(解).[3] 잡물 등을 신청하는 일.

가마[釜][4] 1구 〈수(受)[5] 1석 이하(已下)[6] 4두 이상(已上)〉 역부(役夫) 등 식물(食物) 요리료(料理料)[7]

---

1 『대일본고문서(大日本古文書)』에서는 "無都"를 붙이고 "都" 뒤에서 문장을 끊었으나 이렇게 하면 "無都"를 풀이하기 어렵다. 여기서는 桑原裕子의 견해에 따라 "無"에서 문장을 끊고 "都"를 뒤로 붙여 해석한다.

2 조이시야마소[造石山所] : "조이시야마데라소[造石山寺所]"로 적어야 하는데 "데라[寺]"가 빠져 있다. 『대일본고문서(大日本古文書)』의 판독문에서도 "寺脱ヵ"라고 부기되어 있다. 조이시야마데라소에 대한 자세한 설명은 「쇼소인[正倉院] 소장 조미료 등 청구서 및 이에 대한 답장」의 각주 2)번을 참조 바람.

3 해(解) : 상신 문서를 뜻한다. "해(解)"에 대한 상세한 설명은 「나가야오케[長屋王家] 목간에 보이는 물품」 각주 5)번을 참조 바람.

4 가마[釜] : "釜"자 바로 윗부분에 작게 쓴 "八"과 같은 묵흔이 보인다. 이는 "釜"의 1·2획을 쓴 것일 것이다. 2행의 첫 글자 "釜"를 1행의 첫 글자 "造"와 같은 높이에서 시작하려 하다가 그만두고 한 칸 내려서 다시 쓴 것이다. 이 "釜"는 「쇼소인 소장 조미료 등 청구서 및 이에 대한 답장」 중 '답신' 문서에 기재된 "釜䟽等者 依无担夫 不得遣運"의 "釜"와 같은 것으로 추정되고 있다. 따라서 천평보자(天平寶字) 6년(762) 1월 18일(본 문서의 작성 날짜)에 청구한 가마가 23일('답신'의 문의 날짜)이 되어도 짐꾼이 없어서 운반되지 못했음을 알 수 있다(桑原裕子, 2010, 12~14쪽).
한편, 나라[奈良] 시대 가마 종류에는 아시카마[足釜], 가케가마[懸釜], 교소[行竈] 등이 문헌 자료를 통해 확인되는데, 아시카마란 발이 달려 어디서나 사용할 수 있는 휴대용 가마솥을 뜻하며, 가케가마는 발이 없이 어딘가에 걸어서 사용하는 가마솥을, 교소는 단순한 솥이 아닌 부뚜막이 딸린 솥을 뜻하는 것으로 추정되고 있다. 솥의 재질은 주로 철제 혹은 동제(銅製)였지만, 소형의 도자로 만든 솥도 있다(関根真隆, 1969, 348~353쪽). 본 문서의 "가마[釜]"는 관련 문서에 "銅釜"(『大日本古文書』 15권, 343쪽)가 보여 동제일 가능성이 크다(桑原裕子, 2010, 12~14쪽). 형태는 불분명하지만, 문서의 내용으로 보아 일꾼들의 요리를 하는 데에 사용되었을 것으로 보인다.

5 수(受) : 가용량을 표시하는데에 사용되는 글자이다. 문서에서는 용량 1석 이하 4두 이상의 가마를 청구하고 있다. 나라 시대에 사용된 가마 용량에 관해서는 2두에서 2석까지가 확인되며 그중에서도 2두부터 1석까지의 솥이 자주 사용되었다고 한다(関根真隆, 1969, 348~353쪽).

6 이하(已下) : "以下"가 맞은 표현이나 "以上", "以下"의 "以"를 "已"로 쓴 사례가 쇼소인 문서나 목간에는 많이 남아 있다. 당시에는 이것이 일종의 통용된 표현으로 여겨져 사용된 듯하나 "以上", "以下"의 사용례가 압도적으로 많다.

7 역부(役夫) 등 식물(食物) 요리료(料理料) : 가마의 용량뿐만 아니라 용도까지 상세하게 적어 청구했음을 보여주는 대목이다.

지타석(紙打石)[8] 1과(顆) 〈소(小)〉 칙지대반야(勅旨大般若)[9]에 [사용할] 종이를 두드리는 [재]료[紙打料]

대신궤(大辛櫃)[10] 2짝[合] 〈경소(経所)[11]에 있음〉 소즈[僧都][12] 어실(御室)[13]에 사용할 [재]료

오른쪽의 물품은 없습니다. 이것은 모두 정말로 절요한 것입니다. 따라서 이와 같이 청구합니다. 따라서 [이상과 같이] 해(解)[를 보내드립니다].

천평보자(天平寶字) 6년 정월 18일 사칸[主典] 아[토노]스쿠네[安宿祢][14]

---

8 지타석(紙打石) : 종이를 두드릴 때 사용하는 돌이다. 사경 용지는 장황(裝潢)(「쇼소인 소장 조미료 등 청구서 및 이에 대한 답장」의 각주 23)번을 참조 바람) 과정에서 글자가 번지지 않도록 종이를 매끄럽게 하는 작업을 하는데, 이때 지타석(紙打石)이 사용되었다. 쇼소인 문서에는 종이 두드림, 즉 "지타(紙打)"에 관한 기록이 많지만, 종이를 두드리는 도구에 대한 기록은 극히 적다(桑原裕子, 2010, 12~14쪽).

9 칙지대반야(勅旨大般若) : 이시야마데라[石山寺] 조영과 함께 762년 2월 11일에 『대반야경(大般若經)』 600권, 『이취경(理趣經)』 2권, 『관세음경(觀世音經)』 100권의 사경이 이시야마 사경소에서 시작되었다(桑原裕子, 2010, 12~14쪽). 본 문서 기록을 통해 사전에 많은 준비가 이루어졌음을 알 수 있다.

10 대신궤(大辛櫃) : 쇼소인 문서의 "櫃"도 목간과 같이 모두 우부방의 "匚" 부분이 생략된 "樻"로 쓰여 있다. "신궤(辛櫃)"는 "한궤(韓櫃)"로 쓰는 경우도 있는데, "신궤"가 좀 더 이른 시기의 표기이다(柳澤和明, 2009). 옷이나 여러 살림 도구를 넣는 4면에 발이 달린 궤를 가리킨다(『日本國語大辞典』). "대신궤(大辛櫃)"는 표기 그대로 큰 궤를 말한다.

11 경소(経所) : 조도다이지사[造東大寺司] 사경소를 가리키는데, 여기서는 나라에 있는 사경소를 가리킨다(桑原裕子, 2010, 12~14쪽).

12 소즈[僧都] : 나라 시대 승려 로벤(良辨, 689~773)을 말한다. 로벤은 이시야마데라[石山寺]와 도다이지[東大寺] 창건에 크게 공헌한 인물이다(『国史大辞典』). 756년에는 쇼무천황[聖武天皇]의 간병을 한 공으로 감진(鑑眞)과 함께 다이소즈[大僧都]로 임명되었다(『續日本記』 3권, 163~165쪽).

13 어실(御室) : 로벤(良辨)의 거처를 말한다. 쇼소인 문서에는 이와 같이 경의를 표하기 위해 로벤에 관한 것에 "御"를 붙여 표기하는 경우가 많다.

14 아[토노]스쿠네[安宿祢] : 아토노스쿠네오타리[安都宿祢雄足]를 가리킨다. "都"자가 빠져 있어 『대일본고문서(大日本古文書)』에는 "都脱"이라고 부기되어 있다. 아토노스쿠네오타리에 대한 자세한 설명은 「쇼소인 소장 조미료 등 청구서 및 이에 대한 답장」의 각주 14)번을 참조 바람.

참고문헌

国史大辞典編集委員会編,『国史大辞典』, 吉川弘文館, 1979~1996.

関根真隆,『奈良朝食生活の研究』, 吉川弘文館, 1969.

東京大学史料編纂所,『大日本古文書』(編年文書), 東京大学出版, 1998.

桑原裕子,『正倉院文書の訓読と注釈ー造石山寺所解移牒符案(一)ー』(正倉院文書訓読による古代言語生活の解明, 研究成果報告書 Ⅰ), 2010.

日本大辞典刊行会,『日本國語大辞典』[縮刷版], 小学館, 1979~1981.

柳澤和明,「多賀城跡城外出土辛櫃の意義―現存古櫃, 絵画·文献史料,出土古櫃の多角的検討を通して―」,『日本考古学』27, 2009.

竹内理三·山田英雄·平野邦雄編,『日本古代人名辞典』, 吉川弘文館, 1958~1977.

青木和夫 외 3인,『續日本記』, 岩波書店, 1992.

正倉院文書マルチ支援データベース(https://wwwap.hi.u-tokyo.ac.jp/ships/shipscontroller).

正倉院(https://shosoin.kunaicho.go.jp/documents?id=0000011500&index=208)

奈良時代古文書フルテキストデータベース(https://wwwap.hi.u-tokyo.ac.jp/ships/shipscontroller).

13. 쇼소인[正倉院] 소장 조미료 등 청구서 및 이에 대한 답서

| 자료 사진

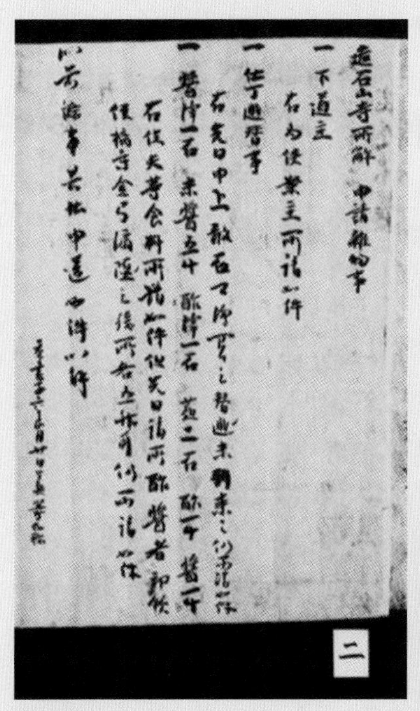

그림 1 청구서

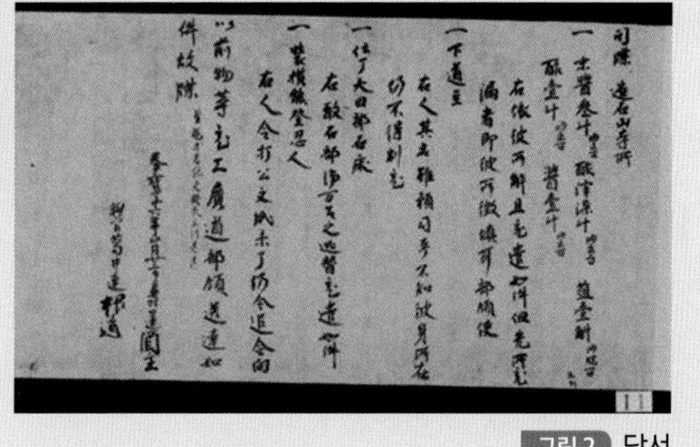

그림 2 답서

出典 : 正倉院正倉(https://shosoin.kunaicho.go.jp/)

| 자료 기초 정보

국가	일본 ‖ 大和國
연대	762년
출전	그림 1 : 続々修18ノ3断簡2(『大日本古文書』 15권, 139쪽) 그림 2 : 続修別集7断簡11(『大日本古文書』 5권, 68~69쪽)
소장처	일본 쇼소인[正倉院]

| 자료 해제

앞의 사진으로 제시한 '청구서'는 조이시야마데라소[造石山寺所]가 상급 기관 조도다이지사[造東大寺司]에 노동력 및 식량을 청구한 상신 문서 '해(解)' 부본이다. 쇼소인[正倉院] 문서 중에는 본 문서에 대한 답신도 남아 있다. 바로 위에서 청구서와 함께 제시한 '답서'이다. 이러한 한 세트의 문서에 의해 하급 기관의 청구에 대한 상급 기관의 처리가 어떻게 이루어졌고, 이에 따라 물품이 어떻게 이동되었는지 알 수 있다. 즉, 고대 사회의 행정 시스템의 일단을 연구함에 있어서 중요한 단서를 제공하는 자료라고 할 수 있다.

청구서와 답서에 기입된 날짜를 보면 3일 밖에 차이가 나지 않아 발신처인 현재의 시가현[滋賀縣] 오츠시[大津市]와 수신처인 나라현[奈良縣] 나라시[奈良市] 도다이지[東大寺] 근처까지 서신이 도착한 이후, 기재 사항을 처리하고 답서를 쓰는 일련의 행정 처리 과정이 매우 신속했음을 알 수 있다. 또 해당 문서를 통해 상급 기관의 동의 없이 인사권을 휘두른 고대 관리의 오만함도 엿볼 수 있다.

| 판독문

① 청구서

造石山寺所解　申請雜物事

一 下道主

右, 為使案主, 所請如件.

一 仕丁逃替事

右, 先日申上敢石部浄万呂之替レ[1]逃未到来之. 仍所請如件.

一 醤滓一石　末醤五斗　酢滓一石　葅二石　酢一斗　醤一斗

右, 役夫等食料所請如件, 但先日請所酢醤者, 部領

使橘守金弓漏レ堕之. 残所各五升耳. 仍所請如件.

以前條事, 具状申送如件, 以解.

天平寶字六年正月廿日主典安都宿祢

② **답서**

司牒　造石山寺所

一 末醤参斗 納缶一口 酢滓漆斗 納缶二口 葅壱斛 納[匜]一口

「未到」

酢壱斗 納缶一口 醤壱斗 納缶一口

右, 依彼所解, 且充遣如件. 但先所充

漏者, 即彼所徵填耳. 部領使.

一 下道主

右人, 其名雖五司考, 不知彼身所在.

仍不得判充.

一 仕丁大田部石床

右, 敢石部浄万呂之逃替, 充遣如件.

一 装潢能登忍人

右人, 令打公文紙未了, 仍今追令向.

以前物等, 充工廣道部領, 送達如

件, 故牒. 釜[匜]等者, 依无担夫, 不得遣運.

---

1 レ : 이러한 표시는 전도부(轉倒符)라고 하는데, 글을 잘못 적어 뒤의 글자를 먼저 썼을 때 "レ" 부호를 적어 넣어 글자 순서를 바꿔서 읽어야 한다는 것을 알리는 부호이다. 본 문서에는 "レ" 부호가 두 곳 보인다.

天平寶字六年正月廿三日主典阿刀連酒主

判官葛井連根道

※「 」은 필체가 다름을 표기한 것

해석 및 역주

① 청구서

조이시야마데라소[造石山寺所][2] 해(解),[3] 잡물(雜物)을 신청하는 일.

하나(一),[4] 시모노미치누시[下道主].[5]

우(右),[6] 안주(案主)[7]로서 쓰기 위해 이와 같이 청구합니다.

하나, 지쵸[仕丁][8] 도주로 교체하는 일.

---

2 조이시야마데라소[造石山寺所] : 이시야마데라[石山寺]는 현재의 시가현 오츠시에 위치한 사찰이다. 조이시야마데라소[造石山寺所]는 이시야마데라 조영 사업을 위해 설치된 기관으로 그 활동 기간은 761년 연말부터 762년 8월까지였다. 조도다이지사[造東大寺司]의 하급 기관으로서 조영에 관한 비용은 주로 조도다이지시에서 지급되었다. 또한 조이시야마데라소에서는 사경 업무도 담당하였다(『国史大辞典』).

3 해(解) : 상세한 설명은 「나가야오케[長屋王家] 목간에 보이는 물품」 각주 5)번을 참조 바람.

4 하나(一) : 한 문서에 여러 사항의 내용이 있을 때에 이를 항목별로 정리하여 앞머리 부분에 "一"이라고 적는 문서양식의 하나이다.

5 시모노미치누시[下道主] : 사경소에서 일한 하급 관리이다. 743년에 교생(校生)으로 일한 기록이 쇼소인[正倉院] 문서에 남아 있는데 이것이 시모노미치누시[下道主]가 처음 확인되는 기록이 된다. 그 후 759년에 홋케지[法華寺] 금당 조영 당시에는 본 문서의 작성자인 아토노오타리[安都雄足]의 수하로 근무했다. 조이시야마데라소의 장관[別當] 직을 맡은 아토노오타리는 본 문서(청구서)에서도 시모노미치누시를 수하로 쓰려고 신청서를 보낸 것이다. 하지만 본 문서의 작성 날짜, 즉 천평보자(天平寶字) 6년(762) 1월 20일 전에 이미 이시야마에서 활동한 기록이 여럿 남아 있어 사후 승낙된 것으로 보인다. 결국은 '답서'에 보이는 바와 같이 승낙되지 않았으나 시모노미치누시는 계속 이시야마에 남아서 장부나 문서를 작성한 기록이 남아 있다(桑原裕子, 2010). 시모노미치누시 및 그와 아토노오타리의 관계에 대한 상세한 연구는 鬼頭清明(1977), 吉田孝(1983), 鷺森浩幸(1992) 등을 참조 바람.

6 우(右) : 문서 양식의 하나로 앞줄에 쓴 내용을 가리키는 말이다.

7 안주(案主) : 하급 관리 관직명의 하나로 문서·기록 등을 작성 또는 보관하는 일을 담당하였다(『日本國語大辭典』). 쇼소인 문서 중 사경소나 조이시야마데라소 관련 문서에도 많이 등장하는데, 이러한 문서에 보이는 기록으로부터 문서 작성, 발행뿐만 아니라 전체 운영을 실무적으로 담당했다는 견해가 제시되었다(山下有美, 1999).

8 지쵸[仕丁] : 율령제 하에서 작동한 요역(徭役) 제도의 하나이다. 역역(力役)으로 50호마다 2명을 도성으로 보냈는데, 이 2명의 생활비는 출신지에서 담당했다. 여기서의 지쵸[仕丁]는 이러한 역역에 종사한 사람을 말한다.

우(右), 일전에 말씀드린 아헤노이소베키요마로[敢石部浄万呂] 도주[로 인하여] 교체할 [사람이] 아직 오직 않았습니다. 따라서 이와 같이 청구합니다.

하나, 장 찌꺼기[醬滓] 1석, 말장(末醬)[9] 5두, 초 찌꺼기[酢滓] 1석, 저(菹)[10] 2석, 초(酢) 1두, 장(醬) 1두.

우(右), 역부(役夫) 등의 식료입니다. 청구하는 바는 이와 같습니다. 다만, 일전에 청구한 초, 장은 부령사(部領使)[11]인 타치바나모리카나유미[橘守金弓]가 떨어뜨려서 흘러나가게 되었습니다. 남은 것은 각각 5승뿐입니다. 따라서 이와 같이 청구합니다.

이전(以前)[12] 조목의 사항을 상세하게 적어 이와 같이 신청합니다. 따라서 [이상과 같이] 해(解)[를 보내드립니다].

천평보자(天平寶字)6년 정월 20일 사칸(主典)[13] 아토노스쿠네[安都宿祢][14]

② 답서

사(司) 첩(牒)[15] 조이시야마데라소[造石山寺所]

---

9 말장(末醬) : "末醬"과 "醬"에 관해서는 「헤이조궁[平城宮] 터 목간에 보이는 물품」의 각주 3)번과 4)번을 참조 바람.

10 저(菹) : 절임의 일종이다. 『설문해자(說文解字)』에는 "酢菜" 즉 절여서 발효시킨 야채로 설명하고 있다. 그러나 쇼소인 문서에 기재된 예로 보았을 때 소금과 느릅나무[楡]만이 보여 각종 야채를 소금과 느릅나무를 넣어 절인 것으로 해석되고 있다(関根真隆, 1969, 256~258쪽).

11 부령사(部領使) : 사람이나 물자를 운송하는 책임자를 뜻한다(『日本國語大辭典』).

12 이전(以前) : 문서 양식의 하나로 기재한 항목이 2건 이상 있을 경우, 앞에 서술한 내용을 통틀어서 지칭할 때 쓰이는 용어이다.

13 율령제 하의 4등관제 중 제4등관. 문서 작성, 관리 등 여러 업무를 담당하였다.

14 아토노스쿠네[安都宿祢] : 아토노스쿠네오타리[安都宿祢雄足]를 가리킨다. 요시다 다카시[吉田孝]의 지적에 따르면 아토노스쿠네오타리의 활동 시기는 첫째, 토네리[舍人]로서 조도다이지사의 사경소나 대불(大佛) 조영에 관한 사무직을 담당한 시기(748~753), 둘째, 에치젠국[越前國]의 시쇼[史生]로서 도다이지[東大寺]의 호쿠리구쇼엔[北陸庄園] 경영을 담당한 시기(754~758), 셋째, 조도다이지사의 사칸[主典]으로 사경소·동탑소(東塔所)·조콘도소[造金堂所 法華寺]·조이시야마데라소 등의 장관(長官)직인 벳토[別當]직을 담당한 시기(758~764)의 3단계로 나눌 수 있다고 한다(吉田孝, 1983). 해당 문서는 이중 세 번째 시기에 작성된 것이다. 즉, 조도다이지사의 제4등관으로 있으면서 조이시야마데라소의 장관 직, 즉 벳토로 근무하던 시기에 이시야마에서 나라로 본 청구 문서를 보낸 것이다.

15 첩(牒) : 율령제 하의 문서 양식 중 하나이다. 『양로령(養老令)』의 규정에 따르면 사칸[主典] 이상의 관리가 관서로 문서를 보낼 때나 사원 기관이 관서로 문서를 보낼 때에 사용된다고 한다. 하지만 쇼소인[正倉院] 문서의 용례로 보아 실제로는 부서 간의 상신 및 하달 문서, 관리 또는 승려 개인이 보내는 하달 문서 등에서도 첩(牒)이 사용되었다고 한다(西洋子, 1997). 본 문서는 발신자가 사칸, 수신자가 조이시야마데라소[造石山寺所]로 되어 있어 율령제 규정에 부합한다고 볼 수 있다.

하나, 말장(末醤) 3두[16] 〈장군[缶][17] 1구에 넣음〉 초 찌꺼기[酢滓] 7두 〈장군[缶] 2구에 넣음〉 저(菹) 1휘 〈리(䞶)[18] 1구에 넣음. 「도착하지 않음[未到]」[19]〉 초(酢) 1두 〈장군[缶] 1구에 넣음〉 장(醬) 1두 〈장군[缶] 1구에 넣음〉

우(右), 그쪽[彼所][20]의 해(解)에 의해 우선 이와 같이 채워 보냅니다. 다만, 지난번에 보냈는데 부령사(部領使)가 [떨어뜨려서] 흘러나가게 한 것은 즉시 그쪽에서 받아서 채워야 합니다.

하나, 시모노미치누시[下道主]

오른쪽 사람은, 그의 이름은 사(司)[21]에 남아 있으나, 그 사람이 어디에 갔는지는 모릅니다.[22] 따라서 허가를 할 수 없습니다.

하나, 지쵸[仕丁] 오타베노이와토코[大田部石床]

우(右), 아헤노이소베키요마로[敢石部浄万呂] 도주로 인해 교체하는 건에 관해서는 이와 같이 보충해서 보냅니다.

하나, 장황(装撗)[23] 노토노오시히토[能登忍人]

---

16 3두 : 청구한 양은 5두인데 실제로는 3두밖에 지급되지 않았다. 아래에 적은 다른 물품 중 청구한 양이 모두 지급된 것은 초와 장밖에 없다.

17 장군[缶] : 약간 작은 크기의 저장 용기를 말한다. 용량은 1두~1석까지인데 그중 3~5두의 사례가 제일 많다(関根真隆, 1969, 386~388쪽). 보통 높이 20~60cm, 구경 10~30cm 정도고, 형태는 아랫부분이 평저(平底)로 된 것도 있지만 원형이나 약간 뾰족한 형태가 일반적이라고 한다(巽淳一郎, 1995).

18 리(䞶) : 장군[缶]보다 좀 더 큰 저장 용기이다. 『화명류취초(和名類聚抄)』(源順, 931~938년)에는 "䞶"에 대해 "浅甕"이란 설명을 덧붙이고 있는데, 이를 통해 높이가 낮은 항아리라는 것을 알 수 있다. 크기는 대략 높이 45~72cm, 구경 30~45cm라고 한다(巽淳一郎, 1995).

19 「도착하지 않음[未到]」 : 도착하지 않았다는 뜻을 나타내는 "未到"는 다른 글자와는 다른 필체로 쓰여 있다. 즉, 이 두 글자를 쓴 사람은 문서를 작성한 사람이 아니라는 것이다. 따라서 이 두 글자는 본 답서와 물품이 도착한 후에 그 내역을 확인한 이시야마에 있는 관리가 적은 것으로 생각된다. 처음 '청구서'에서는 2석을 청구했고 '답서'에서는 그 절반을 보낸 것으로 되어 있으나, 실은 이 절반마저도 도착하지 않았던 것이다. 이에 관해서는 「조사료잡물수납장(造寺料雑物収納帳)」에 기록이 남아 있는데 같은 해 정월 26일에 1휘[斛]가 수납되고, 2월 1일에 다시 1휘가 수납되어 1월 20일에 청구를 한 후 열흘이 지난 2월1일이 되어서야 모두 지급되었다는 것을 알 수 있다.

20 그쪽[彼所] : "彼所"는 그쪽, 즉 상대방 측을 가리킨다. 이는 보통 상하관계나 대등한 관계에서 사용된다(中川ゆかり, 2021, 137~178쪽).

21 사(司) : 조도다이지사[造東大寺司]를 가리킨다.

22 그 사람이 어디에 갔는지는 모릅니다 : 앞서 각주 5)번에서 서술한 바와 같이 본 문서의 '청구서'를 보낸 시점에 시모노미치누시[下道主]는 이미 이시야마에 가 있었다. 이 답서의 "不知彼身所在"라는 표현으로부터 조도다이지사에서는 시모노미치누시가 어디에 가 있는지 몰랐다고 볼 수 있다.

23 장황(装撗) : "装潢"의 잘못된 표기이다. 경서 서사를 하기 전에 이루어지는 일련의 작업, 즉 繼·打·界로 불리는 종이를 잇는 작업, 종이를 두드려서 면을 매끄럽게 하는 작업, 계선을 긋는 작업 외에도 경서 서사가 끝난 후 장정(裝幀) 작업이 장황(装潢) 과정에서 이루어졌다(丸山裕美子, 2010, 179~184쪽).

오른쪽 사람은, 공문(公文)에 사용해야 할 종이를 두드리는[打] 작업이 끝나지 않았기에 지금 따라서 가게 합니다.

이전(以前) 물품 등을 마련하는 자는 히로미치[廣道] 부령(部領)입니다. 이와 같이 보냅니다. 따라서 [이상과 같이] 첩(牒)[을 보내드립니다]. 〈가마[釜][24]나 장(瓺)[25] 등은 담부(担夫)가 없어서 보낼 수 없습니다.〉

천평보자(天平寶字) 6년 정월 23일 사칸[主典] 아토노무라지사카누시[阿刀連酒主][26]

한간[判官] 후지이노무라지네미치[葛井連根道][27]

24 가마[釜] : 이 "가마[釜]"는 「쇼소인 소장 가마 등 잡물 청구서」에서 청구한 가마일 것이다. 가마에 관한 상세한 설명은 「쇼소인 소장 가마 등 잡물 청구서」의 각주 4)번을 참조 바람.

25 장(瓺) : 리(㼻)보다 조금 더 큰 저장 용기이다. 높이 80cm 이상, 구경 30cm 이상의 대형 항아리를 장이라고 한다(巽淳一郎, 1995). 부여 부소산성에서도 "瓺"이 새겨진 토기가 출토되어 일본과 용법이 유사하다는 점에서 주목받고 있다. 하지만 일본에서 출토한 문자 자료에서 장은 꼭 대형만이 아닌 소형의 항아리를 가리키는 사례도 있다(방국화, 2021).

26 아토노무라지사카누시[阿刀連酒主] : "酒主" 부분만 필체가 달라 이 부분은 자서(自書)임을 알 수 있다. 아토노무라지사카누시[阿刀連酒主]는 교생(校生), 토구토네리[春宮舍人]로 활약하다가 751년 8월 이후에 조지시[造寺司] 사칸[主典]이 되었다(『日本古代人名辭典』).

27 후지이노무라지네미치[葛井連根道] : 본 문서의 책임자로 이름이 기입되어 있다. "根道" 부분은 필체가 달라 자서(自書)임을 알 수 있다. 749년에는 조도다이지사 사칸[主典]이었는데 761년 12월에는 제3등관인 한간[判官]이 되어 있었다(『日本古代人名辭典』).

참고문헌

방국화, 「부여 부소산성 출토 토기 명문의 검토-동아시아 문자자료와의 비교-」, 『목간과 문자』 27, 2021.

吉田孝, 「律令時代の交易」, 『律令国家と古代の社会』, 岩波書店, 1983.
国史大辞典編集委員会編, 『国史大辞典』, 吉川弘文館, 1979~1996.
関根真隆, 『奈良朝食生活の研究』, 吉川弘文館, 1969.
鬼頭清明, 「上馬養の半生」, 『日本古代都市論序説』, 法政大学出版局, 1977.
鷺森浩幸, 「天平宝字六年石山寺造営における人事システム」, 『日本史研究』 354, 1992.
東京大学史料編纂所, 『大日本古文書』(編年文書), 東京大学出版, 1998.
馬渕和夫, 『和名類聚抄 古写本声点本 本文および索引』, 風間書房, 1973.
山下有美, 「案主と領」, 『正倉院文書と写経所の研究』, 吉川弘文館, 1999.
桑原裕子, 『正倉院文書の訓読と注釈ー造石山寺所解移牒符案(一)ー』(正倉院文書訓読による古代言語生活の解明, 研究成果報告書 Ⅰ), 2010.
西洋子, 「岡本宅小考」, 『国史談話会雑誌』 38, 1997.
巽淳一郎, 「奈良時代の𤭯・𤭖・缶・由加-大型貯蔵用須恵器の器名考証-」, 『文化財論叢Ⅱ 奈良国立文化財研究所創立40周年記念論文集』, 同朋舎出版, 1995.
日本大辞典刊行会, 『日本國語大辞典』[縮刷版], 小学館, 1979~1981.
竹内理三・山田英雄・平野邦雄編, 『日本古代人名辞典』, 吉川弘文館, 1958-1977.
中川ゆかり, 『正倉院文書からたどる言葉の世界』, 塙書房, 2021.
丸山裕美子, 『正倉院文書の世界』, 中公新書, 2010.

正倉院文書マルチ支援データベース(https://wwwap.hi.u-tokyo.ac.jp/ships/shipscontroller).
正倉院(https://shosoin.kunaicho.go.jp/documents?id=0000011500&index=208), (https://shosoin.kunaicho.go.jp/documents?id=0000011205&index=5).
奈良時代古文書フルテキストデータベース(https://wwwap.hi.u-tokyo.ac.jp/ships/shipscontroller).

14. 쇼소인[正倉院] 소장 일꾼 파견 및 나무 재료 운반에 관한 명령 문서

| 자료 사진

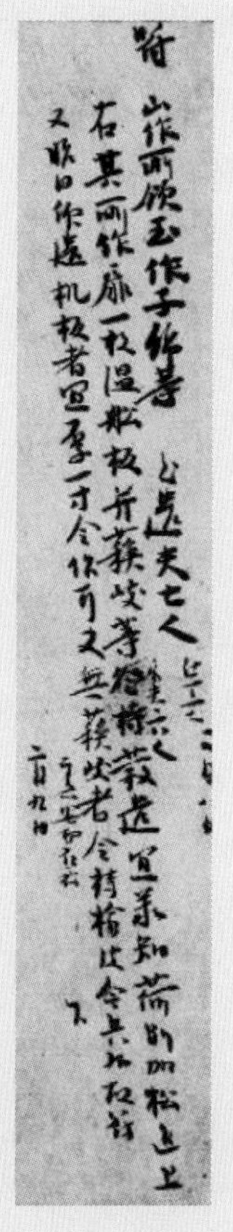

出典 : 正倉院正倉(https://shosoin.kunaicho.go.jp/)

자료 기초 정보

국가	일본 ‖ 大和國
연대	762년
출전	続々修18ノ3断簡4(『大日本古文書』 15권, 151쪽)
소장처	일본 쇼소인[正倉院]

자료 해제

이 문서는 조이시야마데라쇼[造石山寺所]에서 타나가미산사쿠소[田上山作所]에 일꾼을 파견하니 문짝·목용통 판재 등을 보내라는 지시 사항을 적은 하달 문서 부(符)의 부본이다. 본 문서를 통해 이시야마데라[石山寺]에서 진행한 『칙지대반야경(勅旨大般若經)』 사업이 늦어진 이유를 찾아볼 수 있다. 이러한 국가적 사업이 지연되는 것을 하루라도 만회하고자 노심초사한 조이시야마데라소의 별당(別當) 아토노오타리[安都雄足]가 대처하는 모습도 엿볼 수 있는 아주 재미있는 자료이다. 또한 목욕통[温船]에 관한 기록도 보여 사경 사업 전에 행해진 결재(潔齋)[1]와 관련한 물품 기록도 볼 수 있다.

판독문

符　山作所領玉作子綿等　　充遣夫七人 仕丁一人 雇夫六人

右, 其所作扉一枚, 温船板并蘇岐等令持発遣. 宜承知. 荷別加松進上.

又昨日仰遣机板者, 宜厚一寸令作耳. 又無蘇岐者, 令持檜皮. 今具状, 故符.

1 결재(潔齋) : 제사(祭祀)나 신(神)에게 기도(祈禱)를 하는 등의 중요한 종교적 행사를 하기 전에 일정 기간 주색(酒色)을 금하고 언행을 삼가며 잡념을 버려 몸과 마음을 깨끗이 하는 것을 말한다.

主典安都宿祢　　下

二月九日

해석 및 역주

산사쿠소[山作所][2] 우나가시[領][3] 타마즈쿠리노코와타[玉作子綿][4] 등에게 부(符)[5][를] 보냅니다.

보내는 부(夫)[6] 7인〈지쵸[仕丁][7] 1인 고부(雇夫)[8] 6인〉

우(右), 거기서 만든 문짝[扉] 1매, 온천판[温船板][9] 및 소기(蘇岐)[10] 등을 들려 보내주세요. 잘 승지(承知)해야 합니다. 짐[荷] 별로 소나무[松][11]를 추가해서 보내주세요.

---

2 산사쿠소[山作所] : 타나가미산사쿠소[田上山作所]를 가리킨다. 타나가미[田上]는 현재의 시가현 오츠시 남부에 해당된다. 산사쿠소[山作所]는 사원에 소속되어 조영을 위한 목재의 획득과 가공을 담당하는 작업사무소를 말한다(『日本國語大辞典』). 타나가미산사쿠소는 이시야마데라[石山寺] 조영을 위하여 설치된 작업소이다.

3 우나가시[領] : 상세한 설명은 「쇼소인[正倉院] 소장 옻 구매용 돈 청구서」의 각주 5)번을 참조 바람.

4 타마즈쿠리노코와타[玉作子綿] : 762년 1월 중순부터 조이시야마데라소[造石山寺所]와 타나가미산사쿠소에서 우나가시로 일했다. 조도다이지사[造東大寺司]의 반대를 무릅쓰고 6월까지 이시야마에서 일을 한 사실이 쇼소인 문서로부터 확인된다(桑原裕子, 2010, 49~50쪽).

5 부(符) : 율령제 규정에 의하면 소관 부서로부터 피관 부서로 보내는 하달 문서에 부(符)를 사용한다고 되어 있으나, 쇼소인 문서나 목간의 사례를 보면 관인이 수신처인 경우도 있다(早川庄八, 1985). 본 문서는 조이시야마데라소에서 피관 부서인 타나가미산사쿠소로 보낸 문서이기에 율령 규정에 맞는 사례라 할 수 있다.

6 부(夫) : 막일을 하는 인부를 가리킨다.

7 지쵸[仕丁] : 지쵸[仕丁]에 대한 상세한 설명은 「쇼소인 소장 조미료 등 청구서 및 이에 대한 답장」의 각주 8)번을 참조 바람.

8 고부(雇夫) : 고용한 일꾼을 말한다. 노동에 대한 대가로서 임금·식료가 지급되었다. 목재나 식품 등 물자 운반, 철공의 심부름 등 여러 가지 노역에 종사하였다(桑原裕子, 2010, 35쪽).

9 온천판[温船板] : 목욕통을 만드는 용도의 목재 판자를 뜻한다. 이시야마[石山]에는 목욕통[温船]이 2개 있었는데, 하나는 로벤[良辨] 또 하나는 경사(經師)가 사용하는 것이었다. 당시 이시야마 사경소에서 『칙지대반야경(勅旨大般若經)』(「쇼소인 소장 가마 등 잡물청구서」의 각주 9)번을 참조 바람) 1부 600권에 대한 사경 사업이 762년 2월 8일에 시작될 예정이었으나 실제로 시작된 것은 2월 11일이었다. 본 문서는 날짜가 2월 9일로 되어 있는데, 이때까지도 아직 목욕통 목재가 도착하지 않았던 것이다. 사경에 참여할 때에는 먼저 결재(潔齋)를 행해야 하는데 결재에 쓰일 목욕 시설이 마련되지 않아 사경 시작이 늦어진 것으로 추정된다. 이러한 긴급 상황에 대처하기 위해 조이시야마데라소에서는 짐을 운반하는 인부를 보냈던 것일 것이다(桑原裕子, 2010, 68~69쪽).

10 소기(蘇岐) : 나무를 얇게 깎아서 만든 판재를 뜻한다. 2월 4일의 명령 문서(『大日本古文書』 15권, 149쪽)에는 길이 8척의 소기(蘇岐)가 6일까지 도착해야 한다는 내용이 적혀 있다. 그러나 9일까지도 도착하지 않은 것이다(桑原裕子, 2010, 68~69쪽).

11 소나무[松] : 사경소에서 사용할 횃불에 쓰이는 소나무일 것으로 추정되고 있다(桑原裕子, 2010, 68~69쪽).

또한, 어제 말한 책상[机][12] 판재[板]는 두께[厚] 1촌(寸)으로 만들어 주세요. 또한, 소기(蘇岐)가 없을 경우 노송나무 껍데기[檜皮][13]를 가져오게 하세요. 지금 [서]장(狀)을 상세하게 적어 이와 같이 부(符)[를 보냅니다].

사칸[主典] 아토노스쿠네[安都宿祢][14] 시모[下][15]

[762년][16] 2월 9일

---

12 책상[机] : "机"는 사경소에서 사용할 책상을 말하는 것이다. 2월 8일에 시작되기로 한 사경 작업에는 책상이 필요하였을 터인데, 본 문서(2월 9일)에 그 재료 작성에 대한 지시 내용이 보인다. 이것도 사경 사업이 계획대로 추진되지 않은 원인의 하나로 보여지고 있다(桑原裕子, 2010, 68~69쪽).

13 노송나무 껍데기[檜皮] : 앞부분에 소기(蘇岐), 즉 얇은 나무 판재를 청구하는 내용이 적혀 있는데 뒷부분에 이와 같이 소기(蘇岐)가 없으면 노송나무 껍데기[檜皮]로 대체하라는 지시 내용이 적혀 있다. 2월 9일에 노송나무 껍데기가 수납된 기록이 있어(『大日本古文書』 15권, 264쪽) 실제로 소기(蘇岐) 대신 노송나무 껍데기가 운반된 것으로 보인다(桑原裕子, 2010, 68~69쪽).

14 아토노스쿠네[安都宿祢] : 아토노스쿠네오타리[安都宿祢雄足]를 가리킨다. 아토노스쿠네오타리에 대한 상세한 설명은 「쇼소인[正倉院] 소장 조미료 등 청구서 및 이에 대한 답장」의 각주 14)번을 참조 바람.

15 시모[下] : 시모노미치누시[下道主]를 가리킨다. 시모노미치누시에 대한 상세한 설명은 「쇼소인 소장 조미료 등 청구서 및 이에 대한 답장」의 각주 5)번을 참조 바람.

16 [762년] : 본 문서 전후에 이어진 문서가 모두 762년의 것이고, 또 문서에 등장하는 인물의 활동 시기나 문서 내용으로 보아 본 문서의 작성 연대도 762년으로 볼 수 있다.

참고문헌

国史大辞典編集委員会編,『国史大辞典』, 吉川弘文館, 1979~1996.

東京大学史料編纂所,『大日本古文書』(編年文書), 東京大学出版, 1998.

桑原裕子,『正倉院文書の訓読と注釈ー造石山寺所解移牒符案(一)ー』(正倉院文書訓読による古代言語生活の解明, 研究成果報告書 Ⅰ), 2010.

日本大辞典刊行会,『日本國語大辞典』[縮刷版], 小学館, 1979~1981.

早川庄八,「公式様文書と文書木簡」,『木簡研究』7, 1985.

竹内理三·山田英雄·平野邦雄編,『日本古代人名辞典』, 吉川弘文館, 1958~1977.

正倉院文書マルチ支援データベース(https://wwwap.hi.u-tokyo.ac.jp/ships/shipscontroller).

正倉院(https://shosoin.kunaicho.go.jp/documents?id=0000011500&index=208).

奈良時代古文書フルテキストデータベース(https://wwwap.hi.u-tokyo.ac.jp/ships/shipscontroller).

15. 쇼소인[正倉院] 소장 금청(金靑) 청구 문서

┃자료 사진

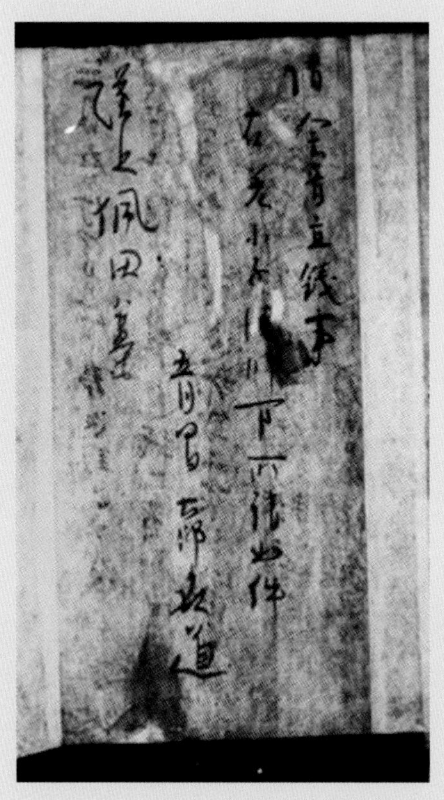

出典 : 正倉院正倉(https://shosoin.kunaicho.go.jp/)

자료 기초 정보

국가	일본 ‖ 大和國
연대	762년(?)[1]
출전	続々修43ノ22断簡9裏(『大日本古文書』 15권, 308쪽)
소장처	일본 쇼소인[正倉院]

자료 해제

본 문서는 안료 금청(金青)의 대금을 청구하는 문서이다. 이는 요건만 적은 아주 간략한 서식의 서간(書簡)이지만 "삼가 아뢴다"는 뜻의 "근상(謹上)"이라는 표기와 수신자 이름 아래에 적어 경의를 표하는 "존(尊)"이라는 표현을 통해 최소한의 서간 예의를 지킨 문서임을 알 수 있다. 서체는 서신에 자주 사용되는 행초서로 쓰여 있다. 적혀 있는 글자 수는 별로 많지 않지만, 도다이지[東大寺] 조영을 담당하는 조도다이지사[造東大寺司]에 소속되어 있는 하급 관리 이름이 보이고, 또 연소한 노동자가 확인되어 조도다이지사의 운영 상황을 알 수 있는 중요한 자료라고 할 수 있다.

판독문

請金青直銭事

右, 差小子法師万呂, 所請如件.

五月四日土師名道

1 본 문서에는 연대 기록이 없지만 하지노나미치[土師名道]의 문서인 점으로부터 『대일본고문서(大日本古文書)』에서는 천평보자(天平寶字) 6년(762)의 문서로 간주하고 있다. 하지노나미치[土師名道]의 서명이 보이는 문서에는 "天平寶字六年十二月"이 적혀 있는 것이 있어(『大日本古文書』 16권, 112쪽) 참고가 된다.

謹上佩田尊

해석 및 역주

금청(金青)[2] 값을 [치를] 돈을 청구하는 일.

우(右), 소자(小子)[3] 호시마로[法師万呂]를 파견합니다. 청구하는 바는 이상과 같습니다.

5월 4일 하지노나미치[土師名道][4]

삼가 아뢰닙니다. 패전(佩田)[5] 존(尊)[6]

2 금청(金青) : “金青”은 감청(紺青)이라고도 한다. 약간 자주빛이 나는 선명한 파란색, 또는 그 안료를 말한다. 金青은 『続日本紀』 文武2년(698) 9월 己酉條에 “令近江國献金青, 伊勢國朱沙·雄黄, 常陸國·備前·伊予·日向四國朱沙, 安芸·長門二國金青·緑青, 豊後國真朱」(藤原継縄他編, 1989, 12쪽)라고 기록되어 있는 것으로 보아 오미[近江], 아키[安芸], 나가토[長門] 國에서 진상했다는 것을 알 수 있다. 처음에는 중국으로부터의 수입에 의지했지만 7세기 말에 들어서서 일본 국내 각지에서도 생산되었다. 하지만 국내 생산량이 충분하지 않아 여전히 수입에 의존하고 있었다(鶴田榮一, 2002).

3 소자(小子) : 소자(小子)는 어린이를 가리킨다. 소자(小子)에 관한 상세한 설명은 「쇼소인[正倉院] 소장 정의(浄衣) 및 붓[筆] 청구 문서」 각주 5)번을 참조 바람.

4 하지노나미치[土師名道] : 당시 도다이지[東大寺] 건립을 주관하는 관청 조도다이지사[造東大寺司]의 사생(史生 하급 사무관. 문서 서사나 여러 잡일을 담당하였다)이었다.

5 패전(佩田) : 인명이다. 하지만 쇼소인 문서 중 이 문서에만 등장하는 인물이라 그에 대한 구체적인 신분이나 어떠한 활동을 했는지 알 수 없다.

6 존(尊) : 수신자의 이름 아래에 써서 경의를 표하는 용어이다.

참고문헌

東京大学史料編纂所,『大日本古文書』(編年文書), 東京大学出版, 1998.

藤原継縄他編,『續日本紀』一(新日本古典文学大系), 岩波書店, 1989.

日本大辞典刊行会,『日本國語大辞典』[縮刷版], 小学館, 1979~1981.

黒田洋子,『正倉院文書の訓読と注釈ー啓·書状ー』(正倉院文書訓読による古代言語生活の解明, 研究成果報告書 Ⅱ), 2010.

鶴田榮一,「顔料の歴史」,『色材』75[4], 189~199쪽, 2002(https://www.jstage.jst.go.jp/article/shikizai1937/75/4/75_189/_pdf).

正倉院文書マルチ支援データベース(https://wwwap.hi.u-tokyo.ac.jp/ships/shipscontroller).

正倉院(https://shosoin.kunaicho.go.jp/documents?id=0000011696&index=404).

16. 쇼소인[正倉院] 소장 교역미(交易米) 관련 문서

자료 사진

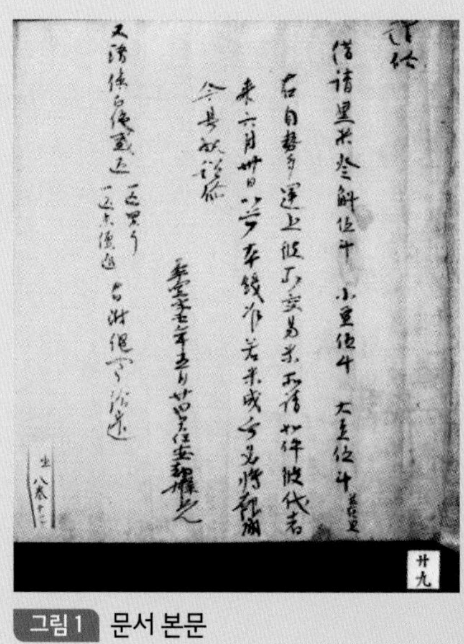

그림 1 문서 본문

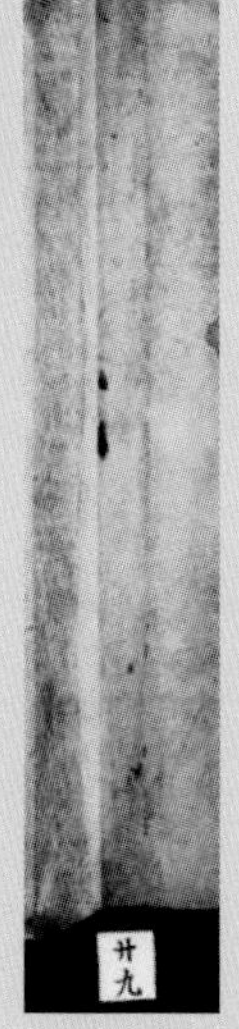

그림 2 문서 본문 오른쪽에 이어지는 종이 뒷면

出典：正倉院正倉(https://shosoin.kunaicho.go.jp/)

자료 기초 정보

국가	일본 ‖ 大和國
연대	763년
출전	続々修43ノ22断簡29(『大日本古文書』 16권, 385~386쪽)
소장처	일본 쇼소인[正倉院]

자료 해제

본 문서는 햇곡식이 나오기 전 가장 비싼 시기에 흑미·팥·콩을 빌려서 팔아 이익을 얻고자 하는 내용을 기록한 문서이다. 근계(謹啓)로 시작되어 근계(謹啓)로 맺어지는 서식을 취하고 있다. 날짜가 적혀 있고 그 날짜 아래에는 서신 발신자 아토노오타리[安都雄足]의 서명이 보인다. 문서에 접은 흔적이 보이고 오른쪽으로 이어지는 종이 뒷면에는 "봉(封)"자의 필획이 보여 실제로 발송된 서신이었음을 알 수 있다. 당시의 농작물 유통뿐만 아니라 관원들의 경제 활동을 엿볼 수 있는 중요한 자료이다.

판독문

謹啓

借請黒米参斛伍斗　　　小豆伍斗　大豆伍斗 並在里

右, 自勢多運上彼所交易米, 所請如件. 彼代者,

来六月卅日以前, 本銭准, 若米成レ前必将報納.

今具状, 謹啓.

天平寶字七年五月廿四日下任安都雄足

又請練白絁弐匹　一匹買了 / 一匹未価進　右, 附縄万呂給遣

해석 및 역주

삼가 아룁니다[謹啓].

흑미 3곡(斛) 5두, 팥[小豆] 5두, 콩[大豆] 5두 〈모두 안[里][1]에 있음〉 를 빌려주시기를 청합니다.

이것은 세다(勢多)[2]로부터 그곳[彼所][3]에 운송되는 교역미(交易米)입니다. 청구하는 [물품은] 이와 같습니다[所請如件]. 그 대금[代]은 오는 6월 30일 이전에 본전(本錢)[4]으로 바꾸겠습니다.[5] 만약에 쌀이 그 전에 나오면[成レ前][6] 꼭 바로 갚겠습니다. 지금 구체적인 상황을 삼가 아룁니다[謹啓].

천평보자(天平寶字) 7년 5월 24일[7] 하임(下任)[8] 아토노오타리[安都雄足][9]

또한 흰 명주실[練白絁][10] 2필을 청합니다〈1필은 이미 구매했습니다. 1필은 아직 값(살 돈)을 받지 못했습니다〉. 이것을 타다마로[縄万呂]에게 보내시기 바랍니다.

---

1 안[里] : "里"는 "裏"와 통용되는 글자이며, 여기서는 조도다이지사[造東大寺司] 사경소(寫經所)를 가리킨다(黒田洋子, 2010).

2 세다(勢多) : 조도다이지사의 수상 교통 거점인 장원(莊園)이 있었으며 이곳은 물자가 모이는 장소이기도 했다(黒田洋子, 2010).

3 그곳[彼所] : 그쪽, 즉 상대방 측을 가리킨다. 다만 이는 상하관계 또는 대등관계에서 사용되는 용어이다. 해당 문서의 경우 발신자는 아토노오타리[安都雄足]인데 이 "彼所"라는 단어 사용으로부터 본 문서가 아토노오타리의 부하에게 보낸 서신이라는 것을 알 수 있다(中川ゆかり, 2021, 145쪽).

4 본전(本錢) : '원래 가치만큼의 돈'이라는 뜻이다(黒田洋子, 2010).

5 그 대금[代]은 … 바꾸겠습니다 : 6월 30일을 지나면 곡식 가격이 하락하기 때문에 그때까지 돈으로 바꾸려 하는 것으로 이해할 수 있다(黒田洋子, 2010).

6 그 전에 나오면(成レ前) : "成" 오른쪽 아래에 "レ" 부호가 작게 쓰여 있다. 이는 전도부(轉倒符)로서 "成"과 "前"의 순서를 바꿔야 한다는 뜻이다.

7 천평보자(天平寶字) 7년 5월 24일 : 본 문서는 "天平寶字七年五月廿四日"에 보낸 서신이다. 천평보자(天平寶字) 7년은 서력 763년이다. 음력 5월 24일이면 아직 햇곡식이 수확되지 않아 곡식 가격이 올라가는 시기이다. 가격이 비싼 시기에 쌀 교역을 해서 이익을 얻고자 하는 아토노오타리[安都雄足]의 의도를 엿볼 수 있다.

8 하임(下任) : 자기를 낮추는 겸양 표현이다. 아토노오타리가 자기 이름 위에 겸양 표현으로 되는 "하임(下任)"을 쓰면서 "彼所"라는 용어를 사용한 것으로 보아 수신처는 아토노오타리가 소속된 조도다이지사, 수신자는 그의 부하일 것으로 추정되고 있다(中川ゆかり, 2021, 145쪽).

9 아토노오타리[安都雄足] : 조도다이지사의 사칸(主典, 제4등관)이었으며 사경소의 별당(別當, 장관)이었다.

10 명주실[練白絁] : 정련된 흰 비단을 가리킨다.

참고문헌

黒田洋子,『正倉院文書の訓読と注釈ー啓·書状ー』(正倉院文書訓読による古代言語生活の解明, 研究成果報告書Ⅱ), 2010.
正倉院文書マルチ支援データベース(https://wwwap.hi.u-tokyo.ac.jp/ships/shipscontroller).
正倉院(https://shosoin.kunaicho.go.jp/documents?id=0000011696&index=404)
日本大辞典刊行会,『日本國語大辞典』[縮刷版], 小学館, 1979~1981.
東京大学史料編纂所,『大日本古文書』(編年文書), 東京大学出版, 1998.
中川ゆかり,『正倉院文書からたどる言葉の世界』, 塙書房, 2021.

17. 쇼소인[正倉院] 소장 칠기환(七氣丸) 등 청구서

| 자료 사진

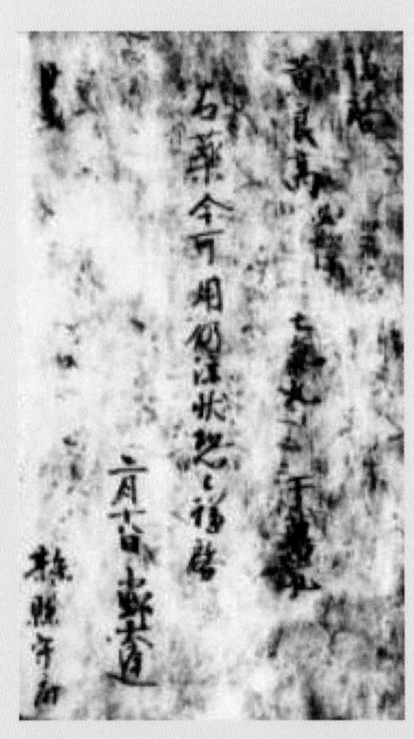

出典 : 正倉院正倉(https://shosoin.kunaicho.go.jp/)

자료 기초 정보

국가	일본 ‖ 大和國
연대	771~774년(?)
출전	続々修40ノ3断簡1(17)裏(『大日本古文書』 25권, 198쪽)
소장처	일본 쇼소인[正倉院]

자료 해제

본 문서는 약의 청구서로 보는 견해가 있는 한편, 병세에 대해 어떤 약을 복용하면 좋은지에 대해 적어둔 처방전으로 보는 견해도 있다.[1] 문서의 서두와 말미에는 "조계(謹啓)"가 적혀 있어 대응 관계를 이루고 있다. 말미의 "근계(謹啓)" 위에는 황공하다는 의미의 "공공(恐恐)"이 쓰여 있다. 또 "황량고(黃良高)" 아래에는 꼭 필요하다는 의미로 "필욕득(必欲得)"이 할주(割註) 형태로 쓰여 있다. 이러한 용어로 보아 이 문서는 청구서일 가능성이 크다고 판단된다. 해당 문서에는 연기(年紀)가 적혀 있지 않으나 본 문서의 뒷면에 보구(寶龜) 6년(775)에 작성된 또 다른 문서 내용이 확인되고, 문서 좌우로 보구(寶龜) 2년(771)부터 5년(774) 사이의 문서가 이어지고 있어 이 무렵 작성된 문서로 볼 수 있다.

판독문

謹啓

1 『일본고대인명사전(日本古代人名辭典)』에는 오노노오니와[小野大庭]가 약을 청구했다고 적혀 있다. 쿠로다 요코[黒田洋子]는 사경소(寫經所)를 상대로 약을 청구하는 것은 이상하고 또 문서에 보이는 "可用"이라는 말은 "사용하는 것이 좋다"라는 뜻으로 상대방에게 쓰이기에 청구서에 대한 회신, 즉 병세에 대한 처방이라고 보고 있다(黒田洋子, 2010).

黄良高^{必欲得}　七氣丸　干薑丸

右薬, 今可用, 仍注状, 恐々[2]謹啓.

二月十八日小野大庭

해석 및 역주

삼가 아룁니다[謹啓].

황량고(黄良高)[3] 〈꼭 필요함[必欲得]〉, 칠기환(七氣丸),[4] 건강환(干薑丸)[5]

오른쪽에 [적은] 약은 지금 사용해야 합니다. 그래서 [서]장(狀)을 써서 삼가 말씀드립니다. 삼가 아룁니다[謹啓].

2월 18일 오노노오니와[小野大庭][6]

2　恐々 : 두 번째 글자는 반복 부호로 "恐恐"이란 뜻이다.

3　황량고(黄良高) : '黄良膏'를 가리킨다. "膏"와 "高"는 음이 같아 보다 간략한 글자체인 "高"로 쓴 것으로 보인다. 황량고는 세신(細辛)·대황(大黄)·당귀(當歸) 등으로 만든 고약이며 옴 치료 등에 사용된다(苗威·赵振成, 2018).

4　칠기환(七氣丸) : 『의심방(醫心方)』 10에 처방이 기재되어 있다. 감초(甘草)·괄루(栝樓)·작약(芍藥)·초(椒)·반하(半夏)·인삼(人蔘) 등 8종의 약초를 사용한다고 기록되어 있다. 칠기(七氣, 寒氣·熱氣 등)로 인한 병의 치료 약으로서 유명하다. 『연희식(延喜式)』 전약료식(典薬寮式)에 중궁(中宮)의 연료상비약(年料常備薬)으로서 아래의 간강환(干薑丸)과 함께 기재되어 있다(虎尾俊哉, 2017, 342~343쪽 및 1030쪽).

5　건강환(干薑丸) : 『의심방(醫心方)』 9에 처방이 기재되어 있다. 오수유(呉茱萸)·밀[麦]·행인(杏人)·건강(干薑) 등을 조합하여 만든다. 소화불량·구토 등 증상의 치료약으로 사용되었다. 『연희식(延喜式)』 전약료식(典薬寮式)에 중궁(中宮)의 연료상비약(年料常備薬)으로서 위의 칠기환(七氣丸)과 함께 기재되어 있다(虎尾俊哉, 2017, 342~343쪽).

6　오노노오니와[小野大庭] : 쇼소인[正倉院] 문서 중 이 문서에서만 등장하여 구체적으로 어떤 인물인지 알기 어렵다.

참고문헌

関根真隆,『奈良朝食生活の研究』, 吉川弘文館, 1969.
東京大学史料編纂所,『大日本古文書』(編年文書), 東京大学出版, 1998.
苗威·赵振成,「渤海国药事发微」,『延边大学学报』(社会科学版) Vol.51 No.5, 2018.
日本大辞典刊行会,『日本國語大辞典』[縮刷版], 小学館, 1979~1981.
竹内理三·山田英雄·平野邦雄編,『日本古代人名辞典』, 吉川弘文館, 1958~1977.
虎尾俊哉編,『延喜式』下, 集英社, 2017.
黒田洋子,『正倉院文書の訓読と注釈一啓·書状一』(正倉院文書訓読による古代言語生活の解明, 研究成果報告書 Ⅱ), 2010.

正倉院文書マルチ支援データベース(https://wwwap.hi.u-tokyo.ac.jp/ships/shipscontroller).
正倉院(https://shosoin.kunaicho.go.jp/documents?id=0000011696&index=404).

[부록]

일본 고대 목간 및 고문서 DB 현황과 자료에 대한 접근

방국화[1]

Ⅰ. 머리말

고대로부터 남겨진 귀중한 자료를 후세에 남기고, 또한 더욱 많은 사람이 손쉽게 접할 수 있게끔 역사 자료의 디지털 아카이브 혹은 데이터베이스 구축 등의 작업이 세계 각국에서 빠른 속도로 진행되고 있다. 역사 자료는 오랜 세월을 거쳐 현재에 이르게 된 만큼 보존의 측면에서 취약한 점이 많아 아무나 자료 원본을 가까이에서 보고 손으로 만지고 할 수 없다. 하지만 최근 디지털 아카이브, 데이터베이스 구축 등의 방식을 통해 정보가 사회에 공개됨으로써 연구자 뿐만 아니라 일반인도 접근이 쉬워지고, 그만큼 많은 사람이 역사 자료에 남겨진 메시지를 읽어낼 수 있게 되었다.

지금으로부터 1,200여 년 전 고대의 역사 자료도 마찬가지이다. 본서에서는 7·8세기 일본의 문자 자료 가운데 목간과 쇼소인 문서를 통해 그 당시 일본에서는 어떠한 물품이 사용되었고, 또 그것은 어떻게 유통되었는지 등의 문제를 다루었다. 필자가 목간과 쇼소인 문서를 선택한 것은 편찬 과정(사료의 2차 가공)을 거치지 않은 1차 자료라는 점과 이것이 보통은 하급 관리에 의해 작성되어 당시 사람들의 일상생활을 보다 가까운 시선에서 보여주고 있기 때문이다. 즉, 본서에서 다루었던 여러 자료는 하급 관리의 일상적인 행정 처리 과정에서 어떠한 물품이 어떻게 소비되

1 경북대학교 인문학술원 HK연구교수. 나라문화재연구소 객원연구원.

었는지에 대해 꾸밈없이 보여준다. 따라서 당시의 역사상을 여실히 반영하는 귀중한 자료라고 할 수 있다.

목간과 쇼소인 문서는 고대인의 육필이 담긴 귀중한 자료인 만큼 다음 세대로 잘 보존되어 전해져야만 한다. 그러려면 되도록 온도와 습도가 잘 관리되있는 환경에서 사람과의 접촉을 피해 보존되는 것이 좋다. 그러나 1,200년 전부터 전해진 귀중한 역사 자료인 만큼, 해당 자료를 활용하여 당대인의 역사를 복원하는 작업도 매우 각별한 작업이라 할 수 있다. 따라서 앞서 서술한 바와 같이 이러한 자료들을 대상으로 디지털 아카이브·데이터베이스 구축 등의 작업이 활발하게 이루어지고 있다. 이로써 고대 목간 자료 및 쇼소인 고문서 등의 역사 자료에 대해서도 접근하기가 매우 용이해졌다.

이에 이 글에서는 고대 문자 자료를 손쉽게 검색하고 활용할 수 있는 데이터베이스와 여러 디지털 자료의 현황에 대해 소개하고자 한다. 이와 함께 디지털화된 데이터를 사용함에 있어서의 주의 사항도 짚어볼 것이다. 고대인이 남긴 육필을 디지털 데이터로 접근하는 것은 효율성과 편리성에서 강점을 가지지만 자칫하다간 장님 코끼리 만지는 격이 될 염려도 있어 유의 사항도 꼭 알아 둘 필요가 있다.

Ⅱ. 목간에 관한 데이터베이스 및 디지털 자료

목간이란 발굴 조사를 통해 출토된 글씨가 쓰여 있는 나뭇조각을 말한다. 현재까지 확인된 일본의 목간 자료는 대략 50만 점에 달하며 그중 약 70%가 고대의 목간에 해당한다. 그리고 현재 일본에서 출토한 목간의 절반 이상은 나라문화재연구소(奈良文化財研究所)에 소장되어 있다. 이 책에서 소개한 일본 목간은 모두 나라문화재연구소에 보관된 것을 바탕으로 하였다. 현재 일본 학계에서 목간 연구의 핵심적인 역할을 하는 나라문화재연구소에서는 목간 관련 데이터베이스를 구축하여 이를 통해 많은 디지털 자료를 공개하고 있다.

① 목간고(木簡庫)

목간고[2]는 한자 그대로 '목간 창고'라는 뜻이다. 목간고는 2018년 3월에 본격적인 DB 서비스를 개시하였으며, 목간에 기재되어 있는 문자나 이미지를 제공할 뿐만 아니라 목간에 관한 여러 정보를 검색할 수 있는 시스템을 갖추고 있다.[3] 이는 일본 각 시대의 목간 55,000여 점을 공개하

그림 1 목간고 한국어판 메인 화면

고 있는 일본의 유일한 목간 데이터베이스로서, 사이트에서는 한국어 서비스[4]도 제공하여 일본어를 모르는 한국인도 손쉽게 이용할 수 있다. 아래에서는 목간고 한국어판에 대해 간단하게 소개하도록 하겠다.[5]

목간고는 기존 목간 검색 서비스를 제공하던 "목간데이터베이스"와 목간의 이미지 검색을 제공하던 "목간화상데에터베이스·목간자전"을 통합한 것으로 현재 두 기능을 모두 갖추고 있다. [그림 1]을 보면 "목간을 검색"하는 부분과 "문자 이미지를 검색"하는 부분으로 나뉘어 있는데,

2 나라문화재연구소 홈페이지 데이터베이스·간행물에서 목간고에 접속할 수 있다(http://mokkanko.nabunken.go.jp/ja). 아래의 나라문화재연구소에서 공개하는 데이터베이스는 모두 이곳에 링크가 게재되어 있다. 이 글에서 소개한 데이터베이스 이외에도 많은 자료가 데이터베이스로 구축되어 디지털 자료로 공개되고 있어 다양한 연구에 활용이 가능하다.

3 목간고 한국어판 "木簡庫란"(https://mokkanko.nabunken.go.jp/kr/?c=about)의 기재 내용에 의함.

4 목간고 한국어판 : https://mokkanko.nabunken.go.jp/kr/

5 목간고 일본어판에 관해서는 渡辺晃宏·方國花에 의해 소개된 바 있다(渡辺晃宏·方國花,「木簡データベース·木簡庫の公開」,『奈良文化財研究所紀要』 2018, pp.20~21). 이것은 작성자의 입장에서 소개된 글이지만 여기서는 사용자의 입장에서 목간고의 사용 방법, 그리고 2018년에 공개된 후 추가된 새로운 기능에 대해서 소개하도록 하겠다.

이것은 용도가 서로 달랐던 기존의 두 데이터베이스를 하나의 창구로 통합했기 때문이다. 하지만 단순히 자료만 통합한 것이 아니라 기존의 두 기능과 자료를 아우르면서도 사용자가 목적과 용도에 맞게 선택할 수 있도록 여러 검색 기능을 갖추었다는 점에서 큰 장점이 있다.

"목간을 검색"에는 목간에 관한 각종 정보, 즉 출토된 유적명·연대·크기·출전·목간에 관한 설명 등의 항목을 모두 검색할 수 있는 "모두 검색" 버튼, 목간에 쓰여 있는 글자만을 검색 대상으로 하는 "본문 검색" 버튼, 목간 본문의 어구를 카테고리 별로 분류한 데이터에서 선택하여 검색하는 "카테고리" 버튼이 설치되어 있다. 연구 목적과 필요에 따라 검색 방법을 다양하게 선택할 수 있어 편리하다.

"문자 이미지를 검색"에는 목간에 쓰여 있는 낱글자 또는 낱말을 텍스트로 입력하여 그 이미지를 표시하는 "텍스트로" 검색 버튼이 있다. 한편, "이미지로" 버튼은 목간이나 고문서의 문자를 이미지로 검색하는 "모지조(MOJIZO)"라는 데이터베이스로 이동하는 외부 링크 버튼인데 이에 관해서는 후술하도록 하겠다.

"상세 검색 조건"에 나열된 7개의 버튼은 목간에 관한 각 항목을 내용별로 정리하여 배열한 것이다. 예를 들어 "내용" 버튼에서는 목간을 내용·기능·형태 별로 분류했을 때 문서·습서·봉함 등과 같이 각 종류를 지정하여 검색할 수 있다. 또 목간에는 현재 사용되는 한자와 다른 형태의 글자인 이체자가 사용된 경우가 많은데, 이와 관련하여 글자 형태에 관한 설명 내용을 검색할 수 있는 "문자 설명" 서비스와 목간에 관한 해설 내용을 검색할 수 있는 "목간 설명" 검색창도 제공한다. 다음으로 "옛 지명" 버튼에서는 고키시치도(5畿7道)[6]와 그 아래 각 국(國)으로 구성되어 있던 고대 일본의 지방행정 구분을 지정해서 검색할 수 있다. 고대 일본에서는 각 국으로부터 도성으로 공납품이 진상되었는데, 어디에서 무엇이 얼마나 공진되었는지에 대한 정보가 기재된 '공납품 꼬리표 목간'을 통해 그러한 모습을 확인할 수 있다. 즉, 각 지역을 지정해서 검색하면 관련한 '공납품 꼬리표 목간'을 확인할 수 있고, 이를 통해 해당 지역의 특산물과 도성으로의 진상품 등에 대한 정보를 추출할 수 있다. "목간 형태" 버튼에서는 각종 형태의 목간을 이미지 선택을

6 5기(畿)는 도성이 있었던 야마토국(大和國) 및 그 주위의 야마시로국(山背國·山城國)·가와치국(河內國)·이즈미국(和泉國)·세츠국(攝津國)을 가리키고 7도(道)는 나라에서 설치한 큰 도로가 있었던 도카이도(東海道)·도잔도(東山道)·호쿠리구도(北陸道)·산인도(山陰道)·산요도(山陽道)·난카이도(南海道)·사이카이도(西海道) 연선에 있는 행정구획을 가리킨다.

통해 검색할 수도 있다. 이같이 일본 목간에 대한 지식이 적은 사용자도 간편하게 검색할 수 있게끔 고안되어 있다.

위에서 간단히 설명한 “카테고리” 검색 버튼도 마찬가지이다. 본서의 핵심 키워드가 되는 ‘물품명’에 대해서도 카테고리가 설정되어 있는데, 물품의 분류 체계 또한 2단계로 세분화해놓았다. 물품명(物品名) 왼쪽의 “+” 버튼을 누르면 식품(食品)·섬유제품(纖維製品)·도구(道具) 등의 키워드가 제시되고, 그 다음 단계의 카테고리가 표시된다. 여기서 “식품” 버튼 왼쪽의 “+” 버튼을 누르면 다시 곡물류·야채류·수산물·조미료 등과 같은 하위 단위의 카테고리가 표시된다. 따라서 어떠한 물품이 어떤 한자로 표기되었는지, 당시 해당 물품의 유통 및 소비 상황은 어떠했는지 등을 한눈에 알아볼 수 있다.

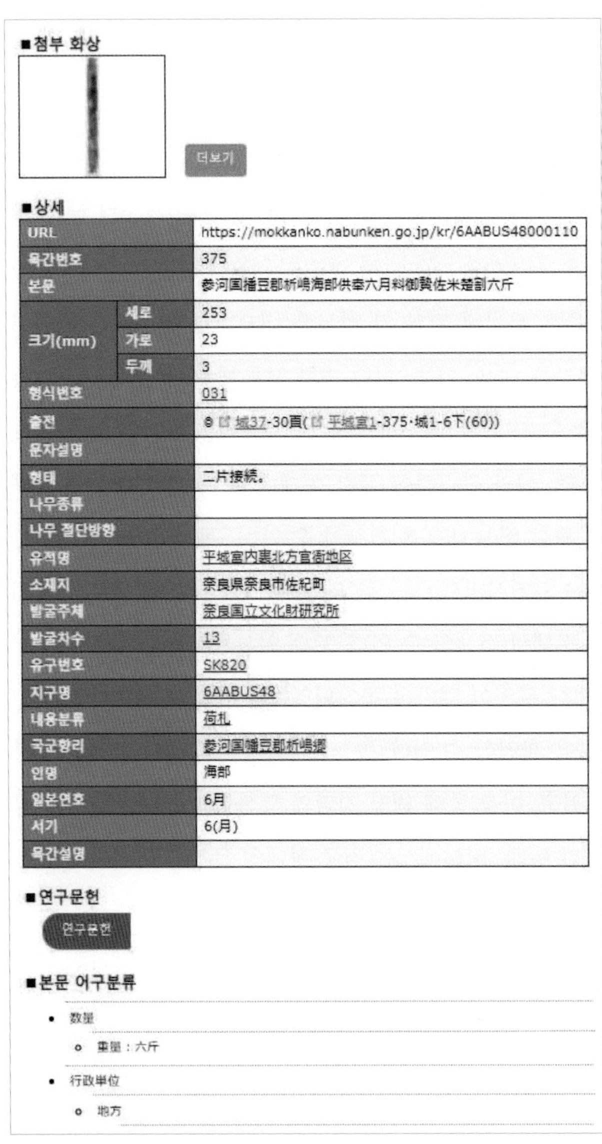

■첨부 화상

더보기

■상세

URL		https://mokkanko.nabunken.go.jp/kr/6AABUS48000110
목간번호		375
본문		参河国播豆郡析嶋海部供奉六月料御贄佐米楚割六斤
크기(mm)	세로	253
	가로	23
	두께	3
형식번호		031
출전		⊕ 城37-30頁(平城宮1-375·城1-6下(60))
문자설명		
형태		二片接続。
나무종류		
나무 절단방향		
유적명		平城宮内裏北方官衙地区
소재지		奈良県奈良市佐紀町
발굴주체		奈良国立文化財研究所
발굴차수		13
유구번호		SK820
지구명		6AABUS48
내용분류		荷札
국군향리		参河国幡豆郡析嶋郷
인명		海部
일본연호		6月
서기		6(月)
목간설명		

■연구문헌

연구문헌

■본문 어구분류

- 数量
  - 重量 : 六斤
- 行政単位
  - 地方

그림 2 목간고 상세 화면

이와 같이 여러 방식으로 검색한 데이터는 지정된 검색 조건에 따라 결과가 표시되고 최종적으로는 목간 한 점 단위로 상세 정보가 제공된다([그림 2] 참조). 이 페이지에 표시된 초록색 문자는 해당 목간의 보고서를 PDF 파일로 열람할 수 있는 외부 데이터베이스로 링크된다. 초록색 문자를 클릭하면 “전국유적보고총람(全國遺跡報告總覽)”에 연결되어 해당 보고서 PDF 파일을 다운로드할 수 있다. 또한 파란색 문자는 재검색 키워드로 설정되어 있어 해당 목간과 같은 유적이나 유구에서 어떤 목간이 출토되었는지 재검색할 수 있다. 이 외에 해당 목간에 관한 연구 문헌 일람을 표시하는 기능과 목간에 기재된 어구를 의미별로 분류하고 다시 단계별로 표시한 기능도 있어 목간을 연구하는 데 도움이 된다. 상세한 사용 방법에 관해서는 목간고 메인 화면 혹은 검색결과 화면 오른쪽 위에 고정되어 있는 "사용방법"을 참조하기 바란다.

목간고는 2018년 3월에 공개된 이후 2019년 2월에 이르러서는 검색 데이터를 다운로드하는 기능이 추가되었다. 데이터베이스는 일반적으로 열람 기능만 제공하는 경우가 많은데 나라문화재연구소에서는 오픈 데이터화의 일환으로 자료 다운로드라는 획기적인 기능을 추가한 것이다. 예를 들어 일본 목간에는 전복이 자주 등장하는데 전복은 "鰒"으로도 "鮑"로도 쓰인다. 이 두 한자의 용법을 비교하기 위하여 메인 화면 본문 검색 창에 "鰒"을 입력하여 검색하면 아래와 같은 검색 결과가 나타난다[그림3 참조]. 살펴보면 138건의 데이터가 검색되는데 이 데이터는 결과 일람표 오른쪽 위에 표시된 "검색 결과 다운로드" 버튼을 눌러 엑셀의 표 형식으로 다운로드할 수 있다. "鮑"자도 같은 방법으로 데이터를 다운로드하면 두 한자의 용법 비교에 활용할 수 있다.

본문	크기(mm) 세로	가로	두께	형식번호	출전	유적명
○鰒＼鰒□＼以山＼§ 鰒 ＼○□}				091	飛鳥藤原京2-2766(飛19-14上(209))	藤原京左京七条一坊西南坪
薑 鰒	107	12	3	051	飛9-7上(3)	藤原宮跡内裏・内裏東官衙地区
加鼓 鰒	124	17	3	032	藤原宮3-1249(飛5-12上(91)・日本古代木...	藤原宮跡東面北門
□□□□〔焼 鰒 二籠ヵ〕	(141)	(15)	5	039	藤原宮3-1245	藤原宮跡東面北門
郷仲村里戸私部真鳥調 鰒 六斤三列長四尺五寸束	461	23	5	031	◎平城宮2-2246(日本古代木簡選・城3-5下(...	平城宮造酒司地区
上総国阿幡郡 鰒 □〔調ヵ〕耳放二縄三	(164)	26	5	039	◎平城宮2-2290(日本古代木簡選・城3-5下(...	平城宮造酒司地区
・薄 鰒 卅四斤調物・畫亀□□	149	23	1	031	木研14-17頁-(2)(城26-20下(308))	平城京左京二条二坊五坪東二坊坊間路西側溝
・長門国大津郡 鰒 耳清壹缶○二斗・○天	138	30	8	032	木研12-13頁-1(37)(城22-38下(413))	平城京左京三条二坊八坪二条大路濠状遺...
瀬辺里戸卜部黒麻呂輸 鰒 調陸斤○／伍拾伍条〃	300	29	7	031	城24-26上(248)	平城京左京二条二坊五坪二条大路濠状遺...
若狭国三方郡御贄 鰒 鮓壹斗	178	30	4	032	城24-28下(284)	平城京左京二条二坊五坪二条大路濠状遺...
□□〔久米ヵ〕郡 鰒 五十□〔斤ヵ〕	175	22	6	031	◎平城京1-449	平城京左京三条二坊一・二・七・八坪長屋王邸
□□□□〔 鰒 廿貝ヵ〕	(144)	(21)	2	039	◎平城京1-456	平城京左京三条二坊一・二・七・八坪長屋王邸
久米郡 鰒 五十□〔斤ヵ〕	181	23	5	031	◎平城京1-448(城23-14下(139))	平城京左京三条二坊一・二・七・八坪長屋王邸
・○□＼上総国 鰒 十連三列○伊陽駿河聟	(298)	34	2	019	平城京2-2171(城21-30下(319))	平城京左京三条二坊一・二・七・八坪長屋王邸

그림3 목간고 검색 결과 알림 화면

3부 일본

그리고 위의 [그림 3] 오른편 상단을 보면 "검색 결과 다운로드" 버튼 오른쪽에 "이미지 일람표시" 버튼이 있는데 이 버튼을 누르면 검색한 한자의 이미지가 표시된다. 이것은 "문자 이미지를 검색" 탭에서 "텍스트로" 버튼을 선택하여 검색한 결과와 같은 것이다. 다만 상술한 "검색 결과 다운로드" 기능은 텍스트 데이터에 한한 것이며 문자 이미지는 대상으로 하지 않는다. 또 이미지를 다운로드할 수도 있으나 타일로 된 것이어서 곧바로 사용할 수는 없다.

[그림 3] 검색 결과 일람표 오른쪽에는 "검색범위" 창이 있는데 이 창에는 검색된 목간을 형태별로 분류한 "형식번호"와 "내용분류" 내역이 표시된다. 하지만 여기에는 불확실한 데이터가 포함되는 경우도 있어 주의가 필요하다.

② 모지조(MOJIZO)

앞서 간단히 소개했다시피 모지조(MOJIZO)는 이미지로 이미지를 검색하는 획기적인 시스템이다.[7] 시스템의 정식 명칭은「목간·쿠즈시지(초서체 한자) 해독 시스템 - MOJIZO -」로서 모지조는 이것의 약칭이라 할 수 있다. 문자의 저장고[蔵]라는 의미에서 MOJIZO라는 이름이 붙었다고 한다.[8] 이 데이터베이스는 나라문화재연구소와 도쿄대학 사료편찬소가 공동 개발한 것으로 나라문화재연구소가 소장한 목간에 쓰인 글자 이미지와 도쿄대학 사료편찬소가 수집한 고문서·고기록(귀족 일기)·전적 등의 이미지가 결과로 표시된다. 판독할 수 없는 글자 이미지에 대해서도 비슷한 이미지를 유사도 순으로 배열하여 제공함으로써 글자 판독에 타당한 근거를 제시하는 것이 본 시스템의 제일 큰 특징이라고 할 수 있다.

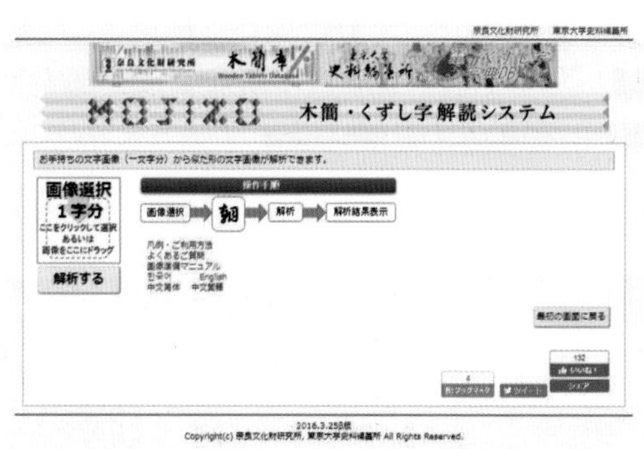

그림 4 모지조 메인 화면

사용 방법은 아주 간단하다. ①낱글자 이미지 작성 → ②MOJIZO에 투입 → ③유사

7 MOJIZO: https://mojizo.nabunken.go.jp

8 MOJIZO 메인 화면에 한국어판 사용 방법 링크가 게재되어 있다(https://mojizo.nabunken.go.jp/doc/legend_kr.pdf). 자세한 것은 이 사용 방법(PDF 파일)을 참조하기 바란다. 여기서는 MOJIZO의 핵심이 되는 사용 절차와 유의 사항을 중심으로 소개하도록 하겠다.

한 이미지 제시, 이렇게 3단계 과정을 거쳐 누구나 손쉽게 문자 자료에 쓰인 글자 중 알아 볼 수 없는 글자를 해독할 수 있게 된다. 여기서 주의할 점으로 글자 해독의 가능성을 높이려면 낱글자의 형태가 뚜렷하고 배경이 깨끗해야 한다. 즉, 첫 번째 단계에서의 낱글자 이미지 작성이 매우 중요한데, 이러한 작업에 적합한 앱도 제공되고 있다. "MOJIZOkin"이라고 하는 프로그램은 목간이나 고문서 등 문자 자료에 특화된 화상 처리 앱이다. 이 앱은 MOJIZO 개발자 기타다이 아키히토[耒代誠仁: 櫻美林大學校 부교수]에 의해 개발된 것으로 앱스토어에서 무료로 다운로드 받을 수 있다.[9] 이 앱은 문자[MOJI]를 걸레질[ZOkin] 한다는 뜻[10]이다. 이러한 앱을 통해 문자 이미지를 깨끗하게 처리한 다음 파일을 MOJIZO에 투입하면 더욱 좋은 결과를 얻을 수 있다.

하지만 MOJIZO는 어디까지나 이미지 대조를 통해 유사한 글자를 제시하도록 설계된 시스템이기에 시스템 상에서 대조 결과로 표시된 데이터 중 어느 것을 선택할지는 전적으로 사용자의 판단에 달려 있다. 다시 말하면 유사도가 제일 높게 나온 데이터라도 그것이 반드시 검색한 이미지에 대한 정확한 판독문이라고 볼 수는 없다. 문자 자료는 시대·지역·문자 기록 매체(종이·나무 등)에 따라 쓰이는 글자 형태가 다른 경우가 많기 때문에 이러한 점을 감안해서 사용해야 할 것이다.

③ 역사적 문자 데이터베이스 연계 검색 시스템

"역사적 문자 데이터베이스 연계 검색 시스템"은 일본 국내외 기관이 서로 협력하여 세계 여러 지역의 목간 및 기타 문자 자료에 관한 연구, 특히 역사적 문자에 관한 연구 자원을 개별 연구 기관·연구자의 독점으로부터 해방시켜 널리 공유할 수 있게 한 데이터베이스 연계 포털 사이트이다.[11] 이 포털 사이트는 나라문화재연구소가 중심적인 역할을 하여 구축한 것인데, 일본 국내 기관으로는 도쿄대학 사료편찬소·국문학연구자료관·국립국어연구소·교토대학 인문과학연

9 MOJIZOkin 앱 소개에 관한 상세한 사항은 아래 사이트를 참조하기 바란다(http://www.kitadailab.jp/mojizokin.html).

10 일본어에서는 '문자(文字)'를 모지[もじ, moji], '걸레[雑巾]'를 조킨[ぞうきん, zokin]이라고 한다.

11 이 데이터베이스는 나라문화재연구소 홈페이지와 도쿄대학 사료편찬소 홈페이지에 링크가 걸려 있다(https://mojiportal.nabunken.go.jp/ja). 이 외에 대만 중앙연구원 역사어언연구소의 홈페이지에도 링크가 걸려 있는데, 명칭은 "歷史文子資料庫綜合檢索系統"으로 되어 있다(https://wcd-ihp.ascdc.sinica.edu.tw/union/search.php). 역사어언연구소의 메인 화면은 디자인이 기본적으로 [그림 5]와 동일하나 역사어언연구소 및 관련 데이터베이스의 로고(로고를 클릭함으로써 해당 사이트에 접속 가능)가 앞부분에 배치되어 있다는 점에서 [그림 5]와 다르다.

구소 등이 데이터베이스 구축에 참여하였고, 국외 기관으로는 대만 중앙연구원 역사어언연구소가 협력하였다. 각 기관이 소장·관리하고 있는 수천 년의 기간에 달하는 역사적 문자 자료 200만 건을 고화상도로 검색·열람할 수 있는 시스템으로서 동아시아의 역사적 문자의 글자체를 비교 연구하여 한자 문화의 다이너미즘(dynamism)을 해명하는 데 큰 도움이 된다.[12] 다행스럽게도 이 데이터베이스 또한 한국어판이 제공되고 있다.[13] [그림 5] 오른쪽 상단에 "역사적 문자 데이터베이스란?", "사용방법" 버튼이 보이는데 이 버튼을 클릭하면 데이터베이스에 대한 상세한 정보를 얻을 수 있다.

그림 5 역사적 문자 데이터베이스 연계 검색 시스템 메인 화면

12 상세한 설명은 아래의 논문을 참고하기 바란다. 畑野吉則·馬場基·桑田訓也·高田祐一, 「史的文字データベース連携検索システムの公開」, 『奈良文化財研究所紀要』 2020, pp.48-49; 井上聡, 「新たな字形連携データベースの構築について」, 『東京大学史料編纂所附属画像史料解析センター通信』 88, 2020, pp.6-7; 井上聡, 「史的文字データベース連携検索システムの公開」, 『東京大学史料編纂所附属画像史料解析センター通信』 89, 2020, pp.17-19.

13 한국어판 URL: https://mojiportal.nabunken.go.jp/kr

다만, 앞서 살펴본 대로 목간고의 "텍스트로 검색" 버튼에서 문자 이미지를 검색하는 기능은 두 글자 이상이어도 검색어로 입력해서 검색할 수 있지만, 이 데이터베이스의 경우는 낱글자만을 검색 대상으로 한다. 그리고 목간고는 해당 데이터베이스에 수록된 모든 문자 이미지를 검색 결과로 표시하는 데에 비해, 이 데이터베이스는 대표적인 글자 형태의 이미지만을 열람할 수 있게 되어 있다. 예를 들어 "國"자를 검색했을 때 목간고에서는 1,507건이 결과로 표시되는데, "역사적 문자 데이터베이스 연계 검색 시스템"에서는 단 11건만이 표시된다. 하지만 대표적인 글자 이미지를 고해상도로 제공하고 있어, 검색 글자가 대체로 어떤 형태인지 알고자 하는 경우는 이 포털 사이트가 적합하다. 특히 이 검색 시스템은 고해상도의 이미지를 제공할 뿐만 아니라 주석을 다는 기능과 온라인 상에서 이미지를 편집하는 기능 등이 첨부되어 기존의 열람형 데이터베이스에서 참여형 데이터베이스로 변화하는 시대의 흐름을 보여주고 있다.

④ 목간 인명 데이터베이스

"목간 인명 데이터베이스"는 명칭 그대로 일본 목간에 등장하는 인명을 검색하는 데이터베이스이다.[14] 상술한 목간고에서도 인명을 검색할 수 있고 상세 화면([그림 2])에도 인명 표시란이 마련되어 있어 목간에 기재된 인명에 대해 알 수 있으나, 해당 인물에 대한 상세한 정보는 알 수 없다. 반면 "목간 인명 데이터베이스"는 인명에 특화된 데이터베이스로 인명의 읽기·해당 인물의 활동 내용·활동 시기 등에 대한 정보뿐만 아니라 같은 인명이 다른 글자로 쓰였을 경우 이표기에 관한 정보도 제공해준다.

⑤ 고대 지명 검색 시스템

"고대 지명 검색 시스템"은 일본 고대 지명을 검색하는 데이터베이스이다.[15] 목간고에서는 목간에 등장하는 지명의 한자 표기만 검색이 가능하나, 이 데이터베이스는 목간을 포함한 고대 문헌 자료에 등장하는 지명을 모두 망라하여 제공한다. 그뿐만 아니라 지명의 이표기와 독음, 지명 개편 내용 등에 관련한 다양한 정보를 제공하고 있다.

---

14 목간 인명 데이터베이스: https://www.i-repository.net/il/meta_pub/G0000556mokkanname

15 고대 지명 검색 시스템: https://chimei.nabunken.go.jp

⑥ 기타 목간 관련 정보 열람·다운로드 사이트

위에서도 간단히 설명했지만 목간에 대한 보고서 PDF 파일을 제공하는 사이트로서 나라문화재연구소에서 공개한 "전국유적보고총람(全國遺跡報告總覽)"이 있다.[16] 일본 전국의 발굴조사보고서를 디지털화하여 검색·다운로드가 가능하게 한 매우 편리한 시스템이다. 목간에 관한 보고서는 목간고에 링크가 되어 간편하게 열람할 수 있다. 하지만 이 사이트에서 열람할 수 있는 것은 저작권 문제가 해결된 개별 보고서뿐이므로 모든 목간 관련 보고서를 디지털화된 자료로 열람할 수는 없다.

목간에 관한 정보라면 일본 목간학회의 학회지 『목간연구(木簡研究)』에 게재된 내용이 제일 풍부하다. 『목간연구』는 연간(年刊)으로 1979년에 창간호가 발간된 이후로 제43호(2021년)까지 출판되었다. 하지만 현재 온라인상에 제공되고 있는 것은 제30호(2008)까지이며(2021년 12월 기준), 이를 PDF 파일로 받아 볼 수 있다.[17]

또한 나라문화재연구소에서 소장하고 있는 고대 목간의 경우, 2007년부터 "지하의 쇼소인전"이라는 이름의 특별 전시가 매년 10월부터 11월 사이에 열리는데 일본 고대 목간을 가까이에서 관찰할 절호의 기회라 할 수 있다. 또 전시한 목간에 대해서는 나라문화재연구소 사료연구실 소속 연구원이 작성한 목간에 관한 상세 설명문이라 할 수 있는 "전시목간 해설시트"가 배부되는데, 전시가 끝난 뒤 나라문화재연구소 학술 정보 리포지터리에 PDF 파일로 제공된다.[18] 현재 2007년부터 2021년까지 배포된 "전시목간 해설시트"가 열람이 가능한 상태이다.

이밖에도 나라문화재연구소에서는 "전국목간출토유적·보고서데이터베이스"를 공개하고 있다.[19] 이 데이터베이스는 일본 전국의 목간 출토 유적과 그 보고서 등 문헌 리스트를 집성한 것이다. "전국목간출토유적·보고서총람(全國木簡出土遺跡·報告書綜覽)"[20]을 토대로 작성한 것으로 수

16 나라문화재연구소 홈페이지 데이터베이스·간행물에 링크가 게재되어 있다(https://sitereports.nabunken.go.jp/ja).

17 일본 목간학회 홈페이지(https://mokkangakkai.jimdofree.com), 전국유적보고총람 외에 나라문화재연구소 학술 정보 리포지터리(https://repository.nabunken.go.jp/dspace)에서도 공개되고 있다. 제31호 이후의 『木簡研究』에 관해서는 순차적으로 공개될 예정이라고 하나 시간이 걸릴 수 있으니 구매가 필요하면 일본 목간학회 홈페이지에 구매 방법이 게재되어 있어 참조하기 바란다.

18 나라문화재연구소 학술 정보 리포지터리의 기획전 자료(https://repository.nabunken.go.jp/dspace/handle/11177/10)에 수록되어 있다. 또한 전국유적보고총람에서도 다운로드가 가능하다.

19 전국목간출토유적·보고서데이터베이스 URL: https://www.i-repository.net/il/meta_pub/G0000556mokkaniseki

20 「独立行政法人國立文化財機構奈良文化財研究所埋蔵文化財センター」, 『埋蔵文化財ニュース』 114, 2004, pp.1-278에 수록.

록 데이터에 관해서는 수시로 갱신·추가가 이루어지고 있다. 이를 활용하면 목간이 출토된 유적명·발굴 기간·발굴 기관·보고서 출전·출토된 목간 수량 등의 정보를 검색·열람할 수 있다.

⑦ 목간 이미지 열람·다운로드 사이트

한편, 나라문화재연구소에 소장된 목간 이미지는 위에서 소개한 목간고뿐만 아니라 나라문화재연구소 소장품 데이터베이스에서도 검색·열람할 수 있다.[21] 이 데이터베이스는 영어·중문·한국어판으로도 제공된다.[22] 예를 들어 영·중·한판 사이트에서 "목간"을 입력하여 검색하면 목간 이미지가 표시된다. 열람하고자 하는 목간을 클릭하면 아래와 같은 화면([그림 6])이 표시되는데, 해당 목간에 대한 한국어 설명문도 있어 일본 목간의 개략을 이해하는 데에 도움이 된다. 하지만 이 데이터베이스에는 복제품 사진이 제공되는 경우도 있어 사용할 때 주의해야 한다.

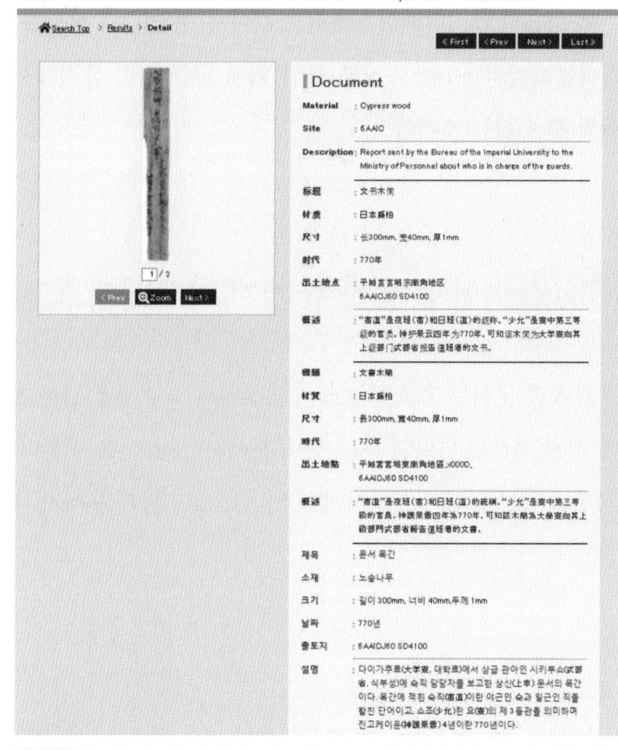

그림 6 나라문화재연구소 소장품 DB 영·중·한판 목간 검색 화면

21 나라문화재연구소 소장품 데이터베이스(일본어판): https://jmapps.ne.jp/nabunken/index.html

22 나라문화재연구소 소장품 데이터베이스(영·중·한판): https://jmapps.ne.jp/nabunken_world

목간의 오리지널 이미지만을 고해상도로 제공하는 데이터베이스로는 국립문화재기구 소장품 통합 시스템 ColBase가 있다.[23] ColBase는 국립문화재기구 소속의 국립박물관 4곳(도쿄국립박물관, 교토국립박물관, 나라국립박물관, 규슈국립박물관)과 나라문화재연구소의 소장품을 일괄적으로 검색할 수 있는 시스템이다. 각 기관의 소장품을 검색 대상으로 하는데 저작권 보호 기간이 지난 것 중 디지털 이미지가 구비된 것에 한정된다. 목간 이미지는 나라문화재연구소에서 제공된 것인데 현재 헤이조궁[平城宮]·헤이조경[平城京] 유적의 목간을 330여 점 공개하고 있다. 이 데이터베이스의 편리한 점은 고해상도의 이미지를 다운로드할 수 있다는 것이다. 또한 수록된 목간 데이터에 관해서는 시대, 출토지, 판독문, 목간 해설문 등 정보가 공개되어 있어 목간 연구에 유익한 자료이다. 하지만 외국어판의 경우 수록된 데이터가 일본어판의 일부분에 제한되어 있어 가능하다면 일본어판을 사용하는 것을 권장한다.[24]

이 외에 국보·중요문화재·국가지정문화재 등을 비롯한 문화유산으로 등록된 목간에 관해서는 문화유산 데이터베이스에서도 찾아볼 수 있다.[25] 상술한 여러 데이터베이스와 크게 다른 점은 나라문화재연구소에 소장된 목간 외에 다른 지방 유적에서 출토된 목간 이미지 및 설명문도 열람할 수 있다는 것이다.

Ⅲ. 쇼소인 문서에 관한 데이터베이스 및 디지털 자료

쇼소인 문서는 쇼소인 보고(正倉院寶庫, 북창·중창·남창 세 개의 창고로 나뉘어 있다)에 전해지는 만여 점에 이르는 다량의 나라 시대 문서군(文書群)을 말한다.[26] 이들 문서군은 사경소 관계 문서와 그것에 섞여 들어간 조이시야마소[造石山所] 관계 문서가 대부분을 차지한다. 본서에서는 이러한

23 국립문화재기구 소장품 통합 시스템 ColBase: https://colbase.nich.go.jp/?locale=ja

24 국립문화재기구 소장품 통합 시스템 ColBase 한국어판: https://colbase.nich.go.jp/?locale=ko. 이 시스템의 설명은 한국어판 "ColBase에 대해"에 게재되어 있는 내용을 참고하였다.

25 문화유산 데이터베이스: https://bunka.nii.ac.jp/db

26 사카에하라 토와오 지음·이병호 옮김, 『쇼소인 문서 입문』, 태학사, 2012, 35~44쪽. 이 책은 栄原永遠男, 『正倉院文書入門』, 角川学芸出版, 2011을 한국어로 번역한 것이다. 이밖에 쇼소인 문서에 관한 개략을 알기 쉽게 소개한 책으로는 丸山裕美子, 『正倉院文書の世界』, 中央公論新社, 2010도 있다. 함께 참고하기 바란다.

사경소 및 조이시야마소 관계 문서 중 다양한 물품의 소비·유통과 관련된 자료를 선택하여 소개하였다.

① 쇼소인 문서 텍스트 검색 데이터베이스

쇼소인 문서는 거의 전부가 『대일본고문서(大日本古文書)』 편년문서(이하 『대일본고문서』로 약칭함)에 수록되어 있다.[27] 『대일본고문서』는 나라 시대의 고문서[28]를 활자로 복각(覆刻)하여 연대순으로 나열한 전25책의 사료집이다. 이 사료집은 현재 도쿄대학 사료편찬소의 "나라 시대 고문서 풀 텍스트 데이터베이스"[29]로 키워드 검색이 가능하며 해당 키워드가 게재된 『대일본고문서』의 페이지를 이미지로 열람할 수도 있다. 다만, 전 25책의 『대일본고문서』 중 먼저 편찬된 1~6책은 사본으로 작성된 것으로서 오류가 많다. 또 이후에 7~23책을 간행하면서 수정된 데이터가 재록된 문서도 있어 사용할 때 주의를 요한다. 그리고 하나의 문서가 여러 단간(斷簡, 한 문서의 단편)으로 나뉜 경우가 많은데, 이 단간 순서가 『대일본고문서』에서는 여기저기에 흩어져 있는 것이 많아 나라 시대의 모습 그대로 복원해야만 정확한 정보를 얻을 수 있다.

쇼소인 문서의 순서를 원래 모습대로 복원한 성과는 『쇼소인 문서목록(正倉院文書目錄)』[30]을 통해 알아볼 수 있다. 도쿄대학 사료편찬소가 1960년부터 원본 조사를 실시함으로써 단간 사이의 접속 관계를 밝히고 문서 명칭을 수정한 최신 정보가 공개되어 있다. 따라서 쇼소인 문서 연구에 있어서는 『대일본고문서』뿐만 아니라 이 『쇼소인 문서목록』도 함께 살펴봐야 한다.

『쇼소인 문서목록』에 기재된 내용은 "쇼소인 문서 멀티 지원(다원적 해석 지원) 데이터베이스 SHOMUS"에서도 찾아 볼 수 있다.[31] 이 데이터베이스는 쇼소인 문서에 관한 각종 정보를 단간

---

27 『大日本古文書』에 수록되지 않은 것은 얼마 되지 않는데 이를 미수(未收)라고 한다. 사카에하라 토와오 지음·이병호 옮김, 앞의 책, 63~90쪽 참조. 아래에 『大日本古文書』에 관한 서술은 이에 의함.

28 여기서 말하는 나라시대의 고문서가 쇼소인 문서에만 한정되는 것은 아니다. 예컨대, 도쇼다이지 문서[唐招提寺文書] 등 해당 시대 다양한 문서군을 포함하고 있다.

29 나라 시대 고문서 풀 텍스트 데이터베이스: https://wwwap.hi.u-tokyo.ac.jp/ships/shipscontroller.

30 東京大學史料編纂所, 『正倉院文書目錄』(1-8), 東京大學出版会, 1987~2020. 『正倉院文書目錄』에 대한 자세한 소개는 東京大學史料編纂所, 『東京大學史料編纂所報』(1966년에 제1호가 발행된 이후 매년 출간) 참조. 도쿄대학 사료편찬소 홈페이지 → 編纂·研究·公開 → 所報(https://www.hi.u-tokyo.ac.jp/publication/syoho)에 상세한 소개글이 게재되어 있음. 예를 들어 제8책에 어떤 내용이 수록되어 있는지에 관한 상세한 정보는 『東京大學史料編纂所報』 55호(2019)년에 기재되어 있음.

31 쇼소인 문서 멀티 지원(다원적 해석 지원) 데이터베이스 SHOMUS: https://wwwap.hi.u-tokyo.ac.jp/ships/shipscontroller

단위로 검색할 수 있다. 『쇼소인 문서목록』의 단간 정보뿐만 아니라 전후로 접속되는 단간 및 단간의 앞면과 뒷면을 열람할 수 있는 링크 기능과 "나라 시대 고문서 풀 텍스트 데이터베이스"에서 공개하는 『대일본고문서』의 판면 이미지를 열람할 수 있는 링크 기능, 그리고 검색한 단간에 대한 연구 문헌을 검색·열람하는 기능 등을 제공하고, 또 단간의 판독문도 제시하는 등 이름 그대로 다원적인 멀티 데이터베이스라 할 수 있다.[32]

② 쇼소인 문서 이미지 검색 데이터베이스

쇼소인 문서의 이미지에 관해서는 『쇼소인고문서영인집성(正倉院古文書影印集成)』[33]에 영인본 사진이 수록되어 있다. 이 영인본이 출판되기 전에는 마이크로필름으로 볼 수밖에 없었으나 선명도가 떨어지고 자료 열람도 쉽지 않았다. 영인본은 선명한 사진을 제공할 뿐만 아니라 『대일본고문서』의 해당 권 및 페이지가 기재되어 있으며 각 권 말미에는 단간의 상세 정보와 함께 『대일본고문서』의 오류도 표기되어 있다.[34]

그런데 『쇼소인고문서영인집성』에는 속속수(續々修)[35] 약 400권이 아직 수록되지 않았다. 속속수를 포함한 전체 쇼소인 문서는 궁내청(宮內廳) 쇼소인사무소(正倉院事務所) 홈페이지에서 열람이 가능하다. 해당 홈페이지의 "쇼소인 보물검색(正倉院寶物檢索)"[36] → "문서검색"에서 검색이 된다. 이미지는 마이크로필름 흑백사진으로 제공되어 영인본만큼 선명하지 못한 경우도 있으나, 대체로 화질은 좋은 편이며 사용자가 자유롭게 크기 조절을 할 수 있어 쇼소인 문서 연구에 큰 도움이 되는 자료라고 할 수 있다. 사용할 때에는 『대일본고문서』·『쇼소인고문서영인집성』·『쇼소인 문서목록』 등의 자료와 함께 비교하면서 사용하는 것을 권장한다.

이밖에 쇼소인 문서 이미지는 소량이긴 하나 "역사민속박물관 화상데이터베이스"[37]에서도 일

32 "쇼소인 문서 멀티 지원(다원적 해석 지원) 데이터베이스"의 help[일러두기]에서 제공되고 있는 정보에 의함(https://wwwap.hi.u-tokyo.ac.jp/ships_help/OSIDE/W49).

33 正倉院事務所編, 『正倉院古文書影印集成』 1-17, 八木書店, 1988~2007.

34 사카에하라 토와오 지음·이병호 옮김, 앞의 책, 84~85쪽; 丸山裕美子, 앞의 책, 278~282쪽.

35 일반적으로 말하는 쇼소인 문서(中倉문서로 불리는 좁은 의미의 쇼소인 문서. 본서에서 소개된 買新羅物解 등은 포함하지 않음)는 정리 순서·과정에 따라 正集·続修·続修後集·続修別集·塵芥文書·続々修로 분류된다. 상세한 것은 사카에하라 토와오 지음·이병호 옮김, 앞의 책, 35~63쪽 참조.

36 궁내청(宮內廳) 쇼소인사무소(正倉院事務所) "쇼소인 보물검색": https://shosoin.kunaicho.go.jp/search

37 역사민속박물관 화상데이터베이스: https://www.rekihaku.ac.jp/education_research/gallery/imgdb/index.html

부 자료에 대한 열람이 가능하다. 쇼소인 보고에 수장되어 있지 않은 "유출문서(流出文書)"[38] 등 귀중한 자료가 컬러 사진으로 공개되어 있고 문서의 크기·문서 설명 등 정보가 제공된다.

그리고 오사카시립대학교의 쇼소인문서 데이터베이스(SOMODA)[39]는 쇼소인 문서에 관한 종합적인 데이터베이스 구축을 목표로 하는 획기적인 시도로서 큰 주목을 받았다.[40] 하지만 아쉽게도 현재는 조정중(調整中)으로 사용할 수 없는 상황이다.[41] 곧 서비스가 재개되기를 기다린다.

IV. 맺음말

이와 같이 현재는 일본의 고대 목간이나 쇼소인 문서 등의 자료가 다양한 경로를 통해 디지털 데이터로 오픈·제공되고 있어 어디서나 쉽게 접근하고 열람할 수 있게 되었다. 텍스트 데이터뿐만 아니라 이미지도 함께 제공됨으로써 연구 환경 또한 크게 개선되었다. 물론 고해상도의 이미지를 컴퓨터 등 단말기를 통해 손쉽게 찾아볼 수 있게 되었으나, 역시 실물 자료를 관찰하는 만큼의 정확도를 기하기는 어려운 것이 사실이다. 따라서 관련 주제를 전공하는 연구자는 매년 10월 두 번째 주 주말부터 나라문화재연구소 헤이조궁터 자료관에서 열리는 "지하의 쇼소인전(목간 특별 전시)"과 매년 10월 말부터 나라국립박물관에서 열리는 "쇼소인전(쇼소인 문서를 포함한 소장 보물 특별 전시 행사)" 등의 전시 행사에 직접 참여하여 실물을 가까이에서 직접 보고 관찰할 수 있는 기회를 경험하기 바란다.

이상에서 살펴보았듯 디지털 시대를 사는 우리는 다양한 자료를 손쉽게 얻을 수 있게 되었지만, 그럴수록 자료에 대한 무분별한 활용은 조심해야 한다. 자료에 대한 쉬운 접근이 곧 자료에 대한 자유로운 사용을 의미하는 것은 아니다. 특히 이미지 자료 등을 해당 사이트로부터 직접 내

38 "유출문서"의 대부분이 國立歷史民俗博物館, 『正倉院文書拾遺』, 國立歷史民俗博物館, 1992에 수록되어 있다. 실물 크기의 사진 및 판독문, 간단한 설명이 게재되어 있어 상세한 정보를 얻을 수 있다.

39 쇼소인문서 데이터베이스: http://somoda.media.osaka-cu.ac.jp/index.php

40 사카에하라 토와오 지음·이병호 옮김, 앞의 책, 87쪽; 小口雅史, 「日本古代史研究のためのオンライン·データベース」, 『日本歷史』 740, 2010 등에 소개되어 있다.

41 오사카 시립대학교 학술정보종합센터 홈페이지를 보면 해당 데이터베이스에 "調整中"이라는 주기가 표시되어 있다. 이것은 오사카시립대학교 도시문화연구센터 연구원인 渡部陽子씨의 교시에 의한 것이다.

려 받아 활용하고자 할 경우에는 반드시 저작권 문제를 확인하고 자료 사용에 대한 허가를 받아야만 한다. 나라문화재연구소 소장 목간에 관해서는 나라문화재연구소 홈페이지의 "화상과 시설 이용"[42] 항목에, 그리고 쇼소인 문서의 경우는 궁내청 쇼소인사무소 홈페이지의 "저작권에 관하여"[43] 항목에 저작권에 관한 상세한 정보와 절차가 안내되어 있다. 따라서 자료를 직접 사용하고자 할 때에는 이와 같은 저작권에 관한 사항을 반드시 확인하고 사용 허가를 받은 뒤에 사용해야만 한다.

42 나라문화재 연구소 "화상과 시설 이용": https://www.nabunken.go.jp/usage/application.html
43 궁내청 쇼소인사무소 "저작권에 관하여": https://www.kunaicho.go.jp/copyright/

참고문헌 및 인터넷 사이트

① 참고문헌

사카에하라 토와오 지음·이병호 옮김, 『정창원문서 입문』, 태학사, 2012.

渡辺晃宏·方國花, 「木簡データベース·木簡庫の公開」, 『奈良文化財研究所紀要』, 2018.

東京大学史料編纂所, 『正倉院文書目錄』(1~8), 東京大学出版会, 1987~2020

栄原永遠男, 『正倉院文書入門』, 角川学芸出版, 2011.

畑野吉則·馬場基·桑田訓也·高田祐一, 「史的文字データベース連携検索システムの公開」, 『奈良文化財研究所紀要』, 2020.

井上聡, 「新たな字形連携データベースの構築について」, 『東京大学史料編纂所附属画像史料解析センター通信』 88, 2020.

井上聡, 「史的文字データベース連携検索システムの公開」, 『東京大学史料編纂所附属画像史料解析センター通信』 89, 2020.

正倉院事務所編, 『正倉院古文書影印集成』 1~17, 八木書店, 1988~2007.

「独立行政法人國立文化財機構奈良文化財研究所埋蔵文化財センター」, 『埋蔵文化財ニュース』 114.

國立歴史民俗博物館, 『正倉院文書拾遺』, 國立歴史民俗博物館, 1992.

丸山裕美子, 『正倉院文書の世界』, 中央公論新社, 2010.

② 참고 인터넷 사이트

고대 지명 검색 시스템: https://chimei.nabunken.go.jp

국립문화재기구 소장품 통합 시스템 ColBase: https://colbase.nich.go.jp/?locale=ja

궁내청 쇼소인사무소: https://www.kunaicho.go.jp

나라문화재연구소: https://www.nabunken.go.jp

나라문화재연구소 소장품 데이터베이스: https://jmapps.ne.jp/nabunken/index.html

나라문화재연구소 학술 정보 리포지터리: https://repository.nabunken.go.jp/dspace

나라 시대 고문서 풀 텍스트 데이터베이스: https://wwwap.hi.u-tokyo.ac.jp/ships/shipscontroller

모지조(MOJIZO): https://mojizo.nabunken.go.jp

목간고(木簡庫): http://mokkanko.nabunken.go.jp/ja

목간 인명 데이터베이스: https://www.i-repository.net/il/meta_pub/

G0000556mokkanname

문화유산 데이터베이스: https://bunka.nii.ac.jp/db

역사민속박물관 화상데이터베이스: https://www.rekihaku.ac.jp/education_research/gallery/imgdb/index.html

역사적 문자 데이터베이스 연계 검색 시스템: https://mojiportal.nabunken.go.jp/ja

일본 목간학회 홈페이지(https://mokkangakkai.jimdofree.com),

전국목간출토유적·보고서데이터베이스: https://www.i-repository.net/il/meta_pub/G0000556mokkaniseki

전국유적보고총람(全國遺跡報告總覽): https://sitereports.nabunken.go.jp/ja

쇼소인 문서 멀티 지원(다원적 해석 지원) 데이터베이스 SHOMUS: https://wwwap.hi.u-tokyo.ac.jp/ships/shipscontroller

쇼소인 문서 데이터베이스: http://somoda.media.osaka-cu.ac.jp/index.php

참고문헌

1.한국

① 단행본

남풍현, 『吏讀研究』, 태학사, 2000.

박남수, 『한국 고대의 동아시아 교역사』, 주류성, 2011.

박남수, 『신라수공업사』, 신서원, 1996.

사카에하라 토와오 지음 · 이병호 옮김, 『정창원문서 입문』, 태학사, 2012.

사토 마코토 지음 · 송완범 옮김, 『목간에 비친 고대 일본의 서울 헤이조쿄』, 성균관대학교 출판부, 2017.

스기모토 가즈키 저, 서각수 · 송완범 · 서보경 역, 『정창원 –역사와 보물–』, 동북아역사재단, 2015.

이기백 편저, 『韓國上代古文書資料集成』, 일지사, 1987.

이성시 지음 · 김창석 옮김, 『동아시아의 왕권과 교역 –신라 · 발해와 정창원 보물–』, 청년사, 1999.

이인철, 『新羅村落社會史研究』, 일지사, 1996.

이희관, 『統一新羅土地制度研究』, 일조각, 1999.

최재석, 『正倉院 소장품과 統一新羅』, 일지사, 1996.

채미하 · 김경주 외, 『고대 동아시아와 탐라』, 제주대학교 탐라문화연구원, 2019.

② 논문

권인한, 「正倉院藏 '第二新羅文書'의 正解를 위하여」, 『구결연구』 18, 2007.

김민수, 「신라의 鍮石 인식과 그 특징」, 『韓國古代史研究』 96, 2019.

김지은, 「고대 香藥의 유통과 불교의례 –통일신라시대를 중심으로–」, 『경주사학』 37, 2013a

김지은, 「통일신라 黃漆의 일본 전래와 金漆」, 『新羅文化』 41, 2013b.

김창석, 「8세기 신라 · 일본간 외교관계의 추이 –752년 교역의 성격 검토를 중심으로–」, 『역사학보』 184, 2004.

兼若逸之, 「新羅 《均田成册》의 研究」, 『한국사연구』 23, 1979.

남풍현, 「第二村落帳籍에 대하여」, 『미술자료』 19, 1976.

박남수, 「탐라국의 동아시아 교섭과 신라」, 『고대 동아시아와 탐라』, 제주대학교 탐라문화연구원, 2019.

박남수, 「「新羅內省毛接文書」(‘佐波理加盤付屬文書’)와 신라 內省의 馬政」, 『신라문화』 54, 2019.

방국화, 「부여 부소산성 출토 토기 명문의 검토 -동아시아 문자자료와의 비교-」, 『목간과 문자』 27, 2021.

서영교, 「新羅의 南海品 중개무역과 銅」, 『사회과학저널』 2, 2012.

신 숙, 「통일신라 금속공예의 성취와 국제교류 -국보 제174호 〈금동 수정장식 촛대〉-」, 『美術史學研究』 290, 2016.

신 숙, 「7세기 백제와 일본 正倉院 소장품」, 『미술사학』 36, 2018.

신 숙, 「8세기 「買新羅物解」와 韓日 보석장식 공예품 교류」, 『한국고대사탐구』 39, 2021.

신카이 사키코[新飼 早樹子], 「8세기 중반 신라의 대일 관계 동향과 「買新羅物解」」, 『한일관계사연구』 67, 2020.

이승호, 「1~3세기 중국 동북지역 정세 변화와 貂皮 교역」, 『동국사학』 67, 2019

이승호, 「5~8세기 耽羅國의 대외교류와 진상·조공 품목」, 『동국사학』 70, 2021.

이영훈, 「貫甲」, 『古文書研究』 13, 1998.

이인재, 「신라통일기 조세 수취기준과 등급연(等級烟) -촌락문서를 중심으로-」, 『역사와 현실』 11, 1994.

이태진, 「新羅 統一期의 村落支配와 孔烟: 正倉院 所藏의 村落文書 재검토」, 『한국사연구』 25, 1979.

이태진, 「新羅 村落文書의 牛馬」, 『民族史의 展開와 그 文化(碧史李佑成敎授定年退職紀念論叢)』 上, 1990.

윤선태, 「752년 신라의 대일교역과 「바이시라기모쯔게(買新羅物解)」 -쇼소인(正倉院) 소장 「첩포기(貼布記)」의 해석을 중심으로-」, 『역사와 현실』 24, 1997.

윤선태, 「正倉院 所藏〈佐波理加盤附屬文書〉의 新考察」, 『國史館論叢』 74, 1997.

윤선태, 「新羅 統一期 王室의 村落支配」, 서울대학교 박사학위논문, 2000.

윤재운, 「8~10세기 발해의 문물교류」, 『한국사학보』 23, 2006.

永正美嘉, 「新羅의 對日香藥貿易」, 『韓國史論』 51, 2005.

연민수, 「日本 正倉院의 百濟遺物과 그 역사적 성격」, 『국사관논총』 108, 2006.

정석배, 「발해의 북방 -서역루트 ‘담비길’ 연구-」, 『고구려발해연구』 63, 2019.

정덕기, 「삼국 신라 연령등급제의 연령과 속성」, 『동아시아고대학』 63, 2021.

진영일, 「古代耽羅의 交易과 「國」形成考」, 『濟州島史研究』 3, 1994.

한준수, 「新羅 眞德王代 唐制의 受容과 체제정비」, 『한국학논총』 34, 2010.

2. 중국

① 단행본

王啓濤,『吐魯番出土文獻詞典』, 成都:巴蜀書社, 2012.

② 논문

盧向前,「麴氏高昌和唐代西州的葡萄、葡萄酒及葡萄酒稅」,『中國經濟史研究』, 2002年 第4期.

凍國棟,「唐代的“市券”與“私契” -敦煌, 吐魯番文書劄記之一-」,『喀什師範學院學報』, 1988年 第4期.

馬雍,「略談有關高昌史的幾件新出土文書」,『考古』, 1972年 2期.

馬燕雲,「吐魯番出土租佃與買賣葡萄園券契考析」,『許昌學院學報』, 2006年 第6期.

馬高強·錢光勝,「從吐魯番出土的隨葬衣物疏看高昌民間冥界觀的變化」,『齊齊哈爾師範高等專科學校學報』, 2008年 第1期.

戊己,「唐西州的古代藥方研究」,『中國地方志』, 2006年 9期.

孟憲實,「略論高昌上奏文書」,『西域研究』, 2003年 4期.

乜小紅,「從吐魯番敦煌雇人放羊契看中國7一10世紀的雇傭關系」,『中國社會經濟史研究』, 2003年 第1期.

常萍,「再論吐魯番出土隨葬衣物疏中的“蹹麴囊”」,『敦煌學輯刊』, 2013年 第2期.

尙輝,「吐魯番租佃契約研究」,『絲綢之路』, 2009年 12期.

徐秀玲,「晚唐五代宋初敦煌雇傭契約樣文研究」,『中國農史』, 2010年 第4期.

徐秀玲,『中古時期雇傭契約研究一以敦煌吐魯番出土雇傭文書爲中心』, 南京師範大學 博士學位論文, 2011.

蘇金花,「試論唐五代敦煌寺院畜牧業的特點」,『中國經濟史研究』, 2014年 第4期.

李祝環,「中國傳統民事契約中的中人現象」,『法學研究』, 1997年 第6期.

李研,「吐魯番出土衣物疏中的“兔豪(毫)”“狐毛”性質考釋」,『西域研究』, 2020年 第3期.

于業禮,「新疆出土醫藥文獻研究概述」,『中醫文獻雜誌』, 2014年 3期.

吳婭婭,『吐魯番出土衣物疏輯錄及所記名物詞彙釋』, 西北師範大學 碩士學位論文, 2012.

王珍仁·孫慧珍,「吐魯番出土文書中所見祖國醫藥方研究」,『北京圖書館館刊』, 1997年 4期.

王素,「麴氏高昌中央行政體制考論」,『文物』, 1989年 11期.

王艷明,「從出土文書看中古時期吐魯番的葡萄種植業」,『敦煌學輯刊』, 2000年 第1期.

王興伊,「西域方藥文獻研究述要」,『中醫文獻雜誌』, 2003年 2期.

王蕾,「唐代吐魯番地區畜牧業發展狀況管窺」,『安康學院學報』, 2010年 第3期.

楊際平,「4-13世紀漢文, 吐蕃文, 西夏文買賣, 博換牛馬駝驢契比較研究」,『敦煌學輯刊』, 2019

年 第1期.
張弓,「唐五代敦煌寺院的牧羊人」,『蘭州學刊』, 1984年 第2期.
張南,「古代新疆的葡萄種植與釀造業的發展」,『新疆大學學報(哲學社會科學版)』, 1993年 第3期.
張永莉,『吐魯番契約文書詞語例釋』, 陝西師範大學 碩士學位論文, 2012.
陳陗·沈澍農,「中国藏吐鲁番中医药文书研究」,『西部中醫藥』, 2014年 6期.
秦仙梅,「罕世發現—秦陵石甲胄」,『東南文化』, 2002年 2期.
趙文潤,「隋唐時期吐魯番地區租佃制發達的原因」,『陝西師大學報(哲學社會科學版)』, 1987年 1期.
趙文潤,「從吐魯番文書看唐代西州地租的性質及形態」,『敦煌學輯刊』, 1989年 第1期.
趙國伶,『甘肅河西地區十六國時期衣物疏整理與研究』, 西北師範大學 碩士學位論文, 2020.
鍾盛,「吐魯番出土文書中所見的南北朝時期高昌地區的奴婢狀況」,『內蒙古社會科學(漢文版)』, 2004年 第1期.
賀新民·楊獻孝,「中國雙峰駱駝起源考」,『中國農史』, 1986年 第2期.
黑文婷,「契約文書"二比"類詞語釋義」,『甘肅高師學報』, 2012年 第6期.

3. 일본

① 단행본

角川文化振興財団,『古代地名大辞典』, 角川書店, 1999.
旗田巍,『朝鮮中世社會史の研究』, 法政大学出版局, 1972.
吉田孝,『律令國家と古代の社会』, 岩波書店, 1983.
國史大辞典編集委員会編,『國史大辞典』, 吉川弘文館, 1979~1996.
國立歴史民俗博物館,『正倉院文書拾遺』, 國立歴史民俗博物館, 1992.
宮川秀一 編,『日本史における国家と社会』, 思文閣, 1992.
宮内庁正倉院事務所,『正倉院古文書影印集成』6, 八木書店, 1993.
犬飼隆,『木簡による日本語書記史』(2011增訂版), 笠間書院, 2011.
関根真隆,『奈良朝食生活の研究』, 吉川弘文館, 1969.
奈良文化財研究所,『平城宮木簡一—平城宮發掘調查報告Ⅴ』(奈良文化財研究所史料 5), 1966.
奈良文化財研究所,『平城宮木簡二』(奈良文化財研究所史料8), 1975.
奈良文化財研究所,『藤原宮木簡一』(奈良文化財研究所史料12), 1978.
奈良文化財研究所,『平城宮木簡三』(奈良文化財研究所史料17), 1981.
奈良文化財研究所,『藤原宮木簡二』(奈良文化財研究所史料18), 1981.

奈良文化財研究所,『平城宮木簡四』(奈良文化財研究所史料28), 1986.
奈良文化財研究所,『平城宮發掘調査出土木簡概報23 −長屋王家木簡 二−』, 1990.
奈良文化財研究所,『平城京左京二条二坊・三条二坊発掘調査報告』(奈良文化財研究所学報54), 1995.
奈良文化財研究所,『平城京木簡 1 −長屋王家木簡−』(奈良文化財研究所史料41), 1995.
奈良文化財研究所,『平城宮木簡五』(奈良文化財研究所史料42), 1996.
奈良文化財研究所,『平城宮木簡六』(奈良文化財研究所史料63), 2004.
奈良文化財研究所,『評制下荷札木簡集成』(奈良文化財研究所史料76), 2006.
奈良文化財研究所,『平城京木簡三 −二條大路木簡一−』(奈良文化財研究所史料75), 2006.
奈良文化財研究所,『飛鳥藤原京木簡一 −飛鳥池・山田寺木簡−』(奈良文化財研究所史料79), 2007.
奈良文化財研究所,『飛鳥藤原京木簡二 −藤原京木簡−』, 2009.
奈良文化財研究所,『平城宮木簡七』(奈良文化財研究所史料85), 2010.
奈良文化財研究所,『藤原宮木簡三』(奈良文化財研究所史料88), 2012.
奈良文化財研究所,『藤原宮木簡四』(奈良文化財研究所史料91), 2019.
滝川政次郎,『律令の研究』, 名著普及会, 1988.
渡辺晃宏・方國花,「木簡データベース・木簡庫の公開」,『奈良文化財研究所紀要』, 2018.
東京大学史料編纂所,『大日本古文書』(編年文書), 東京大学出版, 1998.
東京大学史料編纂所,『正倉院文書目錄』(1~8), 東京大学出版会, 1987~2020
東野治之,『正倉院文書と木簡の研究』, 塙書房, 1977.
東野治之,『長屋王家木簡の研究』, 塙書房, 1996.
藤原継縄他編,『續日本紀 1』(新日本古典文学大系), 岩波書店, 1989.
馬渕和夫,『和名類聚抄 古写本声点本 本文および索引』, 風間書房, 1973.
木村誠,『古代朝鮮の國家と社會』, 吉川弘文館, 2004.
木簡學會編,『日本古代木簡選』, 岩波書店, 1990.
山下有美,『正倉院文書と写経所の研究』, 吉川弘文館, 1999.
三保忠夫,『木簡と正倉院文書における助数詞の研究』, 風間書房, 2004.
桑原裕子,『正倉院文書の訓読と注釈 −造石山寺所解移牒符案(一)−』, 2010.
小谷博泰,『木簡と宣命の國語学的研究』, 和泉書院, 1986.
日本大辞典刊行会,『日本国語大辞典』(縮刷版), 小学館, 1979~1981.
鈴木靖民,『古代對外關係史の研究』, 吉川弘文館, 1985.
正倉院事務所編,『正倉院古文書影印集成』1~17, 八木書店, 1988~2007.
栄原永遠男,『正倉院文書入門』, 角川学芸出版, 2011.

竹内理三·山田英雄·平野邦雄 編,『日本古代人名辞典』, 吉川弘文館, 1958~1977.
中川ゆかり,『正倉院文書からたどる言葉の世界(一)』, 2010.
青木和夫 外,『續日本記』, 岩波書店, 1992.
虎尾俊哉編,『延喜式』下, 集英社, 2017.
黒田洋子,『正倉院文書の訓読と注釈 −啓·書状−』, 2010.
丸山裕美子,『正倉院文書の世界』, 中公新書, 2010.

② 논문

館野和己,「長屋王家木簡の舞台」, 宮川秀一 編『日本史における国家と社会』, 思文閣, 1992.
今泉隆雄,「8世紀造宮官司考」,『文化財論叢』, 同朋舎, 1983.
鷺森浩幸,「奈良時代における寺院造営と僧 −東大寺·石山造営を中心に−」,『ヒストリア』121, 1988.
吉田孝,「律令時代の交易」,『律令国家と古代の社会』, 岩波書店, 1983.
鬼頭清明,「上馬養の半生」,『日本古代都市論序説』, 法政大学出版局, 1977.
鷺森浩幸,「天平宝字六年石山寺造営における人事システム」,『日本史研究』354, 1992.
滝川政次郎,「楡樹楡皮考」,『日本上古史研究』7(3), 1963.
東野治之,「正倉院氈の墨書と新羅の對外交易」,『正倉院文書と木簡の研究』, 塙書房, 1977.
東野治之,「鳥毛立女屏風下貼文書の研究」,『正倉院文書と木簡の研究』, 塙書房, 1977.
東野治之,「長屋王家木簡からみた古代皇族の称号」,『長屋王家木簡の研究』, 塙書房, 1996.
馬場基,「木簡学から見た日本語：文字について」,『日本語学』38(11), 2019.
武田幸男,「新羅の村落支配 −正倉院所蔵文書の追記をめぐって−」,『朝鮮學報』81, 1976.
苗威·赵振成,「渤海国药事发微」,『延边大学学报』(社会科学版) Vol.51 No.5, 2018.
方國花,「古代東アジア各国における「カギ」の漢字表記(上) −「鑰」·「鎰」−」,『愛知県立大学大学院国際文化研究科論集』13(日本文化専攻編 3), 2012.
寺崎保広,「瓦進上木簡小考」,『奈良古代史論集』1, 1985.
山下有美,「案主と領」,『正倉院文書と写経所の研究』, 吉川弘文館, 1999.
三舟隆之·中村絢子,「古代の堅魚製品の復元 −堅魚煎汁を中心として−」,『国立歴史民俗博物館研究報告』218, 2019.
西洋子,「岡本宅小考」,『国史談話会雑誌』38, 1997.
西川明彦,「赤漆文欟木御厨子と〈赤漆欟木厨子〉」,『正倉院紀要』34, 2012.
巽淳一郎,「奈良時代の瓱·𤭖·缶·由加 −大型貯蔵用須恵器の器名考証−」,『文化財論叢Ⅱ 奈良国立文化財研究所創立40周年記念論文集』, 同朋舎出版, 1995.
深澤芳樹 外,「7, 8世紀の灯明油に関する覚え書き」,『奈文研紀要』, 2013.

森公章,「耽羅方脯考 −8世紀, 日本と耽羅の「通交」−」,『續日本紀研究』239, 1985.
李成市,「韓国出土の木簡について」,『木簡研究』19, 1997.
鈴木靖民,「正倉院佐波理加盤附屬文書の基礎的研究」,『朝鮮學報』85, 1977.
柳澤和明,「多賀城跡城外出土辛櫃の意義 −現存古櫃, 絵画・文献史料,出土古櫃の多角的検討を通して−」,『日本考古学』27, 2009.
畑野吉則・馬場基・桑田訓也・高田祐一,「史的文字データベース連携検索システムの公開」,『奈良文化財研究所紀要』, 2020.
井上聡,「新たな字形連携データベースの構築について」,『東京大学史料編纂所附属画像史料解析センター通信』88, 2020.
井上聡,「史的文字データベース連携検索システムの公開」,『東京大学史料編纂所附属画像史料解析センター通信』89, 2020.
早川庄八,「公式様文書と文書木簡」,『木簡研究』7, 1985.
櫛木謙周,「長屋王家の消費と流通経済 −労働力編成と貨幣・物価を中心に−」(古代・中世の都市をめぐる流通と消費),『国立歴史民俗博物館研究報告』92, 2002.
鶴田榮一,「顔料の歴史」,『色材』75[4], 2002
丸山裕美子,「延喜典薬式「諸國年料雑薬制」の成立と『出雲國風土記』」,『延喜式研究』25, 2009.
横田拓実,「文書様木簡の諸問題」,『研究論集』Ⅳ, 1978.

색인

한국 편

일반 색인

ㄱ

물품 색인

ㅅ

ㅇ

중국 편

일반 색인

물품 색인

일본 편

일반 색인

물품 색인

ㅊ

ㅍ

ㅎ

동국대학교 문화학술원 사료총서 01

물품으로 본 고대 동유라시아 세계

초판 인쇄 | 2022년 2월 18일
초판 발행 | 2022년 2월 28일

지 은 이 이승호 이완석 方國花
발 행 인 한정희
발 행 처 경인문화사
편 집 유지혜 김지선 한주연 이다빈 김윤진
마 케 팅 전병관 하재일 유인순
출판번호 406-1973-000003호
주 소 파주시 회동길 445-1 경인빌딩 B동 4층
전 화 031-955-9300 팩 스 031-955-9310
홈페이지 www.kyunginp.co.kr
이 메 일 kyungin@kyunginp.co.kr

ISBN 978-89-499-6619-9 93910
값 37,000원